Internationales Wirtschaftsprivatrecht

von

Prof. Dr. Markus Conrads
ESB Business School, Reutlingen

Prof. Dr. Friedrich Schade
Business and Information Technology School, Iserlohn

2., überarbeitete Auflage

Oldenbourg Verlag München

Bibliografische Information der Deutschen Nationalbibliothek

Die Deutsche Nationalbibliothek verzeichnet diese Publikation in der Deutschen Nationalbibliografie; detaillierte bibliografische Daten sind im Internet über http://dnb.d-nb.de abrufbar.

© 2012 Oldenbourg Wissenschaftsverlag GmbH
Rosenheimer Straße 145, D-81671 München
Telefon: (089) 45051-0
www.oldenbourg-verlag.de

Das Werk einschließlich aller Abbildungen ist urheberrechtlich geschützt. Jede Verwertung außerhalb der Grenzen des Urheberrechtsgesetzes ist ohne Zustimmung des Verlages unzulässig und strafbar. Das gilt insbesondere für Vervielfältigungen, Übersetzungen, Mikroverfilmungen und die Einspeicherung und Bearbeitung in elektronischen Systemen.

Lektorat: Christiane Engel-Haas
Herstellung: Constanze Müller
Titelbild: thinkstockphotos.de
Einbandgestaltung: hauser lacour
Gesamtherstellung: Beltz Bad Langensalza GmbH, Bad Langensalza

Dieses Papier ist alterungsbeständig nach DIN/ISO 9706.

ISBN 978-3-486-70566-9

Vorwort zur 2. Auflage

Studenten der Betriebswirtschaftslehre sehen Rechtsvorlesungen oft als notwendiges, mitunter sogar als entbehrliches Übel an. Ähnlich schwer hat es juristische Fachliteratur, von Studierenden der Betriebswirtschaftslehre akzeptiert zu werden: Diese in weiten Bereichen im Fließtext gehaltenen, in einer eigentümlichen Sprache formulierten Ausführungen, die nicht durch Abbildungen unterbrochen werden, unterscheiden sich schon von der sonst üblichen Studienliteratur der Betriebswirte. Gerade deshalb freuen sich die Unterzeichner, drei Jahre nach Erscheinen des Buches nunmehr eine zweite Auflage vorlegen zu dürfen. Gesetzesänderungen machten die Überarbeitung erforderlich, wie etwa das Inkrafttreten des Vertrages über die Arbeitsweise der Europäischen Union, der Rom I und Rom II Verordnungen sowie der neuen Leitlinien für vertikale Beschränkungen.

Dank schulden die Autoren den vielen Lesern, die konstruktive Verbesserungsvorschläge gemacht haben. Auch danken wir unseren studentischen Mitarbeitern für die Gestaltung der Druckvorlage. Ganz besonders herzlich danken die Verfasser Herrn Stephan Warneke, Student des Studienganges Business Psychology an der BiTS Business and Information Technology School, der mit großem Einsatz und bester Zuverlässigkeit einen großen Teil der redaktionellen Veränderungen technisch umgesetzt hat.

Iserlohn und Reutlingen, im Oktober 2011

Friedrich Schade   Markus Conrads

Vorwort zur 1. Auflage

Wirtschaftsprivatrecht gehört zu den Teilen der betriebswirtschaftlichen Ausbildung, der Studierenden teilweise als notwendiges Übel, teilweise sogar als entbehrliches Element ihres Studiums erscheint. Recht ist doch Sache der Juristen und nicht – wie mancher Studierende denkt – der Betriebswirte. Die Autoren – selbst seit Jahren Hochschullehrer – wissen das, werden sie doch dauernd mit derartigen Äußerungen konfrontiert. Wie falsch diese Einschätzung ist, erkennt mancher Betriebswirt erst zu Beginn seiner beruflichen Praxis: Kaum eine Entscheidung lässt sich heute losgelöst von den rechtlichen Rahmenbedingungen treffen. Das gilt besonders für das internationale Geschäft. Wer internationale Unternehmensstrategien entwickeln und gestalten will, muss erkennen, wie wichtig die rechtlichen Rahmenbedingungen für die Internationalisierung sind. Wer sich hier allein auf externe Berater verlässt, gestaltet nicht – er wird fremdbestimmt und gibt sein Schicksal in die Hände Dritter. So handeln aber Unternehmer nicht. Unternehmer treffen selbst Entscheidungen und sind für diese Entscheidungen auch verantwortlich. Und wer Verantwortung trägt, der will auch wissen, was er tut. Das setzt weit mehr voraus als nur interkulturelle Kompetenz und die oft beschworenen Soft Skills, so wichtig diese Fähigkeiten auch immer sein mögen: Wer nicht weiß, worüber er redet, der muss nicht wissen, wie er über etwas redet. Denjenigen, die dies beherzigen, kann dieses Buch nützlich sein. Es war Ziel der Autoren, knapp und eingängig dem Betriebswirt die rechtlichen Rahmenbedingungen seines internationalen Engagements zu erklären.

(…)

Iserlohn und Dortmund, im Oktober 2008

Friedrich Schade   Markus Conrads

Inhaltsverzeichnis

1	**Einleitung**	1
2	**Portfolio Ressourcentransfer**	3
2.1	Lizenzvertrag	3
2.1.1	Überblick	3
2.1.2	Rechtsnatur	5
2.1.3	Lizenzarten und Übertragung	6
2.1.4	Gegenstand des Lizenzvertrags	10
2.1.5	Lizenzvertrag im Inland	14
2.1.6	Internationales Lizenzvertragsrecht	28
2.1.7	Kartellrecht	29
2.2	Franchisevertrag	33
2.2.1	Überblick	33
2.2.2	Rechtsnatur	35
2.2.3	Arten des Franchising	35
2.2.4	Abschluss und Inhalt von Franchiseverträgen	37
2.2.5	Pflichten des Franchisegebers	42
2.2.6	Pflichten des Franchisenehmers	44
2.2.7	Haftung im Rahmen des Franchisevertrags	45
2.2.8	Form	51
2.2.9	Franchisevertrag und Allgemeine Geschäftsbedingungen	51
2.2.10	Vertragslaufzeit	53
2.2.11	Vertragsbeendigung	54
2.2.12	Nachvertragliche Pflichten	56
2.2.13	Kartellrecht	58
3	**Warenhandel**	67
3.1	Indirekter Export und Produkthaftung	68
3.1.1	Europa	68

3.1.2	USA	70
3.2	Direkter Export	77
3.2.1	Direkter Export und indirekter Vertrieb	77
3.2.2	UN-Kaufrecht	85
3.2.3	INCOTERMS® 2010	138
3.2.4	Dokumentenakkreditiv	141
4	**Internationaler Anlagenbau**	**147**
4.1	Anwendbares Recht	148
4.1.1	Rechtswahl	148
4.1.2	Fehlen der Rechtswahl	149
4.1.3	Reichweite der Verweisung	150
4.2	Probleme des unvereinheitlichten nationalen Rechts	150
4.3	Standardvertragsbedingungen	151
4.3.1	FIDIC-Mustervertragswerke	151
4.3.2	Orgalime-Standardvertrag	166
4.4	BOT-Projekte	166
4.4.1	Beteiligte	167
4.4.2	Vertragsverhältnisse	167
5	**Niederlassung**	**171**
5.1	Internationales Schuldrecht	171
5.2	Internationales Arbeitsrecht	172
5.2.1	Rechtswahl	172
5.2.2	Fehlen der Rechtswahl	173
6	**Unternehmenskooperation**	**175**
6.1	Joint Ventures	175
6.1.1	Begriff und Arten	175
6.1.2	Grundlagenvertrag	176
6.1.3	Rechtswahl	178
6.1.4	Zusatzverträge	180
6.1.5	Form	180
6.1.6	Organe des Joint Ventures	181
6.1.7	Beendigung des Joint Ventures	183
6.1.8	Wettbewerbsverbot	186
6.1.9	Kartellrecht	187

6.2	Strategische Allianzen	190
6.2.1	Begriff und Rechtsnatur	190
6.2.2	Kartellrecht	193
7	**Unternehmensgründung**	**195**
7.1	Internationales Gesellschaftsrecht	195
7.1.1	Überblick	195
7.1.2	Gesellschaftsstatut	196
7.2	Europäisches Gesellschaftsrecht	199
7.2.1	Vertrag über die Arbeitsweise der Europäischen Union (AEUV)	200
7.2.2	Richtlinien	201
7.3	Internationales Unternehmens- und Kapitalmarktrecht	205
7.3.1	Internationales Unternehmensrecht	205
7.3.2	Internationales Kapitalmarktrecht	206
7.4	Europäisches Recht und EuGH-Entscheidungen	207
7.4.1	EuGH-Entscheidung „Daily Mail and General Trust *PLC*"	207
7.4.2	EuGH-Entscheidung „Centros *Ltd.*"	208
7.4.3	EuGH-Entscheidung „Überseering BV"	209
7.4.4	EuGH-Entscheidung „Inspire Art *Ltd.*"	210
7.4.5	EuGH-Entscheidung „CARTESIO Oktató és Szolgátató bt"	211
7.5	Internationale Kapitalgesellschaften	213
7.5.1	Englische Gesellschaften	213
7.5.2	Französische Kapitalgesellschaften	218
7.5.3	Niederländische Gesellschaften	224
7.5.4	US-amerikanische Gesellschaften	232
7.5.5	Supranationale Gesellschaften in der EU	241
8	**Internationaler Unternehmenskauf**	**253**
8.1	Anwendbares Recht	253
8.1.1	Völkerrecht und Europäisches Recht	253
8.1.2	Internationales Privatrecht	254
8.2	Arten des internationalen Unternehmenskaufs	255
8.2.1	Anteilskauf (share deal)	255
8.2.2	Wirtschaftsgüterkauf (asset deal)	259
8.3	Unternehmenskaufvertrag	262
8.3.1	Vertragspartner	262

8.3.2	Vorvertragliche Vereinbarungen	263
8.3.3	Due dilligence	263
8.4	Internationaler Unternehmenskauf von supranationalen Gesellschaften	264
8.4.1	Europäische Wirtschaftliche Interessenvereinigung (*EWIV*)	264
8.4.2	Europäische Gesellschaft (*SE*)	265
8.5	Kartellrecht	266
8.5.1	Europäisches und Internationales Kartellrecht	266
8.5.2	Deutsches Kartellrecht	267
9	**Corporate Governance**	**269**
9.1	Begriff	269
9.2	Corporate Governance Regelungen	270
9.2.1	Corporate Governance Regelungen in der EU	270
9.2.2	OECD Principles of Corporate Governance	271
9.2.3	Sarbanes-Oxley Act	273
9.2.4	Deutscher Corporate Governance Kodex (DCGK)	274
9.2.5	Grenzüberschreitende Corporate Governance	276
10	**Anhang**	**279**
10.1	Abkürzungsverzeichnis	279
10.2	Literaturverzeichnis	286
10.3	Stichwortverzeichnis	291

1 Einleitung

Die Internationalisierung der Wirtschaft stellt immer höhere Anforderungen an das Management: Wollen Unternehmungen auf ausländischen Märkten aktiv werden, müssen sie sich dort auf wirtschaftliche, politische, kulturelle und nicht zuletzt auch rechtliche Rahmenbedingungen einstellen, die von denen in ihrem Stammland abweichen. Um die rechtlichen Rahmenbedingungen geht es in dem vorliegenden Buch: Ausgehend von der betriebswirtschaftlichen Systematik der Markteintritts- und Marktbearbeitungsstrategien informiert es über Rechtsprobleme, mit denen Auslandsmärkte die Unternehmung konfrontieren können. Der Leser wird schnell erkennen: Allein auf die Kenntnis des nationalen Rechts kann sich der Manager bei grenzüberschreitenden Geschäften nicht verlassen. Wie bei nationalen Geschäften wird auch beim Auslandsgeschäft von ihm ein grundsätzliches Verständnis der wirtschaftlichen und rechtlichen Aspekte des geplanten Geschäfts erwartet. Nur so kann er eine realistische Kosten- und Risikoprognose unter Berücksichtigung rechtlicher und wirtschaftlicher Aspekte vornehmen und Entscheidungen treffen. Kennt er die für die wirtschaftliche Entscheidung relevanten rechtlichen Rahmenbedingungen im Ausland nicht, läuft er Gefahr, die Erwartungen, die an ihn gestellt werden, zu enttäuschen. Das sollte er vermeiden.

Dieses Buch soll Problembewusstsein schaffen: Manager können kaum von vornherein alle rechtlichen Probleme voraussehen, die im grenzüberschreitenden Rechtsverkehr entstehen können. Der Manager muss aber erkennen, ob, wann und nicht zuletzt auch wo er externe Berater einschalten muss, um sich die für seine Entscheidung relevanten Rechtskenntnisse zu verschaffen. Für dieses Problembewusstsein besteht ein praktisches Bedürfnis: Zum einen stellt man in der Praxis immer wieder fest, dass Unternehmungen etwa spezialisierte Rechtsanwälte erst dann einschalten, wenn die nachteiligen Folgen des Auslandsgeschäfts kaum noch korrigierbar sind. Das liegt oft daran, dass Manager Vorliegen und Tragweite eines Rechtsproblems bei Geschäftsanbahnung und -abschluss gar nicht gesehen haben. Zum anderen sind Manager oft gehalten, ihre Entscheidungen schnell zu treffen. Sie müssen mithin ihre Kommunikation mit dem externen Berater problemorientiert gestalten. Nur so lassen sich zeitliche Verzögerungen durch die Einschaltung Dritter vermeiden.

Studenten der Betriebswirtschaftslehre soll dieses Buch helfen, ihre Kenntnisse über die Internationalisierungsformen zu vertiefen: Zur praktischen Umsetzung einer Internationalisierungsstrategie gehört auch, Verträge zu verhandeln und zu gestalten. Franchising, Lizensierung, Export, Joint Venture – Grundlage dieser und anderer Internationalisierungsformen sind stets Verträge. Über den gesetzgeberischen Rahmen informiert dieses Buch.

Natürlich konnten die Autoren – um die Ausführungen in einem im Umfang erträglichen Rahmen zu halten – nicht alle Rechtsprobleme ansprechen oder gar erschöpfend abhandeln.

Das wollten sie auch nicht, denn dieses Buch richtet sich an Betriebswirte. Das zeigt bereits der Aufbau: Ausgangspunkt sind die Internationalisierungsformen, die dem Betriebswirt aus der Literatur zum „Internationalen Management" bekannt sind. Der Betriebswirt, dem juristische Werke aus der Erfahrung der Autoren fremd und mitunter auch obskur erscheinen, soll sich bei der Lektüre der Ausführungen heimisch fühlen und sie als Ergänzung des im eigenen Studium Erlernten empfinden.

2 Portfolio Ressourcentransfer

2.1 Lizenzvertrag

In der heutigen Zeit hat der Lizenzvertrag eine große Bedeutung erlangt. Das gilt nicht nur für Unternehmen in Deutschland selbst, sondern auch für Unternehmen, die am internationalen Geschäftsverkehr teilnehmen. Die Bedeutung des Lizenzvertrags lässt sich sowohl aus den zahlreichen Entscheidungen und Mitteilungen über Lizenzverträge entnehmen, als auch aus der Entscheidung der EU-Kommission, die Gruppenfreistellungsverordnung für Technologietransfer-Vereinbarungen (Patentlizenzverträge und Know-how-Verträge) zu erlassen.[1] Zwar wird im Patent-, Urheber- und Markenrecht der Begriff „Lizenz" erwähnt; dennoch fehlt eine Definition in den diesen Rechtsgebieten zuzuordnenden Gesetzen. In der Rechtsliteratur wird die Lizenz als „Benutzungsbefugnis", als „Benutzungserlaubnis" bzw. „Benutzungsrecht" bezeichnet.[2] Bei der Lizenz handelt es sich um die Nutzung eines immateriellen Guts. Unterschieden wird zwischen der „ausschließlichen" und „nicht ausschließlichen" Lizenz. Während eine ausschließliche Lizenz dann besteht, wenn nur einem einzigen Lizenznehmer Befugnisse zur Nutzung des immateriellen Guts eingeräumt werden, besteht bei der nicht ausschließlichen Lizenz für den Rechtsinhaber die Möglichkeit, das Recht entweder selbst zu nutzen oder zusätzlich auch Dritten die Befugnis zur Nutzung einzuräumen.

2.1.1 Überblick

Die Erlaubnis der Nutzung eines fremden ausschließlichen Rechts ist auch dann möglich, wenn z.B. der Rechteinhaber sein Abwehrrecht nicht ausübt. Folglich gilt auch eine solche Mitnutzung von Know-how im technischen oder kaufmännischen Umfeld als Lizenz. Betroffen ist die Nutzung eines immateriellen Gegenstands. Dabei kann sich die Benutzungsberechtigung auf absolute oder nicht absolute Rechte beziehen. Folge ist die wirtschaftliche Nutzung derartiger Rechte. Als entscheidendes Wesensmerkmal der Lizenzierung eines Immaterialguts im Gegensatz zu dessen Verkauf muss die Tatsache heraus gestellt werden, dass

---

[1] Vgl. Groß, Rz. 1; Plassmeier/Steden, § 1 Rz. 1.

[2] Pahlow, S. 183; Benkard/Ullmann, § 15 PatG Rz. 33; Westermann, BGB, Sachenrecht, 11.Aufl. 2005, § 5 I, S. 41; Grützmacher/Schmidt-Cotta/Laier, Der internationale Lizenzverkehr, 7. Aufl. 1985, S. 11.

es bei der Lizensierung gerade nicht zu einer Übertragung des Immaterialguts kommt, sondern dieses grundsätzlich beim Lizenzgeber verbleibt.[3]

Es gibt vielfältige Gründe für den Abschluss eines Lizenzvertrags. Zum einen kann der Erfinder, welcher ein Patent angemeldet hat, dieses aus Kostengründen nicht verwerten, weil er z.B. nicht über die Finanz- oder Produktionsmittel verfügt. Für ihn besteht die Möglichkeit, mit einem Unternehmen einen Lizenzvertrag abzuschließen. Zweite Möglichkeit ist, dass ein inländisches Unternehmen nach Patentanmeldung mit einem ausländischen Unternehmen einen Lizenzvertrag abschließt. Vorteil mag sein, dass im dortigen Ausland Personal- wie Fertigungskosten erheblich günstiger sind, so dass die Herstellung der Ware zu niedrigeren Kosten erfolgen kann. Auch kann sich dann eine Lizenzvergabe als sinnvoll darstellen, wenn Staaten hohe Zölle auf Importe ausländischer Waren verhängt haben, ein Lizenzvertrag mit einem Unternehmen dieses ausländischen Staates aber dazu führt, dass die Waren dort selbst hergestellt und somit in diesem Land preiswerter verkauft werden können. Gegenstand von Lizenzverträgen über technische Schutzrechte für den Geltungsbereich des deutschen Patentgesetzes können deutsche und europäische Patente sowie Gebrauchsmuster sein sowie deren Vorstufen, also bloß zum Patent- oder Gebrauchsmuster angemeldete Erfindungen oder sogar eine für eine Schutzrechtsanmeldung erst vorgesehene Erfindung.[4]

Im deutschen Recht fand sich lange keine gesetzliche Regelung zum Lizenzvertrag. Erst durch die Neufassung des Patentgesetzes (PatG) von 1981 besteht in § 15 Abs. 2 PatG nunmehr die Vorschrift, dass der Anspruch auf Erteilung des Patents und das Recht aus dem Patent ganz oder teilweise Gegenstand von ausschließlichen oder nicht ausschließlichen Lizenzen sein können.[5] Der Gesetzgeber hat § 15 Abs. 2 PatG so formuliert, dass sich eine Lizenz auf eine Erfindung in den in § 15 Abs. 1 PatG aufgezählten Möglichkeiten erstrecken kann. Daraus lässt sich schließen, dass § 15 PatG positive Nutzungsrechte vorgibt. Im Gegensatz zum Verzicht eines Lizenzgebers auf sein Recht, eine Benutzung des Gegenstands der Erfindung zu verbieten, bedeutet das positive Nutzungsrecht, dass der Lizenzgeber dem Lizenznehmer die Ausübung der Lizenz zu ermöglichen hat. Demzufolge besteht vom Lizenzgeber gegenüber dem Lizenznehmer die Haftung für Sach- oder Rechtsmängel.

Lizenzen können sich nicht nur auf das Patent selbst erstrecken, sondern auch auf Erfindungsrechte in ihren verschiedenen Entwicklungsstufen.[6] Dabei handelt es sich um Erfindungen, für die bisher kein Patent erteilt wurde bzw. kein Patent eingeräumt werden kann.[7] In diesem Fall ist es unabdingbar, dass Lizenzgeber wie Lizenznehmer innerhalb des Lizenzvertrags insbesondere die Reichweite der Lizenz genau bestimmen. Dabei kann vertraglich vereinbart werden, dass sich die Lizenz zum einen auf die zukünftige Erteilung des Schutzrechts erstreckt, zum anderen die Lizenz sich auf ein bestehendes Know-how bezieht bzw.

---

[3] Hoffmann/Adler, S. 41.

[4] Pagenberg/Geissler, Teil 1 Rz. 3.

[5] Vgl. Groß, Rz. 13.

[6] Siehe dazu BGH GRUR 1953, 29, 31; BGH GRUR 1955, 286, 289; BGH NJW 1982, 2861, 2862.

[7] Siehe dazu ebenfalls BGH GRUR 1961, 466, 468; BGH GRUR 1969, 677, 678.

der Lizenzgeber sich vertraglich verpflichtet, das Schutzrecht, also das Patent, auch zu beantragen. Seit geraumer Zeit ist unstritig, dass eine Lizenz auch an Know-how erworben werden kann. Know-how wird als geheimes Wissen verstanden, z.B. technisches Wissen oder kaufmännisches bzw. betriebswirtschaftliches Wissen sowie daraus abgeleitete Erfahrungen, welche es dem Lizenznehmer gestatten, seine Produktion im Unternehmen erfolgreicher zu gestalten.[8]

2.1.2 Rechtsnatur

Der Lizenzvertrag gründet sich auf der Vertragsfreiheit nach Art. 2 Abs. 1 GG sowie der Tatsache, dass die vertraglich zu nutzenden immateriellen Güterrechte verfassungsrechtlich als Eigentum i.S.v. Art. 14 GG angesehen werden. Folglich hat ein Eigentümer von Immaterialgüterrechten die vertragliche Freiheit, diese durch einen Dritten im Rahmen einer Lizenz verwerten zu lassen. Der Grundsatz lizenzrechtlicher Verwertungsfreiheit kann allerdings mit Rücksicht auf die Sozialbindung des Eigentums nach Art. 14 Abs. 2 GG dann Einschränkungen erfahren, wenn durch gerichtliches Gestaltungsurteil im Rahmen des Kontrahierungszwangs ein nicht ausschließliches Benutzungsrecht im Wege der Zwangslizenz nach § 24 Abs. 1 PatG erteilt wird.[9]

Der Lizenzvertrag ist ein synallagmatischer Schuldvertrag. Er kann i.S.d. Vertragsfreiheit nach § 311 Abs. 1 BGB abgeschlossen werden, was zur Folge hat, dass die Parteien das Nutzungsrecht frei gestalten können. In Rechtsprechung und Rechtsliteratur ist die Rechtsnatur des Lizenzvertrags unterschiedlich bewertet worden. Neben Kauf-[10], Miet-[11] und Gesellschaftsvertrag[12] wird auch die Meinung vertreten, dass es sich beim Lizenzvertrag um einen „Vertrag sui generis"[13] bzw. um einen Pachtvertrag[14] handelt.

Die Meinung in der früheren Rechtsprechung, es handele sich beim Lizenzvertrag um einen Kauf, ist abzulehnen, weil der Lizenzgeber nicht die Verpflichtung eingeht, das gesamte Recht zu verkaufen, sondern einem Dritten nur die Befugnis erteilt, das Recht nutzen zu dürfen. Ein Mietvertrag im Sinne von §§ 535 ff. BGB scheidet aus, weil das deutsche Recht

---

[8] Vgl. Bartenbach/Gennen, Rz. 254; Skaupy, Know-how-Vereinbarungen und Kartellrecht, GRUR 1964, 539 f.; Finger, Die Offenkundigkeit des mitgeteilten Fachwissens bei Know-how-Verträgen, GRUR 1970, 3, 4; Kraßer, Der Schutz des Know-how nach deutschem Recht, GRUR 1970, 587, 588.

[9] Vgl. Hoffmann/Adler, S. 31.

[10] Vgl. RGZ 76, 235, 236.

[11] Vgl. dazu schon Munk, Die patentrechtliche Lizenz, 1897, S. 21.

[12] RGZ 126, 65, 67; BGH GRUR 1955, 338, 340; BGH GRUR 1959, 616, 617.

[13] Vgl. BGHZ 26, 7, 9; BGH GRUR 1959, 125, 127; BGH GRUR 1961, 27, 29; BGH GRUR 1970, 547, 548; BGH GRUR 1979, 768, 769; BGH NJW 1982, 2861, 2862 f.; Kraßer/Schmidt, Der Lizenzvertrag über technische Schutzrechte aus der Sicht des deutschen Zivilrechts, GRUR Int. 1982, 324, 328; Reimer, Patentgesetz und Gebrauchsmustergesetz, 3. Aufl. 1968, § 9 PatG Rz. 5; Krausse/Katluhn/Lindenmaier/Weiß, Das Patentgesetz, 5. Aufl. 1970, § 9 PatG Rz. 28; Bartenbach/Gennen, Rz. 27.

[14] So z.B. Groß, Rz. 24; Pahlow, S. 271.

die Miete nur an Gegenständen und nicht an Rechten zulässt.[15] Auch eine gesellschaftsvertragliche Grundlage ist nicht denkbar, weil sich bei einem Gesellschaftsvertrag die Vertragsparteien verpflichten, einen gemeinsamen Zweck zu erreichen. Lizenzgeber wie Lizenznehmer haben aber unterschiedliche Interessen, so dass eine gesellschaftsvertragliche Vereinbarung nicht vorliegen kann. Auch ein „Vertrag sui generis" kommt eher nicht in Betracht. Dieser Vertragstypus hätte zur Folge, dass einer der im BGB normierten Vertragstypen auf den Lizenzvertrag Anwendung finden kann. Eine Umschreibung des Lizenzvertrags als „Vertrag sui generis" führt aber zwangsläufig dazu, dass Rechtsprechung und Rechtsliteratur der Lösung einzelvertraglicher Probleme diejenigen Regelungen zugrunde legen können, die für den jeweiligen Fall gerade „passend" erscheinen.[16] Insbesondere die Rechtsprechung hat den Lizenzvertrag als „Vertrag sui generis" angesehen und eine Kombination von kauf-, miet- und pachtrechtlichen Bestimmungen als anwendbar bezeichnet.

Am geeignetsten erscheint die analoge Anwendung der pachtvertraglichen Regelungen der §§ 581 ff. BGB. Zum einen ist es möglich, im Rahmen eines Pachtvertrags auch Rechte pachten zu können. Denn im Gegensatz zu §§ 535 ff. BGB spricht § 581 Abs. 1 BGB von einem Pachtgegenstand, worunter neben Sachen auch Rechte fallen. Des Weiteren bezieht sich die Pacht nicht nur auf den Gebrauch eines Gegenstands, sondern auch auf die Nutzungen. Außerdem ist beim Pachtvertrag der Dauerschuldcharakter erkennbar, denn auch beim Lizenzvertrag handelt es sich zwischen dem Lizenzgeber und dem Lizenznehmer um ein Dauerschuldverhältnis. Hauptpflicht im Rahmen des Lizenzvertrags für den Lizenzgeber ist es, dem Lizenznehmer die Möglichkeit einzuräumen, den Lizenzgegenstand zu nutzen, während der Lizenznehmer dagegen die Lizenzgebühr zu entrichten hat. Eine analoge Anwendung der Rechtsnormen über den Pachtvertrag gem. §§ 581 ff. BGB ist für den Lizenzvertrag somit der Vorzug zu geben.

2.1.3 Lizenzarten und Übertragung

Die Lizenz kann als persönliche Lizenz, als Betriebslizenz oder als Konzernlizenz vereinbart werden. Wird eine persönliche Lizenz vereinbart, so steht das Recht zum Gebrauch nur einer ganz bestimmten Person zu.[17] Dagegen handelt es sich um eine Betriebslizenz, wenn die Lizenz durch ein Unternehmen ausgeübt werden kann. Noch umfassender ist die Konzernlizenz, nach der alle mit dem Unternehmen verbundenen Konzerngesellschaften die Rechte aus dem Lizenzvertrag nutzen können. Besondere Bedeutung haben Konzernlizenzen deshalb erlangt, weil Konzerngesellschaften mittlerweile international tätig sind.

---

[15] Vgl. Bartenbach/Gennen, Rz. 30.

[16] Vgl. Pahlow, S. 262.

[17] RGZ 76, 235, 236.

2.1.3.1 Ausschließliche Lizenz

Ein besonders wichtiger Gesichtspunkt bei der Gestaltung des Lizenzvertrags ist die Festlegung der Art der Lizenz. Bei einer ausschließlichen Lizenz („exclusive licence") gewährt der Lizenzgeber dem Lizenznehmer einen abgespaltenen Teil des Schutzrechts zur alleinigen Nutzung. Diese ausschließliche Lizenz wird überwiegend als dingliches, quasi dingliches oder gegenständliches Nutzungsrecht charakterisiert.[18] Denn der Lizenzgeber, z.B. der Patentinhaber, überlässt dem Lizenznehmer einen Teil seines Schutzrechts zur absoluten Verwertung. Das hat zur Folge, dass der Lizenzgeber nach Abschluss des Lizenzvertrags keinerlei Möglichkeit mehr hat, bei einer ausschließlichen Lizenz Nutzungsrechte entweder noch selbst zu verwerten oder anderen Lizenznehmern Nutzungsrechte einzuräumen.

Während Verträge für ausschließliche Lizenzen vor dem Hintergrund der Globalisierung und dem damit einhergehenden härteren Wettbewerb zunehmen, kann sich nachteilig auswirken, dass eine Marktdurchdringung eines Produkts aufgrund der Ausschließlichkeit erheblich länger dauert bzw. durch mangelnden Einsatz des Lizenznehmers eventuell gar nicht zustande kommt. Vor diesem Hintergrund ist es bei der ausschließlichen Lizenz erforderlich, für einen solchen Fall ein ordentliches bzw. außerordentliches Kündigungsrecht zu vereinbaren. In der Regel bezieht sich die Ausschließlichkeit der Lizenz auf ein Lizenzgebiet. Dazu kommt die Beschränkung des Lizenzgebers, die Nutzung der Erfindung im vereinbarten Lizenzgebiet selbst nicht vornehmen zu dürfen.[19] Die dingliche Wirkung der ausschließlichen Lizenz hängt dabei nicht von der Eintragung in die Patentrolle gemäß § 34 Abs. 1 PatG ab, da die Eintragung in die Patentrolle nicht rechtsbegründend, sondern nach h. M. nur rechtsbeschreibend ist.[20]

Die ausschließliche Lizenz verleiht dem Lizenznehmer im Rahmen der vertraglichen Vereinbarung ein gegen jedermann wirkendes Ausschlussrecht, das sowohl das alleinige Recht zur Verwertung der Erfindung als auch ein negatives Verbietungsrecht gegenüber allen anderen umfasst.[21] Zwar kann die ausschließliche Lizenz räumlich und auch zeitlich beschränkt sein; eine zu starke Einschränkung der Ausschließlichkeit kann aber dazu führen, dass eine ausschließliche Lizenz nicht mehr besteht. Kernpunkt der ausschließlichen Lizenz ist, dass dem Lizenznehmer ein nur ihm zustehendes Nutzungsrecht eingeräumt wird. Ihm stehen dann Unterlassungs- und Schadensersatzansprüche zu, wenn der Lizenzgeber oder ein Dritter Nutzungsrechte aus der ausschließlichen Lizenz selbst vornehmen.

---

[18] Pahlow, S. 375; vgl. Benkard/Ullmann, § 15 PatG Rz. 53; Pagenberg/Geissler, Teil 1 Rz. 81; Bartenbach/Gennen, Rz. 44.
[19] Vgl. Henn, Rz. 144; Pfaff/Osterrieth, Teil B. I Rz. 78.
[20] Benkard/Schäfers, vor § 35 PatG Rz. 4.
[21] Groß, Rz. 36.

2.1.3.2 Alleinige Lizenz

Im Gegensatz zur ausschließlichen Lizenz, bei der nur dem Lizenznehmer das vollständige Nutzungsrecht zusteht, kann ein Lizenznehmer bei einer alleinigen Lizenz, z.B. für ein bestimmtes Gebiet, zwar ein Nutzungsrecht ausüben; der Lizenzgeber behält sich jedoch ansonsten ein eigenes Nutzungsrecht vor. Es handelt sich somit quasi immer noch um eine ausschließliche Lizenz für einen Dritten, den Lizenznehmer, wobei der Lizenzgeber die Lizenz aber auch weiterhin selbst nutzen kann. Diese alleinige Lizenz („sole licence") wird in der Rechtsliteratur auch als „semi-ausschließliche Lizenz" bezeichnet.[22] Das dingliche bzw. quasi-dingliche Recht bleibt aber auch dann bestehen, wenn der Lizenzgeber sich vorbehält, im Rahmen einer alleinigen Lizenz selbst Nutzerrechte ausüben zu wollen. Für den Lizenzgeber ist erforderlich, im Lizenzvertrag auf diese Möglichkeit der eigenen Nutzung hinzuweisen. Ansonsten steht ihm wie bei einer ausschließlichen Lizenz grds. kein persönliches Nutzungsrecht zu.[23]

2.1.3.3 Einfache Lizenz

Im Rahmen einer einfachen Lizenz („non-exclusive licence") wird dem Lizenznehmer nur ein gewöhnliches Nutzungsrecht eingeräumt. Eine Ausschließlichkeit gegenüber Dritten besteht nicht.[24] Die einfache Lizenz räumt dem Lizenznehmer nur ein schuldrechtlich wirkendes Nutzungsrecht ein. Ihm steht gerade kein abgespaltener Teil an der ausschließlichen Nutzung des Patents zu. Dennoch hat § 15 Abs. 3 PatG im Rahmen der Gebrauchsmusternovelle von 1986 zu einer Angleichung der Rechtsstellung von Inhabern ausschließlicher und einfacher Lizenzen geführt. Dadurch ist auch dem einfachen Lizenznehmer Sukzessionsschutz eingeräumt worden.[25] Zweck der Regelung ist es, dass bei der Übertragung eines Patents der neue Patentinhaber gegenüber dem Lizenznehmer von seinem Verbietungsrecht Gebrauch machen kann. Insofern hat der Erwerber des Patents die Rechte und Pflichten zu übernehmen, die sich aus den mit dem früheren Lizenzgeber vereinbarten Vertragsverhältnissen ergeben.

2.1.3.4 Unterlizenz

Auch die vertraglich vereinbarte Unterlizenz stellt eine Möglichkeit dar, Produktentwicklungen zu vermarkten. Insbesondere Lizenzgeber, die selbst keine Verwertung ihrer patentierten Produkte vornehmen, können ein Interesse daran haben, dass der bzw. die Lizenznehmer Unterlizenzen einräumen, welche zu einer stärkeren Ausschöpfung der Nutzungsrechte führen. Rechtsprechung und Rechtsliteratur vertreten die Meinung, dass der Inhaber einer aus-

---

[22] Groß, Rz. 38; Kirchhoff, Lizenznehmer als Widerspruchsberechtigte nach § 771 ZPO, FS Merz, 1992, S. 283, 289.
[23] Vgl. BGH GRUR 1980, 784, 785; Groß, Rz. 38.
[24] Vgl. BGH GRUR 1982, 411, 412; Klauer/Möhring, Patentrechtskommentar, 3. Aufl. 1971, § 9 PatG Rz. 38 f.; Benkard/Ullmann, § 15 PatG Rz. 56.
[25] Vgl. Bartenbach/Gennen, Rz. 72.

schließlichen Lizenz ohne vorherige vertragliche Absprache mit dem Lizenzgeber Unterlizenzen gewähren kann.[26] Dagegen ist bei der einfachen Lizenz die vorherige Zustimmung des Lizenzgebers erforderlich, damit der Lizenznehmer rechtswirksam Unterlizenzen vergeben darf.[27] Bedeutsam ist, dass innerhalb des Lizenzvertrags zwischen Lizenzgeber und Lizenznehmer – ob bei ausschließlichem oder einfachem Lizenzvertrag – vertragliche Absprachen über die Abhängigkeit der Unterlizenz von der Hauptlizenz sowie der Überwachung der im Rahmen der Unterlizenzvereinbarung anfallenden Lizenzgebühren getroffen werden.

2.1.3.5 Lizenzübertragung

Die Lizenz kann im Einzelfall für den Lizenznehmer einen hohen Wert darstellen. Wirtschaftliche Verhältnisse können dazu führen, dass der Lizenznehmer Interesse daran hat, die Lizenz zu veräußern. Da es sich beim Lizenzvertrag um ein Dauerschuldverhältnis zwischen Lizenzgeber und Lizenznehmer handelt, welches von einem besonderen Vertrauensverhältnis der beiden Vertragspartner geprägt ist, ist schon bei der Lizenzvertragsgestaltung darauf Rücksicht zu nehmen, ob ein solcher Lizenzverkauf möglich ist und wenn ja, unter welchen Voraussetzungen. In § 34 UrhG wird die Übertragbarkeit von Lizenzen gesetzlich geregelt. Gleichwertige Normen fehlen im Patent- und Markenrecht. Es gehört aber zu den typischen Merkmalen dinglicher und quasi-dinglicher Rechte, dass der Eigentümer bzw. der Verfügungsberechtigte ein solches Recht auf einen Dritten übertragen kann. Die h.M. in der Rechtsliteratur geht davon aus, dass die ausschließliche Lizenz im Patent- und Markenrecht übertragbar ist, es sei denn, es wurde nach § 399, 2. Alt. BGB ausdrücklich ein Abtretungsverbot vereinbart.[28] Die Zulässigkeit zur Unterlizenz ergibt sich nach § 35 Abs. 1 S. 1 UrhG für das Urheberrecht. Dasselbe gilt laut h. M. in der Literatur auch für den Patent- und Markenlizenznehmer.[29] Nur wenn im Lizenzvertrag mit dem Inhalt einer ausschließlichen Lizenz ein Abtretungsverbot nach § 399, 2. Alt. BGB vereinbart wurde, ist die Unterlizensierung rechtsunwirksam. Bei der einfachen Lizenz ist die rechtswirksame Vergabe von Unterlizenzen nur dann rechtswirksam möglich, wenn im Lizenzvertrag die Vergabe ausdrücklich gestattet wurde.[30]

---

[26] BGH GRUR 1953, 114, 118; BGH GRUR 1955, 338, 340; Busse/Keukenschrijver, Patentgesetz, 6. Aufl. 2003, § 15 Rz. 75; Benkard/Ullmann, § 15 PatG Rz. 59.

[27] Für viele z.B. Bartenbach/Gennen, Rz. 94.

[28] Vgl. Pahlow, S. 447; Benkard/Ullmann, § 15 PatG Rz. 58; Busse/Keukenschrijver, Patentgesetz, 6. Aufl. 2003, § 15 Rz. 71; Henn, Rz. 168.

[29] Vgl. Benkard/Ullmann, § 15 PatG Rz. 59; Pahlow, S. 451; a.A. Krieger, Die gemeinschaftliche Benutzung von Warenzeichen durch mehrere Unternehmen nach deutschem Recht in: Ulmer/Beier, Die Warenzeichenlizenz, 2. Aufl. 1966, S. 69 f.

[30] Vgl. Henn, Rz. 168; Bartenbach/Gennen, Rz. 94.

2.1.4 Gegenstand des Lizenzvertrags

2.1.4.1 Patentlizenzvertrag

Beim Patentlizenzvertrag einigen sich Lizenzgeber und Lizenznehmer über die Vermarktung eines bestehenden Patents. Grundsätzlich gewährt das Patent dem Patentinhaber das ausschließliche Recht der Nutzung seiner Erfindung, sobald sie patentrechtlich geschützt ist. Durch den Lizenzvertrag wird das dem Patentinhaber zustehende ausschließliche Recht zur gewerbsmäßigen Nutzung der Erfindung auf den Lizenznehmer ausgedehnt.[31] Rechtsgrundlage ist § 15 Abs. 2 PatG, der normiert, dass das Recht auf das Patent, der Anspruch auf Erteilung des Patents und das Recht aus dem Patent ganz oder teilweise Gegenstand von ausschließlichen oder nicht ausschließlichen Lizenzen sein kann. Der Umfang des Nutzungsrechts richtet sich folglich nach den Vertragsvereinbarungen zwischen Lizenzgeber und Lizenznehmer.

2.1.4.2 Know-how-Vertrag

Der Know-how-Vertrag stützt sich nicht auf eine geschützte Erfindung. Die vertragliche Vereinbarung umfasst die Verwertung von Know-how. Dabei wird Know-how als die Gesamtheit der Kenntnisse, des Fachwissens und der Erfahrungen bei dem Verfahren und bei der technischen Durchführung der Fabrikation eines Produkts angesehen.[32] Know-how besteht aus Kenntnissen und Erfahrungen technischer, kaufmännischer, administrativer, finanzieller oder anderer Natur, die im Betrieb eines Unternehmens oder in Ausübung eines Berufs praktisch anwendbar sind.[33] Bedeutsam ist, dass das Know-how kein geschütztes Rechtsgut ist, welches einer einzigen Person zusteht. Der reine Wissensvorsprung kann nur durch präzise Vertragsvereinbarungen geheim gehalten, welcher gerade den wirtschaftlichen Wert des Know-how darstellt, solange der Know-how-Geber die Beherrschung des Nutzungsrechts innehat. Anstelle eines Patents wird bei Know-how-Verträgen das durch vertragliche Vereinbarung an den Know-how-Nehmer offenbarte Geheimnis verwertet.

Auch Verträge über zum Patent angemeldete Erfindungen, die noch nicht offen gelegt worden sind, sind als Know-how-Verträge zu werten.[34] Durch die vertragliche Offenlegung tritt nach § 33 PatG an die Stelle des Geheimnisses der vorläufige Schutz, der veröffentlichten Patentanmeldungen gewährt wird.

---

[31] Singer, Ausschließliche Patentlizenz- und Know-how-Verträge, 1997, S. 33.

[32] Vgl. dazu Stumpf, Der Know-how-Vertrag Rz. 1 f.

[33] Vgl. Stumpf, Der Know-how-Vertrag Rz. 4, 10; vgl. dazu die Unterscheidung zwischen Know-how im weiteren Sinn und im engeren Sinn bei Greco, Verwertung von Know-how, 2010, S. 7.

[34] Groß, Rz. 18.

2.1.4.3 Kombinierter Patent-Know-how-Lizenzvertrag

In der überwiegenden Anzahl der Lizenzverträge wird eine Kombination von Patent- und Know-how-Nutzung vereinbart. Ohne das dem Patent anhaftende Know-how ist für den Lizenznehmer eine erfolgreiche Verwertung des Patents oft nicht möglich. Beide Vertragsparteien, Lizenznehmer und Lizenzgeber, sind an einer erfolgreichen Verwertung des Patents interessiert, wozu in der überwiegenden Anzahl der Fälle auch das Wissen gehört, welches durch gewerbliche Schutzrechte nicht geschützt ist. Ausschließliche Patentlizenzverträge werden nicht sehr häufig abgeschlossen. Überwiegend wird in Patentlizenzverträgen auch die Offenlegung eines bedeutenden Know-how-Anteils vereinbart.

2.1.4.4 Gebrauchs-, Vertriebs- und Herstellungslizenz

Im Rahmen der Gebrauchslizenz vereinbaren Lizenzgeber und Lizenznehmer die Befugnis für den Lizenznehmer, eine geschützte Erfindung, z.B. ein Patent nach § 9 PatG zu verwerten. Darunter fällt auch die Anwendung bzw. die Benutzung des patentierten Erzeugnisses oder Verfahrens.[35] Dagegen dient die Vertriebslizenz, auch Verkaufs- oder Handelslizenz genannt, dem Lizenznehmer dazu, patentgeschützte Handelsware zu vertreiben. Das geschieht grundsätzlich durch Verkauf der patentierten Ware. Im Gegensatz dazu ermöglicht die Herstellungslizenz dem Lizenznehmer, den erfundenen und patentierten Gegenstand herzustellen. Den Begriff der Herstellung umfasst dabei die gesamte Tätigkeit der Schaffung des Produkts, d.h. jeden einzelnen Tätigkeitsakt bis zur Vollendung.[36] Eine reine Vereinbarung zwischen Lizenzgeber und Lizenznehmer zum Abschluss einer Herstellungslizenz wäre für den Lizenznehmer wirtschaftlich sinnlos, es sei denn, der Lizenznehmer erklärt sich bereit, als „verlängerte Werkbank" des Lizenzgebers und Erfinders tätig zu sein. Ansonsten ist es üblich, dass neben der Herstellungslizenz auch die Berechtigung für den Gebrauch und den Vertrieb des Produkts vereinbart wird.[37]

2.1.4.5 Quotenlizenz, Gebietslizenz und Zeitlizenz

Lizenzgeber und Lizenznehmer können vereinbaren, dass z.B. die Herstellung eines Produkts eine bestimmte Menge nicht übersteigen bzw. unterschreiten soll. Diese Vereinbarung einer Höchst- oder Mindestmenge wird Quotenlizenz genannt. Die Vereinbarung über eine räumliche Einschränkung der Lizenzausübung für den Vertrieb innerhalb eines bestimmten Gebietes wird als Gebietslizenz bezeichnet. Der Zeitraum zur Verwertung einer Lizenz richtet sich, sofern die Vertragsparteien nichts anderes vereinbart haben, nach der Dauer der geschützten Erfindung, also nach der Dauer des Patents. Ist dagegen im Rahmen einer Zeitlizenz eine kürzere Frist vereinbart worden, endet der Lizenzvertrag mit Ablauf dieser zeitlichen Einschränkung. Rechtlich unzulässig ist die zeitliche Ausdehnung über die zeitliche Dauer des

---

[35] Vgl. Bernau, S. 82.
[36] Vgl. Bernau, S. 76; Benkard/Bruchhausen, § 9 PatG Rz. 31; Henn, Rz. 153.
[37] Vgl. Rasch, Der Lizenzvertrag in rechtsvergleichender Darstellung, 1988, S. 88; Lüdecke/Fischer, S. 407.

Patents hinaus, weil sie für den Lizenznehmer nach Fristablauf eine Wettbewerbsbeschränkung durch die zeitliche Ausdehnung des Schutzrechts gegenüber anderen Marktteilnehmern darstellt.[38]

2.1.4.6 Marken-Lizenzvertrag

Nach § 30 Abs. 5 MarkenG können Markeninhaber und Lizenznehmer die Erteilung einer Lizenz zur Nutzung einer oder mehrerer Marken vereinbaren. Bedeutsam ist, dass bei einer länderübergreifenden Lizenzerteilung zur Nutzung einer Marke eine Schutzwirkung für den Lizenznehmer nur bei Eintragung der Lizenz in das jeweilige Markenregister des einzelnen Staates entsteht, so z.B. nach Art. 11 des Benelux-Markengesetzes, nach Art. 23 des spanischen Markengesetzes Nr. 17/2001 über Marken bzw. nach Artt. 12, 13 Abs. 1 EG-Geschmacksverordnung (GMVO)[39] durch die Registrierung beim Harmonisierungsamt für den EU-Binnenmarkt in Alicante.[40] Im Rahmen der vertraglichen Vereinbarung haben Lizenzgeber wie Lizenznehmer darauf zu achten, dass die genaue Beschreibung der lizensierten Marke, die Form ihrer Benutzung sowie das Vertragsgebiet genau definiert sind. Dazu sollten vertragliche Absprachen über die Qualitätskontrolle, d.h. die Verpflichtung, Qualitätsstandards der vom Lizenzgeber vertriebenen Markenprodukte einzuhalten, sowie über die Haftung bei Markenverletzungen im vereinbarten Vertragsgebiet getroffen werden.

2.1.4.7 Merchandising-Lizenzvertrag

Der Merchandising-Lizenzvertrag ist die unternehmerische, insbesondere werbliche Verwertung von Figuren, Namen, Motiven aus urheberrechtlich geschützten Marken.[41] Charakteristisch ist insoweit, dass kennzeichnende Werksbestandteile, zu denen auch Titel, Szenen, Slogans, Einzelbilder oder Melodien gehören, einer rechtsgeschäftlichen Zweitverwertung zugeführt werden, die abweichend von der Primärnutzung des Werks einen eigenständigen wirtschaftlichen Einsatz des Merchandisinggegenstands bezweckt.[42] Während der Lizenzgeber beim Merchandising-Lizenzvertrag i.d.R. Alleinvermarkter des Merchandisinggegenstands ist, kann der Lizenznehmer im Rahmen einer Vertriebslizenz tätig werden. Voraussetzung für einen rechtswirksamen Merchandising-Lizenzvertrag sind ein rechtlich geschütztes Merchandisingobjekt sowie merchandisingfähige Schutzrechtspositionen wie z.B. urheberrechtliche Nutzungsrechte, Markenschutz oder Geschmacksmusterschutz, unter welchen bei letzterem insbesondere das Industriedesign fällt, speziell bei Merchandisingprodukten etwa Puppen, Figuren oder Schmuckgegenständen.

---

[38] Vgl. Bernau, S. 85; Lüdecke/Fischer, S. 587; dazu auch BGH GRUR 1955, 468, 472; BKart GRUR 1965, 499, 501; EG-Kommission, Entscheidung, GRUR Int. 1976, 182, 183.

[39] EG-VO Nr. 6/2002 v. 12.12.2001, ABl. 2002, L 3/1.

[40] Siehe dazu Pfaff/Harte-Bavendamm, Teil B. VIII Rz. 974.

[41] Vgl. Schricker/Loewenheim, Urheberrecht, Kommentar, 2. Aufl. 1999, Vor §§ 28 ff. UrhG Rz. 110.

[42] Pfaff/Büchner, Teil B. XI Rz. 1138.

2.1.4.8 Software-Lizenzvertrag

Beim Software-Lizenzvertrag ist insbesondere darauf zu achten, welche Rechte an welcher Software erteilt werden sollen. Dabei kann es sich um Systemsoftware, Massensoftware und Individualsoftware handeln, welche als unterschiedliche Kategorien in unterschiedlicher Weise technisch eingesetzt werden können. Auch ihre Nutzung kann auf verschiedene Art und Weise erfolgen. Während der Käufer i.d.R. die Systemsoftware beim Kauf der Hardware mit erwirbt, wird ein weiterer Kaufvertrag über Massensoftware vom Computernutzer notwendig.[43]

Der Käufer verfügt grundsätzlich nicht über unbeschränkte Nutzungsbefugnisse. Diese werden einerseits durch die Lizenzbedingungen des Softwareanbieters eingeschränkt, andererseits auch durch den Urheberschutz gemäß §§ 16, 17 UrhG. Insbesondere § 32 UrhG beschränkt die Nutzung in räumlicher, zeitlicher oder inhaltlicher Hinsicht. Aber auch für die Individualsoftware empfiehlt sich eine umfassende vertragliche Regelung zur umfassenden Nutzung bzw. für den weiteren Vertrieb.[44] Je komplexer die Software, desto höher ist die Anzahl verschiedener Beteiligter, wie z.B. Programmierer oder Spezialfirmen, welche die Software mitentwickelt haben. Insbesondere ist § 35 Abs. 1 UrhG zu beachten, selbst wenn ein ausschließlicher Nutzungsberechtigter vorhanden ist und dieser Unterlizenzen vergeben möchte. Überlässt ein Softwareentwickler seine Software zur Vermarktung einem anderen, kommen verlagsvertragsähnliche Regelungen zur Anwendung.[45] Daher ist erforderlich, dass Lizenzgeber wie Lizenznehmer bei Software-Lizenzverträgen die Gegenstände konkretisieren, aus denen sich Rechte für den Lizenznehmer an der jeweiligen Software ableiten. Dabei kann es sich um Betriebssoftware, Tools oder Computersprachen handeln, an denen Urheber- oder Patentrechte bestehen.

Vor dem Hintergrund dieser hohen Komplexität sollten die Lizenzvertragsparteien nicht nur die Lizenzrechte eindeutig definieren, sondern auch die diesen Rechten zugrunde liegende Software und somit den gesamten Umfang der Lizenz. Außerdem besteht die Problematik, dass einige Industrienationen eine Patentierung von Computerprogrammen immer noch ablehnen. Zwar hat ein Patentschutz für Computerprogramme den Vorteil, dass ein klar begrenzter Schutzumfang festgelegt wird. Dagegen sind Computerprogramme aber schon urheberrechtsschutzfähig, sofern das dahinter stehende Know-how geheim bleibt. Der daraus folgende Vorteil besteht darin, dass eine erheblich längere Schutzdauer im Urheberrecht möglich ist, als im Patentgesetz vorgesehen. Die Möglichkeit des Schutzes für den technischen Grundgedanken der Informationsverarbeitung spricht dagegen für den Versuch, Patentschutz zu erstreben.[46]

---

[43] Vgl. Pagenberg/Geissler, Teil 13 Rz. 10.
[44] Vgl. Pagenberg/Geissler, Teil 13 Rz. 13; vgl. dazu auch BGH GRUR 1985, 1041, 1042.
[45] Vgl. Pagenberg/Geissler, Teil 13 Rz. 15.
[46] So z.B. BGHZ 51, 263, 265.

2.1.5 Lizenzvertrag im Inland

2.1.5.1 Vertragsfreiheit

Der Lizenzvertrag ist ein synallagmatischer Vertrag, wenn Lizenzgeber wie Lizenznehmer als Vertragsparteien gleich bedeutsame Vertragspflichten vereinbart haben, so z.B. einerseits die Einräumung eines Nutzungsrechts an einer geschützten Erfindung und andererseits die Vergütung dieses Nutzungsrechts. Im Rahmen der Privatautonomie können die Vertragspartner den Lizenzvertrag nach Inhalt und Form grds. frei gestalten. Diese Freiheit unterliegt jedoch im Lizenzvertragsrecht der Schranke des Kartellrechts. Der BGH hat in seiner Entscheidung „Silobehälter" ausgeführt, dass das Gesetz gegen Wettbewerbsbeschränkungen (GWB) die bürgerlich-rechtliche Vertragsfreiheit im Grundsatz nicht antastet; „es grenzt aber auch nicht mittels abstrakt gehaltener Generalklauseln die zu verbietenden oder einer Kontrolle zu unterwerfenden Beschränkungen des freien Wettbewerbs allgemein gegen die als wirtschaftlich notwendig anerkannten oder als tragend hinzunehmender Wettbewerbsbeschränkungen ab, sondern es erfasst in einer größeren Anzahl konkret gehaltener Einzelvorschriften nur ganz bestimmte Tatbestandsgruppen rechtsgeschäftlicher und tatsächlicher Verhaltensweisen und Erscheinungen, die eine Beschränkung des freien Wettbewerbs bezwecken, zur Folge haben oder befürchten lassen."[47] Grund für die Einschränkung der Vertragsfreiheit durch das Kartellrecht ist, dass einerseits im Rahmen eines Lizenzvertrags ein technologischer Zusammenschluss gebildet wird, durch den Dritte an der Ausnutzung einer bestimmten Technologie gehindert werden, und dass es andererseits durch den Abschluss derartiger Verträge zu Wettbewerbsbehinderungen kommen kann.[48] Die bedeutenden gesetzlichen Grundlagen zur Verhinderung von Wettbewerbsbeschränkungen sind §§ 20, 21 GWB, Artt. 101, 102 des Vertrags über die Arbeitsweise der Europäischen Union (AEUV)[49] sowie die EG-Gruppenfreistellungsverordnung für Technologietransfer-Vereinbarungen (TT-GVO).[50]

2.1.5.2 Form

Lizenzverträge können grds. formfrei abgeschlossen werden. Auch durch konkludentes Verhalten kann die Lizenz erteilt werden.[51] Gemäß § 34 GWB a.F. waren Lizenzverträge schriftlich abzuschließen, wenn sie Beschränkungen nach §§ 20, 21 GWB aufwiesen. Schon durch die 7. GWB-Novelle im Jahr 1999 wurde diese Schriftformverpflichtung aufgehoben. Der BGH sieht Schriftform bei Lizenzverträgen aber dann als notwendig an, wenn sie den Li-

---

[47] BGHZ 51, 263, 265.

[48] Vgl. Bernau, S. 134; Schulz, Gebührenbemessung bei internationalen Lizenz- und Know-how-Verträgen, 1980, S. 46.

[49] Konsolidierte Fassung unter
http://eur-lex.europa.eu/LexUriServ/LexUriServ.do?uri=OJ:C:2008:115:0047:0199:de:PDF.

[50] EG-VO Nr. 772/2004 v. 7.4.2004, ABl. 2004, L 123/1, berichtigt in ABl. 2004, L 127/1.

[51] Lüdecke/Fischer, S. 25; a.A. Schramm, Anm. zu BGH GRUR 1958, 564, 567.

zenznehmer im Geschäftsverkehr einschränken.⁵² Die Schriftform gilt dann für das gesamte Vertragswerk zwischen Lizenzgeber und Lizenznehmer. Anhand des schriftlichen Vertrags können Kartellbehörden wie Gerichte die Vertragsinhalte in Bezug auf die wettbewerbsbeschränkenden Verpflichtungen prüfen, denn eine Überprüfung vereinbarter Wettbewerbsbeschränkungen ist nicht denkbar, wenn der Vertrag entweder nur mündlich oder teilweise schriftlich abgefasst wurde.⁵³

2.1.5.3 Pflichten des Lizenznehmers

Aus dem Lizenzvertrag können sich für den Lizenznehmer neben der Pflicht zur Zahlung der Lizenzgebühr weitere Pflichten wie z.B. die Ausübungspflicht, die Pflicht zur Vornahme von Verbesserungen am Lizenzgegenstand oder die Einschränkung auf ein bestimmtes Absatzgebiet ergeben. Im Lizenzvertrag sind die Pflichten des Lizenznehmers somit klar und ausführlich aufzuzeigen.

2.1.5.3.1 Lizenzgebühr

Hauptpflicht des Lizenznehmers ist die Zahlung einer Lizenzgebühr. Anspruchsgrundlage im Urheberrecht ist § 32 Abs. 1 S. 1 UrhG. Daraus ergibt sich für den Lizenzgeber nach Einräumung von Nutzungsrechten der Anspruch auf die vertraglich vereinbarte Vergütung. Eine gesetzliche Regelung fehlt im Patent- und Markenrecht im Gegensatz zum Urheberrecht. Anspruchsgrundlage ist daher § 581 Abs. 1 S. 2 BGB analog.⁵⁴ Sofern es sich um eine Gratis- bzw. Freilizenz, folglich eine unentgeltliche Lizenz handelt, schuldet der Lizenznehmer keine Gegenleistung.

Üblich ist die Zahlung einer Lizenzgebühr in Geld. Es können aber auch nichtmonetäre Gegenleistungen wie z.B. die Übertragung von Erfahrungen und Verbesserungen bestehen.⁵⁵ Die Verpflichtung des Lizenznehmers auf Zahlung von Lizenzgebühren ist kartellrechtlich zulässig. Fällt das Schutzrecht teilweise oder ganz weg, ist damit nicht automatisch eine Reduzierung der Höhe des Lizenzentgelts anzunehmen. Bei Weiterbestand mindestens eines wesentlichen Patents besteht, sofern kein offenkundiger Umgehungstatbestand vorliegt und wenn neben der Patentlizenz auch eine Know-how-Lizenz erteilt ist, bei der das Know-how noch geheim geblieben ist, keine Notwendigkeit, die Lizenzgebühren automatisch zu reduzieren.⁵⁶ Im Sinnes des ehemaligen Art. 2 Abs. 1 S. 7 b) TT-GVO⁵⁷ können die Vertragspar-

---

⁵² So BGH GRUR 1967, 676, 680; BGH GRUR 1975, 498, 499.

⁵³ Zur Problematik der Formfreiheit BGH GRUR 1980, 747, 748; BGH GRUR 1982, 635, 636; BGH GRUR 1993, 149, 150.

⁵⁴ Einordnung des Lizenzvertrags als Pachtvertrag siehe Abschnitt 2.1.2.

⁵⁵ Vgl. BGH GRUR 1955, 468, 474; Schulz, Gebührenbemessung bei internationalen Lizenz- und Know-how-Verträgen, 1980, S. 43; Benkard/Ullmann, § 15 PatG Rz. 123.

⁵⁶ Vgl. Pfaff/Osterrieth, Teil B. I Rz. 108.

⁵⁷ EG-VO Nr. 240/1996 v. 31.1.1996, ABl. 1996, L 31/2; abgelöst durch EG-VO Nr. 772/2004; s. Fn. 50.

teien auch über die Geltungsdauer der Lizenz hinaus Lizenzgebühren vereinbaren, wenn dem Lizenznehmer, z.B. durch eine während der Lizenzlaufzeit reduzierte Gebühr, eine Zahlungserleichterung verschafft wird. Diese ist allerdings besonders zu kennzeichnen und speziell zu vereinbaren.

Höhe und Art der Zahlung liegen in der einvernehmlichen Vereinbarung von Lizenzgeber und Lizenznehmer. Problematisch kann die Bewertung der Entgelthöhe für die Zurverfügungstellung der Lizenz sein, weil es oft schwierig ist, eine Lizenz zu bewerten. Der Wert einer Lizenz ist meistens abhängig vom jeweiligen Einzelfall. Hierbei spielen die Erwartungen von Lizenzgeber und Lizenznehmer eine große Rolle, welchen Erfolg die Verwertung der Lizenz in der Zukunft haben wird. Insofern liegt das hauptsächliche wirtschaftliche Risiko der Verwertung einer Lizenz beim Lizenznehmer. Können beide Vertragsparteien die genaue Höhe der Lizenzgebühr nicht bestimmen, ergibt sich die Möglichkeit, bei einzelnen Branchen, in denen Technologielizenzen üblich sind, die Höhe durch Vergleich abzuschätzen. So verfahren auch deutsche Gerichte in Patentverletzungsverfahren. Kommt es in derartigen Verfahren zur Überprüfung von Lizenzgebühren, z.B. bei Schadensersatzforderungen, gehen die Gerichte bei der Beweisführung nach Lizenzanalogien vor. Die in einer Branche üblichen Lizenzgebühren bilden dann den Maßstab für den jeweiligen Anspruch.

2.1.5.3.1.1 Arten von Lizenzgebühren

Neben der pauschalen Lizenzgebühr sind für den Vergütungsanspruch des Lizenzgebers ebenso die Stücklizenz-, die Umsatzlizenz- und Gewinnlizenzgebühr üblich.

Der pauschalen Lizenzgebühr liegt die Vereinbarung zugrunde, dass der Lizenzgeber diese Gebühr pauschal vorab auf die gesamte Vertragsdauer bezogen zu entrichten hat. Vorteil für den Lizenzgeber ist, dass der Lizenznehmer durch die pauschale Lizenzgebühr Teile der Entwicklungskosten sowie Schutzrechtskosten übernimmt, üblich z.B. in der pharmazeutischen Industrie. Ein weiterer Vorteil besteht für den Lizenzgeber darin, dass er – ohne einen späteren Verwertungserfolg des Lizenznehmers – schon vor Lizenzverwertung einen bestimmten Geldbetrag erhält. Die Pauschallizenzgebühr wird auch als „Eintrittgebühr" bezeichnet.[58] Nachteilig kann für den Lizenzgeber bei der Pauschallizenzgebühr sein, dass sich ein späterer sehr erfolgreicher Lizenzverwertungsprozess nicht in höheren Erträgen für ihn niederschlägt.

Im Gegensatz zur pauschalen Lizenzgebühr können die Vertragsparteien auch die sog. Stücklizenzgebühr vereinbaren. Danach ist der Lizenznehmer zur Entgeltzahlung pro Stück verpflichtet, welches er laut Lizenzvertrag hergestellt bzw. vertrieben hat. Als Bezeichnungen werden verwendet: Grundlizenzgebühr, Grundzahlung, einmalige Pauschalgebühr, Abschlussgebühr, Vorwegvergütung, lump sum, down payment oder À-fond-perdu-Zahlung.[59]

Am häufigsten wird zwischen den Vertragsparteien die Lizenzgebühr im Verhältnis zum Umsatz vereinbart. Diese Bezugsgröße ist allerdings detailliert zu regeln, z.B., ob sich der

---

[58] Vgl. Groß, Rz. 114.
[59] Vgl. Groß, Rz. 77, 113; Pfaff/Winzer, Teil B. VII Rz. 954.

Umsatz aus den Verkäufen mit Preisstellung ab Werk, dem Einzelhandelspreis, dem Listenpreis oder dem Nettoverkaufspreis zusammensetzen soll und ob Nebenkosten inbegriffen sind.[60] Die prozentuale Höhe der Gebühr richtet sich nach der Branche, in der die Lizenz vertraglich vereinbart wird. Während im Maschinenbau die Höhe der Umsatzbeteiligung bei einem Lizenzvertrag zwischen 3 % und 5 % schwankt, kann bei einem Softwarelizenzvertrag eine Höhe von bis zu 50 % des Nettoverkaufserlöses vereinbart werden. Grund mag sein, dass die Software sehr schnell veraltet. Dagegen kommt es in der Softwarebranche auch vor, dass Lizenzgebühren zum Vertrieb von Software oft sehr niedrig sind, z.B. aus Werbegründen oder aus Gründen von Softwarepiraterie. Eine Umsatzlizenzgebühr kann auch dergestalt vereinbart werden, dass die Lizenzgebühr im Rahmen einer Staffelung sinkt, wenn die Umsätze steigen. Als Sicherungsinstrument für den Lizenzgeber dient die Mindestumsatzlizenzgebühr, welche vom Lizenznehmer auf jeden Fall zu zahlen ist, selbst wenn er die Umsätze nicht erreicht.[61]

Eine Gewinnlizenzgebühr wird zwischen Lizenzgeber und Lizenznehmer vereinbart, wenn beide Vertragsparteien von einer sehr erfolgreichen Verwertung der Lizenz ausgehen. Erforderlich ist eine detaillierte vertragliche Vereinbarung über die Methode der Gewinnermittlung. Vertragliche Absprachen über eine Gewinnlizenzgebühr kommen im Rechtsverkehr unterdurchschnittlich vor.[62]

2.1.5.3.1.2   Höhe der Lizenzgebühr

Die Vertragsparteien können die Höhe der Lizenzgebühr frei vereinbaren. Allerdings darf nach § 138 BGB weder ein sittenwidriges Rechtsgeschäft, noch Wucher vorliegen, welche zur Nichtigkeit der Lizenzgebührvereinbarung führen. Demzufolge hat die Lizenzgebühr in einem ausgeglichen Verhältnis zum Wert des geschützten Rechts, dem eingeräumten Schutzumfang bzw. dem Vertriebsgebiet zu stehen. Denn daraus ergibt sich der rechtliche Vorteil des Lizenznehmers gegenüber Dritten, insbesondere seine verbesserte Wettbewerbsposition. Außerdem schlägt sich die Art der Lizenz, ob z.B. ausschließliche oder einfache Lizenz, auf die Höhe der Lizenzgebühr nieder. Schon das Reichsgericht ging davon aus, dass eine hohe Lizenzgebühr dann gerechtfertigt ist, „wo ständig eine gute Rendite erzielt wird".[63]

Die Höhe der Lizenzgebühr bei einer Zwangslizenz i.S.v. § 24 PatG bestimmt sich gemäß § 287 ZPO unter Würdigung aller Umstände nach freier Überzeugung des Gerichts.[64] Grundsatz ist, dass dem Patentinhaber einerseits eine angemessene Entschädigung zu zahlen ist; der Lizenznehmer soll andererseits seinen Betrieb weiterführen können.[65]

---

[60]   Vgl. Bernau, S. 174.
[61]   Dazu Storch, Anm. zu BGH GRUR 1978, 166, 168; Bernau, S. 177 f.
[62]   Vgl. dazu BGH GRUR 1959, 125, 127.
[63]   RG GRUR 1937, 836, 837.
[64]   Siehe dazu BGH GRUR 1980, 841, 844; BGH GRUR 1994, 98, 103.
[65]   Vgl. Benkard/Rogge, § 24 PatG Rz. 33.

Die Höhe einer Unterlizenzgebühr richtet sich nach den Vereinbarungen des Hauptlizenznehmers mit seinem Unterlizenznehmer. Lizenzgeber und Lizenznehmer können bei der Vereinbarung der Lizenzgebühr zusätzlich festlegen, dass bei erlaubter Unterlizensierung eine pauschale Gebühr für die Erteilung der Unterlizenz zu zahlen ist. Ansonsten kann die Höhe der Lizenzgebühr für die Unterlizenz zwischen den Vertragsparteien frei vereinbart werden. Der Unterlizenznehmer hat grundsätzlich nur dem Hauptlizenznehmer Lizenzgebühren zu entrichten, es sei denn, es liegt eine andere vertragliche Absprache vor. Die Höhe der Lizenzgebühr für die Unterlizenz muss nicht derselben Höhe entsprechen wie der Lizenzgebühr zwischen Lizenzgeber und Lizenznehmer. Üblicherweise ist die Unterlizenzgebühr höher als die Hauptlizenzgebühr.[66]

2.1.5.3.1.3   Anpassung der Lizenzgebühr

Anpassungen der Lizenzgebühr können erforderlich werden, wenn das Vertrags-Know-how publik wird oder beim Wegfall der Vertragsschutzrechte. Lizenzgeber und Lizenznehmer können vereinbaren, dass z.B. der Anteilsbetrag, den der Lizenznehmer dem Lizenzgeber für die Know-how-Lizenz bezahlt, dann entfällt, wenn das Know-how während der Laufzeit des Lizenzvertrags offenkundig wird. Ansonsten ist das Publikwerden des Know-how durch die Tätigkeit des Lizenznehmers als Risiko mit zu berücksichtigen. Denn im Sinne des ehemaligen Art. 2 Abs. 1 Nr. 7 a) TT-GVO 1996[67] ist die Pflicht zur Weiterzahlung von Lizenzgebühren für offenkundig gewordenes Know-how weiterhin dann nicht freigestellt, wenn der Lizenzgeber die Offenkundigkeiten durch sein Verhalten bewirkt hat. Im Gegensatz dazu galt bei der ehemaligen EG-Gruppenfreistellungsverordnung für Patentlizenzvereinbarungen[68] nach Art. 3 Nr. 4 PatGVO, dass der Lizenznehmer grundsätzlich nicht von der Zahlung von Lizenzgebühren bei Offenkundigwerden des Know-how freigestellt wurde. Aber auch nach Inkrafttreten der TT-GVO hat der Lizenznehmer keine Ansprüche, die in der Vergangenheit bezahlten Lizenzgebühren für Vertrags-Know-how zu reduzieren, wenn in der Vertragsvereinbarung keine besonderen Absprachen über diesen Punkt getroffen wurden.[69]

Tritt während der Dauer des Lizenzvertrags ein vorzeitiger Wegfall des Vertragsschutzrechts ein, bestimmte Art. 2 Abs. 1 Nr. 7 a) TT-GVO 1996, dass der Lizenznehmer die Zahlung der Lizenzgebühr ohne Existenz des Schutzrechts aussetzen oder verringern kann. Eine Fortsetzung der vereinbarten Lizenzgebühr kommt nur dann noch in Frage, wenn im Lizenzvertrag für diesen Fall eine Vereinbarung über eine Zahlungserleichterung getroffen wurde. Treffen die Parteien keine ausdrückliche Regelung über eine mögliche Anpassung beim Wegfall eines der Vertragsschutzrechte und liegen nicht zugleich aus diesem Grund durchgreifende Bedenken gegen die Wirksamkeit des Vertrags insgesamt vor, so hat der Lizenznehmer An-

---

[66] So z.B. Bernau, S. 179.

[67] Siehe EG-VO Nr. 240/1996 v. 31.1.1996, ABl. 1996, L 31/2; abgelöst durch EG-VO Nr. 772/2004; s. Fn. 50.

[68] EG-VO Nr. 2349/1984 (EWG) v. 16.8.1984, ABl. 1984, L 219/15, geändert durch EG-VO Nr. 240/1996 v. 31.1.1996, ABl. 1996, L 31/2.

[69] Vgl. dazu Pfaff/Osterrieth, Teil B. I Rz. 125; Körner, Ausübungspflichten und Wettbewerbsverbote des Lizenznehmers aus kartellrechtlicher Sicht, BB 1980, 1662, 1664; EuGH GRUR Int. 1990, 458, 459.

spruch auf Anpassung des Vertrags.⁷⁰ Der BGH geht insbesondere dann von einer Anpassung der Lizenzgebühr aus, wenn dem Lizenznehmer das Festhalten am Vertrag nicht mehr zugemutet werden kann.⁷¹ Während der Vertragsdauer einer Lizenz, insbesondere einer längeren Vertragsdauer, ist es denkbar, dass wesentliche Schutzrechte wegfallen bzw. Vertrags-Know-how publik wird. Für diesen Fall können Lizenzgeber und Lizenznehmer im Lizenzvertrag unter dem Vertragspunkt „Lizenzgebühr" eine detaillierte Aufschlüsselung der Lizenzgebühr vereinbaren, woraus sich im Anpassungsfall die Möglichkeit ergibt, genau zu berechnen, in welcher Höhe die Reduzierung der Lizenzgebühr vorgenommen werden muss.

2.1.5.3.2 Rechnungslegungspflicht

Im engen Zusammenhang mit der Entrichtung der Lizenzgebühr steht für den Lizenznehmer die Rechnungslegungspflicht. Die höchstrichterliche Rechtsprechung billigt dem Lizenzgeber auch ohne eine vertragliche Vereinbarung das Recht zu, vom Lizenznehmer eine detaillierte Rechnungslegung bei der Verwertung der Lizenz zu erhalten.⁷² Üblicherweise treffen die Vertragsparteien diesbezüglich eine Vereinbarung. Zweck der Rechnungslegung ist es, dem Lizenzgeber eine Prüfung darüber zu ermöglichen, ob und in welcher Höhe ihm Ansprüche gegenüber dem Lizenznehmer zustehen.⁷³ Das Recht zur Einsichtnahme soll aber nur insoweit bestehen, als dies zur Feststellung der Richtigkeit und Vollständigkeit der Abrechnung erforderlich ist.⁷⁴ Aus Konkurrenzgründen kann auch vereinbart werden, dass der Lizenzgeber die Prüfung nicht selbst vornehmen darf. Dann kann der Lizenznehmer einen Steuerberater oder Wirtschaftsprüfer beauftragen, der die Rechnungslegung des Lizenznehmers auf Richtigkeit und Vollständigkeit überprüft. Erteilt der Hauptlizenznehmer mit Einverständnis des Lizenzgebers Unterlizenzen, hat der Lizenznehmer auch dafür Sorge zu tragen, dass die gesamte Rechnungslegungspflicht einschließlich der Unterlizenzen erfüllt wird.⁷⁵ Ein Recht zur Einsicht in die Geschäftsbücher des Lizenznehmers steht dem Lizenzgeber nicht zu, selbst dann nicht, wenn der Lizenznehmer die Pflicht zur Rechnungslegung der Lizenzverwertung nicht erfüllt.

2.1.5.3.3 Ausübungspflicht

Sinn und Zweck eines Lizenzvertrags ist es, dass das der Lizenz innewohnende Nutzungsrecht ausgeübt wird. Zwar sind für den Pachtvertrag nach §§ 581 ff. BGB, welcher analog auf den Lizenzvertrag anzuwenden ist, keine Rechtsnormen aufgeführt, wonach der Pächter die Pflicht zum Gebrauch bzw. zur Nutzung der Pachtsache hat. Da es aber gerade im Inte-

---

⁷⁰ Vgl. Pfaff/Osterrieth, Teil B. I Rz. 128, Groß, Rz. 74; Henn, Rz. 331; für die Rechtsprechung z.B. BGH GRUR 1969, 493, 494; BGH GRUR 1969, 677, 679; BGH NJW 1982, 2861, 2862.
⁷¹ BGH GRUR 1957, 595, 596; BGH GRUR 1961, 466, 468.
⁷² RG GRUR 1930, 430; RG GRUR 1937, 1003, 1005; BGH GRUR 1961, 466, 469.
⁷³ Vgl. Pfaff/Osterrieth, Teil B. I Rz. 134; Bernau, S. 206.
⁷⁴ Groß, Rz. 142.
⁷⁵ BGH GRUR 1953, 114, 118.

resse des Verpächters liegt, dass der verpachtete Gegenstand genutzt wird, weil ansonsten der Wert des verpachteten Gegenstands, z.B. eine Immobilie, an Wert verliert, gilt Ähnliches für die Stellung des Lizenzgebers. Der Lizenzgeber hat ein großes Interesse daran, dass die Lizenz auch ausgeübt wird. Eine Nichtausübung der Lizenz kann z.B. dem wirtschaftlichen Bestand des Schutzrechts Schaden zufügen bzw. das Schutzrecht zerstören. Daher wird in Lizenzverträgen häufig eine Ausübungspflicht ausdrücklich geregelt, insbesondere dann, wenn Stücklizenzgebühren vereinbart werden.[76]

Nach §§ 14 ff., 25 Abs. 1 MarkenG verliert der Inhaber einer Marke seine Abwehrrechte bzw. muss nach §§ 49 Abs. 1 Nr. 1, 26 Abs. 1 MarkenG mit der Löschung seiner Marke rechnen, wenn er selbst oder ein Dritter diese Marke nach dem Tag der Eintragung innerhalb von fünf Jahren nicht rechtserhaltend nutzt. Zwar kann auch daraus noch nicht auf eine Ausübungspflicht des Lizenznehmers geschlossen werden. Im Gegensatz zur einfachen Lizenz, bei der neben dem Lizenzgeber auch evtl. mehrere Lizenznehmer nutzungsberechtigt sind, wird bei der ausschließlichen Lizenz eine Ausübungspflicht des Lizenzgebers vor dem Hintergrund des § 241 Abs. 2 BGB bejaht.[77] Auch im Patent- und Urheberrecht sind keine Vorschriften vorhanden, aus denen sich eine gesetzliche Verpflichtung zur Ausübung einer Lizenz ergibt. Nach § 1 Abs. 2 VerlG besteht z.B. für Verleger allerdings die Vervielfältigungs- und Verbreitungspflicht.

Rechtsprechung und Rechtsliteratur nehmen bei der Umsatz- und Stücklizenz eine Ausübungspflicht an, selbst wenn sie zwischen Lizenzgeber und Lizenznehmer nicht ausdrücklich vereinbart worden ist.[78] Denn es besteht ein finanzielles Interesse des Lizenzgebers, dass bei derartigen Lizenzgebührvereinbarungen auch die Verwertung erfolgt. Dadurch wird das Verwertungsinteresse des Lizenzgebers geschützt. Zum anderen entspricht es dem Charakter einer Lizenz, die Verwertung auch einem Dritten zu überlassen, welcher sie nach Ansicht des Lizenzgebers evtl. sogar besser verwerten kann als er selbst. Übt der Lizenznehmer das Verwertungsrecht nicht aus, begeht er die Verletzung einer Nebenleistungspflicht aus § 241 Abs. 2 BGB, welche für den Lizenzgeber einen Klagegrund auf Ausübung darstellen kann. Ein Schadensersatzanspruch für den Lizenzgeber bei Nichtausübung scheidet allerdings deshalb aus, weil die Ausübungspflicht nicht dazu führen darf, dass nicht eingetretene Gewinnaussichten monetär ausgeglichen werden müssen. Dafür steht dem Lizenzgeber bei Nichtausübung ein außerordentliches Kündigungsrecht gemäß §§ 581 Abs. 2, 543 BGB analog bzw. nach § 314 BGB zu.[79]

---

[76] Vgl. BGHZ 52, 55, 58; Groß, Rz. 149; Pagenberg/Geissler, Teil 1 Rz. 169.

[77] Vgl. Pahlow, S. 331.

[78] Vgl. BGH GRUR 1986, 613, 614 zu § 41 UrhG; Bartenbach/Gennen, Rz. 1897; Lüdecke/Fischer, S. 44; P. Schade, Die Ausübungspflicht bei Lizenzen, 1967, S. 33; a.A. Groß, Rz. 152; Pahlow, S. 333.

[79] Vgl. Pahlow, S. 334.

2.1.5.3.4 Verbesserungspflicht

Falls zwischen Lizenzgeber und Lizenznehmer vereinbart, trifft den Lizenznehmer eine Pflicht, das Patent zu verbessern und die Rechte an der verbesserten Erfindung an den Lizenzgeber zu übertragen. Eine Verbesserung liegt dann vor, wenn die Merkmale in der vom Hauptpatent angestrebten Richtung besser zur Wirkung kommen, also entweder die Wirkung weitergehend erreicht oder neben derjenigen des Hauptpatents eine andere Wirkung erzielt oder die Wirkung einfacher erreicht wird.[80] Es wird die Meinung vertreten, dass auch ohne Absprache unter der Berücksichtigung des Grundsatzes von Treu und Glauben i.S.v. § 242 BGB eine Verbesserungspflicht für den Lizenznehmer besteht.[81] Voraussetzung wäre jedoch eine Ausübungspflicht, ob aufgrund einer ausschließlichen Lizenz oder durch die Vereinbarung einer Ausübungspflicht. Eine Verbesserungspflicht des Lizenznehmers sollte jedoch generell zurückhaltender angenommen werden, da die Verbesserung der Erfindung nicht selten mit einem beträchtlichen finanziellen und zeitlichen Aufwand verbunden ist.[82] Auch darf die Verbesserung nicht so weit gehen, dass eine selbstständige Erfindung entsteht. Verbesserungen des Lizenznehmers können nur die Weiterentwicklung des Vertragsgegenstands betreffen.[83]

2.1.5.3.5 Kennzeichnungspflicht

Grundsätzlich hat der Lizenznehmer nicht die Pflicht, die von ihm hergestellten Produkte zu markieren, auf die sich der Lizenzvertrag bezieht. Ihn trifft des Weiteren grds. keine Pflicht, nach §§ 17, 20 Abs. 1 Nr. 3 PatG das Patent durch Zahlung von Patentgebühren aufrecht zu erhalten.[84] Allerdings hat der Lizenznehmer gem. § 242 BGB i.V.m. § 18 UWG nach dem Grundsatz von Treu und Glauben und mit Rücksicht auf die Verkehrssitte eine Publikmachung anvertrauter Geheimnisse zu unterlassen. Derartige anvertraute Geheimnisse können Vorlagen bzw. Vorschriften technischer Art sein, so z.B. Zeichnungen, Modelle, Schablonen, Schnitte oder Rezepte. Üblich ist, dass Lizenzgeber und Lizenznehmer eine vertragliche Vereinbarung über die Geheimhaltungspflicht treffen.

2.1.5.3.6 Aufrechterhaltungs- und Verteidigungspflicht des Patents

Im Gegensatz zur einfachen Lizenz vertritt die herrschende Meinung in der Rechtsliteratur die Auffassung, dass den Lizenznehmer bei der ausschließlichen Lizenz die Aufrechterhaltungs- und Verteidigungspflicht des Patents trifft.[85] Der Lizenznehmer der ausschließlichen

---

[80] Vgl. KG GRUR 1931, 754, 755; dazu ebenfalls RG GRUR 1938, 766, 767.
[81] Vgl. Lüdecke/Fischer, S. 134.
[82] Bernau, S. 210.
[83] So schon RG GRUR 1940, 439, 440.
[84] Vgl. Benkard/Ullmann, § 15 PatG Rz. 147.
[85] Vgl. Henn, Rz. 273; Pagenberg/Geissler, Teil 1 Rz. 47; Lüdecke/Fischer, S. 258 f.

Lizenz nimmt als einziger die „wirtschaftliche und tatsächliche Inhaberstellung" ein.[86] Somit soll der Lizenznehmer bei der ausschließlichen Lizenz insbesondere auch das der Lizenz zu Grunde liegende Patent verteidigen und die Jahresgebühr für das Patent zahlen.

2.1.5.3.7 Mitteilungspflicht gegenüber Verbesserungen und Patentverletzungen

Allgemeine Auskunftspflichten sind im BGB nicht normiert. So könnte ausschließlich nach §§ 241 Abs. 2, 242 BGB eine Auskunftspflicht zwischen dem Lizenzgeber und dem Lizenznehmer denkbar sein, wenn es die zwischen den Parteien bestehenden Rechtsbeziehungen mit sich bringen, dass der Berechtigte in entschuldbarer Weise über das Bestehen oder den Umfang seines Rechts im Ungewissen ist und der Verpflichtete die zur Beseitigung der Ungewissheit erforderliche Auskunft unschwer geben kann.[87] Daher ist auch der Lizenznehmer dem Lizenzgeber nicht zur Mitteilung über Verbesserungen verpflichtet; diese Mitteilungspflicht kann sich im Einzelfall aber dann ergeben, wenn eine derartige Verpflichtungsklausel in den Lizenzvertrag aufgenommen wurde. Grundsätzlich muss sich der Lizenzgeber selbst um Verbesserungen an seinem geschützten Rechtsgut kümmern.

Üblicherweise wird der Lizenznehmer, der von einer Patentverletzung des Patents Kenntnis erlangt hat, an dem ihm eine Lizenz zusteht, dem Lizenzgeber und Patentinhaber diese Informationen mitteilen. Denn es liegt im Interesse des Lizenznehmers, dass die Lizenz und folglich das Patent weiter Bestand haben. Eine Mitteilungspflicht könnte sich – ebenfalls wie die Mitteilungspflicht für Verbesserungen – höchstens aus §§ 241 Abs. 2, 242 BGB herleiten lassen. Denn auch bei Patentverletzungen befindet sich der Lizenzgeber ohne den Mitteilungsanspruch nicht über seine sonstigen Ansprüche im Ungewissen.[88]

2.1.5.3.8 Werbung

Bei einer ausschließlichen Lizenz ist der Lizenznehmer nicht nur herstellungs- und/oder vertriebspflichtig. Nach Ansicht des Kammergerichts hat der Lizenznehmer auch für Werbung zu sorgen; Art und Umfang betrifft den Einzelfall.[89] Der BGH geht ebenfalls davon aus, dass der Lizenznehmer bei einer ausschließlichen Lizenz Werbung betreiben soll, um den Produktabsatz zu fördern.[90] Die Pflicht zur Werbung darf für den Lizenznehmer finanziell allerdings nicht zu umfangreich sein. Es muss im Ermessen des Lizenznehmers bleiben, Art und Umfang der Werbemaßnahmen selbst zu bestimmen.

---

[86] Bernau, S. 229.

[87] Vgl. dazu Palandt/Grüneberg, § 241 Rz. 7.

[88] So Bernau, S. 214.

[89] Vgl. KG GRUR 1939, 66, 67; dazu Groß, Rz. 162, Henn, Rz. 284; Reimer, Patentgesetz und Gebrauchsmustergesetz, 3. Aufl. 1968, § 9 PatG Rz. 55.

[90] P. Schade, Die Ausübungspflicht bei Lizenzen, 1967, S. 74.

2.1.5.3.9 Abwehr von Übergriffen

Insbesondere der Lizenznehmer einer ausschließlichen Lizenz bemerkt Übergriffe Dritter beim Vertrieb des Lizenzgegenstands eher als der Lizenzgeber. Der im Mietrecht anerkannte Grundsatz der allgemeinen Obhutspflicht des Mieters gegenüber dem Mietgegenstand,[91] der auch auf den Pachtvertrag nach §§ 581 ff. anzuwenden ist, gilt auch für Lizenzverträge analog. Während der Mieter den Vermieter zu informieren hat, wenn die Mietsache durch einen Dritten beeinträchtigt wird, ist der Lizenznehmer verpflichtet, den Lizenzgeber von der Verletzung seiner Schutzrechte zu informieren. Das gilt für die ausschließliche Lizenz ebenso wie für die einfache Lizenz. Im Lizenzvertrag können Lizenznehmer und Lizenzgeber auch vereinbaren, dass der Lizenznehmer den Markt insgesamt, d.h. Konkurrenzware und -angebote zu prüfen hat. Hat insbesondere ein Lizenznehmer seinen Sitz im Ausland, kommt häufig dort die Verletzung der Schutzrechte vor, so dass zwischen den Vertragsparteien vereinbart wird, dass der Lizenznehmer vom Lizenzgeber eine Prozessführungsbefugnis erhält, da er mit den Rechtsverhältnissen im eigenen Land besser vertraut ist.

2.1.5.3.10 Nichtangriffspflicht

Ohne ausdrückliche Vereinbarung besteht nach ständiger Rechtsprechung keine Nichtangriffspflicht des Lizenznehmers.[92] Der Lizenznehmer wäre somit berechtigt, gegen das Patent Einspruch oder Nichtigkeitsklage zu erheben bzw. die Löschung des Gebrauchsmusters voranzutreiben, auf das sich der Lizenzvertrag bezieht. Dagegen könnte die Ansicht bestehen, dass schon dem Lizenzvertrag ein immanenter Verzicht des Lizenznehmers auf einen Patentangriff innewohnt. Rechtsprechung und Rechtsliteratur billigen dem einfachen wie ausschließlichen Lizenznehmer dann die Möglichkeit der Nichtigkeitsklage gegen das Patent zu, wenn keine vertragliche Vereinbarung über eine Nichtangriffspflicht getroffen wurde.[93] In zwei Ausnahmefällen kann eine Nichtangriffspflicht aber auch ohne vertragliche Vereinbarung bestehen: Zum einen, wenn der Lizenzgeber die Lizenz dem Lizenznehmer unter den Voraussetzungen erteilt hatte, nach denen sich der Lizenznehmer verpflichtet hat, eine Nichtigkeitsklage zu unterlassen oder zurückzunehmen;[94] zum anderen, wenn Lizenzgeber und Lizenznehmer im Rahmen des Austauschs von Verbesserungserfindungen oder Konstruktionszeichnungen ein besonderes Vertrauens- oder Gesellschaftsverhältnis begründet haben.[95]

---

[91] Vgl. für viele Palandt/Weidenkaff, § 536 c Rz. 1a.

[92] Kraßer, S. 941.

[93] RG GRUR 1921, 187, 188; BGH GRUR 1957, 482, 483; BGH GRUR Int. 1969, 31, 33; Lüdecke, Die Ausübungspflicht des Lizenznehmers, GRUR 1952, 211, 220; Benkard/Ullmann, § 15 PatG Rz. 141.

[94] Vgl. Bernau, S. 216; Schippel, Die Berechtigung zur Erhebung der Nichtigkeitsklage im Patentrecht und ihre Beschränkung durch Lizenzverträge, GRUR 1955, 322, 327; Kirchhartz, Nichtangriffsklauseln in Patentlizenzverträgen, 1982, S. 41.

[95] Vgl. BGH GRUR 1957, 482, 485; BGH GRUR 1971, 243, 245; BGH DB 1988, 700, 701, BPatG GRUR 1996, 480 f.

2.1.5.3.11 Wettbewerbsverbot

Für den einfachen Lizenznehmer besteht grundsätzlich kein Wettbewerbsverbot. Da er nicht verpflichtet werden kann, die Lizenz zu verwerten, braucht er Wettbewerbshandlungen nicht zu unterlassen. Die Wettbewerbsverbotspflicht ist daher an die Ausübungspflicht gekoppelt. Demzufolge ergibt sich eine Wettbewerbsverbotspflicht nur für den Lizenznehmer einer ausschließlichen Lizenz bzw. dann für den Lizenznehmer einer einfachen Lizenz, wenn in den vertraglichen Vereinbarungen eine Ausübungspflicht vereinbart wurde.[96]

Häufig vereinbaren Lizenzgeber und Lizenznehmer ein Wettbewerbsverbot nach Beendigung des Lizenzvertrags. Ein derartiges Verbot ist aus kartellrechtlicher Sicht grundsätzlich unzulässig. Zwar ist der Lizenzgeber gemäß § 18 UWG grundsätzlich geschützt. Der Lizenznehmer kann aber die Möglichkeit der Umgehung nutzen, um ein ähnliches Produkt herzustellen. Hier hat der Lizenzgeber nachzuweisen, dass der Lizenznehmer von Erfahrungen und Know-how der abgelaufenen Lizenz, insbesondere von Betriebsgeheimnissen in einer Art und Weise profitiert hat, dass die Umgehung rechtswidrig ist.[97]

2.1.5.3.12 Pflichten des Unterlizenznehmers

Die Unterlizenz ist grundsätzlich eine einfache Lizenz. Zwar besteht für den Hauptlizenznehmer die Nebenpflicht der Rechnungslegung für die Lizenzverwertung. Diese kann der Hauptlizenznehmer allerdings nur dann erfüllen, wenn der Unterlizenznehmer ebenfalls gegenüber dem Hauptlizenznehmer zur Rechnungslegung verpflichtet ist. Eine Aufrechterhaltungspflicht des Unterlizenznehmers für das Patent besteht nicht, es sei denn, dass diese Verpflichtung zwischen dem Lizenzgeber und dem Lizenznehmer vereinbart wurde.

2.1.5.3.13 Pflichten bei Beendigung des Lizenzvertrags

Der Lizenznehmer darf nach Beendigung des Lizenzvertrags die Lizenz nicht mehr verwerten; ansonsten würde er das Schutzrecht des Lizenzgebers verletzen. Dem Lizenznehmer steht allerdings ein sog. Auslaufrecht zu, wonach er über das Vertragsende hinaus die vorher produzierten Gegenstände noch verkaufen, bei einer Vertriebslizenz die vorhandenen Gegenstände ebenfalls noch veräußern darf.[98] Des Weiteren ist der Lizenznehmer verpflichtet, alle ihm überlassenen Informationen, ob technische oder betriebswirtschaftliche, an den Lizenzgeber herauszugeben. Dies gilt insbesondere dann, wenn der Lizenzvertrag eine kürzere Laufzeit hat als das Patent und das Know-how weiterhin geheim ist. Der Lizenzgeber kann bei einem Verstoß der Geheimhaltungspflicht, insbesondere auch bei der Verletzung von geheimem Know-how, nach § 18 UWG Schadensersatz gegenüber dem Lizenznehmer verlangen. Auch darf der Lizenznehmer Ausstattungsrechte, die er während der Lizenzdauer

---

[96] Vgl. Lüdecke/Fischer, S. 720; Henn, Rz. 359.
[97] Vgl. Lüdecke/Fischer, S. 720; Henn, Rz. 359.
[98] Vgl. BGH GRUR 1959, 528, 530; Groß, Rz. 217; differenzierter Pagenberg/Geissler, Teil 1 Rz. 311.

erlangt hat, nicht mehr verwerten. Unter den Ausstattungsschutz fallen z.B. Worte, Zeichen, Buchstaben oder Abbildungen von Erzeugnissen.[99]

2.1.5.4 Pflichten des Lizenzgebers

2.1.5.4.1 Pflichten bei Vertragsabschluss

Der Lizenzgeber hat bei Vertragsabschluss einvernehmlich mit dem Lizenznehmer zusammen zu wirken, insbesondere den Vertrag schriftlich abzufassen, sofern dazu eine Notwendigkeit besteht. Außerdem ist der Lizenzgeber verpflichtet, die notwendigen Genehmigungen einzuholen, wenn zur Erteilung der Lizenz eine Genehmigung erforderlich ist. Dies gilt insbesondere bei der Lizenzerteilung an einen ausländischen Lizenznehmer.[100]

2.1.5.4.2 Ausübung des Lizenzrechts

Haben Lizenzgeber und Lizenznehmer einen Lizenzvertrag geschlossen, erhält der Lizenznehmer ein positives Nutzungsrecht zur Verwertung der Lizenz. Zusätzlich ist der Lizenzgeber verpflichtet, dem Lizenznehmer alle Informationen zukommen zu lassen, die erforderlich sind, um die tatsächliche Möglichkeit der Nutzung unter dem Schutz des Patents oder Gebrauchsmusters zu ermöglichen. Der Lizenzgeber hat insbesondere geheimes Know-how zu übertragen. Eine bedeutende Nebenpflicht des Lizenzgebers besteht darin, die bei einem Lizenznehmer im Ausland tätigen Angestellten im Betrieb des Lizenzgebers zu unterrichten, die Anlernung von Arbeitskräften des Lizenznehmers durchzuführen, die Entsendung von Ingenieuren, die den Aufbau und die Überwachung der Produktion beim Lizenznehmer durchzuführen haben, vorzunehmen sowie die Lieferung einer bestimmten Anzahl von Erzeugnissen aus der eigenen Produktion zu überlassen.[101] Ebenso trifft den Lizenzgeber die Pflicht zur Aufrechterhaltung des Patents oder Gebrauchsmusters, außerdem für die Zahlung der Jahres- bzw. Aufrechterhaltungsgebühren zu sorgen, was allerdings bei der ausschließlichen Lizenz streitig ist.[102] Des Weiteren hat der Lizenzgeber die Prüfkosten nach § 44 PatG zu zahlen sowie die Geheimhaltung der geschützten Erfindung bzw. des Know-how gegenüber dem Lizenznehmer bei ausschließlicher wie bei einfacher Lizenz zu wahren. Zur Verteidigung des Schutzrechts gegenüber Verletzungen durch Dritte ist der Lizenzgeber bei der ausschließlichen Lizenz nicht verpflichtet, weil dem Lizenznehmer einer ausschließlichen Lizenz aufgrund des dinglichen bzw. quasi-dinglichen Charakters der ausschließlichen Lizenz das Recht selbst zusteht, gegen Schutzrechtsverletzungen vorzugehen. Bei der einfachen Lizenz dagegen sollte im Lizenzvertrag vereinbart werden, dass der Lizenzgeber gegen Schutzrechtsverletzungen vorgeht.[103] Wird eine einfache Lizenz vereinbart, sollte vertraglich

---

[99] Siehe dazu Reimer, Patentgesetz und Gebrauchsmustergesetz, 3. Aufl. 1968, § 9 PatG Rz. 88.

[100] Vgl. Groß, Rz. 242.

[101] Vgl. dazu Bartenbach/Gennen, Rz. 2470 ff.

[102] Vgl. dazu Kraßer, S. 939 m.w.N.

[103] Vgl. Groß, Rz. 280.

die Pflicht für den Lizenzgeber aufgenommen werden, den bzw. die einfachen Lizenznehmer zu informieren, wenn der Lizenzgeber im Vertragsgebiet weitere Lizenzen erteilt.

2.1.5.5 Haftung

2.1.5.5.1 Haftung des Lizenzgebers

Besteht ein Sachmangel an der geschützten Erfindung und kann der Lizenznehmer die Lizenz nicht wie vorgesehen ausüben, haftet der Lizenzgeber nach §§ 581 Abs. 2, 536, 536 a BGB analog. Der Lizenznehmer ist dann für die Zeit, in der die Tauglichkeit der geschützten Erfindung aufgehoben oder gemindert ist, zumindest teilweise, wenn nicht sogar vollständig von seiner Leistungspflicht befreit, wenn die Erfindung zur Zeit ihrer Überlassung an den Lizenznehmer einen Mangel aufweist, der ihre Tauglichkeit zum vertragsmäßigen Gebrauch, d.h. zur Verwertung aufhebt oder mindert. Zuerst einmal braucht der Lizenznehmer die Lizenzgebühr nicht mehr zu bezahlen. Dem Vorhandensein oder Entstehen eines Mangels steht es gleich, wenn eine vom Lizenzgeber zugesicherte Eigenschaft der Erfindung zur Zeit ihrer Überlassung an den Lizenznehmer fehlt oder später wegfällt.[104] Dem Lizenznehmer steht nach §§ 581 Abs. 2, 536 a BGB analog ein Schadensersatz zu, wenn der Mangel an der Erfindung schon bei Vertragsschluss vorlag bzw. nachträglich aufgrund eines Umstands entsteht, den der Lizenzgeber zu vertreten hat. Bei Verzug tritt die Schadensersatzpflicht erst dann ein, wenn der Lizenznehmer den Lizenzgeber nach § 286 Abs. 1 S. 2 BGB gemahnt hat. Ohne eine konkrete Garantieübernahme haftet der Lizenznehmer nur für Mängel der technischen Ausführbarkeit oder der Brauchbarkeit der geschützten Erfindung.[105] Dagegen haftet der Lizenzgeber bei der Zusicherung der Brauchbarkeit der Erfindung im selben Maß wie bei der Abgabe einer Garantie i.S.v. § 276 Abs. 1 S. 1, 2. HS BGB. Zwar haftet der Verpächter für Mängel, welche beim Vertragsschluss vorhanden waren, nach §§ 581 Abs. 2, 536, 536 a BGB auch ohne Verschulden. Die analoge Anwendung der §§ 581 Abs. 2, 536, 536 a BGB auf den Lizenzgeber wäre aber deshalb unbillig, weil die verschuldensunabhängige Haftung im Widerspruch zu §§ 311 a Abs. 2, 276 Abs. 1 S. 1 BGB stehen würde, wonach der Verkäufer einer Lizenz nur verschuldensabhängig haftet, es sei denn, dass er eine Garantie übernommen hat.

Nach §§ 581 Abs. 2, 536 Abs.1, 3, 536 a BGB analog haftet der Lizenzgeber, wenn das Recht eines Dritten die Nutzung der Erfindung durch den Lizenznehmer einschränkt oder ausschließt. Der Lizenzgeber haftet gegenüber dem ausschließlichen Lizenznehmer auch verschuldensunabhängig, wenn er schon bei Vertragsabschluss nicht über das geschützte Recht verfügen kann bzw. Rechte dritter Personen an der geschützten Erfindung bestehen, so z.B. durch Lizenzeinräumung oder Zwangslizenz. Gegenüber dem einfachen Lizenznehmer haftet der Lizenzgeber nur dann verschuldensunabhängig, wenn dem Lizenzgeber bei Vertragsschluss die Rechte aus einer geschützten Erfindung nicht zustehen oder ein zu einem früheren Zeitpunkt an einen Dritten eingeräumtes Recht den Lizenznehmer bei der Ausübung

---

[104] Kraßer, S. 942.

[105] Vgl. Benkard/Ullmann, § 15 PatG Rz. 102; Plassmeier/Steden, § 3 Rz. 55.

seiner Lizenz behindert.[106] Der Lizenznehmer einer ausschließlichen oder einfachen Lizenz hat dann einen Schadensersatzanspruch gegenüber dem Lizenzgeber wegen mangelnder Verwertbarkeit der Lizenz aus § 280 Abs. 1 BGB bzw. einen Anspruch auf Ersatz vergeblicher Aufwendungen nach § 284 BGB. Des Weiteren kann der Lizenznehmer den Vertrag nach §§ 314 Abs. 2, 323 Abs. 2 BGB kündigen sowie nach §§ 326 Abs. 1, 4, 346 BGB die nicht geschuldete Lizenzgebühr zurückfordern. Wird das lizensierte Patent nach Vertragsschluss durch Widerruf oder Nichtigerklärung rückwirkend beseitigt bzw. das lizensierte Gebrauchsmuster gelöscht oder als unwirksam erkannt, so sind, weil diese Mängel nicht auf Rechten Dritter beruhen und nicht die Benutzungsmöglichkeit an sich, sondern nur deren vertraglich vorausgesetzte Ausschließlichkeit beeinträchtigen, die allgemeinen Vorschriften über Leistungsstörungen anzuwenden.[107]

2.1.5.5.2 Haftung des Lizenznehmers

Eine Haftung des Lizenznehmers kommt nur selten vor. Zum einen kann eine Haftung wegen Patentverletzung nach § 139 PatG entstehen, wenn der Lizenznehmer die Benutzung einer Erfindung entgegen den §§ 9 bis 13 PatG verwertet. Eine weitere Haftung kommt in Betracht, wenn der Lizenznehmer die im Lizenzvertrag vereinbarten patentrechtlichen Beschränkungen nach § 15 Abs. 2 S. 2 PatG überschreitet. Dagegen liegt eine schuldrechtliche Beschränkung vor, wenn es um die Art und Weise der Nutzung des Lizenzrechts geht.[108] Beschränkungen können hinsichtlich der Nutzungsart, des Nutzungsgegenstands sowie durch die Vereinbarung einer Quoten-, Gebiets- oder Zeitlizenz vereinbart werden.

Das Patentrecht wird als absolutes Recht angesehen. Es wird wie andere absolute Rechte durch §§ 823, 1004 BGB geschützt. Dem Lizenznehmer stehen somit neben Schadensersatzansprüchen auch Abwehr- und Unterlassungsansprüche zu, insbesondere dann, wenn es sich um eine ausschließliche Lizenz handelt, welche ein dingliches bzw. quasi-dingliches Recht verkörpert. Hat der Lizenznehmer entgegen der vertraglichen Vereinbarung mit dem Lizenzgeber, keine Unterlizenz zu gewähren, eine solche dennoch erteilt, liegt nach h.M. in der Rechtsprechung und Rechtsliteratur eine Patentverletzung vor.[109] Demzufolge kann der Lizenzgeber nach §§ 581 Abs. 2, 543 BGB analog den Lizenzvertrag aus wichtigem Grund mit dem Lizenznehmer kündigen. Auch der Unterlizenznehmer haftet aufgrund einer Patentverletzung, wenn er die im Unterlizenzvertrag vereinbarten Abreden nicht einhält; ebenso der Zwangslizenznehmer aufgrund einer Patentverletzung nach § 139 PatG, weil bei der Zwangslizenz kein Vertragsverhältnis zwischen Patentinhaber und Zwangslizenznehmer besteht. §§ 139 Abs. 1, 140 a PatG sind dann anwendbar.

---

[106] Vgl. dazu Henn, Rz. 319.
[107] Kraßer, S. 948.
[108] Vgl. Bernau, S. 326.
[109] Vgl. RGZ 146, 187, 190; BGH GRUR 1987, 37, 39.

2.1.5.6 Verjährung der Lizenzgebühr

Nach § 194 BGB unterliegt das Recht, von einem anderen ein Tun oder Unterlassen zu verlangen, der Verjährung. Die regelmäßige Verjährungsfrist beträgt nach § 195 BGB drei Jahre. Der Lizenzvertrag ist ein Vertrag, auf den analog §§ 581 ff. BGB über die Pacht Anwendung finden. Üblicherweise handelt es sich beim Lizenzvertrag um ein Dauerschuldverhältnis, in dessen Rahmen Lizenzgeber und Lizenznehmer eine regelmäßig wiederkehrende Abrechnungsperiode vereinbaren, in welcher am Ende dieser Periode die Zahlung der Lizenzgebühr steht. Insofern kann von wiederkehrenden Leistungen ausgegangen werden. Folge ist, dass der Anspruch des Lizenzgebers auf die Lizenzgebühr nach § 195 BGB in drei Jahren verjährt und zwar nach § 199 Abs. 1 Nr. 1 BGB ab dem Ende des Kalenderjahrs, in dem der Anspruch entstanden ist. Diese Verjährungsfrist gilt ebenso für die Ansprüche des Lizenzgebers auf einmalige Abgeltung des Lizenzrechts, die Erfüllung des Lizenzvertrags sowie den Schadensersatz wegen Nichterfüllung.[110]

2.1.6 Internationales Lizenzvertragsrecht

Seit dem 17. Dezember 2009 bildet die EG-Verordnung Nr. 593/2008 über das auf vertragliche Schuldverhältnisse anzuwendende Recht (Rom I-VO)[111] die Rechtsgrundlage für die Mitgliedstaaten der Europäischen Union, wenn ein Vertrag eine Verbindung zum Recht verschiedener Staaten aufweist. Ein Bezug zum Recht eines ausländischen Staates kann schon dann gegeben sein, wenn eine ausländische Partei am Vertragsschluss beteiligt ist oder inländische Parteien über ein europäisches Bündelpatent oder mehrere ausländische Patente eine lizenzvertragliche Vereinbarung treffen.[112]

Ist auf Lizenzverträge internationales Recht anwendbar, gelten folgende drei Grundprinzipien: das Territorialitätsprinzip nach § 9 PatG, Artt. 2 Abs. 2, 3 EPÜ, die freie Rechtwahl nach Art. 3 Rom I-VO sowie die Unabdingbarkeit zwingender nationaler Vorschriften nach Art. 9 Rom I-VO. Die Wahl der Rechtsordnung für die Schutzwirkung des Patents ist dagegen nicht disponibel. Darunter fallen das Entstehen, der Bestand und das Erlöschen des Patents, seine Lizensierbarkeit, seine Übertragbarkeit sowie die dem Patent innewohnenden Nutzungsrechte.[113] Das Recht des Schutzlandes, in dem das Recht zur Lizenzvergabe besteht, gibt auch nach Erlass der Rom I-VO die rechtlichen Grundlagen der Lizenz vor, ebenso bei europäischen Bündel- oder Auslandspatenten das Recht des Vertragsstaates. Handelt es sich um einen multinationalen Lizenzvertrag, ist das Recht des jeweiligen Schutzlandes zu prüfen. Die Form des Lizenzvertrags bestimmt sich nach den Vorgaben des jeweiligen Schutzlandes.

---

[110] Vgl. Benkard/Ullmann, § 15 PatG Rz. 220.
[111] EG-VO Nr. 593/2008 v. 17.6.2008, ABl. 2008, L 177/6.
[112] Benkard/Ullmann, § 15 PatG Rz. 222.
[113] Vgl. BGH GRUR 1992, 697, 698 m. Anm. Schricker EWiR 1992, 1021; OLG Wien GRUR Int. 1990, 537, 538; dazu Benkard/Ullmann, § 15 PatG Rz. 225.

Die gewählte Rechtsordnung ist maßgeblich für die Auslegung des Vertrags, dessen Erfüllung und die Folgen der Nichterfüllung der vertraglichen Pflichten, für Fragen der Verjährung und sonstiger Rechtsverluste, der Kündigung des Lizenzvertrags sowie die Folgen seiner Nichtigkeit. Sollten die Vertragsparteien innerhalb eines Lizenzvertrags für das Schuldstatut keine Rechtswahlvereinbarung getroffen haben, so ist nicht der mutmaßliche Parteiwille vorherrschend, sondern nach Art. 4 Abs. 2 Rom I-VO das Recht desjenigen Staates anwendbar, zu welchem der Vertrag die engsten Verbindungen aufweist.[114] Art. 4 Abs. 2 Rom I-VO regelt, dass das Recht des Staates anwendbar ist, in dem die Vertragspartei ihren Sitz hat, wo die charakteristische Leistung zu erbringen ist.

Bei einem Lizenzvertrag gilt somit das Recht des Sitzstaates des Lizenzgebers. Denn der Lizenzgeber erbringt die aus einem abgeschlossenen Lizenzvertrag charakteristische Leistung, und zwar die Übertragung eines Nutzungsrechts an den Lizenznehmer. Wird eine Lizenz an mehrere Lizenznehmer in unterschiedlichen Staaten erteilt und somit ein sog. multinationaler Lizenzvertrag geschlossen, ist wiederum die Rechtsordnung des Lizenzgebers maßgeblich. Dies wird als „Grundsatz der einheitlichen Anknüpfung bei multinationalen Lizenzverträgen" bezeichnet.[115] Wird die Lizenzverwertung nur in einem anderen ausländischen Staat vorgenommen, handelt es sich um eine Singularform des international privatrechtlichen Lizenzvertrags. Das Recht des Schutzstaates gilt hier auch für das Schutzstatut des Lizenzvertrags. Soll das Lizenzrecht rechtsgeschäftlich übertragen werden, kommt das Recht des Staates zur Anwendung, dem das abzutretende Recht unterliegt. Art. 14 Abs. 2 Rom I-VO normiert, dass sich das Recht, dem die übertragene Forderung unterliegt, die Übertragbarkeit, das Verhältnis zwischen Zessionar und Schuldner, die Voraussetzungen, unter denen die Übertragung dem Schuldner entgegengehalten werden kann und die befreiende Wirkung einer Leistung durch den Schuldner bestimmt. Nach Art. 74 EPÜ gilt dies auch für die Übertragung eines europäischen Patents.[116]

2.1.7 Kartellrecht

2.1.7.1 Europäisches Kartellrecht

Art. 101 Abs. 3 AEUV bildet den zulässigen rechtlichen Rahmen für wettbewerbsbeschränkende Vereinbarungen zwischen dem Lizenzgeber und dem Lizenznehmer. Nach Art. 345 AEUV unterliegt das Schutzrecht dem Recht des Mitgliedstaates, bei dem es beantragt wurde. EU-Recht gilt nur für die Ausübung des Schutzrechts und zwar dann, wenn Lizenzgeber und Lizenznehmer aus verschiedenen EU-Staaten einen Lizenzvertrag abgeschlossen haben. Neben Art. 101 Abs. 3 AEUV stellt die EG-Gruppenfreistellungsverordnung für Technolo-

---

[114] Vgl. dazu auch BGHZ 44, 183, 186; BGH ZIP 2004, 2007, 2010.

[115] Vgl. Benkard/Ullmann, § 15 PatG Rz. 229; Ulmer, Die Immaterialgüterrechte im internationalen Privatrecht, 1975, S. 101 f.; Troller, Immaterialgüterrecht, Bd. 2, 3. Aufl. 1985, S. 863; Beier, Das auf internationale Markenlizenzverträge anwendbare Recht, GRUR Int. 1981, 299, 304 f.

[116] Vgl. dazu ÖOGH GRUR Int. 1992, 131.

gietransfer-Vereinbarungen (TT-GVO[117]) Rahmenbedingungen auf, wonach vertragliche Vereinbarungen zur Einschränkung des Lizenzgebers bzw. Lizenznehmers kartellrechtswidrig und somit nichtig sind. Art. 1 Abs. 1 TT-GVO regelt, dass Lizenzverträge, welche nicht durch Art. 101 Abs. 3 AEUV gedeckt sind, unzulässig sind. Europäisches Kartellrecht ist demzufolge nur dann anwendbar, wenn der Warenaustausch innerhalb von zwei oder mehreren EU-Ländern durch lizenzvertragliche Absprachen eingeschränkt wird. Die Einschränkung muss spürbar sein. Spürbarkeit bedeutet, dass die Marktmacht der beteiligten Unternehmen und der Marktanteil der vertriebenen Produkte ein gewisses Maß aufweisen.[118] EU-Kartellrecht hat Vorrang vor nationalem Recht. Dem hat die Bundesrepublik Deutschland durch die 7. GWB-Novelle im Jahr 2005 Rechnung getragen und das deutsche Kartellrecht dem EU-Kartellrecht angepasst.

Grundsätzlich sind Lizenzvereinbarungen, die gegen EU-Kartellrecht verstoßen, nach Art. 101 Abs. 2 AEUV nichtig. Die Beachtung der Verbote erfolgt nach Art. 103 AEUV durch die im Jahr 2004 in Kraft getretene TT-GVO. Die neue EU-VO Nr. 330/2010 über die Anwendung von Artikel 101 Abs. 3 AEUV auf Gruppen von vertikalen Vereinbarungen und abgestimmten Verhaltensweisen[119] sowie die aktualisierten EU-Leitlinien für vertikale Beschränkungen[120] dienen der Erläuterung der TT-GVO. Die EG-Gruppenfreistellungsverordnung von Technologietransfer-Vereinbarungen gilt nur für Verträge, in denen der Lizenzgeber dem Lizenznehmer erlaubt, die lizensierte Technologie – gegebenenfalls nach weiteren Forschungs- und Entwicklungsarbeiten des Lizenznehmers – zur Produktion von Waren oder Dienstleistungen zu nutzen. Art. 2 S. 2 TT-GVO normiert, dass die Freistellung nur für zwischenstaatliche Lizenzvereinbarungen in der EU anwendbar ist. Weder Forschungsaufträge, noch Patenttools werden von der Gruppenfreistellung umfasst. Für diese hat eine Prüfung nach Art. 101 Abs. 3 AEUV stattzufinden. Gerichte und Behörden der einzelnen EU-Staaten haben Art. 101 Abs. 3 AEUV i.V.m. der TT-GVO anzuwenden.

Durch die TT-GVO werden die einzelnen Vertragsabreden des Lizenzvertrags nach dem Grad ihrer Wettbewerbsbeschränkung beurteilt. Ist die Lizenzvereinbarung dahingehend formuliert, dass der Lizenznehmer gegenüber dem Lizenzgeber Vertraulichkeit wahrt, d.h. Schutzrechte und Geheimnisse nicht publik macht, keine Unterlizenzen erteilt, nach Ablauf der Lizenz ein dann noch evtl. bestehendes Schutzrecht und das Geheimnis des Know-how beachtet sowie den Lizenzgeber während der Laufzeit des Lizenzvertrags dahingehend unterstützt, die Schutzrechte der Lizenz zu wahren, liegt gemäß Art. 101 Abs. 1 AEUV eine Wettbewerbseinschränkung vor.

Andererseits nimmt Art. 5 TT-GVO folgende Beschränkungen von der Gruppenfreistellung aus:

---

[117] EG-VO Nr. 772/2004 v. 7.4.2004, ABl. 2004, L123/1, berichtigt in ABl. 2004, L127/158.
[118] Vgl. EuGH GRUR Int. 1989, 56, 57.
[119] EU-VO Nr. 330/2010 v. 20.4.2010, ABl. 2010, L 102.
[120] EU-Leitlinien für vertikale Beschränkungen v. 10.5.2010, ABl. 2010 C 130/3.

- Alle unmittelbaren oder mittelbaren Verpflichtungen des Lizenznehmers, dem Lizenzgeber oder einem Dritten eine Exklusivität für seine eigenen abtrennbaren Verbesserungen an der lizensierten Technologie oder seine eigenen neuen Anwendungen dieser Technologie zu erteilen;
- Alle unmittelbaren oder mittelbaren Verpflichtungen des Lizenznehmers, die Rechte an eigenen abtrennbaren Verbesserungen an der lizensierten Technologie oder Rechte an eigenen neuen Anwendungen dieser Technologie an den Lizenzgeber oder einen Dritten zu übertragen;
- Alle unmittelbaren oder mittelbaren Verpflichtungen des Lizenznehmers, die Gültigkeit der Rechte an geistigem Eigentum, über die der Lizenzgeber im gemeinsamen Markt verfügt, nicht anzugreifen.

Kernbeschränkungen formuliert Art. 4 TT-GVO, welche unter Wettbewerbern gelten, wenn diese Vereinbarungen den Wettbewerb beschränken:

- Beschränkung der Möglichkeit einer Partei, den Preis, zu dem sie ihre Produkte an Dritte verkauft, selbst festzusetzen;
- Beschränkung des Outputs;
- Zuweisung von Märkten und Kunden;
- Beschränkung der Möglichkeit des Lizenznehmers, seine eigene Technologie zu verwerten oder Forschungs- und Entwicklungsarbeiten durchzuführen.

Nach Art. 4 Abs. 2 TT-GVO können Wettbewerber, die bei Vertragsabschluss noch nicht Wettbewerber waren, eine günstigere Beurteilung für sich in Anspruch nehmen. Fällt das Wettbewerbsverhältnis weg, können die Vertragsparteien eine günstigere Beurteilung nur dann für sich in Anspruch nehmen, wenn sie einen neuen Vertrag als Nichtwettbewerber miteinander abschließen.

2.1.7.2 Deutsches Kartellrecht

Die 7. GWB-Novelle aus dem Jahr 2005 hat im deutschen Kartellrecht zu erheblichen Veränderungen geführt. Insbesondere §§ 17, 18 GWB, welche den Lizenzvertrag als Vertikalvereinbarungen ansahen, sind aufgehoben worden. Seit dem 1. Juli 2005 gelten §§ 1 und 2 GWB und Art. 3 EG-VO Nr. 1/2003[121] zur Durchführung der in Artt. 81, 82 EGV (jetzt Artt. 101, 102 AEUV) normierten Wettbewerbsregeln. Haben Lizenzgeber wie Lizenznehmer ihren Sitz in verschiedenen EU-Staaten, gilt zwingend Gemeinschaftsrecht. Zur Überprüfung des materiellen Rechts gilt die EG-VO Nr. 772/2004[122], welche die Anwendung von Art. 101 Abs. 3 AEUV auf Gruppen von Technologietransfer-Vereinbarungen vorsieht. Die 7. GWB-Novelle hat die EG-Gruppenfreistellungsverordnung für Technologietransfer-Vereinbarungen durch § 2 Abs. 2 GWB in deutsches Recht transformiert.

---

[121] EG-VO Nr. 1/2003 v. 16.12.2002, ABl. 2003, L 1/1, zuletzt geändert durch EG-VO Nr. 1419/2006 v. 25.9.2006, ABl. 2006, L 269/1.

[122] EG-VO Nr. 772/2004 v. 7.4.2004, ABl. 2004, L 123/11, berichtigt in ABl. 2004, L 127/158.

Nach § 1 GWB können vertikale wie horizontale Vereinbarungen und abgestimmte Verhaltensweisen als wettbewerbsbeschränkende oder verfälschende Maßnahmen verboten und somit nichtig sein. Ausnahme bildet § 2 Abs. 1 GWB. Danach sind Beschränkungen freigestellt, wenn die Förderung des technischen und wirtschaftlichen Fortschritts nicht dazu führt, den wesentlichen Teil der betroffenen Waren vom Wettbewerb auszuschließen. § 2 Abs. 2 GWB weist auf Art. 81 Abs. 3 EGV (jetzt Art. 101 Abs. 3 AEUV) und die bestehenden bzw. zukünftig ergehenden Gruppenfreistellungsverordnungen hin, die ebenso für nationales Recht maßgeblich sind. Somit können unterschiedliche kartellrechtliche Beurteilungen einzelner EU-Mitgliedstaaten für die Beurteilung von Lizenzverträgen mit Zwischenstaatlichkeitsbezug nicht mehr vorkommen.

§ 2 Abs. 2 GWB normiert die Verweisung auf Gruppenfreistellungsverordnungen, welche von der EU-Kommission erlassen wurden. Gemäß § 3 GWB bleiben Mittelstandskartelle freigestellt, wenn die Absprachen der mittelständischen Unternehmen dazu geeignet sind, ihre Wettbewerbsfähigkeit zu erhöhen und der Wettbewerb an sich auf dem Europäischen Binnenmarkt keine wesentliche Beeinträchtigung erfährt. Art. 101 Abs. 3 AEUV stellt dazu vier Voraussetzungen auf, nach denen die freigestellten Vereinbarungen rechtmäßig sind:

- Entstehender Gewinn zur Verbesserung der Warenerzeugung oder -verteilung oder zur Förderung des technischen oder wirtschaftlichen Fortschritts;
- Angemessene Beteiligung der Verbraucher an dem entstehenden Gewinn;
- Keine Auferlegung von Beschränkungen für Unternehmen, die für die Verwirklichung dieser Ziele nicht maßgeblich sind;
- Kein Ausschalten des Wettbewerbs für einen wesentlichen Teil der betreffenden Waren.

Zwar sah § 17 Abs. 3 GWB a.F. die Möglichkeit vor, dass die Kartellbehörde eine freistellende Verfügung kartellrechtswidriger Verträge vornehmen konnte. Dieses Recht ist jedoch seit der 7. GWB-Novelle entfallen. Gemäß § 32 c GWB kann die Kartellbehörde nur noch zum Ausdruck bringen, dass sie nicht einschreiten will.

Lizenzgeber wie Lizenznehmer haben bei einem Lizenzvertrag nunmehr die TT-GVO anzuwenden. Das hat zur Folge, dass das nationale Kartellrecht in den einzelnen EU-Staaten dem EU-Recht angepasst wurde. Nach § 1 GWB sind unzulässige Wettbewerbsbeschränkungen weiterhin nichtig. Nach Artt. 4, 5 TT-GVO ist im Übrigen der gesamte Lizenzvertrag nichtig, denn eine Teilnichtigkeit sieht die TT-GVO nicht vor. Hat der Lizenznehmer die Lizenz bereits verwertet, steht dem Lizenzgeber ein Anspruch auf die Lizenzgebühr nach §§ 812 Abs. 1 S. 1, 818 Abs. 1 BGB zu.

Rechtswirksam sind Vereinbarungen über den Umfang des lizenzierten Schutzrechts sowie die Beschreibung der Nutzung des lizenzierten Rechts mit unerheblichen Merkmalen. Dagegen ist die Einbeziehung nicht geschützter technischer Merkmale in die Lizenzvereinbarung kartellrechtlich unzulässig.[123] Somit trägt auch das Kartellrecht dem Grundkonflikt von geistigem Eigentum und der Freiheit des Wettbewerbs Rechnung, obwohl die Lizenzverträge unter Umständen wettbewerbsbeschränkend wirken und daher unter das Kartellverbot nach

---

[123] Vgl. Benkard/Ullmann, § 15 PatG Rz. 263.

§ 1 GWB fallen; der Gesetzgeber berücksichtigt aber auch die Innovations- und Verbreitungsfunktion der Lizenz z.B. in § 2 Abs. 1 GWB.[124] Nach Art. 1 b) TT-GVO fallen u.a. Patent- oder Know-how-, neuerdings auch Softwarelizenzvereinbarungen (einschließlich solcher Verträge) unter die Gruppenfreistellungsverordnung, die sich auf die Lizensierung oder die Übertragung von Rechten an geistigem Eigentum beziehen, sofern diese Bestimmungen nicht den eigentlichen Gegenstand der Vereinbarung bilden und unmittelbar mit der Produktion der Vertragsprodukte verbunden sind.[125] Eine Gruppenfreistellung nach Art. 2 S. 1 TT-GVO hebelt das Verbot von Wettbewerbsbeschränkungen nach Art. 101 Abs. 1 AEUV dann nicht aus, wenn durch eine Technologietransfer-Vereinbarung die Produktion von vertraglich vereinbarten Gegenständen möglich wird. Art. 2 S. 1 TT-GVO dient sozusagen als Ausgleich zwischen dem Interesse eines freien Wettbewerbs und der Beschränkung des Wettbewerbs durch die Einschränkung der Verwertung des geistigen Eigentums.

2.2 Franchisevertrag

2.2.1 Überblick

Franchising ist auf der Welt zur erfolgreichsten Vertriebsart geworden. Namen und Symbole von Franchisesystemen sind international in den einschlägigen Zielgruppen bekannt: Die Holiday-Inn-Kette, die McDonald's- oder Wimpey-Gaststätten, die Novotel-, Hilton- und Sheraton-Hotels, die Yves Rocher-Kosmetikgeschäfte, die Kingsguard-Vollreinigungen, die Computerland-Läden, die Pinguin-Strickboutiquen, die Cosy Wash-Autowaschanlagen, die Portas-Türenwerkstätten, die Bleyle-Modegeschäfte, die OBI-Heimwerkermärkte und viele andere. Franchising hat sich innerhalb weniger Jahrzehnte, in den USA begründet, auch in Europa, Asien und Australien erfolgreich etabliert.

Der Deutsche Franchise-Verband e.V. in Berlin hat für den inländischen Sprachgebrauch folgende Begriffsbestimmung aufgestellt: „Franchising ist ein vertikal-kooperativ organisiertes Absatzsystem rechtlich selbstständiger Unternehmen auf der Basis eines vertraglichen Dauerschuldverhältnisses. Dieses System tritt am Markt einheitlich auf und wird geprägt durch das arbeitsteilige Leistungsprogramm der Systempartner sowie durch ein Weisungs- und Kontrollsystem eines systemkonformen Verfahrens. Das Leistungsprogramm des Franchisegebers ist das Franchisepaket. Es besteht aus einem Beschaffungs-, Absatz- und Organisationskonzept, dem Nutzungsrecht an Schutzrechten, der Ausbildung des Franchisenehmers und der Verpflichtung des Franchisegebers, den Franchisenehmer aktiv und laufend zu unterstützen und das Konzept ständig weiter zu entwickeln. Der Franchisenehmer ist im eigenen Namen und für eigene Rechnung tätig; er hat das Recht

---

[124] So Pahlow, S. 242.
[125] Vgl. Pahlow, S. 242.

und die Pflicht, das Franchisepaket gegen Entgelt zu nutzen. Als Leistungsbeitrag liefert er Arbeit, Kapital und Information."[126]

Der Europäische Verhaltenskodex für Franchising bezeichnet Franchising – auf Deutsch übersetzt – wie folgt: „Unter Franchising im Sinne dieses Kodex ist eine Form der vertraglichen Zusammenarbeit zwischen rechtlich unabhängigen Unternehmen auf der Grundlage der Gleichordnung zu verstehen, wobei auf der einen Seite ein franchisierendes Unternehmen (der Franchisegeber) und auf der anderen Seite ein oder mehrere Unternehmen (Franchisenehmer) stehen. Das franchisierende Unternehmen – der Franchisegeber – weist im Allgemeinen folgende Merkmale auf:

- Das Unternehmen besitzt eine Firma, einen Handelsnamen, ein Wortzeichen oder ein Symbol (evtl. eine Marke) für einen Produktions-, Handels- oder Dienstleistungsbetrieb sowie Erfahrungswissen (Know-how) und gestattet dem Franchisenehmer deren Nutzung.
- Das Unternehmen verfügt über eine Produktgruppe und/oder eine bestimmte Art von Dienstleistungen im Rahmen einer genau festgelegten und originellen Geschäftskonzeption, die vom Franchisenehmer in dieser Form zu übernehmen und zu gebrauchen ist. Diese Konzeption beruht auf spezifischen und erprobten geschäftlichen Techniken, die laufend weiter entwickelt und auf ihren Wert und ihre Effizienz hin überprüft werden. Hauptzweck eines Franchisevertrags ist es, durch das Zusammenwirken von persönlichem Einsatz und finanzieller Hilfe sowohl für den Franchisegeber als auch den Franchisenehmer wirtschaftliche Vorteile unter Wahrung der beiderseitigen Unabhängigkeit anzustreben.
- Im Franchisevertrag verpflichtet sich der Franchisenehmer in der einen oder anderen Form zur Entrichtung einer Vergütung für die Leistungen des Franchisegebers, für die Überlassung des Namens, der Geschäftskonzeption, der Technologie und des Know-how. Franchising ist demnach mehr als eine Vertriebsvereinbarung, eine Konzession oder ein Lizenzvertrag, da sich beide Vertragspartner zu Leistungen verpflichten, die über den Rahmen einer herkömmlichen Geschäftsbeziehung hinausgehen."[127]

Anhand der vorangestellten Definitionen lässt sich unschwer erkennen, dass eine Begriffsbestimmung für Franchising in Kürze kaum möglich ist. Das Wort „Franchise" stammt aus der französischen Sprache und hatte im Mittelalter die Bedeutung der Befreiung von Steuern und Zöllen.[128] Erst im 19. Jahrhundert begann, aus dem anglo-amerikanischen Raum kommend, sich der Begriff „Franchising" auf eine neuartige Vertriebsmethode zu beziehen, die mittlerweile in der ganzen Welt anerkannt ist. Seinen Ausgangspunkt hatte das Franchising in den 50er Jahren des 20. Jahrhunderts in den USA. In Deutschland begann seine Erfolgsgeschichte erst Ende der 80er Jahre des 20. Jahrhunderts. Im Jahr 1978 wurde der Deutsche Franchise-Verband gegründet, auf europäischer Ebene die „European Franchising Federation

---

[126] Deutscher Franchise-Verband e.V. (DFV), Franchising, 1979, S. 2; siehe dazu auch Kaub, Franchise-Systeme in der Gastronomie, 1980, S. 29.
[127] Vgl. zum Europäischen Verhaltenskodex für Franchising ausführlich Kronke/Giesler, Teil G Rz. 122.
[128] Vgl. Metzlaff/Skaupy, § 1 Rz. 2.

(EFF)", welche den Europäischen Verhaltenskodex für Franchising entwickelte. Viele nationale Franchiseverbände traten dem Europäischen Franchise-Verband bei und erkennen den Europäischen Verhaltenskodex an, welcher in Deutschland jedem Franchisevertrag beizufügen ist. In Singapur hat der „World Franchise-Council", dessen Mitglieder die größten Franchiseverbände weltweit sind, seinen Sitz. Schon vor diesem Hintergrund ist ersichtlich, dass der Vertriebsweg des Franchising eine weiterhin erfolgreiche Zukunft vor sich haben wird.

2.2.2 Rechtsnatur

So schwierig es ist, eine kurze Begriffsdefinition des Franchising vorzunehmen, so schwierig ist es weiterhin, die Rechtsnatur des Franchisevertrags zu bestimmen. Die Rechtsnatur des Franchisevertrags wird unterschiedlich beurteilt. Ein Teil der Rechtsliteratur sieht den Franchisevertrag als reinen Lizenzvertrag an; die Lizenz soll Bezug nehmen auf Know-how, eine Vertriebs- oder Geschäftsidee.[129] Von anderen Teilen der Rechtsliteratur wird der Franchisevertrag als Geschäftsbesorgungsvertrag qualifiziert, wobei der Franchisenehmer sich verpflichtet, eine Geschäftsbesorgung zur Erbringung von Dienstleistungen zu schulden.[130] Beiden Literaturmeinungen kann nicht zugestimmt werden, weil sich einerseits die Lizenz nur auf die Durchführung der Absatzförderung bezieht und andererseits ein Geschäftsbesorgungsvertrag nur die einseitig geschuldete Leistung des Franchisenehmers berücksichtigt, den Franchisegeber aber völlig unberücksichtigt lässt. Nach h.M. handelt es sich beim Franchisevertrag um einen Mischvertrag aus Elementen des Kaufs, §§ 433 ff. BGB, der Miete, §§ 535 ff. BGB, insbesondere der Pacht, §§ 581 ff. BGB, des Dienstvertrags, §§ 611 ff. BGB, und des Geschäftsbesorgungsvertrags, §§ 675 ff. BGB.[131] Der Franchisevertrag kann daher auch Typenkombinationsvertrag bezeichnet werden.

2.2.3 Arten des Franchising

2.2.3.1 Basistypen

Als Basistypen des Franchising sind das Vertriebs-, das Dienstleistungs-, das Produktfranchising sowie deren Mischformen anzusehen. Ist Gegenstand des Franchisevertrags der Fremdvertrieb von Produkten oder Dienstleistungen, handelt es sich um das Vertriebsfranchising. Namhafte Beispiele für Vertriebsfranchising sind Unternehmen wie Yves Rocher mit seinen Kosmetikprodukten, der Teeladen mit seinen Tee-Fachgeschäften, Fressnapf mit

---

[129] So z.B. Skaupy, Zu den Begriffen „Franchise", „Franchisevereinbarungen" und „Franchsing", NJW 1992, 1785, 1789; Lenzen, Risiken des Franchise-Vertrags, RIW 1984, 586 f.; Finger, Die Offenkundigkeit des mitgeteilten Fachwissens bei Know-how-Verträgen, GRUR 1970, 3 f.

[130] Vgl. dazu Martinek/Martinek, § 4 Rz. 46 ff.; Canaris, § 18 Rz. 19.

[131] OLG Frankfurt WiB 1996, 640 f.; OLG Hamm NZG 2001, 1169 f.; Mack, Neue Vertriebssysteme in der Bundesrepublik Deutschland – Eine Studie zum Franchising, in: Industriegesellschaft und Recht, Bd. 5, 1975, S. 106, Palandt/Weidenkaff, Einf. v. § 581 Rz. 22 f.; dazu Wörlen, Handelsrecht Rz. 135.

seinen Tiernahrungs- und Tierausstattungsgeschäften sowie der Tiefkühlkost-Heimservice von Eismann.[132] Entweder produziert der Franchisegeber die Produkte selbst; dann versieht der Franchisegeber seine Produkte auch mit einer eigenen Marke, und somit handelt es sich um das typische Herstellerfranchising. Dagegen wird vom Händler-Vertriebsfranchising ausgegangen, wenn der Franchisegeber Produkte anderer Hersteller vertreibt. Dienstleistungsfranchising, bei dem der Franchisenehmer Dienstleistungen zu erfüllen hat, kommt insbesondere im Hotel- und Gaststättenbereich – z.B. bei Holiday Inn oder McDonald's – aber auch im Bildungsbereich bei Franchisekonzepten für Nachhilfeunterricht, z.B. der Schülerhilfe, vor. Ein seltener Franchisingtyp ist das Produktfranchising. In diesem Fall produziert der Franchisenehmer ein Erzeugnis, welches er auch selbst vertreibt. Beispiele sind Getränkeproduzenten bzw. Möbelhersteller.[133] Mischformen dieser Basistypen im Franchising können dann entstehen, wenn sie hauptsächlich der Kategorie „Dienstleistungen" zuzurechnen sind, die aber häufig gegenüber den Franchisenehmern die Pflicht zur Abnahme gewisser Produkte vom Franchisegeber festlegt, welche zweckmäßig die eigentliche Franchisevereinbarung ergänzen.[134]

2.2.3.2 Spezielle Franchisingtypen

Unter den speziellen Franchisingtypen sind das Vollfranchising, das Abteilungsfranchising, das Shop-in-Shop-Franchising, das Investitionsfranchising und das Konversionsfranchising die bedeutendsten. Übliches Franchising ist das Vollfranchising. Der Franchisenehmer ist Unternehmer und übernimmt das vollständige Risiko, das ihm vom Franchisegeber angebotene Geschäftskonzept auf eigene Rechnung und Gefahr erfolgreich am Markt zu etablieren. Das Abteilungsfranchising, auch Minifranchising genannt, insbesondere in Großbritannien bekannt unter den Begriffen „fractional-franchises" bzw. „add-on-businesses", besteht dann, wenn z.B. Kaufhauskonzerne Franchisenehmern die Möglichkeit einräumen, innerhalb der einzelnen Kaufhäuser Produkte bzw. Dienstleistungen als Externe anzubieten.[135] Das System „Shop-in-Shop" ist in der Art und Weise aufgebaut, dass z.B. in großen Warenhäusern in vielen sichtbar abgetrennten Räumen einzelne Franchisenehmer Textilien namhafter Hersteller unter dem Dach einer großen Kaufhauskette anbieten. Dagegen ist das Investitionsfranchising von seinem Investitionsvolumen her alleine schon sehr bedeutendes Franchising. Denn der Franchisenehmer hat mindestens einen Betrag von 500.000 € zur Verfügung zu stellen, um die benötigten Investitionen vornehmen zu können. Als Beispiele dienen die im Franchise vergebenen OBI-Heimwerkermärkte sowie im Hotelbereich die Holiday Inn- oder Sheraton-Hotels. Eher unbedeutend ist das Konversationsfranchising, wonach der Franchisegeber ein eigenes Filialsystem in Unternehmen umwandelt, die von Franchisenehmern betrieben werden.[136]

---

[132] Vgl. dazu Schacherreiter, Das Franchise-Paradox, 2006, S. 5.
[133] Vgl. Metzlaff/Skaupy, § 3 Rz. 6.
[134] Vgl. Metzlaff/Skaupy, § 3 Rz. 8.
[135] Vgl. Metzlaff/Skaupy, § 3 Rz. 10 f.
[136] Vgl. Nebel, Conversion-Franchising, 1997, S. 12.

Schließt der Franchisegeber einen Master-Franchisevertrag ab, so will er im Ausland mit einem dortigen Franchisenehmer sein Produkt oder seine Dienstleistung erfolgreich vertreiben. Der ausländische Franchisenehmer wird auch als „Unter-Franchisegeber" angesehen, dem die Rolle zufällt, regionale Franchisenehmer zu finden, um den Vertrieb des Produkts oder der Dienstleistung in seinem Land erfolgreich zu gestalten. Hauptaufgabe des sog. Unter-Franchisegebers wird es sein, in seinem Land ein selbstständiges Franchisesystem zu entwickeln.[137]

2.2.4 Abschluss und Inhalt von Franchiseverträgen

2.2.4.1 Vorvertrag

2.2.4.1.1 Aufklärungspflichten

Das OLG München hat in drei Leitentscheidungen Voraussetzungen aufgestellt, wonach der Franchisegeber vor Vertragsabschluss Aufklärungspflichten gegenüber dem Franchisenehmer wahrzunehmen hat.[138] Insbesondere vor dem Hintergrund, dass ein zukünftiger Franchisenehmer in den meisten Fällen weder über Branchen-, Produkt- oder Dienstleistungskenntnisse bei der zukünftigen geschäftlichen Tätigkeit verfügt, er aber andererseits in überwiegendem Maß das wirtschaftliche Risiko trägt und zusätzlich großes Vertrauen in den Franchisegeber setzt, bestehen nach § 311 Abs. 2, 3 BGB hohe vorvertragliche Aufklärungspflichten des Franchisegebers gegenüber dem Franchisenehmer.

Dem Franchisegeber obliegt die Pflicht, alle notwendigen Informationen, die dem Franchisenehmer einen umfassenden Überblick über Branche, Produkte bzw. Dienstleistungen sowie Geschäftstätigkeit geben, gegenüber dem Franchisenehmer bereitzustellen. In diesem Zusammenhang hat der Franchisegeber dem Franchisenehmer eine auf den bisherigen Erfahrungen der Systembetriebe oder der als Pioniertestbetrieb dienenden Franchisegeber-Filiale beruhende Kalkulationsgrundlage zu unterbreiten, die dem Franchisenehmer seine voraussichtlichen arbeitsmäßigen und finanziellen Belastungen vollständig aufzeigt.[139] Anhand dieser Informationen muss es dem Franchisenehmer möglich sein, insbesondere zu Beginn der Geschäftsverbindung aufgrund eines Business-Plans abschätzen zu können, ab welchem Zeitpunkt die Gewinnschwelle einer solchen Geschäftstätigkeit zu erwarten ist und somit Informationen zu bekommen, wie hoch der Anfangsverlust und wie lange die Verlustsituation insgesamt sein wird. Der Franchisenehmer muss somit in die Lage versetzt werden, anhand der entscheidungserheblichen Zahlen und Informationen nicht nur überblickartig den Verlauf seines Geschäftsbetriebs abschätzen zu können, sondern konkret die Rentabilität

---

[137] Vgl. MVH 2/Martinek, Bd. 4, Teil III. 4, S. 178.

[138] OLG München BB 1988, 865 m. Anm. Skaupy; OLG München NJW 1994, 667; vgl. dazu Böhmer, Schadensersatzpflicht des Franchisegebers aus Verschulden bei Vertragsabschluß, NJW 1994, 635 f.; OLG München BB 2001, 1759; dazu wiederum Böhmer, Bestand und Ausmaß der vorvertraglichen Aufklärungspflicht des Franchisegebers – das „Aufina"-Urteil unter der Lupe, BB 2001, 1749 ff.

[139] Dazu Metzlaff/Metzlaff, § 7 Rz. 6 ff.

seines Franchisebetriebs, die Anfangsverluste und die möglichen Gewinnchancen berechnen zu können.[140]

Zwar ist der Franchisegeber nicht verpflichtet, gegenüber dem Franchisenehmer eine Garantie abzugeben, aus der zukünftige Gewinne für den Franchisenehmer abzuleiten sind. Die Aufklärungspflicht soll aber dazu führen, den Franchisenehmer in die Lage zu versetzen, einschätzen zu können, ob er das geschäftliche Risiko tragen will. Ebenso verhält es sich bei Informationen, welche vom Franchisegeber ungefragt erteilt bzw. vom Franchisenehmer erfragt wurden. In beiden Fällen muss der Franchisegeber dem Franchisenehmer wahrheitsgemäße Informationen mitteilen.

Zu den Pflichten des Franchisegebers gehören nach Auffassung von Teilen der Rechtsprechung und der Rechtsliteratur die Erstellung einer wahrheitsgemäßen Standortanalyse, aufgrund derer der Franchisenehmer einzelne Risiken abschätzen kann.[141] Zum anderen ist der Franchisegeber verpflichtet, umfangreiche Informationen über das Franchising zur Verfügung zu stellen, wenn der Franchisenehmer nicht über genügend Erfahrungen und Kenntnisse, d.h. Know-how beim Vertrieb des Produkts bzw. der Dienstleistung schon zum Zeitpunkt der Vertragsanbahnung verfügt.

Hat der Franchisegeber zumindest fahrlässig vorvertragliche Aufklärungspflichten gegenüber dem Franchisenehmer verletzt, kann der Franchisenehmer gegenüber dem Franchisegeber einen Schadensersatzanspruch nach §§ 280 I, 311 Abs. 2, 241 Abs. 2 BGB geltend machen.[142] Des Weiteren besteht für den Franchisenehmer die Möglichkeit der Anfechtung nach § 123 BGB wegen arglistiger Täuschung, wenn der Franchisegeber absichtlich seine Pflicht zur vorvertraglichen Aufklärung verletzt hat. Der Schadensersatzanspruch des Franchisenehmers verjährt nach § 195 BGB in drei Jahren. Kommt für den Franchisegeber nur eine fahrlässige Aufklärungspflichtverletzung in Betracht, kann gem. § 202 BGB eine Verkürzung der Verjährungsfrist möglich sein.

2.2.4.1.2 Abschluss des Vorvertrags

Ein wirksamer Vorvertrag kommt zwischen Franchisegeber und Franchisenehmer nur dann rechtswirksam zustande, wenn der abzuschließende Hauptvertrag bestimmbar ist.[143] Zum einen muss der Vertragsinhalt des Hauptvertrags feststehen, zum anderen hat der Vertrag allen Form- und Inhaltserfordernissen zu genügen. Dies betrifft z.B. die Inhalts- und Formvorgaben verbraucherkreditgesetzlicher Bestimmungen sowie die Vorschriften der Allgemeinen Geschäftsbedingungen, sofern der Vorvertrag kein Individual-, sondern ein Formu-

---

[140] Vgl. Martinek/Habermeier, § 27 Rz. 2.

[141] Vgl. OLG Köln, U. v. 16.5.1994 – 2 W 14/94 (unveröffentlicht); OLG Rostock, U. v. 29.6.1995 – 1 U 293/94 (unveröffentlicht); siehe Flohr/Petsche, Franchiserecht, 2009, Rz. 120; Skaupy, S. 112; vgl. Metzlaff/Metzlaff, § 7 Rz. 12.

[142] Siehe dazu ausführlich Blanke/Schüren/Blanke, Teil 5 Rz. 51 ff.

[143] Vgl. RGZ 124, 81, 83; BGH NJW 1990, 1234, 1235; Ritzinger, Der Vorvertrag in der notariellen Praxis, NJW 1990, 1201, 1202; Schade, § 7 Rz. 100.

larvertrag ist.[144] Ein Vorvertrag zwischen Franchisegeber und Franchisenehmer kommt insbesondere dann in Betracht, wenn der Franchisenehmer, z.B. beim Betreiben eines Hotels oder eines Schnell-Restaurants, trotz Standortanalyse noch keinen geeigneten Standort gefunden hat.

2.2.4.2 Inhalt des Franchisevertrags

2.2.4.2.1 Vertragsparteien

Vertragsparteien eines Franchisevertrags sind der Franchisegeber, welcher regelmäßig der Inhaber der lizensierten Schutzrechte bzw. der Hersteller der betroffenen Produkte oder Dienstleistungen ist, und der Franchisenehmer, bei dem es sich allerdings auch um einen Master-Franchisenehmer handeln kann, welcher, ob in Deutschland oder im Ausland, als Unter-Franchisegeber neue Franchisenehmer zum weiteren Produktabsatz verpflichten will. Franchisenehmer sind i.d.R. Existenzgründer, zum Teil natürliche Personen, in den meisten Fällen aus haftungsrechtlichen Gründen juristische Personen in der Form der GmbH. Franchiseverträge sind Dauerschuldverhältnisse, welche üblicherweise als Formularvertrag i.S.v. § 305 BGB geschlossen werden. Insbesondere vor dem Hintergrund der Gleichberechtigung sämtlicher Franchisenehmer ist der Formularvertrag nach § 305 BGB geboten, weil eine Ungleichbehandlung aller Franchisenehmer einen Verstoß nach §§ 242 BGB, 20 Abs. 2 GWB darstellt. Ist der Franchisenehmer nach Abschluss des Franchisevertrags bereits Kaufmann i.S.v. § 1 HGB, finden die §§ 305 ff. BGB gemäß § 310 Abs. 1 BGB nur eingeschränkt Anwendung.

Handelt der Franchisenehmer als selbstständiger Vertragspartner im eigenen Namen und auf eigene Rechnung, geht der BGH davon aus, dass ein Vertrag unter Selbstständigen abgeschlossen wurde.[145] Ist der Franchisenehmer trotz des Franchisevertrags bei der Durchführung des Vertrags zum größten Teil fremdbestimmt und weisungsgebunden, besteht die rechtliche Notwendigkeit, den Franchisenehmer als Arbeitnehmer zu qualifizieren.[146] Der Gegenmeinung, die von einer strikten Trennung zwischen Franchisevertrag und Arbeitsvertrag ausgeht, und bei einem Franchisevertrag eine arbeitnehmerrechtliche Stellung nicht zulässt, ist nicht zu folgen.[147] Franchiseverhältnisse bezeichnen folglich keinen ökonomischen und vertriebsorganisatorischen Sachverhalt, der gegenüber den ordnungspolitischen Prinzipien des Arbeitsrechts als zwingendem sozialen Schutzrecht immun wäre; denn hierbei ist ferner zu berücksichtigen, dass die Übergänge zwischen selbstständiger und abhängiger Erwerbsarbeit generell fließend sind.[148] Das trifft insbesondere auf Absatzmittlungs-

---

[144] Martinek/Habermeier, § 27 Rz. 6.

[145] BGH DB 1999, 842, 844.

[146] Vgl. Blanke/Schüren/Blanke, Teil 5 Rz. 45.

[147] Siehe dazu OLG Schleswig NJW-RR 1987, 220, 222; LAG Düsseldorf, ZIP 1988, 454 ff.: Bauder, Zur Selbstständigkeit des Franchise-Nehmers, NJW 1989, 78, 79; Ekkenga, Grundfragen der AGB-Kontrolle von Franchise-Verträgen, AG 1989, 301, 305.

[148] Blanke/Schüren/Blanke, Teil 5 Rz. 48.

verhältnisse zu. Als Beispiel mag der Handelsvertreter dienen. Dieser kann entwender selbstständig sein nach § 84 Abs. 1, 2 HGB oder in einem arbeitsrechtlichen Abhängigkeitsverhältnis als Angestellter stehen.

2.2.4.2.2 Vertragsgegenstand

Vertragsgegenstand ist die Einräumung des Franchise, wobei für den Franchisenehmer auf bestimmten Gebieten eine Exklusivität eintreten soll, z.B. ein Verbot gegenüber dem Franchisegeber zur Errichtung von Filialen im Gebiet des Franchisenehmers oder ein Verbot zum Direktvertrieb durch den Franchisegeber sowie ein Vertragsgebietsschutz. Vertragsgebietsschutz bedeutet, dass der Franchisegeber nicht berechtigt ist, im Gebiet des Franchisenehmers weiteren Franchisenehmern die Vertriebsmöglichkeit zu gestatten, desweiteren die Verpflichtung des Franchisegebers, in seinen Franchiseverträgen zu formulieren, dass Franchisenehmer außerhalb des vereinbarten Vertriebs- und Verkaufsgebiets keine Dienstleistungen vornehmen dürfen sowie ein passiver Vertrieb durch den Franchisenehmer verboten wird, sofern diese Vereinbarung nicht gegen EU-Kartellrecht verstößt. Sofern EU-Kartellrecht anwendbar ist, ist ein solcher absoluter Gebietsschutz grds. nicht zulässig.[149] Dabei handelt es sich um einen Kartellrechtsverstoß.[150] Insofern ist grds. nur das Verbot des aktiven Vertriebs außerhalb des vereinbarten Vertriebsgebiets zulässig. Nach Art. 4 c) VGVO ist ein Verbot für einen passiven Vertrieb grds. in den meisten Fällen unwirksam, weil der Franchisenehmer auch auf Anfragen von Kunden außerhalb des Vertriebsgebiets reagieren darf.

Die Größe des Vertriebsgebiets legt i.d.R. der Franchisegeber fest. Das Vertriebsgebiet muss allerdings so groß sein, dass der Franchisenehmer wirtschaftlichen Erfolg hat, d.h. sich sein eingesetztes Startkapital amortisiert und er nach einem überschaubaren Zeitraum eine angemessene Rendite erzielt; Bemessungsgrößen für den richtigen Umfang eines Vertriebsgebiets können Bevölkerungsdichte und Kaufkraft sein.[151] Vorteil eines derartigen Gebietsschutzes ist, dass der Franchisenehmer innerhalb des ihm zugewiesenen und vertraglich vereinbarten Gebiets im Rahmen des Franchisevertrags frei auftreten kann und seine Absatztätigkeit in diesem Gebiet i.d.R. bis zum Ablauf der Vertragslaufzeit nicht eingeschränkt wird. Insbesondere ein exklusiver Gebietsschutz unterstreicht die Seriosität des Franchising.

Vom exklusiven Vertriebsgebiet ist der Standortschutz zu unterscheiden. Insbesondere in der Gastronomie wird bei Franchisemodellen zwischen dem Franchisegeber und dem Franchisenehmer nur ein bestimmter Standort vereinbart vor dem Hintergrund, dass trotz mehrerer Gaststätten in demselben Gebiet, z.B. McDonald's-Filialen in einer Stadt, kein größerer Wettbewerb stattfindet.

---

[149] Metzlaff/Metzlaff, § 8 Rz. 38.

[150] Siehe ausführlich 2.2.13.1.2 zu den Gruppenfreistellungsverordnungen EWG-VO Nr. 4087/1988 (Franchise-GVO), die ehemalige EG-VO Nr. 2790/1999 (EG-Gruppenfreistellungsverordnung für vertikale Vereinbarungen) sowie die nunmehr gültige EU-VO 330/2010 (EU-Verordnung über die Anwendung von Art. 101 Abs. 3 AEUV auf Gruppen von vertikalen Vereinbarungen und abgestimmten Verhaltensweisen).

[151] Vgl. Metzlaff/Metzlaff, § 8 Rz. 38.

Erweist sich das vereinbarte Vertriebsgebiet bzw. der Standort als ungeeignet, kann eine Gebiets- bzw. Standortänderung für beide Vertragsparteien sinnvoll sein. Zuweilen behält sich der Franchisegeber vor, Vertriebsgebiete durch eine Gebietsänderungsvorbehaltsklausel zu verändern. Darunter ist z.B. eine Gebietsverkleinerung oder eine Gebietsaufteilung zur Zulassung mehrerer Franchisenehmer in demselben Gebiet zu verstehen. Der BGH hat diese Änderungsvorbehalte nur unter engen Voraussetzungen zugelassen, weil er grundsätzlich Änderungen eines Vertrags nur durch beide Vertragsparteien einvernehmlich befürwortet.[152] Eine einseitige Abänderung der vertraglichen Vereinbarungen lässt der BGH danach nur dann zu, wenn die Vertragsklausel schwerwiegende Änderungsgründe nennt und in ihren Voraussetzungen und Folgen erkennbar die Interessen des Vertragspartners angemessen berücksichtigt.[153] Der BGH hat danach im Rahmen eines Gebietsänderungsvorbehalts die Verkleinerung eines Franchisegebiets bzw. die Einsetzung weiterer Franchisenehmer für zulässig gehalten, sofern eine vom Verhalten des Franchisenehmers unabhängige Versorgung des Vertragsgebiets mit den Waren des Franchisegebers nicht oder nicht mehr gewährleistet ist. Der Franchisegeber hat die Ausübung des Gebietsänderungsvorbehalts gegenüber dem Franchisenehmer innerhalb eines überschaubaren Zeitraums anzukündigen und dem Franchisenehmer für die Verkleinerung des Vertragsgebiets bzw. für den Einsatz weiterer Franchisenehmer einen angemessenen Ausgleich zu zahlen.[154]

2.2.4.2.3 Wettbewerbsbeschränkung

Vereinbaren Franchisegeber und Franchisenehmer Exklusivität z.B. für ein Vertriebsgebiet, liegt eine Beschränkung des Wettbewerbs innerhalb des Franchisesystems vor. Diese Wettbewerbsbeschränkung hat zur Folge, dass selbst der Franchisegeber im Rahmen des Direktvertriebs, z.B. im Wege des E-Commerce, die eigenen Produkte nicht absetzen darf, insbesondere, wenn es sich um Endabnehmer handelt.[155] Vereinbaren die Vertragsparteien allerdings einen vertraglichen Vorbehalt zur Zulassung des Direktvertriebs, darf der Franchisegeber rechtswirksam seine Produkte an Endkunden im Vertriebsgebiet des Franchisenehmers veräußern. Je stärker der Franchisenehmer allerdings in das Franchisesystem des Franchisegebers einbezogen ist, desto geringer sieht die Rechtsprechung die Möglichkeit für einen Direktvertrieb der Produkte durch den Franchisegeber.[156]

2.2.4.2.4 Verbot des aktiven oder passiven Vertriebs

Franchisegeber wie Franchisenehmer können im Franchisevertrag ein Verbot des aktiven oder des passiven Vertriebs vereinbaren. Ersteres Verbot führt dazu, dass der Franchiseneh-

---

[152] Vgl. BGH NJW-RR 1993, 678, 681.

[153] Vgl. BGH NJW 1964, 1123 f.; BGH NJW 1984, 1182, 1183.

[154] Vgl. BGH NJW 1984, 1182, 1183, der in seiner damaligen Entscheidung eine Frist von sechs Monaten als angemessen angesehen hat.

[155] So das LG Berlin, U. v. 21.06.2001 – 14 O 177/01 (unveröffentlicht).

[156] Siehe dazu BGH NJW 1994, 1060, 1062.

mer außerhalb seines Vertriebsgebiets nicht tätig werden darf, noch nicht einmal durch Marketing. Ein Verbot des passiven Vertriebs liegt vor, wenn der Franchisenehmer nicht berechtigt ist, auf Kundenanfragen aus anderen Vertriebsgebieten zu reagieren. Haben die Vertragsparteien beide Verbote einvernehmlich in den Franchisevertrag aufgenommen, handelt es sich um einen absoluten Gebietsschutz. Dieser ist nur dann rechtmäßig, sofern EU-Kartellrecht nicht beeinträchtigt ist.[157]

2.2.5 Pflichten des Franchisegebers

Da jeder Franchisevertrag, bezogen auf Branche, Produkt oder Dienstleistung, sehr individuell ist, enthält er meistens keine rechtsverbindlichen Verpflichtungen des Franchisegebers gegenüber dem Franchisenehmer. Die Rechtsliteratur hat allerdings Kriterien für dieses besondere Dauerschuldverhältnis herausgearbeitet, welche einen Leistungskatalog für den Franchisegeber bilden.[158] Zu diesem Leistungskatalog gehört als erstes die Zurverfügungstellung eines Franchisepakets und die Einweisung des Franchisenehmers in seine zukünftige Tätigkeit, welche mit Schulungen und der Teilnahme an Seminaren verbunden sein kann.

Auch wenn es sich bei dem Franchisenehmer grundsätzlich um eine selbstständige Person handelt, besteht die Pflicht des Franchisegebers gegenüber dem Franchisenehmer, letzteren in die Franchiseorganisation dergestalt zu integrieren, dass dem Franchisenehmer alle spezifischen Vertriebs-, Marken- und Marketinginformationen zur Verfügung gestellt werden.[159] Dies umfasst alle Maßnahmen bis zur Eröffnung des Franchisenehmer-Betriebs, insbesondere die Überlassung der zu dessen Führung erforderlichen Unterlagen wie Preislisten, Kundendienstanleitungen, Werbematerialien, Geschäftsbedingungen etc. und dessen Know-how in Bezug auf das Systemkonzept, insbesondere der Lizenzen an den Patenten, Marken- und sonstigen Kennzeichnungsrechten des Franchise wie Namen, Symbole, Produktkennzeichnungen, Logos, Werbeslogans, Sortimentsgestaltungen, Farbkombinationen etc. und ggf. die Zugänglichmachung von Betriebsgeheimnissen analog § 86 a Abs. 1 HGB.[160] Bestimmt der Franchisegeber größtenteils den Marketingauftritt der Franchisenehmer, ist er, wie z.B. bei der Schnell-Restaurantkette McDonald's, verpflichtet, die Außendarstellung, die Einrichtung bzw. die Erstausstattung des Betriebs vorzunehmen. Diese Verantwortung des Franchisegebers umfasst grundsätzlich auch die einzusetzenden Werbematerialien.

Zu unterscheiden ist der zeitliche Einsatz der Schulungen.[161] Während die Eröffnungsschulung dem Franchisenehmer Grundkenntnisse vermitteln soll, wie er sein Geschäft eröffnet und ein erfolgreicher Start verläuft, dienen fortlaufende Schulungen dazu, dem Franchisenehmer auch zukünftig detaillierte Informationen für einen erfolgreichen Vertrieb zukommen

---

[157] Siehe dazu 2.2.13, insbes. Art. 4 c) VGVO
[158] Vgl. Metzlaff/Metzlaff, § 8 Rz. 88.
[159] Vgl. Metzlaff/Metzlaff, § 8 Rz. 87; Martinek/Habermeier, § 27 Rz. 10.
[160] Vgl. dazu ausführlich Blanke/Schüren/Blanke, Teil 5 Rz. 67 ff.; Wörlen, Handelsrecht Rz. 136.
[161] Zur Schulungsverpflichtung für den Franchisegeber siehe insbes. Flohr, Teil III., S. 82 ff.

zu lassen. Darunter sind Veränderungen am Produkt, evtl. neue Produkte oder rechtliche Änderungen zu verstehen. Die Pflicht gegenüber dem Franchisenehmer, Schulungen durchzuführen, kann der Franchisegeber auf externe Anbieter übertragen. Die Kosten der Schulungen trägt i.d.R. der Franchisegeber.

Das Franchisehandbuch erfüllt den Zweck, dem Franchisenehmer einen Überblick über das Franchisesystem und die aktuelle Marktsituation zu verschaffen. Darüber hinaus enthält es die nähere Ausgestaltung des Franchisekonzepts, insbesondere Richtlinien zum einheitlichen Erscheinungsbild des Franchiseladenlokals, zur Betriebsorganisation, zum Marketing und Auftritt gegenüber Kunden sowie eine Dokumentation über das Know-how des Franchisegebers.[162] Der BGH hat in seinem „McDonald's-Urteil" darauf hingewiesen, dass Handbücher verbindlicher Vertragsbestandteil eines Franchisevertrags werden.[163] Die Rechtsliteratur schlägt deswegen vor, dass sich die verbindlichen Vorgaben des Franchisegebers auf das zur Aufrechterhaltung der Corporate Identity unbedingt Notwendige beschränken sollen; darüber hinaus ist es sinnvoll, dem Franchisenehmer soweit wie möglich lediglich Empfehlungen vorzugeben.[164]

Das Handbuch kann in mehreren Büchern abgefasst sein; auch das Franchisehandbuch in elektronischer Form als E-Book ist mittlerweile üblich. Großer Vorteil letzterer Version ist, dass die Aktualität des Handbuchs durch die dauernde kostengünstige Möglichkeit der Veränderung bei der Anpassung an aktuelle Situationen dem heutigen technischen Stand entspricht. Fehlt das Handbuch bei Vertragsbeginn, hat der Franchisegeber seine Pflicht nicht erfüllt, so dass dem Franchisenehmer nach § 323 BGB ein Rücktrittsrecht zusteht; ist es mangelhaft, d.h. nicht brauchbar, kann sich der Franchisenehmer auf § 320 BGB berufen. Treten Sach- bzw. Rechtsmängel im Franchisesystem auf, so haftet der Franchisegeber nach §§ 581 Abs. 2, 536, 536 a BGB analog. Hat der Franchisegeber Zusicherungen über den wirtschaftlichen Erfolg gemacht aufgrund der Überzeugung seines Franchisekonzepts und des Know-how, kann der Franchisenehmer bei Nichteintritt das Erfüllungsinteresse ebenfalls nach §§ 581, 536, 536 a BGB analog geltend machen.[165]

Des Weiteren trifft den Franchisegeber als Nebenpflicht die Weiterentwicklung des Franchisesystems. Sie umfasst Maßnahmen der Qualitätssicherung im Franchisesystem, die Ausübung von Koordinationsbefugnissen zur Wahrung der Einheitlichkeit des Netzwerks bzw. zur Leistungsverbesserung durch die Weiterentwicklung von Organisationskonzepten und von Produktions- und Marketingstrategien zur ständigen Anpassung der Franchise- und der Vertriebsprodukte an sich verändernde Marktbedingungen.[166] Der BGH hat diese Ansicht für den Bereich der Vertragsbeziehung Autohersteller/Vertragshändler präzisiert, wonach der Autohersteller jederzeit in der Lage sein muss, Änderungen der Modellpolitik gegenüber den

---

[162] Vgl. Metzlaff/Metzlaff, § 8 Rz. 205.
[163] BGH NJW 1985, 1894, 1895; a. A. Skaupy, S.78.
[164] Vgl. Martinek/Habermeier, § 27 Rz. 46.
[165] Blanke/Schüren/Blanke, Teil 5 Rz. 69.
[166] Blanke/Schüren/Blanke, Teil 5 Rz. 70.

einzelnen Pkw-Typen vorzunehmen.[167] Diese Art der Verpflichtung lässt sich auch auf den Franchisegeber übertragen. Des Weiteren ist der Franchisegeber zur Gleichbehandlung aller Franchisenehmer verpflichtet.[168] Verletzt der Franchisegeber gegenüber dem Franchisenehmer seine Nebenpflicht, stehen dem Franchisenehmer Unterlassungs- und Schadensersatzansprüche gem. §§ 280 Abs. 1, 241 Abs. 2 BGB zu.

2.2.6 Pflichten des Franchisenehmers

Der Franchisenehmer trägt das unternehmerische Risiko des erfolgreichen Vertriebs in dem ihm vom Franchisegeber zugewiesenen Vertriebsgebiet. Da Franchiseverträge aufgrund unterschiedlicher Branchen und Franchisearten sehr individuell vereinbart werden, ergeben sich die Pflichten für den Franchisenehmer aus dem Franchisesystem, das dem Vertrag zugrunde liegt.

Zu den Pflichten des Franchisenehmers gehören u.a. die Gebühren- und Absatzförderungspflicht. Die Franchisegebühr kommt, je nach Zeitabschnitt, in unterschiedlichen Arten vor. Zu Beginn entsteht für den Franchisenehmer eine Eintrittsgebühr, auch „entry fee" oder „initial fee" genannt. Dazu treten während der Vertragslaufzeit die laufenden Gebühren, die sog. „franchise-fees" oder „royalties".[169] Die Pflicht zur Absatzförderung beinhaltet nach § 86 Abs. 1 HGB analog die Pflicht zur Durchführung des Franchisesystems. Darunter fallen nicht nur der vereinbarte ständige Vertrieb der Produkte des Franchisegebers, sondern auch eine etwaige notwendige Lagerhaltung sowie eine laufende Informationspflicht über das Franchisesystem gegenüber dem Franchisegeber. Erleichtert wird die Informationspflicht mittlerweile durch den Einsatz des Internets und insbesondere von E-Mails, welche der Franchisegeber für Informationsmitteilungen nutzt. Der Franchisenehmer hat sich durch Lesen der E-Mails, bei besonders wichtigen Mitteilungen durch deren Speicherung, über die neuesten Trends auf dem Laufenden zu halten.

In Verbindung mit der Absatzförderungspflicht steht für den Franchisenehmer die Pflicht zur Auskunftserteilung und Information über die Vertriebsaktivitäten im zugewiesenen Vertriebsgebiet. Der Anspruch des Franchisegebers über Informationen zur Entwicklung der Geschäftstätigkeit des Franchisenehmers ergibt sich aus §§ 675, 666 BGB i.V.m. § 86 Abs. 2 HGB analog. Der Franchisenehmer hat den Franchisegeber insbesondere über den Absatzerfolg, Werbemaßnahmen und die Konkurrenzsituation zu unterrichten. Üblicherweise gibt das Franchisehandbuch standardisierte Formulare zur Bearbeitung durch den Franchisenehmer vor, welche dem Franchisegeber in regelmäßigen Abständen zuzuleiten sind. Die Informationen dienen dem Franchisegeber dazu, dass Franchisesystem zu aktualisieren bzw. zu opti-

---

[167] Vgl. BGH NJW 1985, 623, 625; BGH BB 1988, 2201, 2204 f.
[168] Vgl. Canaris, § 18 Rz. 65.
[169] Vgl. Blanke/Schüren/Blanke, Teil 5 Rz. 72; ebenso Canaris, § 18 Rz. 34.

mieren. Unzulässig sind überzogene Rechtspflichten, welche gegenüber dem Franchisenehmer Überwachungscharakter haben.[170]

Die Franchisenehmertätigkeit bedeutet höchstpersönliches Handeln der Absatzförderung i.S.v. §§ 675, 613 S. 1, 664 BGB: Bedient sich der Franchisenehmer, insbesondere als Gesellschafter, einer juristischen Person, z.B. bei einer GmbH eines Fremdgeschäftsführers, so kann dem Franchisegeber im Zweifelsfall ein Mitspracherecht bei der Auswahl zustehen.[171] Für den Franchisenehmer ergeben sich des Weiteren Pflichten zur Werbung innerhalb seines Vertragsgebiets, zur Teilnahme an vom Franchisegeber initiierten Schulungen, aber auch zur Beachtung der „Corporate Identity" unter den allgemeinen Richtlinien des Franchisegebers. Daneben treffen ihn Geheimhaltungspflichten sowie Nebentätigkeits- und Konkurrenzverbote, evtl. sogar Mindestabnahmepflichten.

Als unternehmerisch handelnde Person ist der Franchisenehmer rechtlich grundsätzlich selbstständig. Art. 4 c) der ehemaligen Franchise-GVO[172] sah vor, dass der Franchisenehmer sich verpflichten musste, Endkunden und Geschäftspartnern die Selbstständigkeit seines Handelns mitzuteilen. Die nunmehr geltende VGVO beinhaltet eine solche Pflicht nicht mehr.[173] Dennoch gilt die Informationspflicht immanent weiter, damit Endkunde oder Handelspartner erkennen können, dass der Franchisenehmer Vertragspartner ist und das unternehmerische Risiko trägt. Eine fehlende Selbstständigkeit des Franchisenehmers kann rechtliche Folgen hinsichtlich der Sozialversicherung (Scheinselbstständigkeit), des Rechtswegs bei gerichtlichen Streitigkeiten (Arbeitsgerichte) und der Wirksamkeit des Vertrages (§§ 138, 307 BGB) haben.[174] Letztlich ist der Franchisenehmer verpflichtet, öffentlich-rechtliche Vorschriften wie z.B. die Normen der Gewerbeordnung einzuhalten. Befindet sich der Franchisenehmer im Ausland und hat er mit einem inländischen Franchisegeber einen Master-Franchisevertrag abgeschlossen, so ist der Franchisenehmer verpflichtet, sich gegenüber den Unter-Franchisenehmern wie ein Franchisegeber zu verhalten, d.h. alle Pflichten des Franchisegebers gegenüber den Unter-Franchisenehmern zu erfüllen.

2.2.7 Haftung im Rahmen des Franchisevertrags

Haftungstatbestände bei Franchiseverträgen können sich zum einen zwischen Franchisegeber und Franchisenehmer, also innerhalb des Franchisesystems ergeben. Zum anderen kann eine Haftung der Franchisepartner gegenüber Kunden oder sonstigen Geschäftspartnern vorkommen.

---

[170] Siehe insbes. Ekkenga, S. 155, 162.

[171] So z.B. Blanke/Schüren/Blanke, Teil 5 Rz. 75.

[172] EWG-VO Nr. 4087/1988 v. 30.11.1988, ABl. 1988, L 359/46.

[173] So schon EG-VO Nr. 2790/1999 v. 22.12.1999, ABl. 1999, L 336/21; geändert durch Nizza/Beitrittsakte v. 23.9.2003, ABl. 2003, L 236/33; nunmehr neu geregelt durch die EU-VO Nr. 330/2010 v. 23.4.2010, ABl. 2010, L 102/1.

[174] Metzlaff/Metzlaff, § 8 Rz. 99.

2.2.7.1 Haftung innerhalb des Franchisesystems

2.2.7.1.1 Vorvertragliche Haftung

Nach §§ 280 Abs. 1, 311 Abs. 2, 241 Abs. 2 BGB haftet der Vertragspartner aus einer vorvertraglichen Pflicht, wenn er diese schuldhaft verletzt. Schon die Vertragsanbahnung führt nach § 311 Abs. 2 Nr. 2 BGB zu einem Schuldverhältnis, aus welchem dem vorvertraglichen Geschäftspartner ein Schadensersatzanspruch gem. § 280 Abs. 1 BGB zusteht.[175] Die vorvertraglichen Informationspflichten gelten für Franchisegeber wie Franchisenehmer. So muss der Franchisegeber den Franchisenehmer schon im vorvertraglichen Schuldverhältnis umfassend über die Wirkungsweise der Erfolgsaussichten des Franchisesystems, über den erforderlichen Arbeitseinsatz des Franchisenehmers sowie die Höhe seines Kapitaleinsatzes und die Werthaltigkeit des übertragenen Know-how und der daraus vom Franchisenehmer zu ziehenden Nutzungen genauso informieren, wie Zahlenangaben über vergleichbare Franchisenehmer des Systems gegenüber dem zukünftigen Franchisenehmer veröffentlichen.[176] Der Franchisenehmer hat im Rahmen der Vertragsanbahnung den Franchisegeber wahrheitsgemäß über persönliche Eigenschaften zu unterrichten, die für die erfolgreiche Weiterentwicklung des Franchisesystems erforderlich sind, so z.B. über die eigene finanzielle Situation, Details zur Aus- und Weiterbildung sowie sonstige persönliche Eigenschaften. Im Gegensatz zur Bundesrepublik Deutschland, wo schon der Franchisevertrag selbst rechtlich nicht geregelt ist und somit auch keine eigenen gesetzlichen Haftungsbestimmungen existieren, sind in amerikanischen Ländern wie den USA, Kanada oder Brasilien, aber auch in europäischen Ländern wie Frankreich und Spanien Auskunftspflichten der Franchisepartner normiert.[177]

Während der Franchisegeber seine Aufklärungspflicht dann verletzt, wenn er gegenüber dem Franchisenehmer lückenhafte bzw. wahrheitswidrige Auskünfte über das Franchisesystem erteilt, besteht die Verletzungshandlung des Franchisenehmers bei der Aufklärungspflicht, wenn er wahrheitswidrig Angaben zur eigenen Person macht. Die Vertragsparteien müssen die jeweils andere Person in die Lage versetzen, genügende Informationen vor Vertragsabschluss zu erhalten. In diesem Zusammenhang ist auf die Richtlinien und Empfehlungen des Deutschen Franchise-Verbands zu verweisen, welche detailliert die vorvertraglichen Aufklärungspflichten des Franchisegebers beschreiben.[178] Danach hat der Franchisegeber an den Franchisenehmer detaillierte Informationen über das Franchisekonzept und über Informationen über die mit Entscheidungsbefugnis ausgestatteten Personen der Systemzentrale, das detaillierte Franchiseangebot, wenn vorhanden eine Rentabilitätsvorausschau, den späteren Franchisevertrag zuzüglich aller standardisierten Anlagen, Bankreferenzen, Angaben über

---

[175] Vgl. Schade, § 7 Rz. 100.

[176] Vgl. dazu Metzlaff/Metzlaff, § 7 Rz. 8.

[177] Z.B. für die USA: Disclosure Rules (Verordnung 463 der FTC) oder für Frankreich: Code Commerce, Art. L 330-333.

[178] Siehe Richtlinien DFV, Franchise-Jahrbuch 1999/2000; auch abgedruckt bei Metzlaff, Anhang 2.

2.2 Franchisevertrag

Mitgliedschaften in Verbänden sowie Angaben über andere Vertriebswege der Franchiseprodukte oder Dienstleistungen bereitzustellen.[179]

Eine Reduzierung der Haftung des Franchisegebers kann durch ein Mitverschulden des Franchisenehmers nach § 254 BGB dann vorliegen, wenn der Franchisenehmer die ihm obliegende Sorgfaltspflicht fahrlässig verletzt hat, in dem er sich ohne eigene Nachfrage zu Einzelheiten bezüglich der Scheiterungsquote und durch unangebrachtes Vertrauen in eine finanziell günstige Zukunft auf den Abschluss des Franchisevertrags mit den dortigen finanziellen Verpflichtungen eingelassen hat.[180]

Ein Schadensersatzanspruch für den Franchisegeber wie den Franchisenehmer entsteht aus §§ 280 Abs. 1, 311 Abs. 2, 241 Abs. 2 BGB. Der Umfang ergibt sich grundsätzlich aus § 249 Abs. 1 BGB, wonach entweder der Franchisegeber oder der Franchisenehmer verlangen können, so gestellt zu werden, wie sie ohne Aufklärungspflichtverletzung gestanden und weder der Franchisegeber noch der Franchisenehmer den Vertrag geschlossen hätten. Ersetzt wird das sog. negative Interesse, auch Vertrauensschaden genannt.[181] Beim Franchisevertrag gehören zu dem Vertrauensschaden z.B. die einmaligen Eintritts- und die laufenden Franchisegebühren sowie Investitionen in das Ladengeschäft, in Anlagevermögen, Vorräte, Waren, Hilfs- und Betriebsstoffe.[182] Außerdem zählen die mit dem Franchise verbundenen Aufwendungen wie Zinsen, Darlehenskosten oder Leasingraten zum erstattungsfähigen Vermögensschaden.[183] Eine Minderung des Anspruchs kann sich z.B. durch Einnahmen aus der Franchise ergeben, die der Franchisenehmer erzielt hat.

2.2.7.1.2 Haftung aus Leistungsstörungen

Franchiseverträge sind Dauerschuldverhältnisse und werden grundsätzlich über einen längeren Zeitraum abgeschlossen. Die auf Langfristigkeit angelegte Vertragsbeziehung kann dazu führen, dass es während der Dauer der vertraglichen Bindung zwischen den Vertragsparteien zu Fehlverhalten kommen kann, welches das gegenseitige Vertrauensverhältnis belastet oder vollständig aufhebt. Während der Franchisegeber für Sach- und Rechtsmängel des Franchisesystems nach §§ 581 Abs. 2, 536, 536 a BGB analog haftet, kann z.B. der Franchisenehmer gegen das Franchisesystem verstoßen, etwa durch Missachtung, durch Nichteinhaltung der Vorschriften im Franchisehandbuch oder durch unterdurchschnittliche Leistung im Rahmen der Absatzförderung. In diesem Fall braucht die Vertragsbeziehung durch den Franchisegeber nicht aufrechterhalten zu werden. Die aufgezeigten negativen Verhaltensweisen des Franchisenehmers stellen jede für sich genommen einen wichtigen Grund dar, wonach dem Franchisegeber ein außerordentliches Kündigungsrecht zusteht. Gleiches

---

[179] Siehe Richtlinien DFV, Vorvertragliche Aufklärungspflichten, abgedruckt bei Metzlaff, Anhang 2, S. 1084 f.
[180] OLG München NJW 1994, 667 f.
[181] Vgl. dazu Schade, § 6 Rz. 93.
[182] Vgl. Metzlaff/Bräutigam, § 12 Rz. 93.
[183] Vgl. Giesler, Die Prospekthaftung des Franchisegebers, ZIP 1999, 2131, 2137.

gilt für Wettbewerbsverstöße des Franchisenehmers oder die Offenlegung von geheimem Know-how.[184]

Das – normalerweise bei in Gang gesetzten Vertragsverhältnissen – gesetzliche Rücktrittsrecht nach §§ 323 ff. BGB in Verbindung mit den in §§ 346 ff. BGB normierten Rechtsfolgen lässt sich nicht auf Dauerschuldverhältnisse anwenden, weil Leistungen, die evtl. seit Jahren zwischen den Vertragspartnern gewährt wurden, nicht zurückerstattet werden können. Die Beendigung des Vertragsverhältnisses zwischen Franchisegeber und Franchisenehmer erfolgt im Rahmen der außerordentlichen Kündigung ex nunc nach §§ 580 Abs. 2, 543 BGB analog i.V.m. §§ 323, 326 Abs. 5, 346 ff. BGB.[185] Die Rechtsprechung und die h.M. in der Rechtsliteratur gehen davon aus, dass § 89 a HGB analog auf die außerordentliche Kündigung des Franchisevertrags anwendbar ist, wenn zum einen keine gesetzliche Regelung besteht und wenn daneben keine vertragliche Vereinbarung über ein außerordentliches Kündigungsrecht getroffen wurde.[186] Besteht ein wichtiger Grund, ist es dem Franchisegeber oder dem Franchisenehmer nicht mehr zuzumuten, am Vertrag festzuhalten. Zulässig ist gem. § 314 Abs. 2 BGB die außerordentliche Kündigung aber erst dann, wenn der Franchisegeber oder der Franchisenehmer eine angemessene Frist zur Abhilfe gesetzt bzw. eine Abmahnung ausgesprochen haben. Nur unter den Unterständen des § 314 Abs. 2 S. 2 i.V.m. § 323 Abs. 2 BGB kann eine solche Fristsetzung zur Abhilfe bzw. eine Abmahnung entbehrlich sein.

Der Franchisevertrag wird als Mischvertrag angesehen, welcher die charakteristischen Merkmale des Kauf-, Dienst- und insbesondere des Pachtvertrags aufweist. In der Rechtsliteratur besteht Einigkeit, dass jede einzelne Maßnahme, die eine Vertragspartei von der anderen verlangen kann, und jede Störung ihrer Leistungserbringung nach dem Recht des jeweils betroffenen Vertragstyps zu beurteilen ist.[187] Verletzt der Franchisegeber gegenüber dem Franchisenehmer die im Vertrag vereinbarte Unterstützungspflicht, so hat der Franchisenehmer nach § 280 Abs. 1 BGB Anspruch auf Schadensersatz und i.V.m. § 252 BGB auch Anspruch auf entgangenen Gewinn, soweit der Franchisegeber die Pflichtverletzung zu vertreten hat. Befindet sich der Franchisenehmer z.B. mit der Zahlung der Franchisegebühr in Verzug und liegen die Voraussetzungen des Verzugs nach § 286 BGB vor – insbesondere eine erforderliche Mahnung oder nach § 286 Abs. 2, 3 BGB ausnahmsweise keine erforderliche Mahnung – kann der Franchisegeber nach §§ 280 Abs. 2, 286 BGB den entstandenen Verzögerungsschaden sowie Verzugszinsen nach § 288 Abs. 2 BGB geltend machen.

2.2.7.1.3 Haftung des Franchisegebers aus lizenzvertraglichen Regeln

Für den Franchisenehmer ist es bedeutsam, ob und inwiefern der Franchisegeber für die Brauchbarkeit des Franchisesystems haftet. Eine verschuldensunabhängige Haftung des

---

[184] Vgl. Metzlaff/Bräutigam, § 12 Rz. 25.

[185] Vgl. Blanke/Schüren/Blanke, Teil 5 Rz. 78.

[186] Vgl. KG BB 1998, 607, 608; Palandt/Weidenkaff, Einf. v. § 581 Rz. 28; Martinek, Moderne Vertragstypen, Bd. II, S. 124 ff.; ders. Franchising, S. 372 ff.

[187] Metzlaff/Bräutigam, § 12 Rz. 27; Martinek, Franchising, S. 385; Martinek/Habermeier, § 27 Rz. 48; Dünisch/Zwecker, Der Franchisevertrag, JA 1995, 817, 822.

Franchisegebers, insbesondere in Bezug auf das Franchisesystem, wird größtenteils verneint.[188] Folgende Ausnahmen der verschuldensunabhängigen Haftung des Franchisegebers sollen allerdings Gültigkeit haben:

- Das Franchisesystem funktioniert nicht, weil z.B. Marken oder Patente dem Franchisegeber von Beginn an nicht zustanden;
- Zum Betrieb eines Franchisegeschäfts ist das vom Franchisegeber angebotene Franchisesystem untauglich;
- Fehlen zugesicherter Eigenschaften, bezogen auf das Franchisesystem; Haftung ohne Verschulden für die anfängliche Nichterfüllung zugesicherter Eigenschaften nach §§ 581 Abs. 2, 536 Abs. 1, 2 S. 1, 536 a Abs. 1, 1. Alt. BGB analog;
- Der Franchisegeber kann die sachlich zwar mögliche Leistung von Anfang nicht erbringen; Haftung ohne Verschulden gem. §§ 581 Abs. 2, 536 Abs. 1, 3, 536 a Abs. 1 BGB analog.[189]

2.2.7.1.4 Haftung nach Vertragsablauf

Nach h.M. haftet der Franchisegeber dem Franchisenehmer nach Vertragsablauf analog § 89 b HGB wegen eines Ausgleichsanspruchs, da der Franchisegeber auch nach Beendigung des Franchisevertrags erhebliche Vorteile aus den vom Franchisenehmer aufgebauten Kundenbeziehungen und Geschäftsverbindungen im Rahmen fortlaufender Wiederholungskäufe zieht. Anhand einer Prognoseentscheidung, welche sich auf einen Zeitraum von zwölf Monaten vor Beendigung des Franchisevertrags bezieht, ist der Ausgleichsanspruch zu berechnen. Der BGH geht bei der Berechnungsgrundlage des Ausgleichsanspruchs nach § 89 b HGB analog nicht nur von Stammkunden aus, welche bereits Wiederholungsgeschäfte getätigt haben, sondern auch von Erstkunden, bei denen als sicher vorausgesetzt wird, dass sie in einem zukünftig überschaubaren Zeitraum (Wiederholungs-)Geschäfte mit dem Franchisegeber tätigen werden.[190] Nach § 89 b Abs. 3 HGB analog kann ein Ausgleichsanspruch dann entfallen, wenn entweder der Franchisenehmer den Vertrag selbst kündigt oder dem Franchisegeber die Möglichkeit der außerordentliche Kündigung aus wichtigem Grund wegen eines schuldhaften Fehlverhaltens des Franchisenehmers möglich ist, bzw. wenn ein Dritter nach vertraglicher Abrede zwischen Franchisegeber und Franchisenehmer an die Stelle des Franchisenehmers tritt. Die Höhe des Ausgleichsanspruchs richtet sich nach der Bemessungsgrundlage in § 89 b Abs. 1 S. 1 Nr. 1 bis 3 HGB analog für den Franchisevertrag.

2.2.7.2 Haftung gegenüber Dritten

Haben Franchisenehmer und Kunde einen Vertrag geschlossen, stehen dem Kunden vertragliche Ansprüche gegenüber dem Franchisenehmer zu. Im Verhältnis zum Franchisenehmer

---

[188] So z.B. Canaris, § 18 Rz. 58; Ekkenga, S. 149 f.
[189] Vgl. Metzlaff/Bräutigam, § 12 Rz. 32 m.w.N.
[190] BGH NJW 1998, 66, 68; BGH ZIP 1999, 1094, 1096; vgl. Thume, Neue Rechtsprechung zum Ausgleichsanspruch des Handelsvertreters und des Vertragshändlers, DB 1998, 1425, 1427 f.; Hopt, Handelsvertreterrecht, 4. Aufl. 2009, § 89 b Rz. 12; Martinek, Moderne Vertragstypen, Bd. II, S. 150 ff.

kommen die Kunden also in den vollen Genuss der Vorteile der vertraglichen Haftung, wie z.B. der Beweislastumkehr gem. § 280 Abs. 1 S. 2 BGB, des Ersatzes fahrlässig herbeigeführter primärer Vermögensschädigungen und der unbedingten Einstandspflicht des Franchisenehmers für seine Erfüllungsgehilfen nach § 278 BGB.[191] Eine Haftung des Franchisegebers kann, wenn überhaupt, nur nach § 823 BGB wegen unerlaubter Handlung oder aus Produzentenhaftung in Betracht kommen.

Die Meinung in der Rechtsliteratur, der Franchisenehmer würde gegenüber dem Kunden als Stellvertreter des Franchisegebers i.S.v. § 164 BGB auftreten, ist abzulehnen.[192] Denn aus dem Vertrag mit dem Kunden wird gerade nicht der Franchisegeber als Vertragspartner verpflichtet, sondern der Franchisenehmer. Eine Quasi-Bevollmächtigung kraft Rechtsschein – der Franchisenehmer verpflichtet sich durch den Franchisevertrag, innerhalb des Franchisesystems einheitlich aufzutreten – ist nicht haltbar.[193] Des Weiteren tritt der Franchisenehmer nicht im fremden Namen auf; er will den Vertrag mit dem Kunden gerade rechtswirksam für sich selbst abschließen und die Vorteile aus dem Vertragsverhältnis für sich beanspruchen. Außerdem kann nicht davon ausgegangen werden, dass der Franchisevertrag eine Schutzwirkung für zukünftige Kunden entfaltet mit der Zielsetzung, der Kunde könnte nach Vertragsabschluss auch den Franchisegeber in Anspruch nehmen.[194]

Haftungsansprüche aus Delikt ergeben sich für den Kunden gegenüber dem Franchisegeber wie dem Franchisenehmer nach § 823 BGB. Der Franchisegeber haftet für die Funktionsfähigkeit des Franchisesystems. Er ist verantwortlich für die Einhaltung der sog. Konzeptpflichten, d.h., ein sicheres Franchisesystem zur Verfügung zu stellen, Besserungen, falls nötig, vorzunehmen sowie für adäquate Schulungen der Franchisenehmer zu sorgen, um vermeidbare Gefahren auszuschließen. Im Rahmen einer Konzeptbeobachtungspflicht trifft den Franchisegeber die Produktbeobachtungspflicht sowie die Pflicht zur Konzeptverbesserung und bei drohender Gefahr die Informationspflicht gegenüber dem Franchisenehmer, diesen unverzüglich zu unterrichten, um Gefahren gegenüber Kunden abzuwehren.[195] Umgekehrt trifft den Franchisenehmer die Pflicht, bei der Feststellung von Fehlern bzw. Gefahrsituationen den Franchisegeber zu informieren und insbesondere an diesen auch Kundenbeschwerden weiterzuleiten. Bei hohem Gefährdungspotential ist der Franchisevertrag vorläufig auszusetzen. Eine Haftung des Franchisegebers nach § 831 BGB für den Franchisenehmer als Verrichtungsgehilfen wird von der h.M. in der Rechtsprechung und Rechtsliteratur bejaht.[196] In Betracht kommen des Weiteren die Haftung aus deliktischer Produzentenhaftung nach § 823 BGB sowie nach Produkthaftungsgesetz, § 15 Abs. 2 ProdHaftG.

---

[191] Metzlaff/Bräutigam, § 13 Rz. 1; vgl. Canaris, § 18 Rz. 76 ff.

[192] So z.B. Wolf/Ungeheuer, Vertragsrechtliche Probleme des Franchising, BB 1994, 1027, 1029.

[193] Dazu ausführlich Canaris, § 18 Rz. 72 ff.

[194] Metzlaff/Bräutigam, § 13 Rz. 6; a. A. Teubner, „Verbund", „Verband" oder „Verkehr"?, Zur Außenhaftung von Franchise-Systemen, ZHR 154 (1990), 295, 321 ff.

[195] Vgl. zu den Konzeptpflichten ausführlich Metzlaff/Bräutigam, § 13 Rz. 15 ff.

[196] Vgl. zur haftungsrechtlichen Stellung anderer Vertriebspartner BGH NJW 1956, 1715 f.; BGH NJW 1980, 941; OLG Koblenz NZV 1989, 434; Canaris, § 18 Rz. 84; Teubner, „Verbund", „Verband" oder „Verkehr"?, Zur

2.2.8 Form

Franchisegeber und Franchisenehmer können einen Franchisevertrag ohne Beachtung von Formvorschriften abschließen. Im Rahmen der Privatautonomie können beide Parteien aber Schriftform vereinbaren. Haben sie nach § 127 BGB Schriftform vereinbart, findet sich üblicherweise in schriftlich abgeschlossenen Franchiseverträgen die Klausel, dass jedwede Änderung bzw. Hinzufügung ebenfalls schriftlich abgefasst werden muss. Außerdem kann die Pflicht zur Schriftform aus gesetzlichen Gründen bestehen. Noch bis zum 1.01.1999 mussten Franchiseverträge nach § 34 GWB a.F. schriftlich abgeschlossen werden, wenn der Franchisevertrag wettbewerbseinschränkende Regelungen enthielt. Allerdings wurde § 34 GWB a.F. durch die 7. GWB-Novelle aufgehoben. Vereinbaren Franchisenehmer und Franchisegeber eine Bezugsbindung über Produkte und handelt es sich beim Franchisenehmer um einen Verbraucher, ist Verbraucherkreditrecht anwendbar. Nach § 505 Abs. 2 S. 1 BGB ist dann der Franchisevertrag zwischen den Parteien schriftlich abzufassen, insbesondere wenn der Franchisenehmer Existenzgründer gem. § 507 BGB und die Rechtsvorschrift über den Ratenlieferungsvertrag nach § 505 BGB zu beachten ist. Ist der Franchisevertrag für länger als ein Jahr geschlossen worden, gelten §§ 581, 550 BGB analog, wonach Schriftform erforderlich ist. Auch § 85 HGB analog kann zur Anwendung kommen, wenn der Franchisenehmer als Vertragspartner vom Franchisegeber verlangt, dass der Inhalt des Vertrags sowie spätere Vereinbarungen in eine zu unterzeichnende Urkunde aufgenommen werden sollen.[197]

2.2.9 Franchisevertrag und Allgemeine Geschäftsbedingungen

Üblicherweise ist der Franchisevertrag ein Formularvertrag i.S.v. § 305 BGB. Dadurch kommt auch zum Ausdruck, dass alle Franchisenehmer gem. §§ 242 BGB, 20 Abs. 2 GWB gleich behandelt werden müssen.[198] Der Formularvertrag umfasst nicht nur den Vertragsinhalt selbst, sondern auch Absprachen über Richtlinien der Betriebsführung, über die Nutzung des Handbuchs etc. Nach § 305 Abs. 1 BGB sind Allgemeine Geschäftsbedingungen vorformulierte Vertragsbedingungen, die für eine Vielzahl von Verträgen eine Vertragspartei (Verwender) der anderen Vertragspartei bei Abschluss eines Vertrages stellt. Der Franchisegeber trägt § 305 Abs. 1 BGB dadurch Rechnung, dass er die Regelungen des Vertrags einseitig aufstellt.

Nach §§ 305 ff. BGB ergeben sich folgende Einschränkungen, insbesondere die Einschränkungen der Inhaltskontrolle gem. §§ 308, 309 BGB. Ist der Franchisenehmer bei Vertragsschluss Unternehmer, regelt § 310 Abs. 1 BGB, dass die Vorschriften der §§ 305 ff. BGB nur eingeschränkt anwendbar sind. Gem. § 14 BGB ist eine Person Unternehmer, wenn sie bei Vertragsabschluss in Ausübung ihrer gewerblichen oder selbstständigen beruflichen Tätigkeit handelt. § 305 Abs. 2 BGB weist daraufhin, dass in diesem Fall die §§ 308, 309 BGB nicht anwendbar

---

Außenhaftung von Franchise-Systemen, ZHR 154 (1990), 295, 311 f.; Bräutigam, Außervertragliche Schadensersatzhaftung der Mitglieder von Franchise-Systemen, WM 1994, 1194.

[197] Metzlaff/Bräutigam, § 8 Rz. 485.
[198] Vgl. Flohr, Teil I., S. 18; Liesegang, Die Bedeutung des AGB-Gesetzes für Franchiseverträge, BB 1991, 2381.

sind. Eine Inhaltskontrolle der Allgemeinen Geschäftsbedingungen – hier des Franchisevertrags als Formularvertrag – richtet sich dann ausschließlich nach § 307 Abs. 1, 2 BGB. Die Rechtsprechung geht davon aus, dass der Franchisenehmer grds. schon zu Beginn seiner Tätigkeit regelmäßig Kaufmann ist und somit ein Handelsgewerbe i.S.v. § 1 HGB betreibt.[199]

Handelt es sich bei dem Franchisenehmer aber um einen Existenzgründer, welcher erst durch die Gründung der Existenz zum Kaufmann wird, könnte hier ein Abschluss eines Franchisevertrags mit einem Verbraucher nach § 13 BGB vorliegen. Denn § 14 BGB besagt, dass nur derjenige Unternehmer ist, welcher eine gewerbliche bzw. selbstständige berufliche Tätigkeit ausübt. § 344 Abs. 1 HGB regelt, dass die von einem Kaufmann vorgenommenen Rechtsgeschäfte als im Zweifel zum Betrieb seines Handelsgewerbes gehörig gelten. Zwar ist ein Franchisenehmer als Existenzgründer bis zum Vertragsabschluss noch kein Kaufmann i.S.d. HGB; der Abschluss des Vertrags führt aber gerade zu der unternehmerischen und kaufmännischen Tätigkeit des Franchisenehmers, so dass derartige Vorbereitungen konkret seiner späteren unternehmerischen Tätigkeit zuzuordnen sind.[200] Auch findet § 305 Abs. 2, 3 BGB keine Anwendung, wenn der Franchisenehmer unternehmerisch tätig ist. Hierbei geht es um die Einbeziehung von AGB in den Franchisevertrag. Da der Franchisevertrag selbst Formularvertrag i.S.d. AGB ist, sind diese üblicherweise mit einbezogen.

Der Franchisenehmer wird vor überraschenden Klauseln nach § 305 c Abs. 1 BGB geschützt. Derartige Klauseln werden nicht Vertragsbestandteil, wenn sie den Umständen nach, insbesondere nach dem äußeren Erscheinungsbild des Vertrags, so ungewöhnlich sind, dass der Franchisenehmer nicht mit ihnen zu rechnen braucht. Auch § 305 c Abs. 2 BGB kommt für den Franchisenehmer zur Anwendung. Er soll bei unklaren Regelungen, welche selbst durch Auslegung nicht eindeutig bestimmbar sind, zu Lasten des Franchisegebers geschützt werden. Des Weiteren gilt das Transparenzgebot des § 307 Abs. 1 S. 2 BGB, wonach der Franchisegeber verpflichtet ist, dem Franchisenehmer die vertraglichen Regelungen überschaubar, klar, deutlich und bestimmt vorzulegen. Der Franchisegeber muss somit dem Franchisenehmer die Gelegenheit geben, vor Abschluss des Franchisevertrags von allen Dokumenten wie Lieferbedingungen, Betriebshandbüchern, Richtlinien usw. in zumutbarer Weise Kenntnis nehmen zu können, dem Franchisenehmer also sozusagen die vollständige Offenlegung des Franchisesystems zu ermöglichen.[201]

Gegenstand der Inhaltskontrolle gem. § 307 Abs. 1, 2 BGB bei Franchiseverträgen sind insbesondere folgende Klauseln:

- Weisungsrechte und Richtlinienbedingungen;
- Bezugsbindungen und Warenbezugsverpflichtungen;
- Einsichtsrechte, Berichtspflichten und Kontrollrechte;
- Änderungsvorbehalte und Einbeziehung der Franchisehandbücher;

---

[199] Vgl. BGH NJW 1985, 1894, 1895.

[200] Vgl. Palandt/Ellenberger, § 14 Rz. 2; Giesler, Die Auswirkungen der Schuldrechtsreform auf Franchiseverträge, ZIP 2002, 420, 427; Metzlaff/Erdmann, § 17 Rz. 19.

[201] Vgl. Metzlaff/Erdmann, § 17 Rz. 27.

- Laufzeitregelungen und Kündigungsbestimmungen;
- Regelungen bei Vertragsbeendigung und Rücknahmepflichten;
- Nebentätigkeits-, Wettbewerbs- und Abwerbeverbote;
- Gewährleistung, Haftung und Haftungsfreistellung sowie Versicherungspflichten;
- Schriftform und Schriftformklauseln;
- Rechtswahl und Gerichtsstandsklauseln;
- Vertragsstrafe;
- Schiedsklauseln.[202]

Sollte eine einzige Klausel des Franchisevertrags aufgrund der Inhaltskontrolle aus § 307 Abs. 1, 2 BGB unwirksam sein, bleibt der Franchisevertrag im Übrigen nach § 306 Abs. 1 BGB bestehen. Nur die unwirksame Klausel kommt nicht mehr zur Anwendung. Durch Wegfall der unwirksamen Vertragsklausel kann eine vertragliche Lücke entstehen, welche entweder durch dispositives Recht oder eine ergänzende Vertragsauslegung auszufüllen ist.

Ist ein Franchisevertrag nichtig, so kann der Franchisenehmer nach § 812 Abs. 1 S. 1, 1. Alt. BGB einen Rückerstattungsanspruch gegenüber dem Franchisegeber geltend machen. Die Höhe bestimmt sich aus der Saldierung der gegenseitig erbrachten Leistungen. Hat der Franchisegeber den Franchisenehmer arglistig getäuscht, erhält der Franchisenehmer nach § 826 BGB den gesamten Wert seiner bereits erbrachten Leistungen zurück.

2.2.10 Vertragslaufzeit

Franchisegeber und Franchisenehmer können einen Franchisevertrag befristet oder unbefristet abschließen. Die Dauer können sie frei bestimmen. Die Mindestlaufzeit des Franchisevertrags sollte allerdings so lange sein, dass für den Franchisenehmer die realistische Chance besteht, die Anfangsinvestitionen zu verdienen. Nach dem Gleichbehandlungsgebot aus § 20 GWB ergibt sich, dass für alle Franchisenehmer dieselbe Mindestlaufzeit gelten muss. Üblich ist eine erste Vertragslaufzeit von fünf Jahren. Vertraglich geregelt sein können nach Ablauf der fünfjährigen Mindestlaufzeit entweder eine automatische Verlängerung von z.B. wiederum fünf Jahren bzw. kürzere Abstände oder ein Optionsrecht für den Franchisenehmer, den Franchisevertrag für eine bestimmte Laufzeit verlängern zu können. Die Mindestlaufzeit sollte einen Zeitraum von 20 Jahren nicht überschreiten, da sie sonst nach § 138 BGB evtl. sittenwidrig sein könnte.[203] Ist die Vertragslaufzeit beendet, entweder nach Ablauf der Mindestlaufzeit, nach Ablauf der optionalen Vertragslaufzeit bzw. einer selbstständigen Verlängerung, hat der Franchisenehmer gegenüber dem Franchisegeber keinen Anspruch auf eine weitere Vertragsverlängerung. Voraussetzung für eine Verlängerung ist dann eine erneute vertragliche Einigung zwischen Franchisegeber und Franchisenehmer.[204]

---

[202] Vgl. Metzlaff/Erdmann, § 17 Rz. 44.
[203] Vgl. dazu die höchstrichterliche Rechtsprechung zu langfristigen Belieferungsverträgen, anwendbar auch auf Franchiseverträge: z.B. BGH DB 1985, 1684 ff.
[204] Vgl. Skaupy, S. 145 f.

2.2.11 Vertragsbeendigung

Eine Vertragsbeendigung des Franchisevertrags kommt grds. unter folgenden Gesichtspunkten zustande:

- Zeitablauf;
- Ordentliche Kündigung;
- Fristlose Kündigung aus wichtigem Grund;
- Aufhebungsvereinbarung.

Die übliche Vertragsbeendigung des Franchisevertrags geschieht durch Zeitablauf. Franchisegeber und Franchisenehmer sind sich darüber einig, dass nach der Mindestlaufzeit bzw. nach Mindestlaufzeit und Laufzeitverlängerung das Franchiseverhältnis enden soll. Gründe können sein: Die grundsätzlich mangelnde Nachfrage nach dem Produkt bzw. der Dienstleistung des Franchisegebers, Beeinträchtigung des Vertrauensverhältnisses der Vertragsparteien, Alter des Franchisenehmers, sinkende Rendite beim Vertrieb des Franchiseprodukts bzw. der Franchisedienstleistung etc. Der Franchisenehmer stellt dann grundsätzlich seine unternehmerische Tätigkeit, zumindest bezogen auf sein Vertragsverhältnis zum Franchisegeber, ein.

Im Rahmen eines Franchisevertrags können die Vertragsparteien eine unbestimmte Vertragsdauer bzw. eine Mindestlaufzeit mit automatischer Vertragsverlängerung vereinbaren. Diese Verträge sehen üblicherweise ein ordentliches Kündigungsrecht vor. Ist in Franchiseverträgen kein Kündigungsrecht vereinbart worden, erkennt die Rechtsprechung eine ordentliche Kündigung zur Beendigung eines unbefristeten Dauerschuldverhältnisses auch ohne vertragliche bzw. gesetzliche Regelung an.[205] Die Frist der Kündigung hat sich grundsätzlich an der Stellung des Franchisenehmers auszurichten. In Betracht kommt § 89 Abs. 1 HGB analog. Diese handelsrechtliche Regelung legt Mindestkündigungsfristen für Handelsvertreterverträge fest, welche für Franchisenehmer aber im Hinblick auf ihren finanziellen Einsatz als unangemessen kurz angesehen werden. Eine analoge Anwendung des § 89 Abs. 1 HGB lässt bei einem Franchisevertrag die hohen Investitionen des Franchisenehmers, seine enge Einbindung in das Franchisesystem und eine daraus folgende hohe Komplexität beim Ausscheiden aus dem Franchisesystem und dem Aufbau einer neuen geschäftlichen, dem Lebensunterhalt dienenden unternehmerischen Tätigkeit außer Acht. Ein Teil der Rechtsliteratur vertritt deshalb sogar die Auffassung, dass eine ordentliche Kündigungsfrist von mindestens einem Jahr angemessen erscheint.[206] Sachgerechter ist es, auf den Einzelfall der Franchisebeziehung abzustellen.[207] Wird eine analoge Anwendung von § 89 HGB befürwortet, nach der kurze Kündigungsfristen möglich sind, sollte dem Franchisenehmer ein Investitionsersatzanspruch zugebilligt werden, wenn sich seine Investitionen bis zum Vertragsablauf nicht amortisiert haben.[208] Das entspricht der h.M. in der Rechtslite-

---

[205] Vgl. BGH VersR 1960, 653, 654; BGH LM Nr. 8 zu § 242, 1962 Bl. 721; OLG Hamburg, NJW 1957, 26 f.
[206] Vgl. Blanke/Schüren/Blanke, Teil 5 Rz. 89; Ekkenga, S. 167.
[207] Für viele Staudinger-BGB/Martinek, § 675 Rz. D58; MVH 1/Heil/Wagner, Bd. 2, Teil II. 2, S. 152.
[208] Metzlaff/Metzlaff, § 8 Rz. 343.

2.2 Franchisevertrag

ratur, welche nach den Grundsätzen zum Anlauf- und Investitionsschutz eine ordentliche Kündigung gem. § 242 BGB für unwirksam hält, wenn diese vor der Amortisierung der vom Franchisegeber veranlassten und vom Franchisenehmer im Vertrauen auf den Fortbestand des Kooperationsverhältnisses getätigten Investitionen wirksam werden soll.[209] Eine ordentliche Kündigung ist auch die Änderungskündigung. Bei Franchiseverträgen kommt sie insbesondere dann in Betracht, wenn der Franchisegeber Veränderungen am vertraglich vereinbarten Franchisegebiet vornehmen will, z.B. eine Verkleinerung.

Franchisegeber wie Franchisenehmer können den Franchisevertrag nach §§ 581 Abs. 2, 543 BGB analog auch fristlos kündigen. Voraussetzung für die fristlose Kündigung des Franchisevertrags ist ein wichtiger Grund. Beispiel für einen wichtigen Grund, welcher zur fristlosen Kündigung berechtigt, ist die Zerrüttung des Vertrauensverhältnisses zwischen Franchisegeber und Franchisenehmer, wodurch der kündigenden Vertragspartei unter Berücksichtigung aller Umstände des Einzelfalls und unter Abwägung der beiderseitigen Interessen ein weiteres Festhalten am Vertrag bis zum Ablauf der Vertragslaufzeit oder bis zum nächsten (ordentlichen) Kündigungstermin nach § 543 Abs. 1 S. 2 BGB analog nicht zugemutet werden kann. Je nach den Umständen des Einzelfalls, insbesondere der Dauer und dem bisherigen Verlauf der Vertragsbeziehung, ist vor Ausspruch der außerordentlichen Kündigung eine angemessene Frist zur Abhilfe oder eine Abmahnung nach § 543 Abs. 3 analog BGB erforderlich. Das Festhalten am Vertrag muss der kündigenden Vertragspartei ferner unzumutbar sein. Die Prüfung der Unzumutbarkeit hat sich dabei an den jeweiligen Interessen der Vertragsparteien, der Art und Dauer des Vertragsverhältnisses, den aus dem Franchisesystem entwickelten sachlichen und persönlichen Beziehungen, dem Verhalten des Kündigenden und den bisher erbrachten Leistungen des Franchisenehmers auszurichten.

§ 543 Abs. 3 S. 1 BGB normiert, dass die außerordentliche Kündigung nur innerhalb einer angemessenen Frist ausgesprochen werden kann. Die kurze Kündigungsfrist von zwei Wochen nach § 626 Abs. 2 BGB ist auf Franchiseverträge analog nicht anwendbar.[210] Für die außerordentliche Kündigung eines Franchisevertrags hat der BGH eine Frist von bis zu zwei Monaten als angemessen angesehen.[211] Eine Schriftformerfordernis für die außerordentliche Kündigung ist gesetzlich nicht geregelt. § 623 BGB ist auf Franchiseverträge weder direkt noch analog anwendbar. Die Schriftform empfiehlt sich aber – insbesondere bei der Zusendung der fristlosen Kündigung per Einschreiben zzgl. Rückschein – in schriftlicher Form für Beweiszwecke.

Die Rechtsprechung hat in verschiedenen Urteilen zu Absatzmittlungsverträgen mit Handelsvertretern, Kommissionsagenten, Vertragshändlern und Franchisenehmern folgende Kündigungsgründe als wichtig erachtet:[212]

---

[209] Vgl. Blanke/Schüren/Blanke, Teil 5 Rz. 89; Ebenroth, Absatzvermittlungsverträge im Spannungsverhältnis von Kartell- und Zivilrecht, 1980, S. 186 f.

[210] Vgl. Martinek, Franchising, S. 34; Gitter, Gebrauchsüberlassungsverträge, 1988, S. 502; Martinek/ Habermeier, § 29 Rz. 19.

[211] Vgl. BGH NJW 1982, 2432.

[212] Siehe dazu ausführlich Staudinger-BGB/Martinek, § 675 Rz. D64.

- Dauerhafte Verletzung der Absatzförderungspflicht;[213]
- Wiederholter Verstoß gegen Richtlinien der Leistungserstellung;[214]
- Mehrfacher Verstoß gegen die Berichts- und Informationspflichten;[215]
- Unerlaubte Nebentätigkeit des Absatzmittlers;[216]
- Vertragswidrige Direktlieferung in exklusive Vertragsgebiete;[217]
- Verkleinerung des Absatzbezirks;[218]
- Willkürliche Ablehnung der Bestellung von Vertragsware.[219]

Insbesondere in der heutigen Zeit des E-Commerce kann eine Direktbelieferung durch den Franchisegeber – falls nicht im Franchisevertrag ausdrücklich vereinbart – zur fristlosen Kündigung des Franchisevertrags durch den Franchisenehmer führen, welcher die Exklusivität seines Vertriebsgebiets durch den Direktvertrieb des Franchisegebers verletzt sieht. Sollte im Franchisevertrag eine Klausel enthalten sein, in der bei einer fristlosen Kündigung wichtige Gründe numerisch aufgezählt sind, hat diese vertragliche Absprache für die Vertragsparteien keine abschließende Wirkung.[220] Im Übrigen werden auch Mischformen von ordentlicher und außerordentlicher Kündigung zur Beendigung des Franchisevertrags für zulässig angesehen.[221]

Franchisegeber wie Franchisenehmer können den Franchisevertrag auch einvernehmlich aufheben. Eine solche Aufhebungsvereinbarung sieht vor, den Vertrag ab einem bestimmten Zeitpunkt als beendet anzusehen. Der Franchisenehmer verpflichtet sich zur Geheimhaltung des ihm überlassenen Know-how sowie evtl. zu einem Wettbewerbsverbot für einen gewissen Zeitraum, während der Franchisegeber an den Franchisenehmer eine Karenzentschädigung zahlen wird, welche für die Zeit des Wettbewerbsverbots dem Lebensunterhalt des Franchisenehmers dient.[222]

2.2.12 Nachvertragliche Pflichten

Auch nach Beendigung des Franchisevertrags ergeben sich für beide Vertragsparteien, Franchisegeber und Franchisenehmer, einzelne Pflichten. So steht dem Franchisenehmer nach Beendigung des Franchisevertrags noch ein Vergütungsanspruch aus § 89 b HGB analog

---

[213] Vgl. OLG Nürnberg BB 1963, 447.
[214] Vgl. BGH NJW 1985, 1894, 1895.
[215] Vgl. BGH ZIP 1987, 1543, 1544.
[216] Vgl. BGH BB 1979, 241, 242.
[217] Vgl. BGH DB 1967, 201, 202.
[218] Vgl. BGH DB 1966, 577.
[219] Vgl. BGH BB 1972, 193, 194.
[220] So z.B. Blanke/Schüren/Blanke, Teil 5 Rz. 94; Martinek, Franchising, S. 101; a. A. Ekkenga, S. 168.
[221] Vgl. Blanke/Schüren/Blanke, Teil 5 Rz. 95.
[222] Vgl. Metzlaff/Metzlaff, § 8 Rz. 367.

2.2 Franchisevertrag

i.V.m. § 87 Abs. 3 HGB analog für Geschäftsabschlüsse zu, welche er vor Vertragsbeendigung initiiert hat. Eine analoge Anwendung von § 87 Abs. 3 HGB ist deshalb angemessen, weil der Franchisenehmer bis zur Beendigung des Vertrags evtl. den Vertrieb des Produkts erfolgreich vorbereitet und anbahnt, so z.B. einen Großkunden gewinnt, der evtl. über einen längeren Zeitraum dem Franchisesystem treu bleibt, so dass eine Versagung des Vergütungsanspruchs nach § 87 Abs. 3 HGB analog unbillig wäre.[223]

Neben dem Vergütungsanspruch aus § 89 b HGB analog für bereits initiierte Geschäfte vor Vertragsablauf steht dem Franchisenehmer nach Ablauf des Franchisevertrags ebenso gem. § 89 b HGB analog ein Goodwill-Ausgleichsanspruch gegenüber dem Franchisegeber zu. Für den Franchisegeber besteht allerdings die Möglichkeit, den Goodwill-Ausgleichsanspruch des Franchisenehmers auf den nachfolgenden Franchisenehmer wirtschaftlich wie rechtlich abzuwälzen.[224]

Eine vorzeitige Beendigung des Franchisevertrags kann dazu führen, dass für den Franchisenehmer ein Anspruch auf Rückerstattung der Eintrittsgebühr in das Franchisesystem, je nach Dauer zumindest teilweise bestehen kann. Dabei kommt es darauf an, zu welchem Zweck die Eintrittsgebühr erfolgte. Eine Rückzahlung kommt dann nicht in Betracht, wenn der Franchisegeber als Gegenleistung für die Entrichtung der Gebühr die Übertragung des Know-how sowie die Aufnahme in das Franchisesystem erbracht hat. Handelt es sich bei der Zahlung der Eintrittsgebühr durch den Franchisenehmer um eine Vorauszahlung für zukünftige Gegenleistungen, z.B. für regionale Werbemaßnahmen des Franchisegebers, Einrichtungsausstattung für die Gewerbeimmobilie bzw. Schulungsmaßnahmen für den Franchisenehmer und seine Mitarbeiter, kann von einer zumindest anteiligen Rückzahlungspflicht des Franchisegebers ausgegangen werden.[225] Ein solcher Rückzahlungsanspruch kann auch immer dann angenommen werden, wenn sich der Franchisenehmer verpflichtet, eine hohe Eintrittsgebühr und relativ niedrige laufende Franchisegebühren zu entrichten.[226] Durch die hohe Eintrittsgebühr finanziert er ab Beginn seiner unternehmerischen Tätigkeit als Franchisenehmer das Franchisesystem in bedeutendem Maße mit. Der Franchisegeber hat dagegen die Möglichkeit, seine konkreten Aufwendungen in Bezug auf den betroffenen Franchisenehmer darzulegen und damit den Rückerstattungsanspruch des Franchisenehmers zu mindern.[227]

Zu den nachvertraglichen Verpflichtungen gehören für den Franchisenehmer die Rückgabepflicht der vom Franchisegeber erhaltenen Informationen, so z.B. das Franchisehandbuch sowie evtl. noch nicht verkaufte Produkte und Ersatzteile. Umgekehrt ergibt sich aus der nachvertraglichen Treuepflicht auch für den Franchisegeber die Pflicht, Gegenstände der

---

[223] Martinek/Habermeier, § 29 Rz. 54.

[224] Vgl. BGH BB 1968, 927 und BGH NJW 1985, 58 f. zum Handelsvertreterrecht und somit in analoger Anwendung auf Franchiseverträge.

[225] Vgl. Adams/Witte, Rechtsprobleme der Vertragsbeendigung von Franchise-Verträgen, DStR 1998, 251, 255 f.

[226] So z.B. OLG Frankfurt WiB 1995, 346, 347.

[227] Vgl BGHZ 128, 156, 159; OLG Oldenburg DStR 1998, 903, 904 mit zust. Anm. Flohr.

Vertragsware und der Betriebsausstattung, welche im Extremfall als unverkäuflich angesehen werden, zurückzunehmen.[228]

Außerdem ist es üblich, dass die Vertragsparteien im Rahmen eines Franchisevertrags nach Ablauf der Vertragsfrist Wettbewerbsverbote zu Lasten des ehemaligen Franchisenehmers vereinbaren. Denn es kann nicht im Interesse des Franchisegebers liegen, dass der Franchisenehmer, welcher aus dem Franchisesystem ausgetreten ist, die erlangten Kenntnisse und Erfahrungen in derselben Branche weiterverwertet und seinen Kundenbestand in ein neues Franchisesystem „mitnimmt".[229] Während ein immanentes Wettbewerbsverbot für den Franchisenehmer innerhalb der Vertragslaufzeit besteht, kommt für ein nachvertragliches Wettbewerbsverbot die Regelung des § 90 a HGB analog in Betracht, wonach eine ausdrückliche Vereinbarung eines nachvertraglichen Wettbewerbsverbots unter Beachtung bestimmter Formerfordernisse notwendig ist.[230] § 90 a Abs. 1 S. 3 HGB analog gewährt dem Franchisenehmer für die Dauer des Wettbewerbsverbots eine angemessene Vergütung zum Lebensunterhalt. Ein nachvertragliches Wettbewerbsverbot findet nach § 90 a HGB analog auf den Franchisenehmer keine Anwendung. Die zweijährige Höchstdauer des Wettbewerbsverbots wird durch Art. 5 d) VGVO[231] verdrängt, welche die Dauer des Wettbewerbsverbots auf ein Jahr beschränkt, sofern das Know-how des Franchisegebers geschützt werden soll. Außerdem wird die Zulässigkeit eines nachvertraglichen Wettbewerbsverbots auf Waren oder Dienstleistungen beschränkt, die mit denjenigen des bisherigen Absatzsystems im Wettbewerb stehen oder für deren Know-how-Schutz ein nachvertragliches Wettbewerbsverbot „unerlässlich" ist.[232] Das nachvertragliche Wettbewerbsverbot darf sich nur auf das ehemalige Vertragsgebiet und auf die Leistungen beziehen, die Gegenstand des Franchisevertrags waren.[233]

2.2.13 Kartellrecht

Franchisesysteme schränken den freien Wettbewerb ein. So kann ein Franchisevertrag vorsehen, dass innerhalb der vereinbarten Laufzeit exklusive Vertragsgebiete oder Lieferpflichtabnahmen bestehen oder nachvertraglich ein Wettbewerbsverbot verabredet sein kann. Zwar bilden gerade derartige wettbewerbsbeschränkende Maßnahmen die Grundlage zum Schutz eines Franchisesystems. Insbesondere die Verwertbarkeit sowie der Werterhalt der Geschäftsidee und des Know-how der Systemzentrale werden dadurch gestärkt.[234] Die vertrag-

---

[228] Vgl. BGH NJW 1998, 540, 542; Martinek/Habermeier, § 29 Rz. 59.

[229] Vgl. Martinek/Habermeier, § 29 Rz. 64.

[230] Vgl. BGH DB 1987, 1039, 1040; Martinek, Franchising, S. 373; Matthießen, Arbeits- und handelsvertreterliche Ansätze eines Franchisenehmerschutzes, ZIP 1988, 1089, 1095.

[231] Zur EU-Gruppenfreistellungsverordnung für vertikale Vereinbarungen (VGVO) vgl. 2.2.13.1.2.

[232] Martinek/Habermeier, § 25 Rz. 67.

[233] Vgl. Blanke/Schüren/Blanke, Teil 5 Rz. 103.

[234] MVH 2/Martinek/Pour Rafsendjani, Bd. 4, Teil III. 4, S. 206.

2.2 Franchisevertrag

lichen Vereinbarungen zwischen dem Franchisegeber und dem Franchisenehmer müssen aber mit europäischem und nationalem Kartellrecht vereinbar sein.

2.2.13.1 Europäisches Kartellrecht

2.2.13.1.1 Vertrag über die Arbeitsweise der Europäischen Union (AEUV)

EU-Gemeinschaftsrecht ist nicht auf reine nationale Sachverhalte anwendbar. Den Grundsatz der Zwischenstaatlichkeitsklausel konkretisiert Art. 101 Abs. 1 AEUV. Nach der ständigen Rechtsprechung des EuGH sind die Voraussetzungen der Zwischenstaatlichkeitsklausel erfüllt, wenn eine Maßnahme unmittelbar oder mittelbar, tatsächlich oder der Möglichkeit nach geeignet ist, die Freiheit des Handelns zwischen Mitgliedstaaten in einer Weise zu gefährden, die der Verwirklichung der Ziele eines einheitlichen zwischenstaatlichen Marktes nachteilig sein kann.[235] Ist der Handel zwischen Mitgliedstaaten betroffen, kann eine Eignung zur Beeinträchtigung des Handels zwischen verschiedenen Mitgliedstaaten vorliegen. Ergibt sich daraus eine konkrete Gefahr der Beeinträchtigung des Handels, liegt eine Beeinträchtigung des Handels vor. Diese Beeinträchtigung muss spürbar sein.[236]

Die seit dem Jahr 2002 geltende Neufassung der EG-Bagatellbekanntmachung,[237] welche für Gerichte rechtlich nicht bindend ist, weist quantitative wie qualitative Kriterien aus, wonach Wettbewerbsbeschränkungen spürbar sind. Bei einer Vereinbarung zwischen Wettbewerbern wird eine spürbare Wettbewerbsbeschränkung angenommen, wenn eine Schwelle eines 10 %-Marktanteils erreicht wird bzw. bei Nichtwettbewerbern ein Marktanteil von 15 %. Nach Nr. II. 9 EG-Bagatellbekanntmachung wird die Marktanteilsschwelle bei Parallelvereinbarungen, die mehrere Lieferanten oder Händler für den Verkauf von Waren oder Dienstleistungen geschlossen haben, um jeweils 5 % herabgesetzt. Nr. II. 11 der EG-Bagatellbekanntmachung schränkt diese quantitativen Kriterien weitgehend ein. In Deutschland hat die Bagatellbekanntmachung des Bundeskartellamts vom 13.3.2007 diese quantitativen und qualitativen Kriterien der EG-Bagatellbekanntmachung übernommen.[238] Aktuell erwägt die EU-Kommission eine Überarbeitung der EG-Bagatellbekanntmachung.

Art. 101 Abs. 1 AEUV bleibt weiterhin anwendbar, wenn es sich bei vertikalen Vereinbarungen in qualitativer Hinsicht um besonders schwerwiegende Wettbewerbsbeschränkungen handelt. Bei vertikalen Vereinbarungen liegt eine besonders schwere Wettbewerbsbeeinträchtigung vor, wenn eine Vereinbarung bezweckt, die Wiederverkaufspreise festzusetzen oder Beteiligten oder dritten Unternehmen Gebietsschutz zu gewähren.[239] Gegen kleinere und mittlere Unternehmen, die weniger als 250 Mitarbeiter beschäftigen sowie einen Jahres-

---

[235] Vgl. EuGH v. 13.7.1966 – Rs. 56/64 und 58/64, Slg. 1966, 322, 329; EuGH v. 17.7.1997 – Rs. C-219/95 P, Slg. I-1997, 4411, 4412.

[236] Vgl. MVH 2/Martinek/Pour Rafsendjani, Bd. 4, Teil III. 4, S. 211.

[237] EG-Bagatellbekanntmachung v. 19.5.2001, ABl. 2001, C 149/18.

[238] Bundeskartellamt, Bekanntmachung Nr. 18/2007 v. 13. 3. 2007.

[239] Vgl. Kronke/Giesler, Teil G Rz. 152.

umsatz von höchsten 40 Mio. € oder eine Jahresbilanzsumme von höchstens 27 Mio. € ausweisen können, wird die EU-Kommission nach Nr. III. EG-Bagatellbekanntmachung nicht einschreiten, selbst wenn die Marktanteilsschwellen überschritten wurden. Finden allerdings die in Nr. II. 11 EG-Bagatellbekanntmachung besonders schwerwiegenden Wettbewerbsbeschränkungen auch bei kleinen und mittleren Unternehmen statt, also etwa bei Franchiseverträgen durch Vereinbarungen über Wiederverkaufspreise oder durch die Einräumung von Gebietsschutz, kann die EU-Kommission nicht nur Bußgelder festsetzen, sondern auch die Freistellung der Klauseln nicht erteilen.[240]

Art. 101 AEUV besagt, dass alle Vereinbarungen zwischen Unternehmen, Beschlüsse von Unternehmensvereinigungen und aufeinander abgestimmte Verhaltensweisen mit dem Gemeinsamen Markt unvereinbar und verboten sind, welche den Handel zwischen Mitgliedstaaten zu beeinträchtigen geeignet sind und eine Verhinderung, Einschränkung oder Verfälschung des Wettbewerbs innerhalb des Gemeinsamen Marktes bezwecken oder bewirken. Nach Art. 101 Abs. 2 AEUV sind derartige Vereinbarungen oder Beschlüsse nichtig. Die Ausnahmevorschrift bildet Art. 101 Abs. 3 AEUV. Danach gilt die Rechtsfolge des Art. 101 Abs. 2 AEUV nicht, wenn die Bestimmungen des Art. 101 AEUV aufgrund einer Einzel- oder Gruppenfreistellung für nicht anwendbar erklärt werden. Im Zusammenhang mit Art. 101 AEUV ist auch Art. 102 AEUV zu sehen. Nach Art. 102 S. 1 AEUV ist mit dem Gemeinsamen Markt unvereinbar und verboten, die missbräuchliche Ausnutzung einer beherrschenden Stellung auf dem Gemeinsamen Markt oder auf einem wesentlichen Teil desselben durch ein oder mehrere Unternehmen, soweit dies dazu führen kann, den Handel zwischen Mitgliedstaaten zu beeinträchtigen.

Der Verstoß gegen das EU-Kartellrecht hat nicht nur die Nichtigkeit der Vereinbarung nach Art. 101 Abs. 1 AEUV, § 134 BGB zur Folge. Es besteht dann ein Schadensersatzanspruch nach § 33 Abs. 3 GWB, eine Beseitigungsverpflichtung nach § 33 Abs. 1 S. 1, 1. Alt. GWB sowie eine Unterlassungsverpflichtung nach § 33 Abs. 1 S. 1, 2. Alt., Abs. 1 S. 2 GWB. Dabei ist im weitestgehenden Sinn auch ein Kontrahierungszwang die Ausnutzung einer marktmissbräuchlichen Position.[241] Darüber hinaus kann die EU-Kommission gemäß Art. 23 Abs. 2 EG-VO Nr. 1/2003[242] eine Geldbuße bis zu einem Höchstbetrag von 10 % des erzielten Gesamtumsatzes im vergangenen Geschäftsjahr anordnen. Das Kartellverbot ergibt sich aus Art. 101 Abs. 1 AEUV, §§ 1, 2 GWB.

---

[240] Kronke/Giesler, Teil G Rz. 153.

[241] Vgl. MVH 2/Martinek/Pour Rafsendjani, Bd. 4, Teil III. 4, S. 207 f.

[242] EG-VO Nr. 1/2003 v. 16.12.2002, ABl. 2003, L 1/1, zuletzt geändert durch EG-VO Nr. 1419/2006 v. 25.9.2006, ABl. 2006, L 269/1, zur Durchführung der in den Artt. 101, 102 AEUV (vormals Artt. 81, 82 EGV) niedergelegten Wettbewerbsregeln.

2.2.13.1.2 EG-Gruppenfreistellungsverordnung für vertikale Vereinbarungen

Am 1.06.2000 trat die erste EG-Gruppenfreistellungsverordnung für vertikale Vereinbarungen (VGVO) in der Bundesrepublik Deutschland in Kraft.[243] Diese VGVO löste die seit dem 30.11.1988 geltende Gruppenfreistellungsverordnung 4087/1988/EWG, auch „Franchise-GVO" genannt, ab. Die ehemalige Franchise-GVO enthielt Listen von schwarzen, grauen und weißen Klauseln. Die Anwendung von schwarzen Klauseln in Franchiseverträgen war verboten, die Anwendung grauer Klauseln geboten und die Formulierungen der weißen Klauseln unbedenklich. Hielten sich die Franchiseparteien an die Vorgaben der Franchise-GVO, lag grundsätzlich kein Verstoß gegen Art. 101 Abs. 1 AEUV vor. Die nunmehr gültige VGVO Nr. 330/2010[244] hat wiederum die VGVO aus dem Jahr 1999 abgelöst. Beide VGVO können nur im Zusammenhang mit der früheren Franchise-GVO gesehen werden. Die Franchise-GVO enthielt in Art. 1 Abs. 3 a), b) nicht nur eine Definition für ein Franchisesystem; auch der Know-how-Begriff wurde in Art. 1 Abs. 3 s) Franchise-GVO definiert. Die Definition über den Know-how-Begriff findet sich in Art. 1 g) VGVO fast unverändert wieder.

Die Listen mit schwarzen, grauen und weißen Klauseln sind in der neuen VGVO nicht mehr enthalten. Prinzip der VGVO ist es, dass alle vertikalen Vereinbarungen nicht mehr unter das Verbot des Art. 101 Abs. 1 AEUV fallen. In der VGVO finden sich demzufolge nur noch Regelungen, welche nicht unter die Gruppenfreistellung fallen. Ausnahmen sind in Art. 2 VGVO geregelt. Vertikale Vereinbarungen entstehen, wenn zwei oder mehrere Unternehmen einen Vertrag abschließen, diese Unternehmen auf verschiedenen Produktions- und Vertriebsstufen tätig sind und die Vereinbarungen über Bedingungen getroffen werden, nach denen Unternehmen Produkte und Dienstleistungen kaufen, verkaufen bzw. weiterverkaufen sollen.[245] Insbesondere Franchiseverträge fallen als vertikale Vereinbarungen unter die Regelungen der VGVO.

Die EU-Kommission hat sog. „Vertikal-Leitlinien" erlassen.[246] Diese umfangreichen Leitlinien dienen dazu, die Prüfung zu erleichtern, ob eine vertragliche Abrede innerhalb des Franchisevertrags oder ein gesamtes Vertragswerk unter die VGVO fällt oder nicht.[247] Demzufolge gibt es für vertikale Vereinbarungen kein Anmeldeverfahren mehr zur Freistellung vom Kartellverbot durch die EU-Kommission; vielmehr schafft die VGVO eine „legale Ausnahme" und die EU-Kommission beschränkt sich seitdem auf eine Missbrauchsaufsicht.[248]

---

[243] EG-VO Nr. 2790/1999 v. 22.12.1999, ABl. 1999, L 236/21, geändert durch Nizza/Beitrittsakte v. 23.9.2003, ABl. 2003, L 236/33.

[244] EU-VO Nr. 330/2010 v. 20.4.2010, ABl. 2010, L 102/1.

[245] Vgl. Metzlaff/Metzlaff, § 26 Rz. 9.

[246] EU-Leitlinien für vertikale Beschränkungen v. 13.10.2000, ABl. 2000, C 291/ 40; ersetzt und aktualisiert durch EU-Leitlinien für vertikale Beschränkungen v. 10.5.2010, ABl. 2010, C 130/1.

[247] Vgl. Kronke/Giesler, Teil G Rz. 146.

[248] Vgl. Blanke/Schüren/Blanke, Teil 5 Rz. 25.

2.2.13.1.2.1 Anwendungsbereich der VGVO

Die VGVO ist grds. auf Franchiseverträge anzuwenden. Diese Anwendbarkeit ist allerdings eingeschränkt, wenn z.B. Verträge zwischen Einzelhandelsvereinigungen und ihren Mitgliedern wie zwischen Wettbewerbern abgeschlossen worden sind. Nach Art. 2 Abs. 4 VGVO werden vertikale Vereinbarungen zwischen Wettbewerbern nicht erfasst. Das ist z.B. dann der Fall, wenn der Franchisegeber neben dem Franchisenehmer im exklusiven Vertriebsgebiet einen Direktvertrieb, z.B. im Wege des E-Commerce, durchführt. Dieser Mehrfachvertrieb in einem Vertriebsgebiet wird auch Dualdistribution genannt. Handelt es sich um eine Dualdistribution, kommt die VGVO dann zur Anwendung, wenn dem Franchisevertrag keine wechselseitige Vereinbarung zugrunde liegt, d.h., wenn der Franchisegeber die Franchiseprodukte über die Franchisenehmer vertreibt und nicht auch mit den Franchiseprodukten konkurrierende Produkte von den Franchisenehmern bezieht, bzw. wenn der Franchisenehmer gemeinsam mit den mit ihm verbundenen Unternehmen nur einen Umsatz in Höhe von bis zu 100 Mio. € hat oder er kein Hersteller von konkurrierenden Waren oder Erbringer konkurrierender Dienstleistungen sondern nur Händler ist.[249] Art. 2 Abs. 2 VGVO schränkt Franchiseverträge zwischen Einzelhandelsvereinigungen und ihren Mitgliedern dann ein, wenn diese Mitglieder Waren vertreiben und keines der Mitglieder mehr als 50 Mio. € Umsatz aufweist.

Findet sich in Franchiseverträgen eine der in Art. 5 VGVO bezeichneten Klauseln, entfällt nur die Freistellung für diese Klausel, nicht für das übrige Vertragswerk. Demzufolge bleiben die übrigen Abreden des Franchisevertrags von der VGVO freigestellt. Art. 5 Abs. 1 a) VGVO regelt, dass Wettbewerbsverbote während der Vertragdauer bei vertikalen Vereinbarungen nur noch für maximal fünf Jahre ab Vertragsunterzeichnung erlaubt sind. Ausnahme davon ist aber z.B., wenn der Franchisegeber Eigentümer, Mieter oder Pächter der Räumlichkeiten ist, in der der Franchisenehmer eine unternehmerische Tätigkeit betreibt. Wie aus den EU-Leitlinien für vertikale Beschränkungen[250] hervorgeht, sollen diese Grundsätze jedoch für Franchisevereinbarungen dann nicht gelten, wenn das Wettbewerbsverbot erforderlich ist, um die Einheitlichkeit und den Ruf des Franchisesystems zu erhalten oder wenn es dem Schutz des Know-how dient[251]. Das hat zur Folge, dass die EU-Kommission während der Vertragslaufzeit ein umfassendes Wettbewerbsverbot für zulässig erachtet hat.

Art. 5 Abs. 3 d) VGVO enthält eine sehr einschränkende Regelung für den Zeitraum nachvertraglicher Wettbewerbsverbote. Ein nachvertragliches Wettbewerbsverbot ist bis zu einem Zeitraum von höchstens einem Jahr erlaubt, zumal, wenn es sich um konkurrierende Produkte handelt und die Jahresfrist zum Schutz des Know-how unerlässlich ist. Allerdings normiert Art. 5 Abs. 3 S. 2 VGVO ein zeitlich unbeschränktes Verbot für das gewährte Know-how, das zusätzlich eine weitere eigene Nutzung bzw. die Überlassung an Dritte untersagt.

---

[249] Vgl. ausführlich Metzlaff/Metzlaff, § 26 Rz. 27.
[250] EU-Leitlinien für vertikale Beschränkungen v. 10.5.2010, ABl. 2010, C 130/1.
[251] Blanke/Schüren/Blanke, Teil 5 Rz. 28.

2.2.13.1.2.2 Freistellung bis 30 % Marktanteil

Beschränkungen, die weder Art. 4 VGVO noch Art. 5 VGVO betreffen, werden nach Art. 3 Abs. 1 VGVO freigestellt, solange ein Unternehmen keinen Marktanteil von mehr als 30 % hält. Dies gilt insbesondere nach Art. 3 Abs. 2 VGVO für vertikale Vereinbarungen, die Alleinbelieferungsverpflichtungen enthalten. Dabei bezieht sich die VGVO grds. auf die Marktanteile des Franchisegebers. Bei der Alleinbelieferungsverpflichtung nach Art. 3 Abs. 2 VGVO ist von der Marktmacht des Franchisenehmers auszugehen. Die Alleinbelieferungsverpflichtung i.S.v. Art. 1 Abs. 1 d) VGVO besagt, dass der Franchisegeber nur an einen Franchisenehmer liefern darf. Der räumlich relevante Markt umfasst das Gebiet, in dem die beteiligten Unternehmen mit der Lieferung der relevanten Erzeugnisse oder Dienstleistungen beschäftigt sind[252]. Oft ist die Einschätzung des Marktanteils nicht einfach, insbesondere wenn eine Selbsteinschätzung des jeweiligen Unternehmens erfolgt. Die Höhe des Marktanteils sagt aber nicht unbedingt etwas über die Marktmacht aus. Eine überragende Marktstellung tritt nach § 19 Abs. 2 Nr. 2 GWB auch bei hoher Finanzkraft, dem bevorzugten Zugang zu den Beschaffungs- und Absatzmärkten, bei Verpflichtungen gegenüber anderen Unternehmen etc. ein.

Die EU-Kommission hat die Problematik der Marktanteilsermittlung erkannt und evtl. entstehende Rechtsunsicherheiten durch sog. Toleranzschwellen in der VGVO abgemildert. Beträgt der Marktanteil nach Art. 7 Abs. 2 d) VGVO zunächst nicht mehr als 30 % und überschreitet er anschließend diese Schwelle, übersteigt jedoch nicht mehr als 35 %, so gilt die Freistellung nach Art. 2 VGVO im Anschluss an das Jahr, in welchem die 30 %-Schwelle erstmals überschritten wurde, noch für zwei weitere Kalenderjahre. Beträgt der Marktanteil nach Art. 7 Abs. 2 e) VGVO zunächst nicht mehr als 30 % und überschreitet er anschließend 35 %, so gilt die Freistellung nach Art. 2 VGVO im Anschluss an das Jahr, in welchem die Schwelle von 35 % Marktanteil erstmals überschritten wurde, noch für ein weiteres Kalenderjahr. Allerdings dürfen gem. Art. 7 Abs. 2 f) VGVO die in Art. 7 Abs. 2 d), e) VGVO genannten Vorteile nicht in der Weise verbunden werden, dass ein Zeitraum von zwei Kalenderjahren überschritten wird.

Eine Fehleinschätzung der Marktanteile kann rückwirkend bis zum Zeitpunkt des Vertragsschlusses des Franchisevertrags freigestellt werden. Eine ausführliche Dokumentation der Marktanteile vor Vertragsbeginn – selbst bei einer Fehleinschätzung der Marktanteile – kann dazu führen, dass die EU-Kommission von einem Bußgeldbescheid absieht, wenn das Unternehmen in gutem Glauben davon ausgeht, dass die in der Gruppenfreistellungsverordnung vorgesehene Marktanteilsschwelle nicht überschritten wird.[253] Findet europäisches wie nationales Kartellrecht Anwendung, hat die VGVO Vorrang vor allen Verboten des GWB.

Zusammenfassend ist festzustellen, dass der Anwendungsbereich der VGVO erheblich weiter gefasst ist als in der ehemaligen Franchise-GVO. Denn nach der VGVO gelten auch vertragliche Absprachen zwischen mehr als zwei Unternehmen, so dass die VGVO insbesondere auch bei Master-Franchiseverträgen Anwendung findet. Die bedeutendsten Beschränkun-

---

[252] Metzlaff/Metzlaff, § 26 Rz. 117; Kronke/Giesler, Teil G Rz. 183.
[253] Vgl. dazu Metzlaff/Metzlaff, § 26 Rz. 122.

gen der VGVO finden sich in Art. 4: Eine vertikale Vereinbarung wird grds. dann nicht freigestellt, wenn Preisbindungs-, Gebiets- oder Konkurrenzschutzklauseln vereinbart wurden. Ausnahmen zu diesen Beschränkungen, die insbesondere auf Franchisesysteme anwendbar sind, finden sich dazu zum einen in Art. 4 S. 1 a), b) VGVO. Die übrigen Vereinbarungen über Wettbewerbsbeschränkungen werden zum anderen gem. Art. 3 Abs. 1 VGVO dann freigestellt, wenn der Franchisegeber einen geringeren Anteil am relevanten Markt als 30 % aufweist. Zu beachten sind noch die einschränkenden Regelungen des Art. 5 VGVO, nach denen vertikale Vereinbarungen zwar selbst nicht freistellungsfähig sind, der Franchisevertrag im Übrigen aber in seiner Wirksamkeit nicht berührt wird. Eine solche Klausel ist z.B. ein Wettbewerbsverbot für eine längere Laufzeit als fünf Jahre nach Vertragsbeendigung.

2.2.13.2 Deutsches Kartellrecht

Mit Inkrafttreten der 7. GWB-Novelle am 1.07.2005 hat das Europäische Kartellrecht, zum einen normiert in Artt. 101 ff. AEUV, zum anderen durch den Erlass von EU-Verordnungen Einzug in das deutsche Kartellrecht erhalten. §§ 4 bis 18 GWB, welche vorher die Vertikalvereinbarungen im deutschen Kartellrecht regelten, sind deshalb entfallen. Ebenso entfallen ist § 23 GWB, der die Preisempfehlungen bei Markenware normierte. Artt. 101 ff. AEUV und die VGVO haben nunmehr grds. Vorrang vor nationalem Kartellrecht. Vertikale Vereinbarungen, die nicht unter Art. 101 Abs. 1 AEUV fallen, werden weiterhin durch das GWB umfasst. Das GWB bezieht sich somit insbesondere auf kleinere Franchisesysteme, welche nur im Inland tätig sind.

Für Wettbewerbsbeschränkungen, deren Auswirkungen nur im Inland spürbar sind, regeln ausschließlich §§ 1, 2 GWB das Kartellverbot für horizontale und vertikale Vereinbarungen. Dabei entspricht § 1 GWB dem Art. 101 Abs. 1 AEUV, § 2 GWB dem Art. 101 Abs. 3 AEUV. Anwendbar für inländische Franchisesysteme sind insbesondere §§ 19, 20 GWB. Nach § 19 GWB ist die missbräuchliche Ausnutzung einer marktbeherrschenden Stellung durch ein oder mehrere Unternehmen verboten. § 20 GWB regelt, dass marktbeherrschende Unternehmen i.S.d. §§ 2, 3 und 28 Abs. 1 GWB und Unternehmen, die Preise nach § 28 Abs. 2 GWB oder § 30 Abs. 1 S. 1 GWB binden, ein anderes Unternehmen in einem Geschäftsverkehr, der gleichartigen Unternehmen üblicherweise zugänglich ist, weder unmittelbar noch mittelbar unbillig behindern oder gleichartige Unternehmen ohne sachlich gerechtfertigten Grund weder unmittelbar noch mittelbar unterschiedlich behandeln dürfen. Rechtsfolge kann einerseits eine Untersagungsverfügung nach § 32 GWB sein. Danach kann die Kartellbehörde Unternehmen oder Vereinigungen von Unternehmen verpflichten, den Missbrauch marktbeherrschender Stellungen bzw. eine Diskriminierung oder unbillige Behinderung abzustellen. Der Verstoß gegen eine solche Untersagungsverfügung kann nach § 81 Abs. 2 Nr. 1, Abs. 4 GWB mit einer Geldbuße von bis zu 1 Mio. € geahndet werden. Daneben kann dem Geschädigten ein Schadensersatzanspruch aus § 33 Abs. 3 GWB zustehen.

Denn § 19 GWB wird ebenso als Schutzgesetz i.S.v. § 33 GWB angesehen[254] wie auch § 20 GWB[255].

In Abweichung zum EU-Recht regelt § 3 GWB zusätzlich die Freistellungsvoraussetzungen für Mittelstandskartelle. Die EU-Kommission hat § 3 GWB als mit dem europäischen Kartellrecht vereinbar angesehen, weil kleinere und mittlere Unternehmen nicht über eine so starke Marktmacht verfügen, um den freien Wettbewerb einzuschränken.[256]

---

[254] Vgl. Metzlaff/Pape, § 23 Rz. 117.
[255] Vgl. Immenga/Mestmäcker (Hrsg.)/Möschel, Wettbewerbsrecht, Bd. 2, GWB, 4. Aufl. 2007, § 20 Rz. 269.
[256] Siehe EU-Kommission, Empfehlung v. 30.4.1996, ABl. 1996, L 107/4; aktualisiert durch die Empfehlung v. 6.5.2003, ABl. 2003, L 124/36.

3 Warenhandel

Allgemein ist Export der Absatz im eigenen Wirtschaftsgebiet produzierter Waren jenseits der Staatsgrenzen, Import der Bezug von Waren aus dem Ausland.[257] Die betriebswirtschaftliche Literatur unterscheidet zwischen direktem und indirektem Im- oder Export.[258] Während beim direkten Im- oder Export eine Beziehung zwischen dem inländischen und ausländischen Geschäftspartner besteht, schaltet die Unternehmung beim indirekten Im- oder Export einen Handelsmittler im Inland ein, der dann seinerseits eine direkte Beziehung zu seinem ausländischen Geschäftspartner begründet.

Es kann durchaus vorteilhaft sein, einen Handelsmittler – wie etwa ein Außenhandelsunternehmen – einzuschalten: Zum einen verfügt nicht jede Unternehmung über die Markt- und Kundennähe, die sie benötigt, um selbst Beziehungen zu Geschäftspartnern im Ausland aufzubauen. Zum anderen scheuen Unternehmungen mitunter die organisatorische Komplexität der unmittelbaren Im- oder Exporttätigkeit und nicht zuletzt auch die Kommunikation mit ausländischen Geschäftspartnern. Deshalb wünschen einige Unternehmungen, das Auslandsgeschäft als Inlandsgeschäft abzuwickeln. Sie wollen nicht mit den Umweltbedingungen des Ziellandes konfrontiert werden.[259] Hier helfen Außenhandelsunternehmungen: Sie sind auf Auslandsgeschäfte spezialisiert, können diese organisatorisch abwickeln und haben Erfahrungen in einzelnen Märkten und Branchen.[260] Da aber auch Außenhandelsunternehmungen selbst Gewinne erzielen wollen, kann eine Unternehmung davon profitieren, unmittelbare Geschäftsbeziehungen zu ausländischen Geschäftspartnern aufzubauen.

Entscheidet sich die Unternehmung für den direkten Außenhandel, kann sie eigene Erfahrungen auf dem Auslandsmarkt sammeln und auf Dauer gegebenenfalls sogar Markt- und Absatzpotentiale optimaler ausschöpfen, als dies die Außenhandelsunternehmung tut. Denn Produkt- und Preispolitik kann die Unternehmung dann selbst gestalten.[261] Ob das Geschäft als direkter oder indirekter Im- oder Export abgewickelt wird, wirft auch rechtliche Fragen auf: Welches Gericht ist für Streitigkeiten, die sich aus der Im- oder Exporttätigkeit ergeben, zuständig, welches Recht findet Anwendung, auf welche Haftungsgrundlagen muss man sich einstellen und wie kann die Unternehmung die sich daraus ergebenden Risiken einschrän-

---

[257] Kutschker/Schmid, 17.
[258] Dülfer/Jöstingmeier, 176.
[259] Dülfer/Jöstingmeier, 176.
[260] Kutschker/Schmid, 828.
[261] Kutschker/Schmid, 834.

ken? Auch dies sind Fragen, die das Management bei der Wahl der Marktbearbeitungsform berücksichtigen sollte.

3.1 Indirekter Export und Produkthaftung

Vertragsrechtlich betrachtet stellt der indirekte Im- oder Export kein Außenhandelsgeschäft dar: Das Vertragsverhältnis wird zwischen Rechtssubjekten des Inlands begründet; es gilt unvereinheitlichtes nationales Recht (in Deutschland etwa BGB, HGB etc.) und die Parteien streiten sich vor den Gerichten ihres Sitzstaates. Das heißt aber nicht, dass rechtlich keinerlei Berührungspunkte zum Ausland bestehen. Auch derjenige, der sich eines Handelsmittlers zum Absatz seiner Produkte bedient, kann vor einem ausländischen Gericht auf der Grundlage fremden Produkthaftungsrechts verklagt werden. Ob er selbst im Ausland präsent ist, also etwa dort eine Niederlassung betreibt, ist gleichgültig.

3.1.1 Europa

In den Mitgliedstaaten der EU (Ausnahme Dänemark, für das Art. 5 Nr. 3 EuGVÜ gilt) kann der Kläger wegen Art. 5 Nr. 3 der Verordnung (EG) Nr. 44/2001 des Rates vom 22.12.2000 über die gerichtliche Zuständigkeit und die Anerkennung und Vollstreckung von Entscheidungen in Zivil- und Handelssachen (EuGVVO) alternativ zum Wohnsitzland des Beklagten die Klage sowohl am Handlungs- oder am Erfolgsort erheben.[262] Für den Exporteur ist der Handlungsort der Ort des Inverkehrbringens des schädigenden Produkts, der Erfolgsort der Ort des Schadenseintritts. Die Wahlgerichtsstände erlauben mithin dem Kläger die Wahl des Gerichtsstandes, der für ihn am günstigsten ist *(forum shopping)*.[263] Dies löst aber über-

---

[262] Allgemein regelt diese Verordnung die gerichtliche Zuständigkeit in Zivil- und Handelssachen: Nach Art. 2 Abs. 1 EuGVVO sind Personen, die ihren Wohnsitz in einem Mitgliedstaat der EU haben, ohne Rücksicht auf deren Staatsangehörigkeit vor den Gerichten dieses Mitgliedstaats zu verklagen. Der Verordnungsgeber läßt aber auch Ausnahmen von diesem Grundsatz zu. Nach Art. 5 Nr. 3 EuGVVO kann eine Person, die ihren Wohnsitz in einem Mitgliedstaat der EU hat, in einem anderen Mitgliedstaat verklagt werden, wenn eine unerlaubte Handlung den Gegenstand des Verfahrens bildet.Hier darf der Geschädigte vor dem Gericht des Ortes klagen, an dem das schädigende Ereignis eingetreten ist oder einzutreten droht. Nach der Rechtsprechung des EuGH kann dies sowohl der Handlungs- oder Erfolgsort sein (EuGH, Urteile vom 30. November 1976 - C-21/ 76, Slg. 1976, 1735 = NJW 1977, 493 Rn. 11 - Mines de Potasse).

[263] Scherer/Butt,/Reimertshofer, Risiken der internationalen Produkthaftung aus der Sicht eines deutschen Unternehmers, DB 1999, 469, 472. Welches Recht dann das vom Kläger gewählte Gericht anwendet, regelt dann die Rom II-VO: Allgemein bestimmt für Ansprüche aus unerlaubter Handlung zwar Art. 4 Abs. 1 Rom II-VO, dass auf ein außervertragliches Schuldverhältnis aus unerlaubter Handlung das Recht des Staates anzuwenden ist, in dem der Schaden eintritt, unabhängig davon, in welchem Staat das schadensbegründende Ereignis oder indirekte Schadensfolgen eingetreten sind. Eine Spezialregelung enthält aber Art. 5 Rom II-VO für Produkthaftungsansprüche: Grundsätzlich gilt hier nach Art. 5 Abs. 1 a) Rom II-VO das Recht des Staates, in dem die geschädigte Person beim Eintritt des Schadens ihren gewöhnlichen Aufenthalt hatte, sofern das Produkt in diesem Staat in den Verkehr gebracht wurde. Ist das nicht geschehen, gilt nach Art. 5 Abs. 1 b) Rom II-VO das Recht des Staates, in dem das Produkt erworben wurde, falls das Produkt in diesem Staat in den Verkehr gebracht wurde. Erst dann, wenn dies auch nicht der Fall ist, gilt nach Art. 5 Abs. 1 c) Rom II-VO das Recht des Staates, in dem der Schaden eingetreten ist, falls das Produkt in diesem Staat in den Verkehr gebracht wurde. Die Über-

3.1 Indirekter Export und Produkthaftung

schaubare Risiken für den beklagten indirekten Exporteur aus: Wegen der Richtlinie 85/374/EWG (Produkthaftungsrichtlinie) – in Deutschland umgesetzt durch das am 1.01.1990 in Kraft getretene Produkthaftungsgesetz – wird er ihm gänzlich fremdes Recht vor dem ausländischen Gericht nicht vorfinden.

Die nationalen Umsetzungsgesetze schließen zwar eine Haftung des Herstellers aufgrund anderer nationaler Vorschriften nicht aus, wie dies in Deutschland etwa § 15 Abs. 2 ProdhaftG bestimmt. Unabhängig vom Produkthaftungsgesetz greift also auch in Deutschland die vor dem Inkrafttreten des Produkthaftungsgesetzes auf der Grundlage des § 823 Abs. 1 BGB entwickelte Verkehrspflicht, die teilweise eine Beweislastumkehr bewirkt.[264] Solche, bereits vor Erlass der Produkthaftungsrichtlinie entwickelten Grundsätze zur Regelung der Produkthaftung gab es auch in den anderen EU-Mitgliedstaaten.[265]

---

legungen, die der Gesetzgeber bei dieder Regelung zugrunde gelegt hat, finden sich in Erwägungsgrund 20 der Verordnung: Die Kollisionsnorm für die Produkthaftung sollte für eine gerechte Verteilung der Risiken einer modernen, hochtechnisierten Gesellschaft sorgen, die Gesundheit der Verbraucher schützen, Innovationsanreize geben, einen unverfälschten Wettbewerb gewährleisten und den Handel erleichtern. Für den Produzenten eines Produktes macht die Voraussetzung, dass er das Produkt in dem Land, dessen Recht anwendbar sein soll, in den Verkehr gebracht haben soll, kalkulierbarer: Er muss nur die Anwendung eines ihm fremden Rechts fürchten, in dessen Geltungsbereich er das Produkt vertrieben hat. Dieses gesetzgeberische Ziel wird besonders im Hinblick darauf deutlich, dass das Recht des Staates anzuwenden ist, in dem die Person, deren Haftung geltend gemacht wird, ihren gewöhnlichen Aufenthalt hat, wenn sie das Inverkehrbringen des Produkts oder eines gleichartigen Produkts in dem Staat, dessen Recht nach dem Buchstaben a, b oder c anzuwenden wäre, vernünftigerweise nicht voraussehen konnte. Die Abkehr vom Grundsatz des in Art. 4 Rom II-VO, grundsätzlich das Recht des Schadenseintritts anzuwenden, liegt mithin im Bedürfnis des Herstellers, Risikomanagement betreiben zu können. Zu weiteren Problemen von Art. 5 Rom II-VO vgl. Junker, der Reformbedarf im Internationalen Deliktsrecht der Rom II-Verordnung drei Jahre nach ihrer Verabschiedung, RIW 2010, 257, 265

[264] Zu den Abweichungen der Delikthaftung nach § 823 Abs. 1 BGB von der Haftung nach dem ProdHaftG vgl. Palandt/Sprau, § 823 Rz. 169 f.: Zu nennen ist insbesondere, dass bei einer Haftung nach § 823 Abs. 1 BGB der Haftungshöchstbetrag von 85 Mio € bei Personenschäden in § 10 ProdHaftG nicht greift. Bei Fabrikationsfehlern, die trotz aller zumtbaren Vorkehrungen unvermeidbar sind (vgl. BGHZ 129, 53, „Ausreißer") haftet der Hersteller nach dem verschuldensabhängigen § 823 Abs. 1 BGB nicht, wohl aber nach der Gefährdungshaftung nach § 1 ProdHaftG. Dafür greift § 1 ProdHaftG bei Sachschäden nur, wenn eine andere Sache als das fehlerhafte Produkt beschädigt wird und diese andere Sache ihrer Art nach gewöhnlich für den privaten Ge- oder Verbrauch bestimmt und hierzu von dem Geschädigten hauptsächlich verwendet worden ist (vgl. § 1 Satz 2 ProdHaftG). Eine solche Beschränkung greift bei der Produkthaftung nach § 823 Abs. 1 BGB nicht.

[265] Zur Rechtslage in England zu nennen ist hier zunächst das Urteil in Donoghue v. Stevenson [1932] A.C. 562, das sogar international bekannt ist: Die Klägerin, die nicht Vertragspartnerin des Beklagten war, hatte nach dem Genuss eines vom Beklagten hergestellten Ingwerbiers feststellen müssen, dass sich in der Bierflasche Reste einer verwesten Schnecke befanden. Sie erlitt daraufhin einen Schock und eine Magenentzündung. Das Urteil legte erstmals das Prinzip nieder, dass jeder Sorgfaltspflichten zu beachten habe, der durch sein Verhalten Eigentum, Körper oder Gesundheit anderer schädigen kann. Lord Atkin führte aus: „The rule that you are to love your neighbour becomes in law: You must not injure your neighbour, and the lawyer's question: Who is my neighbour? receives a restricted reply. You must take reasonable care to avoid acts or omissions which you can reasonably foresee would be likely to injure your neighbour. Who the in law is my neighbour? The answer seems to be persons who are so closely and directly affected by my act that I ought reasonably to have them in contemplation as being so affected when I am directing my mind to the acts or omissions which are called in question.", Donoghue v. Stevenson [1932] A.C. 562, 580. Die vorstehenden Ausführungen haben genügt, das gesamte englische Recht der unerlaubten Handlung (law of torts) grundlegend zu revolutionieren. Nach französischem Code Civil haben Geschädigte deliktische Ansprüche gegen Hersteller, die schädigende Produkte in den Verkehr gebracht haben. Wie beim § 823 Abs. 1 BGB sind diese Ansprüche nach Art. 1382 Code Civil aber verschuldensabhängig. Der maßgebliche Unterschied zum deutschen Recht ist aber, dass wenn Geschädigter und Hersteller Vertragspartner sind, deliktische Ansprüche in der Regel keine Rolle spielen. Hier gilt das Prin-

Eine gänzlich vereinheitlichte Rechtslage in Europa besteht deshalb nicht. Die Produkthaftungsrichtlinie hat in Europa die Produkthaftung nicht erfunden, sondern nur Mindeststandards zum Schutz von Geschädigten geschaffen, indem sie eine verschuldensunabhängige Haftung von Hersteller und EU-Importeur für Personen- und Sachschäden vorsieht, die durch ein fehlerhaftes Produkt verursacht wurden.[266] Diese Mindeststandards sollten dem indirekten Exporteur aufgrund der in seinem Staat geltenden nationalen Umsetzungsgesetze zur Produkthaftungsrichtlinie bekannt sein und er kann sich darauf einstellen.

3.1.2 USA

Schwer überschaubare Risiken entstehen, wenn eine Inanspruchnahme des Herstellers außerhalb der EU erfolgt. Weit verbreitet ist die Furcht, dass Geschädigte etwa in einem Bundesstaat der USA klagen und ihnen das Gericht dort auf der Grundlage des vermeintlich strengen Produkthaftungsrechts eine Millionenforderung zuspricht, die den Exporteur ruiniert.

3.1.2.1 Internationale Zuständigkeit US-amerikanischer Gerichte

Zumindest im Ansatz sind Befürchtungen, als Exporteur vor einem US-amerikanischen Gericht von Geschädigten verklagt zu werden, nicht ganz unbegründet: Es bedarf keiner dauerhaften Geschäftstätigkeit[267] im jeweiligen US-Bundesstaat, um dort verklagt werden zu können.

3.1.2.1.1 Direkter Export

Ursprünglich konnten die US-Gerichte ihre Zuständigkeit nur darauf stützen, dass der Beklagte sich bei der Zustellung am Gerichtssitz aufhielt. Seit dem Urteil in International *Shoe Co. v. Washington*[268] des U.S. Supreme Courts ist aber anerkannt, dass auch schon gewisse Minimalkontakte des Beklagten zum Forumstaat bei den zur Klage führenden Handlungen die Zuständigkeit der dortigen Gerichte begründen können.[269] Ihre Zuständigkeit bejahen US-Gerichte, wenn der Exporteur gezielt die Ware in die USA verbracht hat.[270] Der U.S. Supreme Court etwa hat in dem Urteil *World-Wide Volkswagen Corp. v. Woodson* betont,

---

zip des non-cumul: Soweit eine Vertragsbeziehung reicht, verdrängt das Vertragsverhältnis deliktische Ansprüche. Zu weiteren Unterschieden vgl. Nagel, Gewährleistung und Produkthaftung im internationalen Produktionsverbund, DB 1995, 2581f.

[266] Scherer/Butt/Reimertshofer, Risiken der internationalen Produkthaftung aus der Sicht eines deutschen Unternehmers, DB 1999, 469, 472; zu den unterschieden in den nationalen Rechtsordnungen vgl. Nagel, Gewährleistung und Produkthaftung im internationalen Produktionsverbund, DB 1995, 2581 f.

[267] Müller, Die Gerichtspflichtigkeit wegen „doing business", 1992, S. 7 f.

[268] 326 U.S. 310, 66 S.Ct. 154 (1945).

[269] Witte, Der US-amerikanische RICO-Act und deutsche Unternehmen, Heidelberg 1998, 145.

[270] Alio, Haftungsrisiken deutscher Unternehmen beim Vertrieb ihrer Produkte in den USA, IHR 2007, 177, 180.

3.1 Indirekter Export und Produkthaftung 71

dass ein Gericht durchaus seine Zuständigkeit über Personen ausüben könne, „die ihre Produkte in der Erwartung in den Handel bringen, dass diese Produkte von Verbrauchern am Gerichtssitz gekauft werden".[271] Im Fall des direkten Exports in einen Bundesstaat der USA wird eine Zuständigkeit der Gerichte dort nach den dargestellten Erwägungen regelmäßig gegeben sein.

3.1.2.1.2 Indirekter Export

Beim indirekten Export ist es schwirig, die Zuständigkeit des US-Gerichts zu beurteilen. Hier hat nicht die Unternehmung selbst, sondern der Handelsmittler Ware in die USA verbracht. Ist die Ware ohne unmittelbares Zutun des Beklagten in die USA gelangt, schränkt die Rechtsprechung wegen der Belastungen, die für den ausländischen Beklagten durch ein Gerichtsverfahren in den USA entstehen, die Zuständigkeit der US-Gerichte ein (Grundsatz des *due process*): Maßgeblich bei der Gerichtszuständigkeit ist dann, ob der Beklagte wegen seiner Handlung und seiner Verbindung zum Staat des angerufenen Gerichts vernünftigerweise erwarten musste, dort verklagt zu werden *(stream of commerce)*.[272] War also für den Beklagten vorhersehbar, dass die Ware in die USA gelangen könnte, kann die Zuständigkeit eines US-Gerichts gegeben sein[273].

Welche Risiken insbesondere für den indirekten Exporteur entstehen können, zeigt das Urteil in *Asahi Metal Industry Co. Ltd. v. Superior Court of California*[274] sein: Der US-amerikanische Kläger verklagte einen taiwanesischen Hersteller von Motorradreifen wegen eines geplatzten Reifens auf Schadensersatz. Der beklagte Hersteller nahm daraufhin den japanischen Ventilhersteller in Anspruch. Der US-amerikanische Kläger und der taiwanesische Beklagte verglichen sich, der Prozess zwischen dem taiwanesischen Reifen- und dem japanischen Ventilhersteller lief weiter. Der Supreme Court urteilte, es bestehe kein ausreichendes Interesse, einen Rechtsstreit zwischen Ausländern zu entscheiden. Vier der acht Richter urteilten aber, dass das Bewusstsein eines Zulieferers, dass sein Teilprodukt über die Vertriebskette auf den Markt gelange, genüge, die sogenannte „*stream of commerce*"-Zuständigkeit des US-Gerichts zu begründen[275]. Dies belegt, welche Rechtsunsicherheiten im Fall des indirekten Exports entstehen können: Der indirekte Exporteur bedient sich des Handelsmittlers, um einen ihm bekannten Markt zu erschließen. Wenn also ein US-

---

[271] „The forum State does not exceed its powers under the Due Process Clause if it asserts personal jurisdiction over a corporation that delivers its products into the stream of commerce with the expectation that they will be purchased by consumers in the forum state.", World-Wide Volkswagen Corp. V. Woodson 444 U.S.286, 298 (1980).

[272] Im Fall World-Wide Volkswagen Corp. V. Woodson musste der deutsche Hersteller, der sich einer US-Importgesellschaft zur Erschließung des US-Marktes bediente, nach dem Urteil mit einer Klage vor einem US-Gericht rechnen. Nur handelte es sich hier um einen Fall des direkten Exports.

[273] Alio, Haftungsrisiken deutscher Unternehmen beim Vertrieb ihrer Produkte in den USA, IHR 2007, 177, 180

[274] 480 U.S. 102, 107 S.Ct.1026, 94 L.Ed. 2d 92 (1987)

[275] vergleiche in deutscher Sprache zur Asahi Entscheidung Assmann/Bungert, 530 und Scherer, Butt, Reimertshofer, Risiken der internationalen Produkthaftung aus der Sicht eines deutschen Unternehmers, DB 1999, 469, 470

amerikanischer Geschädigter Ansprüche gegen Handelsmittler und/oder Hersteller in den USA gerichtlich durchsetzen will, muss der Hersteller damit rechnen, dass das US-amerikanische Gericht seine Zuständigkeit bejaht.

3.1.2.2 Vor dem US-Gericht anwendbares Recht

Hat der US-Richter seine Gerichtszuständigkeit bejaht, muss er ermitteln, nach welchem Recht in der Sache zu entscheiden ist. Hier kann er außer in Louisiana[276] nicht auf kodifiziertes Kollisionsrecht zurückgreifen. Maßgeblich bei der Beurteilung, welches Recht gilt, ist hier besonders der *most significant relationship test*: Das Gericht wendet das Recht des Staates an, der zur Streitfrage die wichtigste Beziehung hat. Hier bestehen unterschiedliche Anknüpfungsmerkmale wie Verletzungs- oder Handlungsort, Sitz, gewöhnlicher Aufenthalt der Parteien oder der Schwerpunkt ihrer Beziehungen.

Allgemein gewährt der *most significant relationship test* den Gerichten einen weiten Entscheidungsspielraum, den die Gerichte nicht zuletzt auch dazu nutzen, das eigene Recht anwenden zu können[277]. Insoweit sieht sich dann auch der indirekte Exporteur mit den produkthaftungsrechtlichen Anspruchsgrundlagen in den USA und besonders mit den dort drohenden Schadenssummen konfrontiert.

3.1.2.3 Haftungsgrundlagen

Das Produkthaftungsrecht fällt in die Zuständigkeit der US-amerikanischen Bundesstaaten, die Regeln dort unterscheiden sich voneinander.[278] Allgemein gilt: Außerhalb des Vertragsverhältnisses kann sich der Anspruch aus der Fahrlässigkeitshaftung (*negligence*) oder aus Gefährdungshaftung (*strict liability in tort*) ergeben.

3.1.2.3.1 Negligence

Die Fahrlässigkeitshaftung (*negligence*) setzt Sorgfaltspflichtverletzung (*duty of care*), Schadenseintritt und Kausalität zwischen fahrlässigem Verhalten und Schaden (*sufficient causal connection*) voraus: Der Hersteller muss das Produkt vor dem Inverkehrbringen ausreichend auf Herstellerfehler hin überprüfen, vom Produkt ausgehende Gefahren aufgrund seiner Konstruktion dürfen gemeinhin nicht zu erwarten sein, er muss auf mögliche Gefahren hinweisen und das Produkt beobachten.[279] Der Geschädigte muss beweisen, dass der Hersteller nicht hinreichend umsichtig war und dass dieser Umstand einen Schaden kausal verursacht hat.[280]

---

[276] Zur Rechtslage dort vergleiche Assmann/Bungert, 270

[277] Zum *most significant relationship test* und dem (Second) Restatement of Conflicts von 1971 vergleiche in deutscher Sprache etwa Assmann / Bungert, 272. Zum lex fori Ansatz vergleiche Scherer, Butt, Reimertshofer, Risiken der internationalen Produkthaftung aus der Sicht eines deutschen Unternehmers, DB 1999, 469, 470

[278] Alio, Haftungsrisiken deutscher Unternehmen beim Vertrieb ihrer Produkte in den USA, IHR 2007, 177.

[279] Zu den Voraussetzungen der Negligencehaftung im einzelnen Assmann/Bungert, 199f.

[280] Alio, Haftungsrisiken deutscher Unternehmen beim Vertrieb ihrer Produkte in den USA, IHR 2007, 177, 178.

Insoweit unterscheiden sich die Haftungsgrundlagen – natürlich von einigen Details abgesehen – gar nicht so sehr von denen, die deutschen Herstellern aus der Produkthaftung nach § 823 Abs. 1 BGB bekannt sind.

3.1.2.3.2 Strict Liability

Neben der Fahrlässigkeitshaftung trifft den Hersteller eines Produkts eine verschuldensunabhängige Produkthaftung, wenn der Schaden von einem unangemessen gefährlichen Zustand des Produktes herrührt (*strict liability in tort*).[281] Haftungsbegründend sind Herstellungs-, Konstruktions-, Instruktions- und Produktbeobachtungsfehler, die der deutsche Hersteller auch aus der Rechtsprechung zum Fehlerbegriff in § 3 ProdHaftG.[282] kennt. Die Rechtsprechung zu diesen einzelnen Fehlerkategorien ist aber – je nach Bundesstaat der USA – uneinheitlich. Oft sind die Anforderungen, die US-Gerichte an den Produzenten stellen, strenger, oft aber auch einfach nur anders als im deutschen Recht.[283]

3.1.2.3.2.1 Konstruktionsfehler

Beim Konstruktionsfehler fragen die Gerichte einiger Bundesstaaten nur danach, ob aus der Sicht des Verbrauchers – insbesondere aufgrund der Werbeaussagen des Herstellers[284] – das Produkt als unerwartet gefährlich anzusehen ist. Gerichte anderer Bundesstaaten stellen dagegen – um den weiten Ermessensspielraum beim „Verbrauchererwartungstest" einzuschränken – eine Risiko-Nutzen-Abwägung (*risk-utility test*) an: Überwiegen die Risiken der Konstruktion des Produktes dessen Nutzen, weil etwa eine alternative, aber weniger risikoreiche Konstruktion zu gleichen Kosten möglich gewesen wäre, liegt ein Konstruktionsfehler vor. Hier wägt das Gericht die Schwere möglicher Verletzungen, die Wahrscheinlichkeit des Unfalls, das Vorliegen einer sicheren Konstruktion, die Machbarkeit einer Alternativkonstruktion sowie deren reduzierte Verwendungsmöglichkeit miteinander ab.[285] Verursacht etwa die Alternativkonstruktion erhebliche Kosten und sind die Gefahren für den Verbraucher erkennbar, kann dies die Haftung des Herstellers ausschließen, wenn die Gefahren für den Verwender weder lebensbedrohend sind noch erhebliche Verletzungen befürchten lassen.[286] Ob ein Konstruktionsfehler also vorliegt, richtet sich maßgeblich nach der herrschenden Rechtsprechung des Bundesstaates, in dem der Prozess geführt wird.

---

[281] Alio, Haftungsrisiken deutscher Unternehmen beim Vertrieb ihrer Produkte in den USA, IHR 2007, 177, 178.
[282] Vgl. Zusammenstellung bei Palandt/Sprau, § 3 ProdHaftG Rz. 8 f.
[283] Zu den einzelnen Fehlerkategorien vgl. in deutscher Sprache Assmann/Bungert, 209 f.
[284] Leichtamer v. American Motors Corp., 424 N.E.2d 568 (Ohio 1981).
[285] Smith v. Ford Motor Co., 626 F.2d 784 (10th Cir.Wyo. 1980).
[286] Dazu Grimshaw v. Ford Motor Co., 174 Cal.Rptr. 348, 380 f. (Ct.App. 1981).

3.1.2.3.2.2 Warnhinweise

Sowohl im Produkthaftungsrecht der US-Bundesstaaten als auch in Deutschland ist der Produzent verpflichtet, vor gefährdenden Eigenschaften des Produkts zu warnen.[287] Nur müssen in den US-Bundesstaaten diese Warnhinweise meistens konkreter und weitreichender sein als die auf dem europäischen Markt üblichen Hinweise. So muss selbst vor ungewöhnlichen Gefahren – etwa bei vorhersehbarem (beabsichtigtem) Fehlgebrauch des Produktes – gewarnt werden.[288] Eine Übersetzung der deutschen Warnhinweise in die englische Sprache reicht deshalb in aller Regel nicht aus. Wird das Produkt darüber hinaus in spanischsprachigen US-Medien vermarktet, kann der Produzent auch gehalten sein, den Warnhinweis in Spanisch zu geben[289].

3.1.2.4 Strafschadensersatz

Deutsche Unternehmungen fürchten, wenn Geschädigte sie vor US-amerikanischen Gerichten auf Schadensersatz verklagen, in erster Linie den Strafschadensersatz: Weil dem deutschen Recht dies völlig unbekannt ist, greift insbesondere die Tagespresse Verurteilungen von Unternehmungen in Millionenhöhe immer wieder auf.[290] Allgemein gilt, dass Gerichte Klägern Strafschadensersatz zusprechen, wenn der Beklagte nicht nur einen allgemeinen Haftungstatbestand erfüllt, sondern darüber hinaus ein absichtliches, bösartiges oder rücksichtsloses Fehlverhalten gezeigt hat. Der Zweck des Strafschadensersatzes liegt darin, den Schuldner für sein rücksichtsloses Verhalten zu bestrafen und präventiv von künftigem sozi-

---

[287] Zum deutschen Recht vgl. Palandt/Sprau, § 3 ProdHaftG Rz. 10, zur Regelung in den US-amerikanischen Bundesstaaten vgl. Assmann/Bungert, 213 f.

[288] Alio, Haftungsrisiken deutscher Unternehmen beim Vertrieb ihrer Produkte in den USA, IHR 2007, 177, 178.

[289] Ramirez v. Plough, Inc., 12 Cal. Rptr. 2d 423 (Ct.App. 1992).

[290] Im wohl bekannteste Fall zum Strafschadensersatz (Liebeck v. McDonald's Restaurants, No. D-202 CV-93-02419, 1995 WL 360309 (Bernalillo County, N.M. Dist. Ct. Aug. 18, 1994)) bestellte die 79jährige Klägerin einen Kaffeebecher in einem „Drive - In" - Restaurant der Firma McDonalds. Sie saß auf dem Beifahrersitz und nahm, also sie das Milchtöpfchen öffnen wollte, zwischen zwischen ihre Knie. Dabei übte sie versehentlich einen so großen Druck auf den Becher aus, dass sich dessen Inhalt auf ihrem Schoß ergoss. Die baumwollene Unterwäsche der Klägerin sog den Kaffee auf, als sie in der Pfütze heißer Flüssigkeit über einen Zeitraum von mehr als 90 Sekunden saß. Dabei verbrühte sie sich Schenkel, Gesäß und Leistengegend. Die Klägerin wurde in ein Krankenhaus gebracht. Die behandelnden Ärzte stellten fest, dass sechs Prozent ihrer Haut Verbrennungen dritten Grades erlitten hatten. Acht Tage lang musste die Klägerin im Krankenhaus bleiben und sich einer Hauttransplantation unterziehen. Dem schloss sich eine zweijährige Nachbehandlung an. Die Anwälte der Klägerin warfen der Fa. McDonalds vor, dass sie von ihren Franchisenehmern verlange, den Kaffee mit einer Temperatur von 82–88°C zu servieren. Bei dieser Temperatur müsse man mit Verbrennungen dritten Grades binnen zwei bis sieben Sekunden rechnen. Deshalb – so die Anwälte der Klägerin – solle Kaffee nie heißer als 60°C serviert werden, wie dies die meisten anderen gastronomischen Betriebe täten. Dies überzeugte das Gericht: Es stellte fest, dass eine alternative, weniger risikoreiche Zubereitung von Kaffee möglich gewesen wäre und nahm deshalb einen Konstruktionsfehler an. Deshalb sprach die Jury der Klägerin einen Strafschadensersatz von $2.7 Mio. zu: Die Mitglieder der Jury wollten das Verhalten von McDonalds sanktionieren und der Klägerin die Erträge von McDonalds für den Kaffeeverkauf über einen Zeitraum von zwei Tagen zubilligen. Die Erträge beliefen sich seinerzeit auf $1.35 Mio. pro Tag. Der Richter reduzierte die Höhe des Strafschadensersatzes auf $480,000.

3.1 Indirekter Export und Produkthaftung

alschädlichem Verhalten abzuschrecken.[291] Schon die engen Voraussetzungen deuten an, dass eine Verurteilung zu Strafschadensersatz in den USA nicht die Regel, sondern die Ausnahme ist.[292] Das belegt auch die Statistik: Einer Studie des US-Justizministeriums zufolge sprachen die Gerichte in 2001 nur in 2% der Produkthaftpflichtfälle dem Kläger Strafschadensersatz zu. Durchschnittlich betrug der zuerkannte Strafschadensersatz $ 50.000.[293] Dabei ist freilich zu berücksichtigen, dass einige Bundesstaaten in Produkthaftungsfällen den Strafschadensersatz völlig ausgeschlossen[294] oder der Höhe nach begrenzt haben.[295] Die US-Gerichte sprechen im Produkthaftungsrecht Strafschadensersatz in Fällen grober Verletzungen von Produktbeobachtungspflichten zu, so etwa dann, wenn es in der Vergangenheit schon Schäden beim Umgang mit dem Produkt gab, der Hersteller aber die Kosten einer Rückrufaktion, einer Design-Änderung oder einer Verbraucherwarnung scheute.[296]

3.1.2.5 Zwangsvollstreckung

Die Befürchtungen des indirekten Exporteurs, wegen einer Verurteilung zu Strafschadensersatz Nachteile hinnehmen zu müssen, sind nicht zuletzt auch wegen des deutschen Urteilsanerkennungs- und Zwangsvollstreckungsrechts unbegründet: Nach § 328 Nr. 4 in Verbindung mit § 723 Abs. 2 ZPO ist ein ausländisches Urteil nicht anzuerkennen und nicht zu vollstrecken, wenn dies zu einem Ergebnis führt, das mit wesentlichen Grundsätzen des deutschen Rechts offensichtlich nicht zu vereinbaren ist. Bei amerikanischen Urteilen, die

---

[291] Vgl. dazu in deutscher Sprache BVerfGE 91, 335; BGHZ 118, 312, 334; Stiefel/Stürner, Die Vollstreckbarkeit US-amerikanischer Schadensersatzurteile exzessiver Höhe, VersR 1987, 829, 835 f.; Siehr, Zur Anerkennung und Vollstreckung ausländischer Verurteilungen zu „punitive damages", RIW 1991, 705 f.; Nagel, Gewährleistung und Produkthaftung im internationalen Produktionsverbund, DB 1995, 2581 f.

[292] Grund, von der Gewährung des Strafschadensersatzes nur zurückhaltend Gebrauch zu machen, ist nicht zuletzt auch die rechtspolitische Diskussion in den USA: Auch die US-amerikanische Öffentlichkeit reagiert auf manche Klage nur mit Kopfschütteln. So hatte etwa in 2005 ein US-Verwaltungsrichter $54 Mio Strafschadensersatz gegen eine Textilreinigung mit der Behauptung gerichtlich geltend gemacht, diese habe seine Hose (Neupreis $1150,-) verschlampt. Die Klage wurde zwar abgewiesen, löste aber eine breite Diskussion über das US-amerikanische Schadensersatzrecht aus, dazu Sandrock, Die US-amerikanische Öffentlichkeit empört sich: ein Schadensersatzprozess über US $54 Mio. wegen einer verschwundenen Hose, RIW 2009, 202

[293] Bureau of Justice Statistics, U.S. Department of Justice, „Punitive Damage Awards in large Counties, 2001", NCJ 208445 (März 2005).

[294] Louisiana, Massachussetts, New Hampshire, Nebraska, Washington, vgl. Assmann/Bungert, 232.

[295] Colorado: Betrag des zugesprochenen tatsächlich entstandenen Schadens; North Dakota, Oklahoma, Conneticut: Zweifache des zugesprochenen tatsächlich entstandenen Schadens; Alabama, Alaska, Florida: Dreifache des zugesprochenen tatsächlich entstandenen Schadens, maximal $500000; Virginia und New Jersey: Fünffache des zugesprochenen tatsächlich entstandenen Schadens, maximal $350000; Georgia, Nort Carolina und North Dakota in der Regel Maximum $ 250.000 oder das Zwei- bis Dreifache des tatsächlich entstandenen Schadens; Texas Maximum $ 750.000; Mississippi: Staffelung nach Nettovermögen des Beklagten, Ohio unterscheidet nach Betriebsgröße des Beklagten; einige dieser Beschränkungen sind nach 2001 in Kraft getreten. Zu nennen ist auch das Urteil des Supreme Court in State Farm Mut. Automobile Ins. Co. v. Campbell, 538 US 408, vgl. zu Folgeentscheidungen auch Welker/Wilske, Keine Entwarnung bei Punitive Damages, RIW 2004, 439.

[296] Vgl. Welker/Wilske, Keine Entwarnung bei Punitive Damages, RIW 2004, 439, 440.

auf Strafschadensersatz gerichtet sind, ist das nach der Rechtsprechung des BGH der Fall.[297] Der Exporteur müsste also in Deutschland eine Zwangsvollstreckung aus dem US-amerikanischen Urteil nur in Höhe des tatsächlich entstandenen Schadens, eines nach deutschen Vorstellungen angemessenen Schmerzensgeldes und angemessener Anwaltskosten fürchten.[298] Ist also den US-amerikanischen Zwangsvollstreckungsorganen der Zugriff auf das Vermögen des beklagten Exporteurs entzogen, ist das Risiko bei einer Verurteilung auf Zahlung von Strafschadensersatz in den USA überschaubar.

3.1.2.6 Risikomanagement

Betriebswirtschaftlich mag der indirekte Export nicht zur internationalen Unternehmenstätigkeit gehören.[299] Die Unternehmung, die mit Handelsmittlern den US-Markt bearbeiten will, wird mit materiellrechtlichen und prozessualen Risiken konfrontiert. Auf die materiellrechtlichen Unterschiede kann sich die Unternehmung einstellen: Die Fehlerkategorien an sich unterscheiden sich nicht von denen, die dem Exporteur aus dem deutschen Recht bekannt sind – es bestehen aber einige Unterschiede, die den Ausgang des Produkthaftungsprozesses entscheidend beeinflussen können. Wegen solcher Unterschiede ist der deutsche Produzent also gut beraten, bereits vor Aufnahme der Exporttätigkeit mit anwaltlichen Beratern aus Deutschland und den USA eng zusammenzuarbeiten, um Risiken zu identifizieren und sich entsprechend abzusichern. Das gilt beim indirekten Export nicht zuletzt auch im Hinblick auf das Vertragsverhältnis zum Handelsmittler: Er wird verlangen, dass ihn die Unternehmung, die ihn als Mittler einsetzt, von den Produkthaftungsansprüchen freistellt, die Geschädigte des Produkts gegen ihn geltend machen.

Selbst wenn sich der Geschädigte darauf beschränkt, den Handelsmittler – also etwa die Außenhandelsunternehmung – zu verklagen, droht wegen des Vertragsverhältnisses zwischen indirektem Exporteur und Außenhandelsunternehmung eine Inanspruchnahme. Die Ansprüche daraus sind aber begrenzbar, die Direktansprüche des Geschädigten dagegen nicht. Abzusichern sind jedoch nicht nur die materiellrechtlichen Risiken, die wegen der Besonderheiten des Produkthaftungsrechts der Bundesstaaten entstehen. Verklagen Geschädigte den Hersteller in den USA, entstehen oft schon für die Verteidigung im Prozess schnell Kosten in fünfstelliger Höhe. Gegen diese Kosten kann man sich aber durch Abschluss entsprechender Haftpflichtversicherungen absichern. Das gilt natürlich auch für den Fall, dass es einmal zu einer Verurteilung des Produzenten kommen sollte.

---

[297] Dazu eingehend Witte, Der US-amerikanische RICO-Act und deutsche Unternehmen, Heidelberg 1998, 179 f.; kritisch zur Rechtsprechung des BGH Alio, Haftungsrisiken deutscher Unternehmen beim Vertrieb ihrer Produkte in den USA, IHR 2007, 177, 183.

[298] BGHZ 118, 312, 340; Nagel, Internationales Produkthaftungsrecht im transatlantischen Konflikt der Rechtsordnungen, DB 2001, 1075, 1077; Scherer/Butt/Reimertshofer, Risiken der internationalen Produkthaftung aus der Sicht eines deutschen Unternehmers, DB 1999, 469, 472; vgl. auch Schiessl, Umstrukturierung amerikanischer Tochtergesellschaften zur Vermeidung einer Durchgriffshaftung der deutschen Mutter, DB 1989, 513, 517.

[299] So etwa Dülfer, 173.

3.2 Direkter Export

Beim direkten Export erfolgen die Außenhandelsaktivitäten, ohne dass der Exporteur Handelsmittler im Inland einschaltet. Das heißt nicht, dass beim direkten Export der Vertrieb der Ware regelmäßig im Wege des direkten Vertriebs, also etwa über eigene Angestellte, Niederlassungen, Tochtergesellschaften und Gemeinschaftsunternehmen (Joint Ventures) erfolgen muss. Unter den direkten Export fällt auch der indirekte Vertrieb über Handelsvertreter, Franchisenehmer oder Vertragshändler.

3.2.1 Direkter Export und indirekter Vertrieb

Ein Hersteller kann seine Waren über eigene Verkaufsorgane (Niederlassungen, Tochtergesellschaften) oder über selbständige Vertriebspartner (meistens Handelsvertreter oder Vertragshändler) vertreiben. Im Prinzip favorisiert der Hersteller firmeneigene Verkaufsorgane: Sie kann er dazu anhalten, seine Absatzpolitik zu befolgen. Schwieriger ist, einen selbständigen Vertriebspartner zu lenken. Das liegt etwa auch daran, weil diese Partner die Produkte mehrerer Hersteller vertreiben. Wer firmeneigene Organe einsetzt, muss sie aber personell und finanziell ausstatten. Der Absatz im Vertriebsgebiet muss also so hoch sein, dass er die Kosten für diese Organe sichert. In der Praxis arbeiten die kleinen Unternehmen ausschließlich mit selbständigen Vertriebspartnern. Die großen Mittelständler beginnen dann, in ihren wichtigsten Auslandsmärkten Tochterfirmen zu gründen. Multinationale Unternehmungen haben in den meisten Absatzmärkten firmeneigene Verkaufsorgane; sie verkaufen nur noch in ihren drittrangigen Absatzmärkten mit Hilfe selbständiger Vertriebspartner.

Werden beim Export Handelsvertreter, Franchisenehmer oder Vertragshändler eingeschaltet, liegt direkter Export durch Mittler im Gastland vor. Diese Mittler im Gastland sind selbstständig: Sie stehen zur Exportunternehmung in keinem weisungsgebundenen Angestelltenverhältnis. Der Vertragshändler bleibt vom Exporteur weitgehend unabhängig. Er vertreibt die Produkte im eigenen Namen und auf eigene Rechnung. Demgegenüber handelt der Handelsvertreter in fremdem Namen und auf fremde Rechnung und ist wegen seiner eingeschränkten Verhandlungsbefugnis gegenüber dem Kunden am stärksten in das Unternehmen eingegliedert. Dazwischen liegt der Franchisenehmer: Er handelt zwar auf eigene Rechnung, ist aber in Art und Weise des Vertriebs eng den Weisungen des Franchisegebers unterworfen.

3.2.1.1 Handelsvertreter

Handelsvertreter ist, wer als selbständiger Gewerbetreibender ständig damit betraut ist, für einen anderen Unternehmer Geschäfte zu vermitteln (§ 84 Abs. 1 HGB). Charakteristische Merkmale des Handelsvertreters: Er vermittelt Geschäfte für den Exporteur: Die Geschäfte kommen direkt zwischen dem Exporteur und dem Käufer zustande. Das Kredit- und Absatzrisiko liegt beim Exporteur und nicht beim Vertreter. Er ist selbständig, d.h. er ist kein Arbeitnehmer des Exporteurs und er ist ständig damit betraut, Geschäfte für den Exporteur zu vermitteln. Er unterscheidet sich damit von Vermittlern, die nicht zur Absatzorganisation des

Exporteurs gehören (z.B. Makler). Als Lohn erhält der Vertreter eine Provision, die umsatzabhängig ist. In Europa liegt das Handelsvertreterrecht der Richtlinie Nr. 64/224/EWG zur Koordination der Rechtsvorschriften der Mitgliedstaaten betreffend die selbstständigen Handelsvertreter (HV-Richtlinie) vom 18.12.1986 zugrunde, die etwa in Deutschland durch die Neufassung der §§ 84 f. HGB zum 1.01.1990 umgesetzt wurde. Die HV-Richtlinie haben die einzelnen Gesetzgeber der EU-Mitgliedstaaten aber unterschiedlich in nationales Recht übertragen.

3.2.1.1.1.1 Deutschland

Das deutsche Recht der Handelsvertreter ist in den §§ 84 bis 92c HGB enthalten. Die §§ 84 bis 92c enthalten einige zwingende Regeln zum Schutz des Handelsvertreters. Man darf von diesen Regeln nicht per Vertrag zum Nachteil des Vertreters abweichen. Vertragliche Abweichungen sind jedoch nach § 92c Abs. 1 HGB gültig, wenn der Vertreter außerhalb des Europäischen Wirtschaftsraums (= EWR) tätig ist. Zum EWR zählen: Alle EU-Staaten sowie Norwegen, Island und Liechtenstein (nicht die Schweiz) mit der Folge, dass das HGB die Vertreter innerhalb des EWR besser schützt als die Vertreter außerhalb des EWR. Es empfiehlt sich für einen deutschen Exporteur, Verträge mit ausländischen Handelsvertretern auf der Basis deutschen Rechts abzuschließen. Der Exporteur sollte mit Hilfe eines guten Vertragsmusters zwei Standardverträge erarbeiten, und zwar je einen Text für Handelsvertreter innerhalb des EWR (denn hier ist der Exporteur an die zwingenden Regeln des HGB gebunden) und für Handelsvertreter außerhalb des EWR (denn hier kann der Exporteur von allen Regeln des HGB abweichen).[300]

3.2.1.1.1.1.1 Vertragsgestaltung

Der Vertrag sollte präzise Regeln enthalten, für welche Produkte, Gebiete und Kundengruppen/Absatzkanäle der Vertreter zuständig sein soll. Der Exporteur hat oft viele Vertriebspartner. Die Vereinbarung der Zuständigkeit soll die Aufgabenbereiche der jeweiligen Partner voneinander abgrenzen. Einer eingehenden Regelung bedürfen auch die Pflichten des Vertreters: § 86 Abs. 1 HGB sagt, dass sich der Vertreter um Aufträge bemühen und dabei die Interessen des Exporteurs wahrnehmen muss. Diese allgemeinen Regeln sollte man im Vertrag spezifizieren. Man denke vor allem an Vertragsklauseln über die Umsatzziele, die der Vertreter erreichen soll, die Werbepflichten des Vertreters, Service und Kundendienst, die Berichte des Vertreters und seine Treuepflichten (der Vertreter darf i.d.R. nicht für die Konkurrenz des Exporteurs arbeiten).

Für die Gestaltung der Provisionszahlungspflicht sieht bereits das Gesetz zwei Möglichkeiten vor. Den Ausnahmefall regelt § 87 Abs. 1 Satz 1 HGB: Hier muss die Provision nur gezahlt werden, wenn der Vertreter nachweist, dass er das Geschäft mit dem Kunden vermit-

---

[300] Als Musterverträge werden empfohlen *Detzer/Ullrich*: Verträge mit ausländischen Handelsvertretern (Heidelberger Mustervertrag Heft 47); Verlag Recht und Wirtschaft. Das Muster ist auch in elektronischer Form verfügbar (www.klaus-detzer.de). Auch der *Verband Deutscher Maschinen- und Anlagenbau (VDMA)* gibt Texte für Verträge mit Handelsvertretern heraus.

telt hat. Den Regefall regelt § 87 Abs. 2 Satz 1 HGB: Ist danach der Vertreter für ein bestimmtes Gebiet oder für einen bestimmten Kundenkreis zuständig, hat er Anspruch auf Provision für alle Geschäfte mit den betreffenden Kunden. Das gilt auch, wenn er das Geschäft nicht vermittelt hat. Dies gilt, wenn die Parteien keine besondere Vereinbarung getroffen haben. Die Provision selbst ist ein bestimmter Prozentsatz vom Verkaufspreis, den der Kunde zu zahlen hat. Dieser Prozentsatz wird im Vertrag vereinbart; er beträgt häufig zwischen 3 und 10 %.

Für Vertreter, die innerhalb des EWR tätig sind, sind die Kündigungsfristen nach § 89 Abs. 1 HGB zu beachten[301]: Die Kündigungsfrist beträgt im ersten Vertragsjahr einen Monat, im zweiten Vertragsjahr zwei Monate, im dritten bis fünften Vertragsjahr drei Monate und danach sechs Monate. Diese Fristen können per Vertrag verlängert, aber nicht verkürzt werden. Die schützt den vertreter, denn in der Praxis ist es fast immer der Exporteur, der kündigt. Die ordentliche Kündigung setzt keinen besonderen Grund voraus. Bei der fristlosen Kündigung ist das anders: Jeder Partner kann den Vertrag ohne Einhaltung der Kündigungsfrist kündigen, wenn ein wichtiger Grund vorliegt (§ 89a Abs. 1 HGB). Ein wichtiger Grund liegt vor, wenn es für den betroffenen Partner unzumutbar ist, den Vertrag bis zum Ablauf der Kündigungsfrist fortzusetzen. Der häufigste Fall für fristlose Kündigungen sind schwere Vertragsverletzungen. Eine fristlose Kündigung ist i.d.R. nur dann gültig, wenn man den Partner vorher ohne Erfolg abgemahnt hat. „Abmahnung" bedeutet, dass man den Partner auf seinen Vertragsverstoß hinweist und ihm die Kündigung androht, falls er weitere derartige Verstöße begeht. Kündigungen – ordentliche und fristlose – werden erst wirksam mit ihrem Zugang beim Empfänger (§ 130 Abs. 1 Satz 1 BGB). Der Kündigende muss den rechtzeitigen Zugang der Kündigung notfalls beweisen. Deshalb ist es ratsam, die Kündigung per Boten oder per Kurierdienst zuzustellen.

Der Vertreter erhält bei Beendigung seines Vertrags eine Abfindung, wenn er neue Kunden geworben hat, die dem Exporteur treu bleiben (vgl. § 89b Abs. 1 HGB). Die Berechnung dieses Anspruchs ist kompliziert; auf die Fachliteratur wird verwiesen.[302] Der Ausgleichsanspruch entfällt, wenn der Vertreter seinen Vertrag selbst kündigt oder der Exporteur den Vertretervertrag aus wichtigem Grund kündigt. § 89b Abs. 4 Satz 1 HGB sagt, dass ein vertraglicher Ausschluss ungültig ist. Eine Ausnahme gilt für Vertreter, die nicht im EWR tätig sind. Bei diesen Vertretern kann der Ausgleichsanspruch vertraglich ausgeschlossen werden; denn bei den Nicht-EWR-Vertretern kann man von allen Vorschriften des Handelsvertreterrechts abweichen (§ 92c Abs. 1 HGB).[303] Für den Exporteur ist es sinnvoll, einen solchen Ausschluss in den Vertrag aufzunehmen.

---

[301] Eine Ausnahme gilt für Vertreter, die außerhalb des EWR tätig sind, vgl. § 92c Abs. 1HGB.

[302] z.B. bei Martinek/Semler/Habermeier/Flohr, Handbuch des Vertriebsrechts (3. Auflage, München 2010), § 20.

[303] Vgl. dazu Thume, Grenzüberschreitende Vertriebsverträge, IHR 2009, 141, 147

3.2.1.1.1.2 Gerichtsstandsvereinbarung

Bei Streitfällen ist es fast immer der Vertreter, der gegen den Exporteur klagt; das geschieht in der Regel vor den Heimatgerichten des Vertreters. Der Exporteur muss dann, wenn der Vertrag keine Gerichtsstandsvereinbarung enthält, eine Klage vor einem für ihn ausländischen Gericht fürchten. Das gilt besonders dann, wenn der Vertreter in einem *EuGVVO[304]- Staat* (= alle EU-Staaten, Norwegen, Island und die Schweiz) arbeitet.Klagt hier der Vertreter vor seinem Heimatgericht, läßt das Gericht die Klage zu. Das ergibt sich aus Art. 5 Nr. 1 a) EuGVVO: Der Kläger darf danach seine Klage am Erfüllungsort erheben. Das ist – wenn die Parteien keinen Erfüllungsort vereinbart haben – bei Dienstleistungen gemäß Art. 5 Nr. 1 b) EuGVVO der Ort in einem Mitgliedsstaat, an dem sie nach dem Vertrag erbracht worden sind oder hätten erbracht werden müssen.[305] Gewinnt der Vertreter den Prozess, ist das Urteil dann auch auch in Deutschland vollstreckbar. Für zuständig erklärt sich das Heimatgericht in der Regel auch, wenn der Vertreter in einem *Nicht-EuGVVO-Staat* tätig ist. Wenn der Vertreter gewinnt, ist das Urteil stets in seinem Heimatstaat vollstreckbar, gegebenenfalls auch in anderen Staaten. In der Praxis wird der Vertreter auch eine Vollstreckungsmöglichkeit finden, da er die Situation des Exporteurs gut kennt. Deshalb stellen auch Handelsvertreterverträge ohne Gerichtsstandsvereinbarung eine Gefahr für den Exporteur dar.

Vereinbaren die Parteien ein staatliches deutsches Gericht und klagt der (ausländische) Vertreter den Exporteur vor seinem Heimatgericht, muss sich dieses Gericht, wenn der Vertreter in einem EuGVVO-Staat tätig ist, für unzuständig erklären.[306] Dann mit hat der Vertreter keine Chance, seine Forderungen vor seinem Heimatgericht durchzusetzen. Anders ist das, wenn der Vertreter nicht in einem EuGVVO-Staat agiert und den Exporteur vor seinem Heimatgericht verklagt: Hier ist die Rechtslage von Land zu Land verschieden. Die ausländischen Gerichte lassen die Klage in der Mehrzahl der Staaten zu, mitunter sogar entgegen der Vertragsvereinbarung. Gewinnt der Vertreter den Prozess, kann er zumindest in seinem Heimatstaat vollstrecken. In diesen Fällen bietet sich an, ein Schiedsgericht zu vereinbaren, da die Heimatgerichte der Länder, die der UN-Konvention über Schiedsgerichte beigetreten sind,[307] auf Antrag des Beklagten die Klage abweisen müssen, wenn die Parteien ein Schiedsgericht vereinbart haben. Der Vertreter kann in diesem Fall nicht vor seinem Heimatgericht klagen.

3.2.1.1.2 Großbritannien

Das Handelsvertreterrecht in Deutschland und Großbritannien weist trotz der HV-Richtlinie Unterschiede auf, wie der Vergleich zwischen den Regelungen in den §§ 84 f. HGB mit den

---

[304] Die EuGVVO ist die Europäische Gerichtsstands- und Vollstreckungs-Verordnung (EU-Verordnung Nr. 44/2001).

[305] Thume, Grenzüberschreitende Vertriebsverträge, IHR 2009, 141, 152

[306] Art. 23 Abs. 1 EuGVVO.

[307] Dies ist die „UN Convention on the Recognition and Enforcement of Foreign Arbitral Awards" vom 10.6.1958. Unter diesem lassen sich – mithilfe von Suchmaschinen – die Mitgliedstaaten der Konvention ermitteln.

3.2 Direkter Export

Commercial Agents (Council Directive) Regulations 1993 in Großbritannien zeigt.[308] Nach der Legaldefinition der HV-Richtlinie (Art. 1 Abs. 2) ist Handelsvertreter, wer als selbständiger Gewerbetreibender ständig damit betraut ist, für eine Person (Unternehmer) den Verkauf oder Ankauf von Waren zu vermitteln oder diese Geschäfte im Namen und für Rechnung des Unternehmers abzuschließen. Die britische Regelung orientiert sich in Reg. 2 (1) der *Regulation* streng an dieser Definition: Sie erfasst nur den Warenvertreter.[309] Im deutschen Recht ist das anders: Die Art des Geschäfts spielt hier keine Rolle.[310] Der Vertreter kann Anzeigen oder Grundstücke vermitteln oder im Rahmen eines Reisebüros oder einer Lotto-/Toto-Bezirksstelle tätig werden.[311]

Unterschiede zwischen deutschem und britischen Handelsvertreterrecht bestehen auch bei den Provisionsansprüchen: Das britische Recht kennt weder den Anspruch auf eine Inkassoprovision, wie diese das deutsche Recht dem Handelsvertreter, der den Forderungseinzug übernommen hat, in § 87 Abs. 4 HGB gewährt[312], noch den Provisionsvorschuss in § 87a Abs. 1 Satz 2 HGB. Der wohl praktisch relevanteste Unterschied zwischen beiden Rechtsordnungen besteht aber wohl in der Umsetzung von Art. 17 HV-Richtlinie. Dieser verpflichtet die Mitgliedstaaten zwingend, entweder einen Ausgleichsanspruch oder einen Entschädigungsanspruch für den Fall der Beendigung des Handelsvertretervertrages gesetzlich vorzuschreiben.

Während sich der deutsche Gesetzgeber für den Ausgleichsanspruch in § 89b HGB entschieden hat, kommt es nach der englischen Regelung darauf an, ob die Parteien einen Ausgleichs- oder Entschädigungsanspruch des Handelsvertreters vereinbart haben. Fehlt eine Vereinbarung, besteht ein Anspruch des Handelsvertreters auf Schadensersatz.[313] Er umfasst den Ersatz des Schadens, der durch die Beendigung des Handelsvertretervertrages entstanden ist, also den Verlust von Provisionsansprüchen, während der Unternehmer substantielle Vorteile aus der Tätigkeit des Handelsvertreters zieht. Ersetzt verlangen kann der Handelsvertreter auch den Schaden für nicht amortisierte Ausgaben, die in Ausführung des Vertrages und

---

[308] Dazu Kessel, Probleme des neuen Handelsvertreterrechts in Großbritannien, RIW 1994, 562 f.; Hagemeister, Der Handelsvertreter im englischen Recht und seine Ansprüche bei Beendigung des Vertretervertrages, Münster 2004.

[309] Eingehend zum Begriff des *commercial agent* Kessel, Probleme des neuen Handelsvertreterrechts in Großbritannien, RIW 1994, 562, 564 f.

[310] Ähnlich ist dies in Frankreich geregelt: Nur die Tätigkeit von Versicherungsvertretern, Reisebüros und Immobilienmaklern sind in Spezialgesetzen geregelt. Das österreichische Recht nimmt eine Einschränkung bei unbeweglichen Sachen vor. Die Art des abgeschlossenen Geschäfts ist gleichgültig etwa in Belgien, Niederlande, Polen, Portugal, Spanien (dazu: Fröhlingsdorf, Das neue spanische Handelsvertreterrecht, RIW 1993, 895) und in der Tschechischen Republik.

[311] Münchener Vertragshandbuch/Graf von Westphalen, III.1; im internationalen Vereich vgl. Kronke/Melis/Schnyder/Thume, G Rz. 6; zu den angesprochenen Fallgruppen vgl. OLG Celle HVR 436; BGH DB 1982, 590; BGH BB 1982, 2008; BGH DB 1972, 1624.

[312] Zur Abdingbarkeit in AGB vgl. Münchener Vertragshandbuch/Graf von Westphalen, III.1. mit Nachw.

[313] Vgl. Reg. 17 *Commercial Agents (Council Directive) Regulations 1993*; vgl. dazu Kessel, Probleme des neuen Handelsvertreterrechts in Großbritannien, RIW 1994, 562, 566 f.

auf Empfehlung des Unternehmers gemacht worden sind.[314] Anders als der Ausgleichsanspruch, der gemäß Reg. 17 (4) *Commercial Agents (Council Directive) Regulations 1993* eine durchschnittliche Jahresvergütung nicht überschreiten darf, ist der Schadensersatzanspruch der Höhe nach unbegrenzt.[315]

3.2.1.1.3 Frankreich

Frankreich setzte die HV-Richtlinie durch das Gesetz Nr. 91-593 vom 25.06.1991, Journal Officiel vom 27.6.1991, hinsichtlich der Beziehungen zwischen Handelsvertretern und ihren Auftraggebern (Handelsvertretergesetz) um. Auch dieses Gesetz weist Unterschiede zum deutschen Recht auf. Zu nennen ist hier auch die Regelung der Höhe des Schadensersatzes bei Vertragsbeendigung: Während § 89b HGB die Entschädigung auf den Betrag einer Jahresvergütung begrenzt, bestimmt Art. 12 des französischen Handelsvertretergesetzes, dass der Handelsvertreter Anspruch auf Ersatz des ihm durch die Beendigung des Vertragsverhältnisses mit dem Unternehmer entstandenen Schadens hat. Eine Haftungsbegrenzung ist hier nicht vorgesehen.[316] Insoweit ist die französische Regelung für den Handelsvertreter bei Vertragsbeendigung günstiger als die deutsche. Jedoch kennt das französische Handelsvertretergesetz keine dem § 90a HGB entsprechende Regelung, nach der der Unternehmer im Falle der Vereinbarung einer Wettbewerbsklausel verpflichtet ist, dem Handelsvertreter für die Dauer des Wettbewerbsbeschränkung eine angemessene Entschädigung zu zahlen.[317]

3.2.1.1.4 Anwendbares Recht

Der Vergleich des deutschen, britischen und französischen Handelsvertreterrechts zeigt, wie unterschiedlich sich EU-Richtlinien in das nationale Recht umsetzen lassen und dass trotz der Harmonisierungsbemühungen immer noch ein Bedürfnis besteht, sich im Vorfeld des Geschäfts mit dem Inhalt der konkreten ausländischen Regelung auseinanderzusetzen und Verträge entsprechend zu gestalten. Fehlt im Handelsvertretervertrag eine Rechtswahl, gilt gemäß Art. 4 Abs. 1 b) Rom I-VO das Recht des Staates, an dem der Handelsvertreter seinen gewöhnlichen Aufenthalt hat. Soll das Recht des Exporteurs gelten, müssen die Parteien dies ausdrücklich oder stillschweigend gemäß Art. 3 Rom I-VO vereinbaren.[318]

---

[314] Dazu Böckl/Wittenstein, Ausländisches Wirtschaftsrecht, Stand September 2006, 1160.

[315] In Frankreich – das sich gesetzlich auch für die Entschädigungsvariante entschieden hat – beschränken sich die Gerichte darauf, dem Handelsvertreter zwei Jahresprovisionen zuzubilligen (Böckl/Wittenstein, Ausländisches Wirtschaftsrecht, Stand September 2006, 1120, der auch eine deutsche Übersetzung der gesetzlichen Regelung in Frankreich enthält; vgl. auch Vogel/Vogel, Das neue Recht der Handelsvertreter in Frankreich, EuZW 1991, 599); zu einer entsprechenden Regel hat sich die englische Rechtsprechung aber noch nicht durchringen können.

[316] In der Regel nehmen aber die Gerichte eine Begrenzung auf maximal zwei Jahresvergütungen vor, vgl. Vogel/Vogel, Das neue Recht der Handelsvertreter in Frankreich, EuZW 1991, 599, 601.

[317] Vogel/Vogel, Das neue Recht der Handelsvertreter in Frankreich, EuZW 1991, 599, 601.

[318] Münchener Vertragshandbuch/Graf von Westphalen, Band 4 Wirtschaftsrecht III, 6. Aufl. München 2007, III.1 Rz. 14 a).

3.2.1.2 Vertragshändler

Beim Vertragshändlervertrag verpflichtet sich der Eigen- oder Vertragshändler in einem auf Dauer ausgerichteten Rahmenvertrag, Produkte des Herstellers oder Lieferanten im eigenen Namen und auf eigene Rechnung zu vertreiben.[319] Seine Geschäfte sind also rechtlich weitaus risikoreicher als die des Handelsvertreters: Der Vertragshändler ist Vertragspartner des Kunden, trägt also das Insolvenzrisiko, ist vertraglich selbst zur Lieferung verpflichtet und muss Gewährleistungsansprüche erfüllen. Ein weiterer Unterschied zum Handelsvertreter liegt darin, dass – sieht man einmal von Belgien ab – kein EU-Mitgliedstaat das Vertragshändlerrecht gesetzlich geregelt hat und auch keine europäischen Normen das Vertragshändlerrecht harmonisieren.[320] Es bestehen aber auch Gemeinsamkeiten zum Handelsvertreter: Der Vertragshändlervertrag selbst ist regelmäßig dadurch charakterisiert, dass zum einen ein Alleinvertriebsrecht[321], zum anderen ein Marktverantwortungsgebiet dem Vertragshändler zugewiesen wird, um die exklusive Bindung des Vertragshändlers an den Hersteller zu sichern.[322]

Der Vertragshändler muss sich nachhaltig für den Absatz der Vertragsprodukte einsetzen und deshalb alle Voraussetzungen schaffen, die einer optimalen Vermarktung der Vertragsprodukte dienen.[323] Der Vertragshändler kann also durch den Rahmenvertrag in einer Weise in die Vertriebsorganisation der Herstellers oder Lieferanten eingegliedert sein, dass seine Vertragspflichten weit über die Pflichten einer reinen Käufer-Verkäufer-Beziehung hinausgehen und mit denen eines Handelsvertreters vergleichbar sind. Eine der Stellung eines Handelsvertreters vergleichbare Eingliederung in die Vertriebsorganisation des Herstellers liegt nach der

---

[319] Vgl. Kronke/Melis/Schnyder/Killias, G Rz. 244 m. Nachw.

[320] Das heißt nicht, dass europäisches Recht für das Vertragshändlerrecht unbedeutend ist. Kartellrechtlich ist zunächst Art. 101 Abs. 1 AEUV, der Vereinbarungen zwischen Unternehmen, Beschlüsse von Unternehmensvereinigungen und aufeinander abgestimmten Verhaltensweisen mit dem Gemeinsamen Markt für unvereinbar erklärt, die den Handel zwischen Mitgliedsstaaten spürbar beeinträchtigen und eine Verhinderung, Einschränkung oder Verfälschung des Wettbewerbs innerhalb des Gemeinsamen Marktes bezwecken oder bewirken, beachtlich. Grundsätzlich kann unter Art. 101 Abs. 1 AEUV auch ein Vertragshändlervertrag fallen und nach Art. 101 Abs. 2 AEUV nichtig sein. Die Nichtigkeitsfolge tritt aber nicht ein, wenn die Kommission nach Art. 101 Abs. 3 AEUV ganze Gruppen von Verträgen durch Verordnung freigestellt hat. Für Vertriebshändlerverträge hat dies die Kommission in der „Schirm-Gruppenfreistellungsverordnung für Vertikalvereinbarungen (EU-Verordnung Nr. 330/2010)" getan. Vertikale Vereinbarungen zwischen Vertragspartnern, die nicht Wettbewerber sind, stellt diese Verordnung frei, sofern der Anteil des Lieferantenund des Käufers am relevanten Markt 30 % nicht übersteigt. Unabhängig vom Überschreiten von Schwellenwerten verbietet Art. 4 der Gruppenfreistellungsverordnung Preisfestsetzungen: Der Händler muss seinen Verkaufspreis selbst festsetzen dürfen. Jedoch darf der Lieferant Höchstverkaufspreise festsetzen und Preisempfehlungen geben. Eine Freistellung bei Beschränkungen des Vertragsgebiets oder Kundenkreises ist grundsätzlich ausgeschlossen. Die Beschränkung der aktiven Ansprache einzelner Kunden in einem Gebiet sowie der Durchführung von Akquisemaßnahmen ist dagegen möglich, wenn der Lieferant dies für sich selbst vorbehalten oder ausschließlich einem anderen Händler zugewiesen hat und dadurch Verkäufe durch die Kunden des Händlers nicht eingeschränkt werden.

[321] Aus der Natur des Vertragshändlervertrages folgt nicht zwingend das Alleinvertriebsrecht: Je umfassender die Einbindung des Vertragshändlers ist, desto eher kann man davon ausgehen, dass der Hersteller mit dem Vertragshändler nicht konkurrieren darf (BGH ZIP 1994, 461, 463).

[322] Münchener Vertragshandbuch/Graf von Westphalen, III.2. Anm. 5 a.

[323] Thume in Küstner/Thume, Handbuch des gesamten Außendienstrechts, Band 3, 2. Aufl. 1998 Rz. 1314.

deutschen Rechtsprechung vor, wenn der Vertragshändler sich für den Vertrieb der Produkte des Herstellers wie ein Handelsvertreter einzusetzen hat und auch sonst Bindungen und Verpflichtungen unterworfen ist, wie sie für einen Handelsvertretervertrag typisch sind.[324]

3.2.1.2.1 Vertragspflichten

Der Vertrag sollte präzise Regeln enthalten, für welche Produkte, Gebiete und Absatzkanäle der Vertragshändler zuständig ist. Er sollte ferner sagen, inwieweit der Vertragshändler ein Exklusivrecht erhält und wann der Vertrag in Kraft tritt. Der Vertragshändler muss den Absatz des Exporteurs fördern. Seine Pflichten sind weitgehend dieselben wie beim Handelsvertreter. Anders ist das beim Exporteur: Er bezahlt den Vertragshändler für seine vertrieblichen Aktivitäten nicht direkt. Der Exporteur entlohnt ihn dadurch, dass er ihm einen besseren Einkaufspreis gewährt als seinen Direktkunden. Dieser Einkaufspreis wird in den Vertragshändler-Verträgen entweder in der Form eines Rabatts auf die Listenpreise des Exporteurs vereinbart oder in der Form von Nettopreisen (sie werden meist in einer Anlage zum Vertrag festgelegt). Der Vertrag sollte Regeln für die einzelnen Einkäufe des Händlers enthalten, vor allem über die Zahlungsbedingungen und sonstigen Lieferkonditionen (Erfüllungsort, Haftung für Verzug und Mängel der Ware, usw.). Man muss diese Fragen nicht bei jedem einzelnen Auftrag neu verhandeln, wenn sie im Vertragshändler-Vertrag generell geregelt sind.[325]

3.2.1.2.2 Analoge Anwendung des Handelsvertreterrechts

Die Gerichte wenden für Vertragshändler, die keine Autohändler sind, die Fristen für den Handelsvertreter analog an.[326] Diese Fristen können vertraglich nicht verkürzt werden; eine Ausnahme gilt für Vertragshändler außerhalb des EWR (§ 92c Abs. 1 HGB analog). Auch für die fristlose Kündigung gelten im Prinzip dieselben Regeln wie für Handelsvertreter.

Die Gerichte wenden § 89b HGB auf den Vertragshändler analog an. Sie sprechen dem Vertragshändler einen Ausgleichsanspruch zu, wenn folgende Voraussetzungen erfüllt sind (wie beim Handelsvertreter): Der Vertrag muss beendet sein und der Vertragshändler muss neue Kunden geworben haben, die bei Vertragsende dem Exporteur treu bleiben. Der Ausgleich ist dann fair, weil dem Vertragshändler durch den Verlust dieser Kunden Einnahmen entgehen. Der Ausgleichsanspruch setzt ferner voraus, dass der Vertragshändler vertraglich verpflichtet ist, seine Kunden dem Exporteur zu nennen. Es genügt nicht, dass der Exporteur die Namen nur de facto erfährt. Man kann daher den Ausgleichsanspruch relativ leicht vermeiden. Man nehme dazu in den Vertrag eine Klausel auf, wonach der Händler nicht verpflichtet

---

[324] BGH NJW – RR 1993, 678, 679.

[325] Musterverträge, die für den Exporteur vorteilhaft sind: *Detzer/Ullrich:* Verträge mit ausländischen Vertragshändlern (Heidelberger Mustervertrag Heft 75); Verlag Recht und Wirtschaft. Das Muster kann aus dem Internet heruntergeladen werden (www.klaus-detzer.de). Auch der *Verband Deutscher Maschinen- und Anlagenbau (VDMA)* vertreibt Muster für Verträge mit Vertragshändlern.

[326] Dazu 3.2.1.1.1.1

ist, seine Kunden dem Exporteur zu nennen. Die Berechnung des Ausgleichsanspruchs für Vertragshändler ist kompliziert.[327] Der Ausgleichsanspruch kann – sofern seine Voraussetzungen vorliegen – nicht per Vertrag ausgeschlossen werden (§ 89b Abs. 4 Satz 1 HGB). Eine Ausnahme gilt für Vertragshändler, die ihr Absatzgebiet außerhalb des EWR haben (§ 92c Abs. 1 HGB).

3.2.2 UN-Kaufrecht

Die für den direkten Export maßgebliche Rechtsquelle ist das Übereinkommen der Vereinten Nationen über den internationalen Warenkauf vom 11.04.1980[328], auch UN-Kaufrecht genannt. Ziel des Übereinkommens war, das Kaufrecht für den grenzüberschreitenden Warenverkehr weltweit zu vereinheitlichen und den besonderen Interessen von Importeur und Exporteur bei internationalen Warenkäufen Rechnung zu tragen.[329]

Mittlerweile gibt es 76 Staaten, die dem Übereinkommen beigetreten sind.[330] Rein rechnerisch könnte das UN-Kaufrecht mehr als siebzig Prozent des Welthandels erfassen. Für den Kaufmann hat das UN-Kaufrecht deshalb unmittelbare praktische Relevanz: Für den deutschen Export gilt heute fast ausnahmslos UN-Kaufrecht. Das gilt auch für den deutschen Import aus den Vertragsstaaten. Nur für Importe aus anderen Staaten gilt in der Regel das Recht des ausländischen Verkäufers. Das UN-Kaufrecht selbst besteht aus vier Teilen: Teil I regelt dessen Anwendungsbereich, Teil II den Vertragsschluss, Teil III die Rechte und Pflichten der Vertragsparteien und Teil IV enthält völkerrechtliche Schlussklauseln.

3.2.2.1 **Anwendungsbereich**

Art. 1 Abs. 1 CISG bestimmt, dass dieses Übereinkommen auf Kaufverträge[331] über Waren[332] zwischen Parteien anzuwenden ist, die ihre Niederlassung[333] in verschiedenen Staaten

---

[327] z.B. bei Martinek/Semler/Habermeier/Flohr, Handbuch des Vertriebsrecht (München 2010), § 24.

[328] BGBl. II S. 588.

[329] Schwenzer in Schlechtriem/Schwenzer, Einl. III 1.

[330] Albanien, Ägypten, Argentinien, Armenien, Australien, Belgien, Bosnien-Herzegowina, Bulgarien, Bundesrepublik Deutschland, Burundi, Chile, China, Dänemark, Dominikanische Republik, Ecuador, El Salvador, Estland, Finnland, Frankreich, Gabun, Georgien, Ghana, Griechenland, Guinea, Honduras, Irak, Island, Israel, Italien, Japan, Kanada, Kirgisistan, Kolumbien, Republik Korea, Kroatien, Kuba, Lettland, Lesotho, Libanon, Liberia, Litauen, Luxemburg, Mauretanien, Mexiko, Republik Moldau, Mongolei, Montenegro, Neuseeland, Niederlande, Norwegen, Österreich, Paraguay, Polen, Peru, Rumänien, Russische Föderation, Sambia, Sankt Vincent und die Grenadinen, Singapur, Schweden, Schweiz, Serbien und Montenegro, Slowakische Republik, Slowenien, Spanien, Syrien, Türkei, Tschechische Republik, Uganda, Ukraine, Ungarn, Uruguay, USA, Usbekistan, Venezuela, Weißrussland, Zypern.

[331] Den Kaufverträgen stehen gemäß Art. 3 Abs. 1 CISG Verträge über die Lieferung herzustellender oder zu erzeugender Ware gleich, es sei denn, dass der Besteller einen wesentlichen Teil der für die Herstellung oder Erzeugung notwendigen Stoffe – wobei das vom Besteller eingebrachte Know How nicht zu berücksichtigen ist (Kronke/Melis/Schnyder/Benicke, B Rz. 172) – selbst zu Verfügung zu stellen hat. Bei gemischten Verträgen, bei denen der Lieferant nicht nur Sachen liefern, sondern auch noch andere Leistungen (etwa Montage oder

haben, wenn a) diese Staaten Vertragsstaaten sind oder wenn b) die Regeln des internationalen Privatrechts zur Anwendung des Rechts eines Vertragsstaats führen. Ob UN-Kaufrecht gilt, kann – wenn eine Vertragspartei ihre Niederlassung nicht in einem Vertragsstaat des UN-Kaufrechts hat – vom internationalen Privatrecht[334] des Landes abhängen, in dem das Gericht den Rechtsstreit entscheidet. Haben die Parteien kein Recht gewählt, greift etwa der deutsche Richter auf Art. 4 Abs. 1 lit. a) Rom I-VO zurück, nach dem das Recht des Verkäufers anzuwenden ist.[335]

3.2.2.2 Ausschluss durch Parteiabrede

Grundsätzlich sind die Vorschriften des UN-Kaufrechts dispositiv.[336] Wollen die Parteien nicht, dass UN-Kaufrecht gilt, können sie es nach Art. 6 CISG ausschließen. Das kann auch nach Abschluss des Vertrages geschehen.[337] Die Parteien können entweder das Recht eines Nichtvertragsstaats oder das unvereinheitlichte Recht eines Vertragsstaats unter Ausschluss

---

Wartung) erbringen muss, gilt das Übereinkommen gemäß Art. 3 Abs. 2 CISG nicht, wenn der überwiegende Teil der Pflichten des Lieferanten in der Ausführung von Arbeiten oder anderen Dienstleistungen besteht.

[332] Den Begriff „Ware" definiert das UN-Kaufrecht nicht. Gemeint sind bewegliche Sachen, also Gegenstände beweglicher, physischer Art und mittlerweile auch unkörperliche Waren wie Standardsoftware (dazu OLG München 8 HKO 2466/93, UNILEX D. 1995-3.1, wobei jedoch streitig ist, ob diese beim Verkauf auf einem Datenträger gespeichert sein muss oder eine rein elektronische Übermittlung ausreicht, zum Meinungsstand vgl. Preetz, Ausgewählte Fragen zur einheitlichen Anwendung des UN-Kaufrechts, 2002, S. 40 f.), aber keine Rechte oder Immobilien. Streitig ist auch, ob auf den Unternehmenskauf das Übereinkommen Anwendung findet: Zumindest beim *asset deal* liegt die Anwendung des CISG nahe, wenn das Betriebsvermögen überwiegend aus beweglichen Sachen besteht. Vom Anwendungsbereich des UN-Kaufrechts ausgeschlossen sind Kaufverträge nach Art 2 CISG über gewisse Arten von Gütern wie Schiffe, Luftfahrzeuge [und] elektrische Energie und Verkäufe mittels Auktion oder nach Pfändung. Auch der Kauf von Wertpapieren fällt nicht unter das UN-Kaufrecht.

[333] Auf eine Definition des Begriffs „Niederlassung" konnten sich die Regierungsvertreter im Rahmen der Verhandlungen über das UN-Kaufrecht nicht einigen. Die Rechtsprechung definiert den Begriff Niederlassung als Ort, von dem aus die geschäftliche Tätigkeit tatsächlich und schwerpunktmäßig betrieben wird, wofür eine gewisse Dauer und Stabilität der Einrichtung und eine gewisse selbstständige Handlungskompetenz erforderlich sind (OLG Stuttgart IHR 2001, 65, 66).

[334] „Internationales Privatrecht" sind die Vorschriften, die bei einem Sachverhalt mit einer Verbindung zum Recht eines ausländischen Staates bestimmen, welche Rechtsordnung anzuwenden ist.

[335] Der Inhalt des internationalen Privatrechts kann sich je nach Sitzstaat des Gerichts (Forumstaat) unterscheiden: Innerhalb Europas gelten durch die Rom I-VO einheitliche Regeln. Außerhalb Europas befinden sich mitunter Regelungen, die inhaltlich erheblich von der Rechtslage in Europa abweichen: In Lateinamerika will man etwa maßgeblich auf das Recht des Abschlussortes (Bolivien, Brasilien, Uruguay) oder Erfüllungsortes (Argentinien, Chile, Ecuador, Kolumbien, Mexiko, Paraguay, Peru) abstellen. Die Regelungen in Asien sind uneinheitlich: Während Japan und Südkorea auf das Recht des Abschlussortes abstellen, stellt das Kollisionsrecht der Volksrepublik China auf das Recht ab, zu dem die engsten Verbindungen des Vertrages bestehen. Interessant ist auch die Rechtspraxis in Saudi Arabien: Jeder Vertrag mit Verbindungen zu Saudi-Arabien unterliegt saudiarabischem Recht (vgl. zum Kollisionsrecht der Einzelstaaten Böckl/Wittenstein, Stand 7/2007).

[336] Bamberger/Roth/Saenger, Art. 6 CISG Rz. 1.

[337] Für eine nachträgliche Abbedingung reicht nicht aus, dass die Parteien vorgerichtlich und im Prozess auf der Basis des unvereinheitlichten nationalen Rechts verhandeln. Ein solches Verhalten beruht letztlich auf der Unkenntnis der Rechtslage. Deshalb fehlt einer konkludenten Rechtswahl das für eine Willenserklärung notwendige Erklärungsbewusstsein, vgl. dazu OLG Hamm (2.4.2009) IHR 2010, 59, 62

3.2 Direkter Export

des UN-Kaufrechts wählen.[338] Solche Ausschlussklauseln liest man in der Praxis immer wieder.[339] Viele meinen, Probleme des internationalen Warenkaufs mit den unvereinheitlichten nationalen Regelungen von BGB und HGB lösen zu können.[340] Dagegen spricht zunächst, dass das UN-Kaufrecht – anders als etwa das BGB und das HGB – nicht primär für den nationalen, sondern für den internationalen Warenkauf gestaltet worden ist, der grenzüberschreitende Charakter der Transaktion also bei der Gestaltung der Vorschriften maßgeblich einbezogen wurde. Auch wird man den Vertragspartner im Ausland überzeugen müssen, warum er das Vertragsverhältnis einem ihm unbekannten Recht unterstellen soll. Unbekannt werden ihm die Regelungen von BGB und HGB nicht zuletzt auch deshalb bleiben, weil oft kaum eine brauchbare Übersetzung in eine ihm bekannte Sprache aufzufinden sein dürfte.[341] Er wird das unvereinheitlichte deutsche Recht – wenn überhaupt – nur widerwillig hinnehmen. Deshalb bietet sich an, Verträge dem UN-Kaufrecht zu unterstellen und eventuelle Nachteile seiner Regelungen durch von ihm abweichende Vertragsbestimmungen zu beseitigen.[342]

---

[338] Wählen die Parteien das Recht eines Vertragsstaats (etwa deutsches Recht), ohne das Übereinkommen ausdrücklich auszuschließen, gilt UN-Kaufrecht: Eine solche Abrede wird dahingehend ausgelegt, dass das Recht des Vertragsstaats, also unter Einschluss des auch nach diesem vorrangig anwendbaren UN-Kaufrechts, zur Anwendung kommt (vgl. BGH NJW 1999, 1259, 1260; OLG Dresden, CISG-online 511; OLG Zweibrücken, IHR 2002, 67, 68; OLG Rostock IHR 2003, 17, 18; OLG Karlsruhe RIW 1998, 235; Staudinger/Magnuns, 13. Auflage Berlin, Art. 6 Rz. 24; Bianca / Bonell / Bonell Anm. 2.3.2.; Lüderitz/Fenge in Soergel/Lüderitz/Fenge, Art. 6 Rz. 5; a.A. CA Colmar, CISG-online 226). Diese Rechtsprechung ist nicht zu beanstanden: Das UN-Kaufrecht ist durch den Beitritt des Vertragsstaates Teil des Rechts des Vertragsstaats geworden. Das UN-Kaufrecht ist weder Modellgesetz noch Empfehlung, das nur bei ausdrücklicher Rechtswahl der Parteien gilt, sondern geltendes Recht, dessen Anwendung die Parteien ausdrücklich ausschließen müssen. Ein solcher Ausschluss liegt nicht etwa vor, wenn die Parteien einen Gerichtsstand in einem der Vertragsstaaten bestimmen: Vereinbaren die Parteien einen Gerichtsstand, wollen sie in der Regel auch das an diesem Gerichtsstand geltende materielle Recht wählen. Das CISG ist dann Bestandteil dieses Rechts, vgl. OLG Hamm, IHR 2010, 59, 62). Die Parteien müssen ausdrücklich einen Ausschluss des CISG vereinbaren, also durch die Vereinbarung, dass auf den Vertrag „deutsches Recht (BGB/HGB) unter Ausschluss deees UN-Kaufrechts Anwendung finden" soll (zur Klausel „Australian Law applicable under exclusion of UNICITRAL law" vgl. Federal High Court of Australia in Olivaylle Pty Ltd v Flottweg AG (20.5.2009) IHR 2009, 160, 161).

[339] In der Praxis deutscher Unternehmen findet man oft etwa die Vereinbarung von Schweizer Recht unter Ausschluss des UN-Kaufrechts (CISG) bei Lieferverträgen mit AGB-Verwendung.

[340] Sachlich lässt sich das kaum begründen: Piltz etwa weist zu Recht darauf hin, dass der Ausschluss des UN-Kaufrechts zugunsten des unvereinheitlichten deutschen Rechts für Exportverträge seit der Schuldrechtsreform 2002 einer besonderen Begründung bedarf, da eine allgemeine Abwägung des BGB/HGB einerseits und des UN-Kaufrechts andererseits deutlich zugunsten des UN-Kaufrechts ausfalle. Das gelte besonders dann, wenn Verbrauchsgüter im Sinne von § 474 BGB exportiert werden (Münchener Vertragshandbuch/Piltz, IV. 1. Anm. 98).

[341] Das UN-Kaufrecht ist in den sechs Sprachen der UNO (Arabisch, Chinesisch, Englisch, Französisch, Russisch und Spanisch) gleichermaßen verbindlich (vgl. Münchener Vertragshandbuch/Piltz, IV.1. Anm. 98). In nahezu alle Sprachen ist es übersetzt. Demgegenüber sind immer wieder Versuche unternommen worden, das BGB in die englische Sprache zu übersetzen, zuletzt sogar vom Bundesministerium der Justiz. Kurz nach Veröffentlichung auf der Internetseite wurde der Text wieder entfernt mit dem Vermerk, dass die Hinweise aus der Praxis es erforderlich gemacht hätten, die englische Übersetzung wieder zu entfernen. Mittlerweile findet sich unter dem Link www.gesetze-im-internet.de/englisch_bgb/ eine brauchbare englische Übersetzung des BGB.

[342] Mit Ausnahme von den Art. 12 (dazu Lüderitz/Fenge in Soergel/Lüderitz/Fenge, Art. 6 Rz. 6) und 28 CISG (Lüderitz/Fenge in Soergel/Lüderitz/Fenge, Art. 28 Rz. 4) sowie der Bestimmungen des vierten Teils des UN-Kaufrechts, die sich nicht an die Parteien, sondern die Vertragsstaaten richten, können die Parteien im Vertrag

3.2.2.3 Sachlicher Geltungsbereich

Sachlich regelt das UN-Kaufrecht gemäß Art. 4 CISG ausschließlich den Abschluss des Kaufvertrages und die aus ihm erwachsenden Vertragspflichten. Sofern das UN-Kaufrecht nicht ausdrücklich etwas anderes bestimmt, regelt es insbesondere nicht die Gültigkeit des Vertrages oder einzelner Vertragsbestimmungen oder die Gültigkeit von Gebräuchen und die Wirkungen, die der Vertrag auf das Eigentum an der verkauften Ware haben kann. Die im Art. 4 CISG vorgenommene Aufzählung ist nicht abschließend: Gesetzessystematisch soll nach der Beschreibung in den Art. 1 bis 3 CISG, ob das Übereinkommen gilt, nun Art. 4 CISG skizzieren, inwieweit es Anwendung findet.[343] Beim Vertragsabschluss etwa regelt das UN-Kaufrecht nur den äußeren Konsens der Vertragsparteien, nicht dagegen, ob dieser wegen Dissenses oder Irrtums unwirksam ist.[344] Das UN-Kaufrecht regelt ferner nicht Stellvertretung, Verjährung, Forderungsabtretung und Aufrechnung, Gesamt- oder Teilschuld, Schuldübernahme, Schuldanerkenntnis, Vertragsstrafe und pauschalierter Schadensersatz, Erlass und Verwirkung.[345]

Weil das UN-Kaufrecht nicht alle Rechtsfragen, die sich aus internationalen Kaufverträgen ergeben können[346], erfasst, sind Lücken, die das UN-Kaufrecht lässt, grundsätzlich durch das unvereinheitlichte nationale Recht zu schließen. Welches unvereinheitlichte nationale Recht gilt, hängt maßgeblich vom Kollisionsrecht am Gerichtssitz ab. Ist dieses den Parteien bei Vertragsschluss unbekannt, bietet sich an, im Vertrag ein Recht für diejenigen Rechtsfragen zu wählen, die der sachliche Geltungsbereich des UN-Kaufrechts nicht erfasst. So können die Parteien Rechtsunsicherheiten vermeiden.

3.2.2.3.1 Gültigkeit des Vertrages oder von Gebräuchen

Ausdrücklich nach Art. 4 lit. a) CISG ausgeschlossene Rechtsfragen sind Fragen der Gültigkeit, also etwa der Rechts- und Geschäftsfähigkeit, von Verstößen gegen gesetzliche Verbote oder gute Sitten sowie gegen wirtschaftslenkende Bestimmungen wie Devisen- oder Verbraucherschutzrecht, wenn aus ihnen die Nichtigkeit des Vertrages folgt. Das gilt auch Fragen der Anfechtung wegen Inhaltsirrtum und arglistiger Täuschung oder widerrechtlicher Drohung.[347] Hier ist das nationale unvereinheitlichte Recht anzuwenden. Dies ist das Recht,

---

von den Regeln des UN-Kaufrechts abweichen (zur Frage der Abdingbarkeit der Vorschriften durch Parteiabrede – insbesondere zu Art. 7 CISG – vgl. Ferrari in Schlechtriem/Schwenzer, Art. 6 Rz. 8 f.).

[343] Ferrari in Schlechtriem/Schwenzer, Art.4 Rz. 3.
[344] Staudinger/Magnus, Art. 4 Rz. 13.
[345] Vgl. Aufzählung bei Lüderitz/Fenge in Soergel/Lüderitz/Fenge, Art. 4 Rz. 8 bis 10.
[346] Vgl. Münchener Vertragshandbuch/Piltz, IV.1. Anm. 100; Ferrari in Schlechtriem/Schwenzer, Art. 4 Rz. 3.
[347] Ferrari in Schlechtriem/Schwenzer, Art. 4 Rz. 25 mit Nachw; streitig ist, ob das UN-Kaufrecht Raum für eine Anfechtung wegen des Fehlens verkehrswesentlicher Eigenschaften der Sache zulässt: Nach der wohl herrschenden Meinung lässt das UN-Kaufrecht dafür keinen Raum, weil es eine abschließende Regelung der Haftung für die nicht vertragsmäßige Beschaffenheit der Sache bereithalte (so OGH IPRax 2001, 149 f.; LG Aachen RIW 1993, 761 = CISG-online 86; Kronke/Melis /Schnyder/Benicke, B Rz. 182; Herber/Czerwenka, Art. 4 Rz. 13, 22; Lüderitz/Fenge in Soergel/Lüderitz/Fenge, Art. 4 Rz. 8).

welches das Kollisionsrecht des Gerichtssitzes beruft, also das allgemeine Vertragsstatut, ergänzt um den gerade hier vielfach relevanten ordre public.[348] Im Regelfall wird hier vor deutschen Gerichten wegen Art. 4 Abs. 1 lit. a) Rom I-VO das Recht des Exporteurs gelten. Nach dem Wortlaut des Art. 4 CISG ausgeschlossen ist ferner die Beurteilung von Gebräuchen: Gemeint ist damit aber nicht das Bestehen von Gebräuchen, sondern die Gültigkeit der durch Gebräuche in den Vertrag eingestellten Regelungen.[349] Auch über sie entscheidet das Vertragsstatut und der ordre public des Kollisionsrechts des Gerichtssitzes.[350]

3.2.2.3.2 Eigentumsfragen

Schließlich beantwortet das UN-Kaufrecht nicht Eigentumsfragen. Dies richtet sich nach dem Kollisionsrecht des Forumstaates. Zugrunde gelegt wird hier meist das lex rei sitae, also das Recht des Landes, wo sich die Sache befindet (vgl. im deutschen Recht Art. 43 EGBGB).[351] Das gilt auch für den Eigentumsvorbehalt: Ob und wie man beim internationalen Warenkauf einen Eigentumsvorbehalt wirksam vereinbaren kann und welche dinglichen Wirkungen er hat, ist dem Geltungsbereich des UN-Kaufrechts entzogen.[352] Hier gibt es in den einzelnen Rechtsordnungen ganz unterschiedliche Regelungen.[353]

3.2.2.4 UN-Kaufrecht und Produkthaftung

Nach Art. 5 CISG findet das UN-Kaufrecht keine Anwendung auf die Haftung des Verkäufers für den durch die Ware verursachten Tod oder die Körperverletzung einer Person.[354] Die

---

[348] Lüderitz/Fenge in Soergel/Lüderitz/Fenge, Art. 4 Rz. 5. Gerade bei Fragen der Nichtigkeit von Verträgen – etwa wegen Sittenwidrigkeit – spielen Wertentscheidungen der jeweils berufenen Rechtsordnung eine Rolle. Hier setzt dem deutschen Richter – der eine ausländische Rechtsnorm anwenden muss – Art. 24 Rom I-VO Grenzen: Die Anwendung einer Vorschrift des nach dieser Verordnung bezeichneten Rechts kann nur versagt werden, wenn ihre Anwendung mit der öffentlichen Ordnung („ordre public") des Staates des angerufenen Gerichts offensichtlich unvereinbar ist.

[349] Schmidt-Kessel in Schlechtriem/Schwenzer, Art. 9 Rz. 5.

[350] Lüderitz/Fenge in Soergel/Lüderitz/Fenge, Art. 4 Rz. 7.

[351] Es gibt aber durchaus abweichende Regelungen, wie etwa Art. 130 des schweizerischen IPR-Gesetzes, der den Eigentumsübergang bei Exportgeschäften dem Recht des Bestimmungslandes unterstellen (dazu Honsell/Siehr, Kommentar zum UN-Kaufrecht. Übereinkommen der Vereinten Nationen über Verträge über den Internationalen Warenkauf (CISG), Berlin, New York 1997, Art. 4 Rz. 28).

[352] vgl. Münchener Vertragshandbuch/ Piltz, IV.1. Anm. 24; Lüderitz/Fenge in Soergel/Lüderitz/Fenge, Art. 4 Rz. 3.

[353] Nach chilenischem und uruguayischem Recht etwa ist die Vereinbarung eines Eigentumsvorbehalts gar nicht möglich, in Norwegen nur an Schiffen und Flugzeugen. Bei anderen Sachen ist hier ein besitzloses Pfandrecht zu bestellen, das in ein öffentliches Register einzutragen ist. Eine Eintragung in ein Eigentumsvorbehaltsregister verlangt das schweizerische Recht, ähnlich wie das türkische Recht, das Beurkundung und Registrierung des Eigentumsvorbehalts bei dem für den Wohnsitz des Käufers zuständigen Notars verlangt. Auch das brasilianische, mexikanische und spanische Recht verlangen die Registrierung, um einen gutgläubigen Erwerb Dritter zu verhindern Recht (vgl. zum Recht der Einzelstaaten Böckl/Wittenstein Stand 7/2007).

[354] Dazu eingehend Kuhlen, Produkthaftung im internationalen Kaufrecht – Entstehungsgeschichte, Anwendungsbereich und Sperrwirkung des Art. 5 des Wiener UN-Kaufrechts (CISG), Augsburg 1996.

Haftung richtet sich daher nach dem kollisionsrechtlich anwendbaren unvereinheitlichten Sachrecht, selbst wenn es die Produkthaftung nicht deliktisch, sondern vertraglich ausgestaltet hat, wie etwa in den USA oder Frankreich.[355] Sachschäden berührt die Bestimmung nicht. Daraus folgern einige Autoren[356], das UN-Übereinkommen verdränge bei reinen Sachschäden innerstaatliches Produkthaftungsrecht. Würde man dieser Auffassung folgen, könnte dies – etwa wegen Beweislastfragen oder vertraglicher Rügepflichten – zu Nachteilen der Unternehmung führen, die einen Handelsmittler einsetzt: Nach UN-Kaufrecht ist der Schadensersatzanspruch des Käufers gegen den Verkäufer wegen Art. 74 CISG auf den vorhersehbaren Schaden beschränkt. Betrachtet wird die Frage der Vorhersehbarkeit allein aus der Sicht der vertragsbrüchigen Vertragspartei bei Vertragsschluss.[357] Die Beweislast trägt der Geschädigte.[358]

Fragen der Vorhersehbarkeit spielen auch im Produkthaftungsrecht eine Rolle, so etwa im Rahmen des Haftungsausschlusses in Art. 1 Abs. 2 Nr. 5 ProdHaftG. Hier ist zu prüfen, ob zum Zeitpunkt des Inverkehrbringens des Produkts der Hersteller den Fehler nach dem Stand von Wissenschaft und Technik erkennen konnte. Konnte er das nicht, ist die Ersatzpflicht des Herstellers ausgeschlossen. Die Beweislast dafür trägt aber hier der Hersteller.[359] Kann also der Käufer beim direkten Export nicht beweisen, dass der Schaden nach Art. 74 CISG vorhersehbar war, hätte er keinen vertraglichen Anspruch und er könnte seine Klage gegen seinen Vertragspartner auch nicht auf deliktische Produkthaftungsansprüche stützen, wenn diese durch die Anwendung des UN-Kaufrechts ausgeschlossen würden. Dieselbe Folge hätte man, wenn etwa der Käufer seiner Rügepflicht nach Art. 39 CISG nicht nachgekommen und damit sein Gewährleistungsanspruch ausgeschlossen wäre. Denn das Produkthaftungsrecht kennt keine Rügepflichten.

Besteht – was beim indirekten Export regelmäßig der Fall ist – kein Vertragsverhältnis zwischen Hersteller und Abnehmer der Ware, könnte der Geschädigte mit Erfolg gegen den Hersteller vorgehen: Denn bezüglich der Nichterkennbarkeit des Fehlers trifft hier den Hersteller die Beweislast, die der Geschädigte selbst nicht erbringen könnte. Kann dieser den

---

[355] Benicke in MüKoHGB, Art 5 CISG Rz. 1; Lüderitz/Fenge in Soergel/Lüderitz/Fenge, Art. 5 Rz. 1. Streitig ist, ob das UN-Kaufrecht die Haftung für Personenschäden regelt, die nicht durch vertragswidrige Ware, sondern durch ein anderes Verhalten der anderen Vertragspartei verursacht wurden. Die wohl herrschende Meinung grenzt hier danach ab, ob eine Vertrags- (dann UN-Kaufrecht) oder allgemeine Schutzpflicht (dann nationales unvereinheitlichtes Vertrags- oder Deliktsrecht) verletzt worden ist (Benicke in MüKoHGB, Art 5 CISG Rz. 4 f.; Lüderitz/Fenge in Soergel/Lüderitz/Fenge, Art. 5 Rz. 3; a.A. Ferrari in Schlechtriem/Schwenzer, Art.5 Rz. 7.

[356] Herber, Zum Verhältnis von UN-Kaufrechtsübereinkommen und deliktischer Haftung, in: Schwenzer / Hager (Hrsg.), Festschrift für Peter Schlechtriem zum 70. Geburtstag, Tübingen 2003, 207, 212 f.; Herber/Czerwenka, Internationales Kaufrecht, München 1991, Art. 5 Rz. 5; Schmid, Das Verhältnis von Einheitlichem Kaufrecht und nationalem Deliktsrecht am Beispiel des Ersatzes von Mangelfolgeschäden, RIW 1996, 904; vgl. auch HGer Zürich, 26.4.1995 TranspR-IHR 1999, 54, nach dem bezüglich der Folgeschäden das Wiener Kaufrecht Anwendung finde und dem schweizerischen Recht vorgehe.

[357] Vgl. Schwenzer in Schlechtriem/Schwenzer, Art. 74 Rz. 47.

[358] Schwenzer in Schlechtriem/Schwenzer, Art. 74 Rz. 64; OLG Bamberg 13.1.1999, CISG-online 516 = TranspR-IHR 2000, 17, 18; a.A. Herber/Czerwenka, Art. 74 Rz. 13; Staudinger / Magnus, Art. 74 Rz. 62.

[359] Palandt/Sprau, § 1 ProdHaftG Rz. 25.

Beweis nicht erbringen, haftet der Hersteller dem Geschädigten gegenüber auf Schadensersatz. Das gilt auch dann, wenn der Geschädigte dem Hersteller gegenüber den Fehler nicht angezeigt hat: Hier gilt die kenntnisabhängige dreijährige Verjährungsfrist des § 12 ProdHaftG und nicht die Pflicht nach Art. 39 CISG, die Vertragswidrigkeit der Sache binnen angemessener Frist dem Verkäufer anzuzeigen. Die vorstehenden Beispiele zeigen aber, was gegen die Auffassung, nach der das CISG innerstaatliches Produkthaftungsrecht verdränge, eingewandt worden ist: Vertrags- und Deliktsrecht unterliegen unterschiedlichen Wertungen.[360] Deshalb sei es nicht Aufgabe des UN-Kaufrechts, das nationale Deliktsrecht zu begrenzen.[361]

Die Frage, ob das UN-Kaufrecht nationales Deliktsrecht begrenzt, weist bei rechtsvergleichender Betrachtung eine interessante Frage auf: Folgt man etwa dem deutschen Konzept der Idealkonkurrenz zwischen vertraglichen und deliktischen Ansprüchen oder der französischen *doctrine de non cumul*, die bei Vorliegen eines Vertragsverhältnisses das Bestehen deliktischer Ansprüche verneint. Natürlich ist schwer nachzuvollziehen, dass das Deliktsrecht weitergehende Pflichten zwischen den Parteien begründet, als es der zwischen ihnen geschlossene Vertrag tut. Das entspricht aber durchaus dem Willen des Gesetzgebers, der etwa im deliktischen Produkthaftungsrecht dessen Unabdingbarkeit in § 14 ProdHaftG ausdrücklich anordnet. Insoweit ist die Auffassung vorzuziehen, nach der die Anwendbarkeit des CISG das Bestehen von Ansprüchen nach nationalem Deliktsrecht, insbesondere Produkthaftungsrecht nicht ausschließt.[362]

3.2.2.5 Vertragsschluss

Fragen des Vertragsschlusses regeln die Art. 14 bis 24 CISG: Grundsätzlich setzt der Vertrag ein Vertragsangebot und eine damit korrespondierende Vertragsannahme voraus.[363]

3.2.2.5.1 Angebot

Angebot ist gemäß Art. 14 Abs. 1 CISG der an eine oder mehrere bestimmte Personen gerichtete Vorschlag zum Abschluss eines Vertrages, wenn er bestimmt genug ist und den

---

[360] Ferrari in Schlechtriem/Schwenzer, Art. 5 Rz. 12.

[361] Kronke/Melis/Schnyder/Benicke, B Rz. 190.

[362] Dies betrifft natürlich nur den Fall, dass das Deliktsstatut des Kollisionsrechts am Gerichtssitz auf ein Recht verweist, das die Geltendmachung deliktischer Ansprüche neben vertraglichen Ansprüchen erlaubt (Lüderitz/Fenge in Soergel/Lüderitz/Fenge, Art. 5 Rz. 4). Dieses Ergebnis ist unbefriedigend: Ob die Klage Erfolg hat, kann vom angerufenen Gericht abhängen. Dies ist kaum mit dem Ziel der Rechtsvereinheitlichung zu vereinbaren.

[363] International ist dies keine Selbstverständlichkeit: Nach dem US-amerikanischen Restatement (Second) of Contracts verlangt das Zustandekommen eines Vertrages nicht nur die gegenseitige Übereinstimmung von Erklärungen, sondern auch eine Gegenleistung (consideration): Vom Versprechenden wird als Austausch für sein Versprechen, eine Leistung oder ein Gegenversprechen verlangt und vom Versprechensempfänger im Austausch für sein Versprechen gewährt (RESTATEMENT 2D OF CONTRACTS, § 71; dazu Assmann/Bungert, 72 f.. Dieses Gültigkeitserfordernis – auf das das US-amerikanische Recht nur in Ausnahmefällen verzichtet – stellt das UN-Kaufrecht nicht auf.

Willen des Anbietenden zum Ausdruck bringt, im Falle der Annahme gebunden zu sein. Ein Vorschlag ist gemäß Art. 14 Abs. 1 Satz 2 CISG bestimmt genug, wenn er die Ware bezeichnet und ausdrücklich oder stillschweigend die Menge und den Preis festsetzt oder deren Festsetzung ermöglicht.[364] Wollen die Parteien – was im deutschen Recht nach den §§ 315, 316 BGB möglich wäre – einer Partei ein kontrollierbares Preisbestimmungsrecht gewähren, müssen sie ausdrücklich oder stillschweigend die Anwendung des Art. 14 Abs. 1 Satz 2 CISG abbedingen.[365] Ob die Parteien stillschweigend den Art. 14 Abs. 1 Satz 2 CISG abbedungen haben, hängt aber primär davon ab, wie der Richter die Umstände des Falls würdigt oder – genauer gesagt – würdigen will. Beabsichtigt er bei ergebnisorientierter Betrachtung etwa dem Kläger den Vertragsanspruch zu versagen, ist eine engherzige Auslegung des Art. 14 Abs. 1 Satz 2 CISG ein Ansatzpunkt.[366]

Ein weiterer Unterschied zum BGB besteht gemäß Art. 16 Abs. 1 CISG. Das Vertragsangebot kann bis zum Abschluss des Vertrages widerrufen werden, wenn der Widerruf dem Empfänger zugeht, bevor dieser eine Annahmeerklärung abgesendet hat.[367] Das gilt aber gemäß Art. 16 Abs. 2 CISG nicht, wenn eine Annahmefrist gesetzt, das Angebot unwiderruflich ist

---

[364] Dass das Angebot selbst eine Preisfestsetzung enthält oder zumindest ermöglicht, verlangt das französische Recht: Art. 1591 Code Civil verlangt, dass die Parteien den Kaufpreis bestimmt oder einen Bestimmungsmodus vereinbart haben. Andere Rechtsordnungen dagegen räumen einer Partei ein kontrollierbares Preisbestimmungsrecht ein (etwa in Deutschland §§ 315, 316 BGB oder USA gemäß § 2-305 (2) U.C.C.) oder stellen, wie in den USA, wo Parteien gemäß § 2-305 (1) U.C.C. auch einen Kaufvertrag abschließen können, ohne den Kaufpreis festzulegen, auf den angemessenen Preis ab (Assmann/Bungert, 109)). Die gegenwärtige Regelung in Art. 14 Abs. 1 Satz 2 CISG war deshalb auch bei den Verhandlungen des UN-Kaufrechts hoch umstritten (zur Entwicklung vgl. Schwenzer in Schlechtriem/Schwenzer, Art. 14 Rz. 17). Wie umstritten diese Frage war, zeigt Art. 55 CISG, dessen Wortlaut zunächst dem Art. 14 Abs. 1 Satz 2 CISG zu widersprechen scheint: Ist nach Art. 55 CISG ein Vertrag gültig geschlossen worden, ohne dass er den Kaufpreis ausdrücklich oder stillschweigend festsetzt oder dessen Festsetzung ermöglicht, wird mangels gegenteiliger Anhaltspunkte vermutet, dass die Parteien sich stillschweigend auf den Kaufpreis bezogen haben, der bei Vertragsabschluß allgemein für derartige Ware berechnet wurde, die in dem betreffenden Geschäftszweig unter vergleichbaren Umständen verkauft wurde. Für den – gegenüber Art. 14 Abs. 1 Satz 2 CISG subsidiären – Art. 55 CISG bleibt Raum, wenn entweder die Anwendung des Art. 14 Abs. 1 Satz 2 CISG durch ausdrückliche oder stillschweigende Parteiabrede oder deshalb ausgeschlossen ist, weil Vertragsstaaten das UN-Kaufrecht ohne die Art. 14 bis 24 CISG ratifiziert haben, wozu sie nach Art. 92 CISG berechtigt sind (Dänemark, Finnland, Norwegen und Schweden).

[365] Vgl. Hager/Maultzsch in Schlechtriem/Schwenzer, Art. 55 Rz. 7. Dieses theoretisch anmutende Problem kann durchaus praktische Folgen haben, etwa wenn es um den Kreditversicherungsschutz geht: Lässt sich also der Kaufpreis nicht ermitteln, liegt wegen Art. 14 Abs. 1 Satz 2 CISG kein Angebot und damit auch kein Vertrag vor. Kreditversicherungen machen ihre Einstandspflicht vom Vorliegen eines Vertragsverhältnisses abhängig. Hier verlangen die AVB nicht nur das Vorliegen einer Warenlieferung, sondern auch eine vertraglich begründete Forderung.

[366] Dazu Schlechtriem, Rz. 76: Insbesondere verweist Schlechtriem hier auf die Möglichkeit, dass die Gerichte heimische Vertragsparteien durch eine engherzige Handhabung des Art. 14 Abs. 1 Satz 2 CISG begünstigen könnten – eine Gefahr, die in der Praxis nicht ganz von der Hand zu weisen ist. Mag eine Bevorzugung der heimischen Vertragspartei bei abstrakt genereller Betrachtung auch als verwerflich erscheinen – ausschließen kann man sie nie.

[367] Bei rechtsvergleichender Betrachtung ist es keine Selbstverständlichkeit, dass der Anbietende an sein Angebot – wie etwa in Deutschland nach § 145 BGB – gebunden ist. Das französische, italienische, spanische (Lüderitz/Fenge in Soergel/Lüderitz/Fenge, Art. 16 Rz. 1) und englische Recht (Schlechtriem, Rz. 79) erklären das Angebot für grundsätzlich frei widerrufbar.

oder der Empfänger auf die Unwiderruflichkeit des Angebots vertrauen durfte und im Vertrauen auf das Angebot gehandelt hat.[368]

3.2.2.5.2 Annahme

Den Begriff der Annahme definiert Art. 18 Abs. 1 Satz 1 CISG als eine Erklärung oder ein sonstiges Verhalten des Empfängers, das eine Zustimmung zum Angebot ausdrückt. Bloßes Schweigen oder Untätigkeit löst aber nach Art. 18 Abs. 1 Satz 2 CISG noch keinen Vertragsschluss aus. Die abändernde Annahme regelt Art. 19 Abs. 1 CISG: Eine Antwort auf ein Angebot, die eine Annahme darstellen soll, aber Ergänzungen, Einschränkungen oder sonstige Änderungen enthält, ist eine Ablehnung des Angebots und stellt ein Gegenangebot dar. Diese – der Regelung in § 150 Abs. 2 BGB ähnliche – Bestimmung wird aber durch Art. 19 Abs. 2 Satz 1 CISG ergänzt, nach der eine Antwort auf ein Angebot, die eine Annahme darstellen soll, aber Ergänzungen oder Abweichungen enthält, welche die Bedingungen des Angebots nicht wesentlich ändern, jedoch eine Annahme darstellt, wenn der Anbietende das Fehlen der Übereinstimmung nicht unverzüglich mündlich beanstandet oder eine entsprechende Mitteilung absendet. Unterlässt er dies, bilden gemäß Art. 19 Abs. 2 Satz 2 CISG die Bedingungen des Angebots mit den in der Annahme enthaltenen Änderungen des Vertragsinhalts. Den Anwendungsbereich dieser Bestimmung grenzt Art. 19 Abs. 3 CISG dann aber erheblich ein: Ergänzungen oder Abweichungen, die sich insbesondere auf Preis, Bezahlung, Qualität und Menge der Ware, auf Ort und Zeit der Lieferung, auf den Umfang der Haftung der einen Partei gegenüber der anderen oder auf die Beilegung von Streitigkeiten beziehen, werden danach so angesehen, als änderten sie die Bedingungen des Angebots wesentlich.

3.2.2.5.3 Kollidierende Allgemeine Geschäftsbedingungen

Wegen Art. 19 Abs. 3 CISG ist fraglich, ob eine Annahme unter Zugrundelegung der Allgemeinen Geschäftsbedingungen des Annehmenden eine wesentliche Abänderung des Angebots und damit ein Gegenangebot darstellt, wenn die Allgemeinen Geschäftsbedingungen des Annehmenden von denen des Anbietenden abweichen (kollidierende Geschäftsbedingungen).[369] Ob in diesen Fällen ein Vertragsschluss vorliegt, wird in Rechtsprechung und Literatur unterschiedlich gesehen: Während einige im Fall der kollidierenden Geschäftsbedingungen den Vertrag als gescheitert ansehen[370], wollen andere einen offenen Dissens annehmen

---

[368] Die in Art. 16 CISG enthaltene Regelung ist ein Kompromiss: Der Widerruf ist möglich, wenn er nicht nach Art. 16 Abs. 2 CISG ausgeschlossen ist. Praktisch ist hier ratsam, Klarheit zu schaffen und vom Anbietenden zu verlangen, dass er sein Angebot für eine bestimmte Zeit unwiderruflich stellt, wenn man die vom deutschen Recht abweichende Möglichkeit des Anbieters, das Angebot zu widerrufen, ausschließen will. Denn Schadensersatzansprüche wegen Verschuldens bei Vertragsverhandlungen sind ausgeschlossen, solange ein Widerruf noch möglich ist (Staudinger/Magnuns, 13. Auflage Berlin, Art. 16 Rz. 14). Hier kommen dann allenfalls deliktische Ansprüche, etwa wegen vorsätzlicher sittenwidriger Schädigung, in Betracht, für deren Tatbestandsvoraussetzungen dann jedoch der Angebotsempfänger die Beweislast trägt.

[369] Kronke/Melis/Schnyder/Benicke, B Rz. 217 f.; Schlechtriem/Schroeter in Schlechtriem/Schwenzer, Art. 19 Rz. 19 f.; vgl. auch Schlechtriem, Rz. 92.

[370] So etwa Farnsworth, Formation of Contract, in: Galston/Smit (Hrsg.), International Sales, New York 1984, § 3.04. Gegen diese Auffassung spricht, dass die Parteien im Regelfall unter Preisgabe zumindest der eigenen

mit der Folge, dass es sich um ein nicht geregeltes Gültigkeitsproblem handelt und über das Kollisionsrecht auf das unvereinheitlichte nationale Recht zurückzugreifen sei.[371] Vertreten wird auch die Auffassung, dass die Allgemeinen Geschäftsbedingungen der Partei gelten sollen, die zuletzt unwidersprochen auf ihre Allgemeinen Geschäftsbedingungen verwiesen hat (last shot rule).[372]

Der Bundesgerichtshof scheint die Restgültigkeitstheorie (knock out rule) vorzuziehen: Der Vertrag kommt zustande und die Allgemeinen Geschäftsbedingungen, soweit sie sich widersprechen, gelten nicht.[373] Grundlage der Lösung ist der Vorrang der Parteiautonomie, der Abweichungen von Art. 19 Abs. 1 und 3 CISG erlaube und sich zu binden, obwohl über die Geltung der jeweiligen Geschäftsbedingungen oder ihre widersprechenden Klauseln kein Konsens erreicht worden ist.[374]

3.2.2.6 Einbeziehung Allgemeiner Geschäftsbedingungen

Wie Parteien Allgemeine Geschäftsbedingungen in den Vertrag einbeziehen können, regelt das UN-Kaufrecht nicht. Bei der Frage, ob die Parteien Allgemeine Geschäftsbedingungen in den Vertrag einbezogen haben, ist nicht auf das unvereinheitlichte nationale Recht – etwa auf § 305 BGB – zurückzugreifen.[375] Diese Frage richtet sich vielmehr nach den Artt. 14 f. CISG.[376] Nach der Rechtsprechung des BGH muss für den Empfänger der Willenserklärung erkennbar gewesen sein, dass der Erklärende bestimmte Allgemeine Geschäftsbedingungen

---

Allgemeinen Geschäftsbedingungen eine Einigung anstreben dürften. Ein entsprechender übereinstimmender Parteiwillen ist nahe liegend, wenn die Parteien den Vertrag trotz des gegenseitigen Hinweises auf die eigenen Allgemeinen Geschäftsbedingungen im Vorfeld erfüllt haben.

[371] Huber, Der UNICITRAL-Entwurf eines Übereinkommens über internationale Warenkaufverträge, RabelsZ 1979, 413, 444 f.. Im Regelfall dürfte diese Lösung zu dem Ergebnis führen, dass (noch) kein Vertrag zustande gekommen ist, solange sich die Parteien nicht darüber geeinigt haben, wessen Allgemeine Geschäftsbedingungen gelten sollen.

[372] Vgl. etwa Herber/Czerwenka, Art. 19 Rz. 18; Ludwig, Der Vertragsabschluss nach UN-Kaufrecht im Spannungsverhältnis von Common Law und Civil Law, dargestellt auf der Grundlage der Rechtsordnungen Englands und Deutschlands, Frankfurt a. M. 1994, 336 f.; vgl. auch OLG Hamm CISG-online Nr. 57. Diese auch als „Theorie des letzten Wortes" bekannte Lösung dürfte im Regelfall dazu führen, dass der Verkäufer – der mit seiner Auftragsbestätigung zuletzt auf seine Geschäftsbedingungen verwiesen hat – seine Geschäftsbedingungen gegenüber dem darauf nicht reagierenden Käufer durchgesetzt hätte. Der Käufer wird aber mit der Einbeziehung der „Verkaufsbedingungen" nicht einverstanden sein. Deshalb ist diese Lösung praktisch unsachgerecht.

[373] BGH (09.01.2002) = CISG-online 651: Inwieweit das zitierte Urteil tatsächlich die Restgültigkeitstheorie gegenüber der „Theorie des letzten Wortes" vorzieht, erscheint zumindest im Hinblick darauf fraglich, dass der BGH beide Theorien darstellt und schlussfolgert, dass im entschiedenen Fall beide Theorien zum selben Ergebnis führen. Eine Entscheidung für eine der Theorien war mithin entbehrlich. Trotzdem wird etwa in der Kommentarliteratur (vgl. nur Bamberger/Roth/Saenger Art. 19 CISG Rz. 3) das Urteil als Beleg für die im Schrifttum herrschende Restgültigkeitstheorie herangezogen. Ob jedoch die Restgültigkeitstheorie auch höchstgerichtlich Bestand haben wird, beantwortet das zitierte Urteil nicht.

[374] Vgl. Schlechtriem, Rz. 92.

[375] OLG Zweibrücken 31.03.1998 CISG-online 481; Münchener Vertragshandbuch/Semler, IV.2 Anm. 4 b); Kronke/Melis/Schnyder/Benicke, B Rz. 215 f.; Schmidt-Kessel in Schlechtriem/Schwenzer, Art. 8 Rz. 52 f.

[376] So auch mittlerweile die höchstrichterliche deutsche Rechtsprechung, vgl. BGH (31.10.2001) CISG-online 617.

in den Vertrag einbeziehen wollte. Der Erklärende muss ferner dem Erklärungsempfänger den Text der Allgemeinen Geschäftsbedingungen übersendet oder sonst wie zugänglich gemacht haben.[377] Das muss in einer Sprache geschehen, die entweder Verhandlungssprache ist oder die der Vertragspartner beherrscht.[378] Man kann von seinem Vertragspartner nicht verlangen, ein Übersetzungsbüro einzuschalten, um den Inhalt der Allgemeinen Geschäftsbedingungen des Vertragspartners zu verstehen. Das kann mitunter sogar dazu führen, dass die Übersendung einer englischen Übersetzung der Bedingungen an den Vertragspartner nicht ausreicht, wenn Englisch nicht Vertragssprache war.[379] Die Voraussetzungen, die an die Einbeziehung Allgemeiner Geschäftsbedingungen zu stellen sind, gehen also im Geschäftsverkehr weit über § 305 Abs. 1 BGB hinaus. Darauf muss sich die Unternehmenspraxis im internationalen Warenkauf einstellen.[380]

3.2.2.7 Vertragsinhalt bei Kaufmännischem Bestätigungsschreiben

Die Rechtsordnungen behandeln unterschiedlich die Frage, welche Rechtsfolgen ein kaufmännisches Bestätigungsschreiben auslöst: Während einige Staaten – wie Dänemark, Deutschland, Polen oder die Schweiz – dem Schweigen auf ein kaufmännisches Bestätigungsschreiben konstitutive Wirkung beimessen, tun dies andere Staaten wie Italien oder Österreich nicht.[381] Ob ein kaufmännisches Bestätigungsschreiben also auch im internationa-

---

[377] BGH (31.10.2001) CISG-online 617:„Es ist deshalb durch Auslegung gemäß Art. 8 CISG zu ermitteln, ob die Allgemeinen Geschäftsbedingungen Bestandteil des Angebots sind, was sich schon aufgrund der Verhandlungen zwischen den Parteien, der zwischen ihnen bestehenden Gepflogenheiten oder der internationalen Gebräuche ergeben kann (Art. 8 Abs. 3 CISG). Im übrigen ist darauf abzustellen, wie eine ‚vernünftige Person der gleichen Art wie die andere Partei' das Angebot aufgefasst hätte. Übereinstimmend wird gefordert, dass der Empfänger eines Vertragsangebots, dem Allgemeine Geschäftsbedingungen zugrunde gelegt werden sollen, die Möglichkeit haben muss, von diesen in zumutbarer Weise Kenntnis zu nehmen (Nachw.). Eine wirksame Einbeziehung von Allgemeinen Geschäftsbedingungen setzt deshalb zunächst voraus, dass für den Empfänger des Angebots der Wille des Anbietenden erkennbar ist, dieser wolle seine Bedingungen in den Vertrag einbeziehen. Darüber hinaus ist (…) im Einheitskaufrecht vom Verwender Allgemeiner Geschäftsbedingungen zu fordern, dass er dem Erklärungsgegner deren Text übersendet oder anderweitig zugänglich macht (Nachw.)." Hier besteht ein wesentlicher Unterschied zu unvereinheitlichtem deutschen Recht: Danach können im kaufmännischen Verkehr die in Bezug genommenen Allgemeinen Geschäftsbedingungen auch dann Vertragsbestandteil werden, wenn der Kunde sie zwar nicht kennt, aber die Möglichkeit zumutbarer Kenntnisnahme – etwa durch Anforderung beim Verwender – hat. Eine solche Erkundigungspflicht kann der anderen Seite nach Ansicht des BGH aber im internationalen Geschäft nicht zugemutet werden. Dies zeigt, dass in diesem überaus praxisrelevanten Bereich deutliche Unterschiede zwischen nationalem und internationalem Geschäft bestehen; vgl. dazu auch OLG München (14.01.2009) IHR 2009, 201, 203; OLG Thüringen (10.11.2010) IHR 2011, 79, 81.
[378] LG Heilbronn (15.09.1997) CISG-online 562; AG Kehl (6.10.1995) CISG-online 162.
[379] Vgl LG Göttingen (31.07.1997) CISG-online 564; OLG Stuttgart IPRax 1988, 293 f.; vgl. auch Ventsch/Kluth, Die Einbeziehung von Allgemeinen Geschäftsbedingungen im Rahmen des UN-Kaufrechts, IHR 2003, 61, 65.
[380] Zur Lösung schlagen etwa Stiegele/Halter, Nochmals: Einbeziehung Allgemeiner Geschäftsbedingungen im Rahmen des UN-Kaufrechts – Zugänglichmachung im Internet, in IHR 2003, 169 vor, es müsse ausreichen, die Allgemeinen Geschäftsbedingungen im Internet zur Verfügung zu stellen und dann auf diese Internetseite zu verweisen. Ob dies jedoch den vom BGH gesetzten Anforderungen genügt, ist umstritten (zweifelnd etwa Schmidt – Kessel in Schlechtriem/Schwenzer, Art. 8 Rz. 54. Ob dem Unternehmer zumutbar ist, im Internet die angegebene Internetseite aufzurufen, ist eine Wertungsfrage. In der Praxis ist dem Unternehmer zu raten, dem Vertragspartner die Allgemeinen Geschäftsbedingungen zu übersenden, um Unsicherheiten zu vermeiden.
[381] Schmidt-Kessel in Schlechtriem/Schwenzer, Art. 9 Rz. 24 mit Nachweisen.

len Warenkauf konstitutive Wirkung hat, richtet sich – wenn keine Einigung der Parteien über Handelsbräuche vorliegt – nach Art. 9 Abs. 2 CISG: Haben die Parteien danach nichts anderes vereinbart, so wird angenommen, dass sie sich in ihrem Vertrag oder bei seinem Abschluss stillschweigend auf Gebräuche bezogen haben, die sie kannten oder kennen mussten und die im internationalen Handel den Parteien von Verträgen dieser Art in dem betreffenden Geschäftszweig weithin bekannt sind und von ihnen regelmäßig beachtet werden. Beide Parteien müssen also im räumlichen Verbreitungsbereich entsprechender Regeln niedergelassen sein.[382]

3.2.2.8 Lieferpflicht des Verkäufers

Allgemein umschreibt Art. 30 CISG die Pflichten des Verkäufers: Er muss nach Maßgabe des Vertrages und des UN-Kaufrechts die Ware liefern, die sie betreffenden Dokumente übergeben und das Eigentum an der Ware übertragen. Das UN-Kaufrecht regelt zwar die Liefer- und Eigentumsverschaffungspflicht, nicht aber die Eigentumsverschaffung selbst: Der Verkäufer ist nur verpflichtet, alle nach dem jeweils maßgeblichen Recht erforderlichen Handlungen vorzunehmen, damit das Eigentum an der verkauften Ware vom Verkäufer auf den Käufer übergeht. Den Inhalt der Lieferpflicht regelt Art. 31 CISG. Die Bestimmung regelt, wo der Verkäufer für eine richtige Erfüllung zu liefern (Lieferort) und was er für eine Lieferung der Ware zu tun hat (Inhalt der Lieferpflicht), soweit sich aus Parteiabsprachen, Gepflogenheiten oder Gebräuchen nichts Näheres dazu ergibt.[383] Hier ist zu unterscheiden, ob die Parteien eine Bring-, Schick- oder Holschuld vereinbart haben. Spezielle Regeln stellen Art. 31 lit. a) CISG für die Schick- und Art. 31 lit. b) und c) CISG für die Holschuld auf.

3.2.2.8.1 Schickschuld

Bei der Schickschuld hat der Verkäufer gemäß Art. 31 lit. a) CISG die Ware dem ersten Beförderer zur Übermittlung an den Käufer zu übergeben[384]. Beförderer ist jedes selbststän-

---

[382] Zur Praxis vgl. etwa LG Saarbrücken, (23.03.1993) CISG-online 60. Gegenstand des Urteils war ein deutsch/französischer Warenkauf: „Hinsichtlich des kaufmännischen Bestätigungsschreibens besteht ein solcher Handelsbrauch im Warenverkehr der Bundesrepublik Deutschland und Frankreich. Soweit beide Parteien – wie hier – Vollkaufleute sind, gilt in der Bundesrepublik Deutschland, dass ein fehlender Widerspruch auf eine Auftragsbestätigung, die genehmigungsfähige Abweichungen enthält, dazu führt, dass der Inhalt dieses Bestätigungsschreibens maßgeblich ist. Ebenso ist es in Frankreich. Auch dort wird abweichend vom Grundsatz, dass bloßes Schweigen grundsätzlich keine Annahmeerklärung darstellt, im Handelsverkehr dem Schweigen auf ein Bestätigungsschreiben (lettre de confirmation) Erklärungscharakter beigemessen. Im Geschäftsverkehr ist dem Inhalt der Auftragsbestätigung besondere Beachtung zu schenken. Schweigt der Empfänger nach Erhalt, so akzeptiert er die darin aufgeführten Bedingungen."; vgl. auch Kröll/Hennecke, Kaufmännische Bestätigungsschreiben beim internationalen Warenkauf, RabelsZ 2003, 448, 475 f.

[383] Schweizer Bundesgericht (06.02.2009), IHR 2010, 112, 114

[384] Probleme beim Versendungskauf ergeben sich bei der Bestimmung der gerichtlichen Zuständigkeit nach der EuGVVO: Nach Art. 5 Nr. 1 a) EuGVVO kann eine Person mit Sitz im Hoheitsgebiet eines Mitgliedsstaates vor dem Gericht des Ortes, vor dem die Verpflichtung erfüllt worden ist oder zu erfüllen wäre, verklagt werden, wenn ein vertrag oder Ansprüche aus einem Vertrag den Gegenstand des Verfahrens bilden. Für den Verkauf beweglicher Sachen wird diese Bestimmung in Art. 5 Nr. 1 b) EuGVVO dahingehend ergänzt, dass im Sinne dieser Vorschrift - sofern nichts anderes vereinbart worden ist - der Erfüllungsort der Verpflichtung der Ort in

dige Unternehmen des Transportwesens, das ganz oder teilweise den Transport zur Übermittlung an den Käufer zu bewirken hat.[385] Führt der Verkäufer den Transport durch eigene Angestellte durch, verlässt also die Ware nicht seinen eigenen Herrschafts- und Organisationsbereich, hat er seine Pflicht zur Übergabe nicht erfüllt.[386] Hat der Verkäufer dem ersten Beförderer die Ware zur Übermittlung an den Käufer übergeben, hat er seine Lieferpflicht erfüllt und der Käufer kann ihn nicht mehr nach Art. 45 Abs. 1 CISG wegen Nichterfüllung in Anspruch nehmen.[387] Das Vorliegen einer Schickschuld ist – und davon geht auch das UN-Kaufrecht aus – bei internationalen Kaufverträgen der Regelfall.[388] Dass aber der Verkäufer zur Versendung der Ware verpflichtet ist, müssen die Vertragsparteien entweder ausdrücklich oder stillschweigend vereinbart haben. Die stillschweigende Vereinbarung einer Schickschuld ist allgemein anzunehmen, wenn Verkäufer und Käufer an verschiedenen Orten ihren Sitz haben und der Kaufvertrag nicht bei gleichzeitiger Anwesenheit beider Teile über an Ort und Stelle präsente Ware abgeschlossen worden ist (Distanzkauf).[389]

3.2.2.8.2 Holschuld

Erfordert dagegen der Kaufvertrag keine Beförderung der Ware und ist für die Lieferung kein anderer Ort vorgesehen, richten sich Lieferort und Inhalt der Lieferpflicht nach Art. 31 lit. b) oder c) CISG. Bezieht sich nach Art. 31 lit. b) CISG der Vertrag auf bestimmte oder auf gattungsmäßig bezeichnete Ware, die aus einem bestimmten Bestand zu entnehmen ist,

---

einem Mitgliedsstaat ist, an dem die Sachen nach dem Vertrag geliefert worden sind oder hätten geliefert werden müssen. Der italienische Corte Suprema di Cassazione (27.09.2006), ZEuP 2008, 165, 167 f., wandte hier etwa Art. 31 lit. a) CISG an mit der Folge, dass der zuständigkeitsbegründende Erfüllungsort dort liege, wo die Ware dem ersten Beförderer zur Übermittlung an den Käufer übergeben worden sei (zum Meinungsstreit vgl. BGH (09.07.2008) IHR 2008, 189 mit Nachw.; vgl. auch Mankowski, Der Erfüllungsortsbegriff unter Art. 5 Nr. 1 lit. b EuGVVO – ein immer größer werdendes Rätsel? In IHR 2009, 46). Mittlerweile hat der EuGH in dem Urteil in Car Trim GmbH ./. KeySafety Systems Srl (25.02.2010) IHR 2010, 170 entschieden, dass Art. 5 Nr. 1 b) erster Gedankenstrich EuGVVO dahin auszulegen sei, dass bei Versendungskäufen der Ort, an dem die beweglichen Sachen nach dem Vertrag geliefert worden sind oder hätten geliefert werden müssen, auf der Grundlage des Vertrages zu bestimmen sei. Lasse sich der Lieferort auf dieser Grundlage ohne Bezugnahme auf das auf den Vertrag anwendbare materielle Recht nicht bestimmen, sei dieser Ort derjenige der körperlichen Übergabe der Waren, durch die Käufer am endgültigen Bestimmungsort des Verkaufsvorgangs die tatsächliche Verfügungsgewalt über die Waren erlangt hat oder hätte erlangen müssen, kritisch dazu Mittmann, Die Bestimmung des Lieferortes beim Versendungskauf im Rahmen von Art. 5 Nr. 1 lit. b EuGVVO nach der Entscheidung „Car Trim" des EuGH, IHR 2010, 146, vgl. auch BGH (23.06.2010) IHR 2010, 217, 219.

[385] Widmer in Schlechtriem/Schwenzer, Art. 31 Rz. 19.

[386] Bianca/Bonell/Lando, Art. 31 Anm. 2.4.; Piltz, Internationales Kaufrecht, § 4 Rz. 21.

[387] Widmer in Schlechtriem/Schwenzer, Art. 31 Rz. 32.

[388] Speziell für die Schickschuld enthält Art. 32 CISG ergänzende Regelungen: So ist etwa der Verkäufer zur Abgabe der Versendungsanzeige an den Käufer verpflichtet und muss gemäß Art. 32 Abs. 2 CISG die Verträge schließen, die zur Beförderung an den festgesetzten Ort mit den nach den Umständen angemessenen Beförderungsmitteln und zu den für solche Beförderungen üblichen Bedingungen erforderlich sind. Ist der Verkäufer nicht verpflichtet, eine Transportversicherung abzuschließen, muss er dem Käufer gemäß Art. 32 Abs. 3 CISG auf dessen Verlangen alle ihm verfügbaren, zum Abschluss einer solchen Versicherung erforderlichen Auskünfte erteilen.

[389] Kronke/Melis/Schnyder/Benicke, B Rz. 232; Widmer in Schlechtriem/Schwenzer, Art. 31 Rz. 18; Piltz, Internationales Kaufrecht, § 4 Rz. 20.

oder auf herzustellende oder zu erzeugende Ware und wussten die Parteien bei Vertragsabschluß, dass die Ware sich an einem bestimmten Ort befand oder dort herzustellen oder zu erzeugen war, so hat der Verkäufer die Ware dem Käufer an diesem Ort zur Verfügung zu stellen. In den anderen Fällen hat der Verkäufer gemäß Art. 31 lit. c) CISG die Ware dem Käufer an dem Ort zur Verfügung zu stellen, an dem der Verkäufer bei Vertragsabschluß seine Niederlassung hatte. Der Verkäufer stellt dem Käufer die Ware zur Verfügung, wenn er sie verladefertig bzw. verladetauglich bereit stellt[390] und, sofern die Ware nur im verpackten Zustand transportfähig ist, sie zu verpacken[391] und den Käufer darüber benachrichtigt, die Ware zur Verfügung gestellt zu haben.[392]

3.2.2.8.3 Bringschuld

Haben die Parteien vereinbart, dass der Verkäufer – etwa mit eigenen Transportmitteln – die Ware an Ort und Stelle der Niederlassung des Käufers an diesen abzuliefern hat, liegt eine Bringschuld vor. Es handelt sich hier um die Vereinbarung eines anderen bestimmten Ortes im Sinne von Art. 31 CISG, also eines Ortes, der nicht unter Art. 31 lit. a), b) oder c) CISG fällt. Hat der Verkäufer die Ware bis zur Niederlassung des Käufers zu bringen, tritt Erfüllung der Lieferpflicht erst ein, wenn der Käufer die Ware annimmt. Gelingt das nicht, weil etwa der Käufer die Abnahme verweigert oder nicht anwesend ist, kann der Verkäufer die Ware wegen seiner Erhaltungspflicht nach Art. 85 CISG nicht einfach abladen, sondern erneut andienen.[393]

3.2.2.9 Gefahrübergang

Eng mit der Lieferpflicht des Verkäufers verknüpft sind Fragen des Gefahrübergangs: Gefahrübergang ist gemäß Art. 66 CISG der Zeitpunkt, bis zu dem der Verkäufer das Risiko für Untergang oder Beschädigung der Ware trägt. Nach dem Zeitpunkt des Gefahrübergangs geht dieses Risiko auf den Käufer über: Er muss die Ware bezahlen, obwohl die Ware aufgrund zufälliger Ereignisse beschädigt wird oder verloren geht. Haben die Parteien – etwa durch Vereinbarung von INCOTERMS – keine Vereinbarung zum Zeitpunkt des Gefahrübergangs getroffen, ist er nach den Art. 67 f. CISG zu ermitteln. Diesen Bestimmungen liegt die Überlegung zugrunde, die Gefahr im Prinzip dem Gewahrsamsinhaber aufzuerlegen: Wer die Sache in Gewahrsam hat, kann sie am besten vor Gefahren schützen und kann

---

[390] Streitig ist, ob der Verkäufer die Ware aus einem größeren Bestand aussondern oder besonders kennzeichnen muss, wenn die Aussonderung beim Eintreffen des Käufers ohne weiteres möglich ist (dafür: Bianca/Bonell/Lando, Art. 31 Anm. 2.7.; dagegen Piltz, Internationales Kaufrecht, § 4 Rz. 26; Kronke/Melis/Schnyder/Benicke, B Rz. 241; Widmer in Schlechtriem/Schwenzer, Art. 31 Rz. 50.
[391] OLG Karlsruhe 19.12.2002 CISG-online 817.
[392] Bianca/Bonell/Lando, Art. 31 Anm. 2.7.; Widmer in Schlechtriem/Schwenzer,, Art. 31 Rz. 51.
[393] Kronke/Melis/Schnyder/ Benicke, B Rz. 230.

sich gegen das Gefahrtragungsrisiko entsprechend versichern.[394] Wieder ist je nach Vertragsvereinbarung zu unterscheiden.

3.2.2.9.1 Schickschuld

Bei der Schickschuld geht allgemein gemäß Art. 67 Abs. 1 Satz 1 CISG die Gefahr auf den Käufer über, sobald die Ware gemäß dem Kaufvertrag dem ersten Beförderer zur Übermittlung an den Käufer übergeben wird. Ein unsachgemäßer Umgang des Beförderers mit der Ware zählt deshalb nicht mehr zum Verantwortungsbereich des Verkäufers. Haben die Parteien einen Absendeort vereinbart, gilt Art. 67 Abs. 1 Satz 2 CISG: Hat der Verkäufer dem Beförderer die Ware an einem bestimmten Ort zu übergeben, geht die Gefahr erst auf den Käufer über, wenn die Ware dem Beförderer an diesem Ort übergeben wird. Dafür spielt keine Rolle, ob der Verkäufer den ersten Teiltransport durch eigene Angestellte oder durch einen unabhängigen Beförderer vornehmen lässt.[395] Ist der Verkäufer gemäß Art. 67 Abs. 1 Satz 3 CISG befugt, die Dokumente, die zur Verfügung über die Ware berechtigen, zurückzubehalten, bleibt dies auf den Gefahrübergang ohne Einfluss. Die Frage der Individualisierung regelt Art. 67 Abs. 2 CISG: Danach geht die Gefahr erst auf den Käufer über, wenn die Ware eindeutig dem Vertrag zugeordnet ist, sei es durch an der Ware angebrachte Kennzeichen, durch Beförderungsdokumente, durch eine Anzeige an den Käufer oder auf andere Weise.

3.2.2.9.2 Verkauf von Ware, die sich auf dem Transport befindet

Bei Waren, die sich bei Vertragsschluss bereits auf dem Transport befanden, geht gemäß Art. 68 Satz 1 CISG die Gefahr grundsätzlich im Zeitpunkt des Vertragsschlusses auf den Käufer über. Die Umstände des Falls können aber gemäß Art. 68 Satz 2 CISG eine Vorverlegung des Zeitpunkts des Gefahrübergangs auf den Zeitpunkt der Übergabe an den Beförderer, der die Dokumente über den Beförderungsvertrag ausgestellt hat, rechtfertigen – so etwa dann, wenn zugunsten des Käufers eine Transportversicherung besteht und der Käufer auch für den zurückliegenden Zeitraum Versicherungsschutz genießt.[396]

3.2.2.9.3 Gefahrübergang in anderen Fällen

In den durch Art. 67, 68 CISG nicht geregelten Fällen greift Art. 69 CISG: Ist bei der Holschuld Lieferort die Niederlassung des Verkäufers, geht die Gefahr gemäß Art. 69 Abs. 1 CISG entweder mit tatsächlicher Übernahme durch den Käufer oder aber zu dem Zeitpunkt über, zu dem der Käufer die Ware hätte übernehmen müssen. Ist Lieferort ein anderer Ort als die Niederlassung des Verkäufers, geht die Gefahr gemäß Art. 69 Abs. 2 CISG über, wenn der Lieferanspruch fällig ist und der Käufer von der Verfügbarkeit der Ware weiß.

---

[394] Hager/Maultzsch in Schlechtriem/Schwenzer, Art. 69 Rz. 1.
[395] Bianca/Bonell/Nicholas, Art. 67 Anm. 2.3.; Soergel/Lüderitz/Fenge/Budzikiewicz, Art. 67 Rz. 4.
[396] Bianca/Bonell/Nicholas, Art. 68 Anm. 2.2..; Soergel/Lüderitz/Fenge/Budzikiewicz, Art. 68 Rz. 3.

3.2.2.10 Lieferung mangelfreier Ware

Gemäß Art. 36 Abs. 1 UN-Kaufrecht haftet der Verkäufer für eine Vertragswidrigkeit, die im Zeitpunkt des Übergangs der Gefahr auf den Käufer besteht, auch wenn die Vertragswidrigkeit erst nach diesem Zeitpunkt offenbar wird. Die Vertragsmäßigkeit der Ware regelt Art. 35 CISG.

3.2.2.10.1 Subjektiver Fehlerbegriff

Nach Art. 35 Abs. 1 UN-Kaufrecht muss der Verkäufer Ware liefern, die in jeder Hinsicht den Anforderungen des Vertrages entspricht. Ob die Ware vertragsmäßig ist, richtet sich nach der – ausdrücklichen oder stillschweigenden – Parteivereinbarung. Die Regelung erfasst Quantitäts-, Qualitäts- und Artabweichungen sowie Vereinbarungen über die Verpackung.[397] Bei den Quantitäts- und Qualitätsabweichungen können zwar handelsübliche Mengen- oder Qualitätstoleranzen die Vertragswidrigkeit ausschließen.[398] Grundsätzlich gilt aber, dass jede Qualitäts- oder Quantitätsabweichung unabhängig davon, ob sie irgendwie Brauchbarkeit oder Wert der Sache beeinflussen, zur Vertragswidrigkeit der Ware führt.[399] Auch eine Artabweichung stellt – sogar nach höchstrichterlicher deutscher Rechtsprechung[400] – eine Vertragswidrigkeit im Sinne des Art. 35 Abs. 1 CISG dar.[401] Die herrschende Lehre will Vertragswidrigkeit nach Art. 35 Abs. 1 CISG auch im Fall „krasser" aliud-Lieferung annehmen, also bei Lieferung einer anderen als der bestellten Ware.[402]

---

[397] MüKoBGB/Gruber, Art. 35 Rz. 3, MüKoHGB/Benicke, Art. 35 CISG Rz. 3.

[398] Vgl. Staudinger/Magnuss, 13. Auflage Berlin, Art. 35 Rz. 11; MüKoHGB/Benicke, Art. 35 CISG Rz. 6; Lüderitz/Schüßler-Langeheine in Soergel/Lüderitz/Fenge, Art. 35 Rz. 7). Solche handelsüblichen Mengen- und Qualitätstoleranzen dürften als stillschweigend vereinbart anzusehen sein und nicht etwa über Art. 9 CISG beachtlich sein.

[399] Schwenzer in Schlechtriem/Schwenzer, Art. 35 Rz. 9.

[400] BGH 3.4.1996 CISG-online 135:„Das CISG differenziert – anders als etwa das deutsche Recht – bei nicht vertragsgemäßer Ware nicht zwischen Schlechtlieferung und Falschlieferung. Eine aliud-Lieferung stellt deshalb, jedenfalls regelmäßig, keine Nichtlieferung, sondern eine – wenn auch mangelhafte – Lieferung dar; insofern unterscheidet sich das CISG vom deutschen Recht, dessen Vorschriften und spezielle Prinzipien bei der Auslegung des UN-Kaufrechts grundsätzlich unanwendbar sind (Art. 7 CISG). Ob in einem Fall krasser Artabweichung von der vertraglichen Beschaffenheit eine Nichtlieferung im Sinne des Art. 49 Abs. 1 Buchst. b CISG anzunehmen ist (...) kann dahinstehen, weil eine derartige Vertragswidrigkeit hier nicht vorliegt."

[401] OGH 29.6.1999 CISG-online 483: „(...) die Falschlieferung ist daher allein nach Art. 35 ff UN-K zu beurteilen und kein Fall der Nichtlieferung. Dies gilt gleichermaßen für die Abweichung in der Gattung (,Qualitäts-aliud') wie für das Identitäts-aliud' beim Spezies-Kauf. Anders als nach § 378 HGB kommt es auch nicht auf die Genehmigungsfähigkeit der Falschlieferung oder sonst auf den Grad der Abweichung an"; Schlechtriem, Rz. 134; Piltz, Internationales Kaufrecht, § 5 Rz. 26; Herber/Czerwenka, Art. 35 Rz. 2.

[402] So MüKoBGB/Gruber, Art. 35 CISG Rz. 4; MüKoHGB/Benicke, Art. 35 CISG Rz. 4. Teilweise wird für die Gleichsetzung von Aliud-Lieferung und Lieferung vertragswidriger Ware vertreten, dass für den Käufer zumindest erkennbar sein muss, dass die Lieferung überhaupt als Erfüllungsversuch gedacht war (vgl. Janssen, Die Untersuchungs- und Rügepflichten im deutschen, niederländischen und internationalen Kaufrecht – Eine rechtsvergleichende Darstellung der Gemeinsamkeiten und Unterschiede, Baden-Baden 2001, S. 78). Wegen der daraus entstehenden Abgrenzungsprobleme und dem hinreichenden Schutz des Käufers über die Artt. 40, 44 CISG wird dies aber abgelehnt (vgl. MüKoHGB/Benicke, Art. 35 CISG Rz. 4).

3.2.2.10.2   Objektiver Fehlerbegriff

Fehlen besondere Vereinbarungen zur Vertragsmäßigkeit der Ware, ist diese anhand von objektiven Kriterien nach Art. 35 Abs. 2 CISG zu ermitteln. Nach Art. 35 Abs. 2 lit. a) CISG entspricht die Ware dem Vertrag, wenn sie sich für die Zwecke eignet, für die Ware der gleichen Art gewöhnlich gebraucht wird. Will der Käufer die Ware nicht selbst nutzen, sondern weiterverkaufen, hat sie die Qualität aufzuweisen, die sie für den Weiterverkauf geeignet macht.[403] Schwierig zu entscheiden ist dies bei Gattungswaren, die zwar eine unterdurchschnittliche Qualität aufweisen, aber trotzdem grundsätzlich zum Weiterverkauf geeignet sind. Hier wird man verlangen müssen, dass die Gattungsware zumindest eine durchschnittliche Qualität aufweist.[404] Fraglich ist auch, welche Qualitätsstandards – also die im Verwender-[405] oder die im Verkäuferstaat[406] – gelten sollen. Im Regelfall dürften hier die Standards im Verkäuferstaat gelten: Sind diese im Käuferstaat höher als die im Verkäuferstaat, wird der Käufer mit dem Verkäufer vereinbaren müssen, dass sich die Frage der Vertragswidrigkeit nach den Qualitätsstandards im Käuferstaat richten soll.

Setzen nationale Verbraucher-, Umwelt- oder Arbeitnehmerschutzbestimmungen im Käuferstaat Sacheigenschaften voraus, die im Verkäuferstaat nicht gelten, stellen BGH und OGH grundsätzlich darauf ab, ob die Ware aufgrund der Bestimmungen im Verkäuferstaat vertragswidrig wäre: Es könne vom Verkäufer nicht erwartet werden, die besonderen Bestimmungen im Käufer- oder Verwendungsstaat zu kennen.[407]

---

[403] Kronke/Melis/Schnyder/Benicke, B Rz. 249; Schwenzer in Schlechtriem/Schwenzer, Art. 35 Rz. 14; Piltz, Internationales Kaufrecht § 5 Rz. 40; Schüßler-Langeheine in Soergel/Lüderitz/Fenge, Art. 35 Rz. 11.

[404] Herber/Czerwenka, Art. 35 Rz. 4; MüKoBGB/Gruber, Art. 35 CISG Rz. 17; Piltz, Internationales Kaufrecht, § 5 Rz. 40.

[405] Vgl. etwa Schlechtriem, The Seller's Obligations under the United Nations Convention on Contracts for the International Sale of Goods, in: Galston / Smit (Hrsg.), International Sales, New York 1984, § 6.03.

[406] Bianca/Bonell/Bianca, Art. 35 Anm. 2.5.1.; Piltz, Internationales Kaufrecht, § 5 Rz. 41.

[407] BGH 8.3.1995 CISG-online 144: Die Käuferin hatte neuseeländische Muscheln erworben, die nach den öffentlich – rechtlichen Vorgaben in der Bundesrepublik Deutschland einen erhöhten Cadmiumgehalt aufwiesen. Auf diese öffentlich-rechtlichen Vorgaben komme es aber – so der BGH – nicht an:„Es entspricht vielmehr ganz herrschender Meinung im Schrifttum, der sich der erkennende Senat anschließt, dass die Einhaltung besonderer öffentlichrechtlicher Vorschriften im Käufer- oder Verwendungsstaat vom Verkäufer grundsätzlich nicht erwartet werden kann (…). Gewisse bei der Erörterung in der Literatur zu beobachtende und teilweise wohl durch die nicht sehr scharfe Abgrenzung der lit. a und b des Art. 35 Abs. 2 UN-Kaufrecht vorgegebene Unsicherheiten in der Beurteilung, ob diese Frage in die Prüfung des gewöhnlichen Gebrauchszwecks oder in die der Geeignetheit der Ware für einen bestimmten Zweck einzuordnen ist, bedürfen dabei keiner Aufhellung. So braucht nicht abschließend entschieden zu werden, ob im Rahmen des Art. 35 Abs. 2 lit. a UN-Kaufrecht, wie wohl überwiegend vertreten, stets auf die Standards im Land des Verkäufers abzustellen ist (…), so dass es darauf, ob die Verwendung der Ware öffentlichrechtlichen Vorschriften des Importlandes entgegenstehen, für die Zwecke der lit. a schon deshalb nicht ankommt (…). Auf bestimmte Vorgaben im Land des Käufers kann jedenfalls nur dann abgestellt werden, wenn sie ebenso im Verkäuferstaat bestehen (…) oder wenn der Käufer den Verkäufer was wohl im Rahmen des Art. 35 Abs. 2 lit b UN-Kaufrecht zu prüfen wäre auf sie hingewiesen hat (…) und dabei auf dessen Sachkunde vertraute und vertrauen durfte oder möglicherweise wenn dem Verkäufer die einschlägigen Bestimmungen im vorgesehenen Exportland aufgrund besonderer Umstände des Einzelfalls bekannt sind oder sein müssten."; OGH 13.4.2000 CISG-online 576: „Über die Eignung für gewöhnliche Zwecke bestimmen grundsätzlich die Standards im Lande des Verkäufers. Die Eignung für den gewöhnlichen Nutzungszweck schließt nicht ein, dass die Ware den Sicherheits-, Kennzeichnungs- oder Zusammensetzungsvorschriften

Darüber hinaus ist die Ware gemäß Art. 35 Abs. 2 lit. b) CISG vertragsgemäß, wenn sie sich für einen bestimmten Zweck eignet, der dem Verkäufer bei Vertragsabschluß ausdrücklich oder auf andere Weise zur Kenntnis gebracht wurde, sofern sich nicht aus den Umständen ergibt, dass der Käufer auf die Sachkenntnis und das Urteilsvermögen des Verkäufers nicht vertraute oder vernünftigerweise nicht vertrauen konnte. Den Gebrauchszweck müssen die Parteien nicht vereinbaren[408]; es reicht aus, dass dem Verkäufer der Gebrauchszweck – sei es ausdrücklich oder konkludent – zur Kenntnis gebracht wurde oder für ihn erkennbar war.[409] Das Vertrauen des Käufers in die Sachkenntnis kann entfallen, wenn der Verkäufer etwa nur Handelsmittler der Ware ist und dem Käufer zu verstehen gegeben hat, über keine Spezialkenntnisse zu verfügen.[410]

Den Kauf auf Probe oder Muster regelt Art. 35 Abs. 2 c) CISG: Eine Ware ist vertragsmäßig, wenn sie die Eigenschaften einer Ware besitzt, die der Verkäufer dem Käufer als Probe oder Muster vorgelegt hat.[411] Eine Probe wird aus der Gesamtheit der zu liefernden Ware entnommen.[412] Deshalb muss die Ware alle Eigenschaften der Probe besitzen. Ein Muster dagegen wird dem Käufer zur Untersuchung angeboten, wenn die Ware selbst nicht zur Hand ist; hier ist durch Vertragsauslegung zu ermitteln, ob das Muster alle oder nur einige Eigenschaf-

---

des Importlandes genügt (…). Es kann vom Verkäufer nicht erwartet werden, dass er die besonderen Vorschriften im Käufer- oder Verwendungsstaat kennt. Auch allein daraus, dass der Käufer dem Verkäufer das Bestimmungsland mitgeteilt hat, kann noch nicht abgeleitet werden, dass der Verkäufer verpflichtet sein soll, die dort geltenden öffentlich-rechtlichen Bestimmungen einzuhalten. Es ist vielmehr Sache des Käufers, sich um die besonderen öffentlich-rechtlichen Normen im Verwendungsstaat zu kümmern und sie – sei es nach Art. 35 Abs. 1 oder nach Abs. 2b UN-K – zum Gegenstand des Vertrages zu machen (…). Auf bestimmte Vorgaben im Land des Käufers ist daher nur abzustellen, wenn sie ebenso im Verkäuferstaat bestehen oder wenn sie vereinbart oder dem Verkäufer gemäß Art. 35 Abs. 2 lit. b UN-K bei Vertragsabschluss zur Kenntnis gebracht wurden (…)." Gegen diese Auffassung von BGH und OGH wendet sich Schlechtriem: Er will die Lösung nicht durch einfache Bevorzugung der Standards im Verkäuferstaat finden, sondern sieht den Verwendungszweck der Ware, insbesondere das Verwendungsland und dessen Standards als entscheidend an. Der Verkäufer sei über Art. 35 Abs. 2 b) CISG geschützt, da danach der Käufer auf die Sachkunde des Verkäufers vertraut haben muss (Schlechtriem, Rz. 139). Zum Meinungsstand vgl. jüngst Koch, Vertragsmäßigkeit der Ware bei Divergenz öffentlich-rechtlicher Vorgaben, IHR 2009, 233 und das Urteil High Court of New Zealand in RJ & AM Smallmon vs. Transport Sales Ltd and Grant Alan Miller (30.07.2010) IHR 2011, 23.

[408] Zur Gesetzgebungsgeschichte vgl. Schwenzer in Schlechtriem/Schwenzer, Art. 35 Rz. 20.

[409] Dies vermeidet Beweisschwierigkeiten: Art. 35 Abs. 2 b) CISG lässt es ausreichen, dass etwa der Verkäufer aus dem Geschäftsgegenstand oder dem Sitz des Käufers erkennen konnte, dass die Ware besonderen Zwecken dienen soll (MüKoBGB/Gruber, Münchener Kommentar zum Bürgerlichen Gesetzbuch, Band 3, Schuldrecht Besonderer Teil I, 4. Auflage München 2004, Art. 35 CISG Rz. 8). Das heißt jedoch nicht, dass allein die Nennung des Bestimmungslandes ausreicht, um den Verkäufer zu verpflichten, Ware zu liefern, die den dort herrschenden Standards genügt. Dies wird man vom Verkäufer nur bei entsprechender Sachkunde verlangen können, so etwa dann, wenn er regelmäßig in das Bestimmungsland exportiert (Schüßler-Langenheine in Soergel/Lüderitz, Art. 35 Rz. 13) oder dort eine Zweigniederlassung unterhält (MüKoBGB/Gruber, Art. 35 CISG Rz. 21).

[410] So MüKoBGB/Gruber, Art. 35 CISG Rz. 14; MüKoHGB/Benicke, Art. 35 CISG Rz. 9; zum Anwendungsbereich des Art. 35 Abs. 2 b) CISG vgl auch da Urteil des High Court of New Zealand in RJ & AM Smallmon vs Transport Sales Ltd And Grant Alan Miller (30.7.2010) CISG-online 2113.

[411] Nicht unter Art. 35 Abs. 2 c) CISG fällt ein vom Käufer vorgelegtes Muster. Dieses fällt – wenn ein entsprechender Parteiwille erkennbar ist – unter Art. 35 Abs. 1 oder Abs. 2 b) CISG (vgl. Schlechtriem, Rz. 141; MüKoBGB/Gruber, Art. 35 CISG Rz. 29).

[412] MüKoBGB/Gruber, Art. 35 CISG Rz. 27.

ten der Ware verdeutlicht.[413] Bestehen Divergenzen zwischen den Eigenschaften der Probe oder des Musters einerseits und einer vertraglichen Beschreibung oder den Anforderungen nach Art. 35 Abs. 2 a) oder b) CISG, kommt es nur dann nicht auf die Probe oder das Muster an, wenn der Käufer das Vorliegen der maßgeblichen Eigenschaften oder die Eignung zu dem Verwendungszweck nicht durch Untersuchung, Probeverarbeitung oder Probebetrieb feststellen konnte.[414]

Schließlich muss die Ware gemäß Art. 35 Abs. 2 d) CISG in der für Ware dieser Art üblichen Weise oder, falls es eine solche Weise nicht gibt, in einer für die Erhaltung und den Schutz der Ware angemessenen Weise verpackt sein. Die Üblichkeit richtet sich nach den in der Branche geltenden Bräuchen.[415] Die Angemessenheit richtet sich nach Warenart, Dauer und Art des Transports und der dabei herrschenden klimatischen Verhältnisse.[416]

3.2.2.11 Untersuchungspflicht

Gemäß Art. 38 Abs. 1 CISG hat der Käufer die Ware innerhalb einer so kurzen Frist zu untersuchen oder untersuchen zu lassen, wie es die Umstände erlauben. Die Untersuchungsobliegenheit ist keine Vertragspflicht. Hält der Käufer sie nicht ein, begründet dies keinen Schadensersatzanspruch des Verkäufers.[417] Die Untersuchung bereitet vielmehr die Anzeige bei Lieferung vertragswidriger Ware vor.[418] Der Käufer soll sich durch die Untersuchung davon überzeugen, dass die Ware vertragsgemäß ist und er sie direkt verwenden oder weiterverarbeiten kann.[419] Dem Verkäufer dient sie zur raschen Information: Ihm zeigt die Untersuchung, ob er seine Vertragspflichten erfüllt hat und der Käufer zufrieden ist.[420] Ist die Ware mangelhaft, kann er schnell reagieren und versuchen, den Mangel zu beheben, indem er etwa mangelfreie Ware liefert. Zudem gewährt die Untersuchung dem Verkäufer ein gewisses Maß an Sicherheit gegenüber dem Käufer und schützt ihn vor unnötig späten Mängelanzeigen und dadurch entstehende Kosten. Auch gewährleistet sie eine schnelle Untersuchung und eine rasche Abwicklung des Geschäfts. Dies verhindert Probleme, die entstehen

---

[413] Schwenzer in Schlechtriem/Schwenzer, Art. 35 Rz. 24.

[414] MüKoHGB/Benicke, Art. 35 CISG Rz. 9; Schwenzer in Schlechtriem/Schwenzer, Art. 35 Rz. 25

[415] Schlechtriem, Rz. 142; Schwenzer in Schlechtriem/Schwenzer, Art. 35 Rz. 29; MüKoHGB/Benicke, Art. 35 CISG Rz. 17.

[416] MüKoHGB/Benicke, Art. 35 CISG Rz. 17.

[417] Staudinger/Magnus, Art. 38 CISG Rz. 12; Schwenzer in Schlechtriem/Schwenzer, Art. 38 Rz. 5; Rudolph, Kaufrecht der Export- und Importverträge – Kommentierung des UN-Übereinkommens über internazionale Warenkaufverträge mit Hinweisen für die Vertragspraxis, 1996, S. 236

[418] Vgl. Enderlein/Maskow/Strohbach, Internationales Kaufrecht, Berlin 1991 Art. 38 Rz. 1.

[419] Vgl. Šarčević/Volken, International Sale of Goods – Dubrovnik Lectures, New York 1986, S. 165.

[420] MüKoBGB/Gruber, Münchener Kommentar zum Bürgerlichen Gesetzbuch, Band 3, Schuldrecht Besonderer Teil I, 4. Auflage München 2004, Art. 38 CISG Rz. 2; MüKoHGB/Benicke, Art. 38 CISG Rz. 2; vgl. auch Janssen, Die Untersuchungs- und Rügepflichten im deutschen, niederländischen und internationalen Kaufrecht – Eine rechtsvergleichende Darstellung der Gemeinsamkeiten und Unterschiede, Baden-Baden 2001, S. 41 f.

können, wenn erst nach einiger Zeit überprüft wird, ob die Mängel bereits vor der Übergabe bestanden oder durch unsachgemäße Bedienung beim Käufer verursacht wurden.[421]

3.2.2.11.1 Art und Weise der Untersuchung

Der Käufer muss die Ware in einer den Umständen angemessenen, handelsüblichen Weise untersuchen.[422] Wie genau das geschehen soll, regelt das UN-Kaufrecht nicht.[423] Art und Weise der Untersuchung richten sich zunächst nach der Vertragsvereinbarung: Möglichst präzise Absprachen – etwa über die Zahl der zu entnehmenden Stichproben oder über Art und Dauer von Probeläufen – sollten hier die Parteien treffen und dies nicht der Würdigung des Richters bei der Auslegung des konkretisierungsbedürftigen Normtexts überlassen.[424] Fehlen vertragliche Regelungen, muss sich der Käufer nach den branchenüblichen Untersuchungsmethoden[425] oder herrschenden Gepflogenheiten richten.[426] Der Käufer muss die Untersuchung sorgfältig ausführen, da sie eindeutig über den Zustand der Ware Aufschluss geben soll. Wie das geschehen soll, richtet sich nach den Umständen des Falls, besonders nach Art der Ware.[427]

Fast immer ist eine Untersuchung durchzuführen durch Besicht, Fühlen oder Riechen der Ware.[428] Darin erschöpfen sich aber die Pflichten des Käufers nicht: Seine weiteren Pflichten hängen insbesondere davon ab, ob er ein Fachmann ist und welche Mittel er zur Verfügung hat.[429] Der Käufer muss die Ware zwar nicht so untersuchen, dass er jeden noch so kleinen Mangel entdecken kann[430]; der Aufwand soll vielmehr in einer sinnvollen Relation zur Kaufsache stehen, um unnötige Zusatzkosten für den Käufer zu vermeiden.[431]

Bei Massenlieferungen reichen Stichproben aus, die stellvertretend für die gesamte Lieferung untersucht werden und über deren Zustand entscheiden.[432] Solcher Stichproben bedarf es

---

[421] Dechow, Die Anwendbarkeit des UN-Kaufrechts im internationalen Kunsthandel, Münster 2000, S. 76.

[422] Staudinger/Magnus, Art. 38 CISG Rz. 28.

[423] Vgl. Magnus, Die Rügeobliegenheiten des Käufers im UN-Kaufrecht, TranspR (Beilage 1) 1999, S. 29, 30.

[424] MüKoBGB/Gruber, Münchener Kommentar zum Bürgerlichen Gesetzbuch, Band 3, Schuldrecht Besonderer Teil I, 4. Auflage München 2004, Art. 38 CISG Rz. 20.

[425] Vgl. Šarčević/Volken, International Sale of Goods – Dubrovnik Lectures, New York 1986, S. 167.

[426] MüKoBGB/Gruber, Art. 38 CISG Rz. 21.

[427] Vgl. Schlechtriem, Rz. 151.

[428] MüKoBGB/Gruber, Art. 38 CISG Rz. 28.

[429] Vgl. Kuoppala, Examination of the Goods under the CISG and the Finish Sale of Goods Act, 2000, http://www.cisg.law.pace.edu/cisg/biblio/kuoppala.html.

[430] Staudinger/Magnus, Art. 38 CISG Rz. 32.

[431] MüKoBGB/Gruber, Art. 38 CISG Rz. 25; vgl. Auch Dechow, Die Anwendbarkeit des UN – Kaufrechts im internationalen Kunsthandel, Münster 2000, S. 77.

[432] Vgl. Neumayer/Ming, Convention de Vienne sur les Contrats de Vente Internationale de Merchandises – Commentaire o.O. 1993, S. 297 f.

auch, wenn die Ware originalverpackt weiterverkauft werden soll[433] oder sonst wie durch sie ein Teil der Ware unbrauchbar wird.[434] Ausmaß und die Tiefe der Stichproben orientieren sich daran, was nach gängiger Vorstellung vom Käufer erwartet werden kann. Als Faustformel kann gelten: Wird die Ware bei der Untersuchung zerstört, reicht eine Prüfung von etwa einem halben bis maximal einem Prozent der Ware aus. Kann hingegen die Untersuchung stattfinden, ohne dass die Ware unbrauchbar wird, sollten man etwa fünf bis zehn Prozent der Ware auf Mängel untersuchen.[435]

Bei einer komplizierten Untersuchung, für die ihm die nötigen Kenntnisse fehlen, kann der Käufer gehalten sein, Dritte einzusetzen.[436] Die Einschaltung eines Sachverständigen kann etwa bei komplizierten technischen Gütern bei bestimmten Eigenschaften erforderlich sein, wenn die Eigenschaften vom Käufer selbst – etwa weil er selbst keinen Zugriff auf entsprechende technische Vorrichtungen hat – nicht festgestellt werden können, das Vorliegen dieser Eigenschaften aber für die Funktionstüchtigkeit des Gutes maßgeblich ist. Technische Prüfverfahren, über die man im Land des Käufers nicht verfügt, muss der Käufer aber nicht durchführen, auch wenn sie in anderen Ländern bereits üblich sein mögen.[437]

3.2.2.11.2 Ort der Untersuchung

Der Ort der Untersuchung beeinflusst maßgeblich den Beginn der Untersuchungsfrist: Sie läuft, wenn der Käufer ohne Einschränkung auf die Ware Zugriff hat, sie also am Lieferort eingetroffen ist[438]. Lieferort ist der Untersuchungsort[439]. Abhängig von den vertraglichen Regelungen und den Anforderungen des Warenhandels gibt es drei Möglichkeiten, den Untersuchungsort zu bestimmen: Die erste und wohl einfachste Regel gilt bei Platz- oder Fernkäufen, bei denen der Verkäufer dem Käufer die Ware in seiner Niederlassung übergibt.[440] In diesem Fall kann die Untersuchung direkt vor Ort stattfinden, wenn der Käufer

---

[433] Staudinger / Magnus, Art. 38 CISG Rz. 30.

[434] Vgl. Schwenzer in Schlechtriem/Schwenzer, Art. 38 Rz. 14.

[435] Vgl. Janssen, Die Untersuchungs- und Rügepflichten im deutschen, niederländischen und internationalen Kaufrecht – Eine rechtsvergleichende Darstellung der Gemeinsamkeiten und Unterschiede, Baden-Baden 2001, S. 109 f.

[436] Staudinger/Magnus Art. 38 CISG Rz. 15; vgl. auch Janssen, Die Untersuchungs- und Rügepflichten im deutschen, niederländischen und internationalen Kaufrecht – Eine rechtsvergleichende Darstellung der Gemeinsamkeiten und Unterschiede, Baden-Baden 2001, S. 113.

[437] Staudinger/Magnus, Art. 38 Rz. 32.

[438] MüKoBGB/Gruber, Art. 38 CISG Rz. 35; vgl. Vogel, Die Untersuchungs- und Rügepflicht im UN-Kaufrecht, o.O. 2000, S. 49; vgl. Hutter, Die Haftung des Verkäufers für Nichtlieferung bzw. Lieferung vertragswidriger Ware nach dem Wiener UNICITRAL-Übereinkommen über internationale Warenkaufverträge vom 11.April 1980, o.O. 1988, S. 74.

[439] Staudinger/Magnus, Art. 38 CISG Rz. 34.

[440] Vgl. vgl. Schwenzer in Schlechtriem/Schwenzer, Art. 38 Rz. 19.

dafür neben geeigneten Lokalitäten auch die je nach Methode erforderlichen Hilfsmittel nutzen kann.[441]

Bei der Schickschuld ist dem Käufer eine Untersuchung der Ware vor Beginn der Beförderung nicht zumutbar.[442] Das Gesetz sieht deshalb in Art. 38 Abs. 2 CISG bei Versendungskäufen vor, dass der Käufer die Untersuchung bis zu dem Zeitpunkt aufschieben darf, an dem die Ware ihren Bestimmungsort erreicht. Bestimmungsort ist der Ort, an den die Ware nach der Vertragsvereinbarung versandt werden soll.[443] Die Bestimmung in Art. 38 Abs. 2 CISG gilt nicht, wenn der Käufer die Ware beim Verkäufer mit eigenen Leuten abholt.[444] Wie bei der Holschuld muss dann die Untersuchung direkt vor Ort beim Verkäufer erfolgen.[445] Auf den Beginn der Untersuchungsfrist hat keinen Einfluss, wenn sich aus den Transportpapieren ergibt, dass die Ware bei Übergabe an die Transportperson nicht in äußerlich gutem Zustand war.[446] Die Parteien können Art. 38 Abs. 2 CISG abbedingen.[447]

---

[441] Tannò, Die Berechnung der Rügefrist im schweizerischen, deutschen und UN-Kaufrecht, St. Gallen 1993, S. 269.

[442] MüKoBGB/Gruber, Art. 38 CISG Rz. 40.

[443] MüKoBGB/Gruber, Art. 38 CISG Rz. 42.

[444] Staudinger/Magnus, Art. 38 CISG Rz. 52; vgl. Janssen, Die Untersuchungs- und Rügepflichten im deutschen, niederländischen und internationalen Kaufrecht – Eine rechtsvergleichende Darstellung der Gemeinsamkeiten und Unterschiede, Baden-Baden 2001, S. 121.

[445] Vgl. Witz/Salger/Lorenz, International Einheitliches Kaufrecht – Praktiker-Kommentar und Vertragsgestaltung zum CISG, Heidelberg 2000, Art. 38 Rz 11.

[446] Staudinger/Magnus, Art. 38 CISG, Rz. 54; Schwenzer in Schlechtriem/Schwenzer, Art. 38 Rz. 21; MüKoBGB/Gruber, Art. 38 CISG Rz. 42. Streitig ist aber, ob dann, wenn sich ein solcher Vermerk auf den Transportpapieren befindet, die Rügefrist nach Art. 39 CISG zu laufen beginnt: Dafür spricht, dass der Käufer dann zwar Kenntnis vom Mangel hat (Schwenzer in Schlechtriem/Schwenzer, Art. 38 Rz. 21), dagegen, dass aufgrund dieser Angaben eine spezifizierte Mängelanzeige nicht möglich ist (so Staudinger/Magnus, Art. 38 CISG, Rz. 54). Letzteres Argument überzeugt im Hinblick auf die oft allgemeinen Angaben auf den Transportpapieren einerseits und den Anforderungen an die Substantiierung andererseits mit der Folge, dass solche Vermerke eine eigene Untersuchung durch den Käufer nicht überflüssig macht (so wohl auch MüKoBGB/Gruber, Art. 38 CISG Rz. 43).

[447] Dazu etwa folgender interessante Fall OLG Düsseldorf (08.01.1993) CISG-online 76: Die Beklagte kaufte von der Klägerin erntefrische türkische Einlegegurken. Nach dem Vertrag sollte die Ware „frei Kühl-LKW türkischer Verladestation" geliefert werden. Der Ort der Verladung sollte auch Erfüllungsort sein. Die Beklagte wollte eine deutsche Spedition mit dem Transport beauftragen. In der Folgezeit kamen die Parteien in Abänderung ihres Vertrages überein, dass die Klägerin türkische Frachtführer beauftragen solle. Der Kaufpreis sei zu zahlen „bei Abgang und Gutbefund durch Herrn T.", einen Repräsentanten der Beklagten. Die Beklagte wollte den Kaufpreis nicht zahlen, weil die Ware bei ihrer Ankunft in Deutschland – die frühestens sieben Tage nach der Verladung in der Türkei erfolgte – verdorben und zum Teil zu groß gewesen sei. Nach dem Urteil des Oberlandesgerichts Düsseldorf zu Unrecht: „(Nach Art. 38 Abs. 1 CISG) hat der Käufer die Ware innerhalb einer so kurzen Frist zu untersuchen oder untersuchen zu lassen, wie es die Umstände erlauben. Die Beklagte hat diese Frist nicht eingehalten. Sie hat die angebliche Vertragswidrigkeit erst bei Ankunft der Ware in Deutschland gerügt. Das war frühestens sieben Tage nach der Verladung in der Türkei. Sie hätte die Ware jedoch schon bei der Verladung in der Türkei untersuchen lassen müssen. Deshalb sind die frühestens sieben Tage nach der Verladung erfolgten Rügen verspätet. Dabei kann offen bleiben, ob das Vertragsverhältnis der Parteien die Voraussetzungen des Art. 38 Abs. 2 CISG erfüllt und daher nach dieser Vorschrift eine Untersuchung erst am Bestimmungsort hätte erfolgen müssen. Denn Art. 38 Abs. 2 CISG ist abdingbar (...) und die Parteien haben diese Vorschrift jedenfalls in ihrem schriftlichen Vertrag (...) abbedungen. In diesem Vertrag heißt es nämlich nicht nur, dass Erfüllungsort für die Lieferung der Ort der Verladung sein solle und dass die Ware frei Kühl-LKW an

3.2 Direkter Export

Eine weitere Sonderregelung enthält Art. 38 Abs. 3 CISG: Wird danach die Ware vom Käufer umgeleitet oder von ihm weiterversandt, ohne dass er ausreichend Gelegenheit hatte, sie zu untersuchen, und kannte der Verkäufer bei Vertragsabschluss die Möglichkeit einer solchen Umleitung oder Weiterversendung oder musste er sie kennen, so kann die Untersuchung bis nach dem Eintreffen der Ware an ihrem neuen Bestimmungsort aufgeschoben werden. Von einer Umleitung spricht man, wenn die Ware, während sie sich auf dem Transport befindet, an einen neuen Bestimmungsort geleitet wird, noch bevor sie den ursprünglichen Bestimmungsort erreicht.[448]

Eine Weiterversendung liegt vor, wenn der Käufer die Ware, nachdem er sie erhalten hat, an einen anderen Bestimmungsort schickt.[449] In diesen Fällen ist es für den Käufer kaum machbar und auch sehr zeitaufwendig, die Ware noch während des Transports zu öffnen, um sie ordnungsgemäß untersuchen zu können.[450] So wäre es kostenintensiv und unnötig, Container etwa umzupacken[451] oder die für den Weitertransport benötigte Verpackung zu zerstören.[452] Deshalb gestattet das UN-Kaufrecht dem Käufer, mit der Untersuchung der Ware zu warten, bis sie am endgültigen Bestimmungsort angekommen ist. Das gilt aber nur, wenn der Verkäufer bei Vertragsabschluss von der Umleitung oder Weiterversendung wusste oder wissen musste – etwa weil der Käufer den Verkäufer vor Vertragsschluss ausdrücklich auf eine mögliche Umleitung oder Weiterversendung hingewiesen hat. Dies sollte der Käufer dokumentieren, weil dafür nicht ausreicht, dass abstrakt immer die Möglichkeit der Weiterversendung besteht.[453] Zudem kann der Käufer bei Umleitungen oder Weiterversendungen der Ware mit seinem Kunden verabreden, dass dieser die Untersuchung am Bestimmungsort durchführt. Sollte der Kunde des Käufers sich aber nicht an die Vereinbarung halten, verliert nicht nur er gegenüber dem Käufer die Rechte aus vertragswidriger Ware, sondern auch der Käufer gegenüber seinem Verkäufer.[454] Es kann also für den Käufer durchaus von Vorteil

---

die türkische Verladestation geliefert werden solle. Vielmehr ist danach der Kaufpreis zu zahlen „bei Abgang und Gutbefund durch Herrn T.". Damit wird deutlich, dass die Prüfung der Ware durch den Repräsentanten der Beklagten, den Zeugen T., am Ort der Verladung nicht lediglich eine interne Angelegenheit der Beklagten war, sondern nach der Vereinbarung der Parteien für die Vertragsausführung grundlegende Bedeutung haben sollte."

[448] Staudinger/Magnus, Art 38 CISG Rz. 54; Preetz, Augewählte Fragen zur einheitlichen Anwendung des UN-Kaufrechts, o.O. 2002, S. 137.

[449] Bianca/Bonell/Bianca, Art. 35 Anm. 2.7 „when the buyer, after having received the goods, sends them off to another destination"; MüKoBGB/Gruber, Art. 38 CISG Rz. 46.

[450] Vgl. Kuhlen, Produkthaftung im internationalen Kaufrecht – Entstehungsgeschichte, Anwendungsbereich und Sperrwirkung des Art. 5 des Wiener UN-Kaufrechts (CISG), Augsburg 1996, S. 87.

[451] Janssen, Die Untersuchungs- und Rügepflichten im deutschen, niederländischen und internationalen Kaufrecht – Eine rechtsvergleichende Darstellung der Gemeinsamkeiten und Unterschiede, Baden-Baden 2001, S. 125.

[452] Schlechtriem, Rz. 152.

[453] MüKoBGB/Gruber, Art. 38 CISG Rz. 48.

[454] Vgl. Freiburg, Das Recht auf Vertragsaufhebung im UN-Kaufrecht unter besonderer Berücksichtigung der Ausschlussgründe, Berlin 2001, S. 196.

sein, die Ware bei einer geplanten Weiterversendung zumindest oberflächlich zu prüfen, um sich gegenüber seinem Abkäufer abzusichern.[455]

3.2.2.11.3 Frist

Wie viel Zeit der Käufer hat, die Ware zu untersuchen, richtet sich nach dem Einzelfall: Das CISG enthält eine flexible Frist und nicht eine Bestimmung nach Tagen, Wochen oder Monaten.[456] Vorschläge, allgemein etwa von einer Frist von drei bis vier Tagen auszugehen[457], lehnt die wohl herrschende Meinung ab.[458] Prinzipiell gilt, dass die Bemessung der Untersuchungsfrist relativ streng gehandhabt wird. Nur wichtige Umstände – vor allem objektive Gegebenheiten[459] – sollen bei Aufschub der Untersuchung Beachtung finden.[460] Maßgeblich sind unterschiedliche Faktoren, wie Art der Ware, deren geplante Nutzung und der Aufwand, der für eine Untersuchung zu betreiben ist.[461] Auch hängt es von der Fachkenntnis des Käufers ab, wie viel Zeit die Untersuchung in Anspruch nehmen darf und wie gründlich sie sein muss, da von einem Spezialisten in dieser Hinsicht mehr erwartet wird als von einem Laien.[462]

Für die Bestimmung der Länge der Untersuchungsfrist ist vor allem die Art der gelieferten Ware entscheidend: Verderbliche Waren wie Lebensmittel müssen schneller untersucht werden als haltbare wie Maschinen, da bei verderblichen Waren auch durch lange Lagerung Mängel auftreten können.[463] Kurze Fristen sind insbesondere bei Saisonware einzuhalten, um dem Verkäufer die Verwertung der Ware für die Saison zu ermöglichen.[464] Allgemein gilt auch, dass komplizierte, mit technischem Aufwand verbundene Untersuchungen eine längere Frist rechtfertigen als einfachere.[465]

---

[455] Vgl. Hutter, Die Haftung des Verkäufers für Nichtlieferung bzw. Lieferung vertragswidriger Ware nach dem Wiener UNICITRAL-Übereinkommen über internationale Warenkaufverträge vom 11.April 1980, o.O. 1988, S. 76.

[456] Vgl. Schwenzer in Schlechtriem/Schwenzer, Art. 38 Rz. 15; Bianca/Bonell/Bianca, Art. 38 Anm. 2.5.

[457] So etwa Piltz, Internationales Kaufrecht, § 5 Rz. 52.

[458] Vgl. Ferrari, International Sale of Goods – Applicability and Application of the United Nations Convention on Contracts for the International Sale of Goods, Basel 1999, S. 186; Schwenzer in Schlechtriem/Schwenzer, Art. 38 Rz. 15.

[459] Staudinger/Magnus, Art. 38 CISG Rz. 40; Bianca/Bonell/Bianca, Art. 38 Anm. 2.5. Interkulturelle Unterschiede, wie etwa „Zeitgefühl" in Entwicklungsländern oder „kulturell bedingte Gelassenheit" bleiben bei der Bemessung der Frist außer Betracht, MüKoBGB/Gruber, Art. 38 CISG Rz. 57.

[460] Vgl. Kuhlen, Produkthaftung im internationalen Kaufrecht – Entstehungsgeschichte, Anwendungsbereich und Sperrwirkung des Art. 5 des Wiener UN-Kaufrechts (CISG), Augsburg 1996, S. 86.

[461] Magnus, Die Rügeobliegenheiten des Käufers im UN-Kaufrecht, TranspR (Beilage 1) 1999, S. 31.

[462] Vgl. Ferrari, International Sale of Goods – Applicability and Application of the United Nations Convention on Contracts for the International Sale of Goods, Basel 1999, S. 191 f.

[463] Vgl. Unterscheidung in Bamberger/Roth/Saenger, Art. 38 CISG Rz. 5.

[464] Staudinger/Magnus, Art. 38 CISG, Rz. 42.

[465] Schwenzer in Schlechtriem/Schwenzer, Art. 38 Rz. 17.

Sind komplizierte Prüfverfahren durchzuführen, kann die Frist durchaus einige Wochen, im Ausnahmefall sogar Monate betragen.[466] Ein weiterer Faktor, der die Untersuchungsfrist beeinflussen kann, ist der tatsächliche Zeitpunkt der Lieferung. Wurde ein Lieferzeitpunkt vereinbart und liefert der Verkäufer die Ware vor diesem Tag, ist der Käufer nicht verpflichtet, mit der Untersuchung vor dem ursprünglich bestimmten Termin zu beginnen.[467]

Bei einer verspäteten Lieferung verschiebt sich die Untersuchungsfrist bis zum Zeitpunkt des Erhalts der Ware entsprechend nach hinten. Hat der Käufer für die Untersuchung spezielle Vorkehrungen getroffen, die durch die Verspätung hinfällig sind, erhält er zusätzliche Zeit, da diese Verspätung nicht sein Fehler war.[468]

Zu den Faktoren, die den Beginn oder die Länge der Frist beeinflussen, zählen auch Streiks und Feiertage, aber auch die Notwendigkeit der Prüfung durch einen Sachverständigen, der Kosten- und Zeitaufwand und die Handelsbräuche.[469] Subjektive Kriterien, die maßgeblich im Einflussbereich des Käufers liegen, wozu etwa Abwesenheit aufgrund von Urlaub oder Krankheit zählen, werden bei der Abwägung der individuellen Umstände dagegen nicht berücksichtigt.[470]

3.2.2.11.3 Untersuchungspflicht in der Rechtsprechung

Deutsche Gerichte setzen strenge Maßstäbe an die Prüfungsobliegenheit. So waren etwa grobe Stichproben nicht ausreichend, nachdem der Käufer bereits eine andere Lieferung gerügt hatte.[471] Der Verzicht auf Stichproben kann auch zum Anspruchsverlust führen, da sie Mängel hätten aufdecken können.[472]

---

[466] MüKoBGB/Gruber, Art. 38 CISG Rz. 59.

[467] Schwenzer in Schlechtriem/Schwenzer, Art. 38 Rz. 20.

[468] Vgl. Vogel, Die Untersuchungs- und Rügepflicht im UN-Kaufrecht, o.O. 2000, S. 53.

[469] LG München I (18.05.2009) IHR 2010, 150, 151; Hutter, Die Haftung des Verkäufers für Nichtlieferung bzw. Lieferung vertragswidriger Ware nach dem Wiener UNICITRAL-Übereinkommen über internationale Warenkaufverträge vom 11. April 1980, o.O. 1988, S. 72.

[470] Schwenzer in Schlechtriem/Schwenzer, Art. 38 Rz. 18; Staudinger/Magnus, Art. 38 CISG Rz. 49.

[471] Vgl. LG Stuttgart (31.08.1989) CISG-online 11: „Nach Lage der Dinge hat der Bekl. jedoch die an eine sachgerechte Untersuchung zu stellenden Sorgfaltspflichten nicht beachtet. Bei den gerügten Mängeln – Einreißen der Schuhe, unsaubere Nahtverarbeitung, unterschiedliche Blattgrößen – handelt es sich um offene Mängel, die nicht erst beim Tragen der Schuhe zutage treten. Der Bekl. war aufgrund seiner Sachkunde gehalten, eine fachmännische, gründliche Untersuchung vorzunehmen. Dies gilt um so mehr, als bei der ersten Lieferung Mängel entdeckt worden waren und er so ‚vorgewarnt' war.". Im Hinblick darauf, dass den Käufer nach einer vorangegangenen mangelhaften Lieferung strengere Untersuchungspflichten treffen sollen als üblich, erscheint dieses Urteil bedenklich. Es ist schließlich der Verkäufer, der seine Vertragspflichten bei der vorangegangenen Lieferung verletzt hat und deshalb kaum einsehbar ist, warum bei der Folgelieferung der Käufer dann die Ware eingehender untersuchen soll.

[472] Vgl. OLG Düsseldorf (10.02.1994) CISG-online 116: „Wann der Käufer eine Vertragswidrigkeit hätte feststellen müssen, ergibt sich dabei aus den Vorschriften über die Untersuchungspflicht. Hierzu normiert Art. 38 CISG, dass die Ware in einer so kurzen Frist zu untersuchen ist, wie es die Umstände erlauben. Dies bedeutet, dass für die Bestimmung der Dauer der mit der Ablieferung der Ware beim Käufer beginnenden Untersuchungs- und Rügefrist die Umstände des Einzelfalls und die angemessenen Möglichkeiten der Vertragsparteien

Vor allem offene Mängel, zu denen bei Bekleidung auch falsche Farbe und falsche Menge zählen, kann der Käufer binnen weniger Tage feststellen.[473] Übermäßig spezifische Verfahren muss der Käufer aber nicht anwenden, da ihm daraus zu viel Aufwand entstehen würde.[474] Bei Silolagerung muss die Untersuchung erfolgen, bevor die Ware im Silo mit anderer, bereits dort eingelagerter vermischt wird.[475]

Allgemein gilt, dass die Untersuchung möglichst direkt nach Lieferung zu erfolgen hat, um die Frist nicht zu überschreiten. Dies gilt besonders bei verderblicher Ware: Bei Lebensmitteln[476], Tieren[477] oder Pflanzen[478] kann die Untersuchungsfrist binnen weniger Stunden oder

---

maßgeblich sind, wobei ein strenger Maßstab angelegt werden muss (…). Im vorliegenden Fall war es ohne weiteres möglich, die Hemden unmittelbar nach deren Anlieferung – zumindest stichprobenartig – zu untersuchen und dabei auftretende Mängel jedenfalls innerhalb weniger Tage nach Anlieferung der Ware zu rügen. Dass dies geschehen wäre, haben die Beklagten nicht schlüssig dargetan.". Das vorstehende Urteil weist auf ein praktisches Problem hin: Der anwaltliche Vertreter ist im Rahmen eines Rechtsstreits gehalten, Tatsachen vorzutragen, aus denen hervorgeht, dass der Käufer seiner Untersuchungspflicht nachgekommen ist – also wer denn wann die Ware untersucht hat. Die pauschale Behauptung, dies sei geschehen, nützt nichts. Es ist deshalb ratsam, nach der Untersuchung zu dokumentieren, wann eine Untersuchung stattgefunden und wer sie ausgeführt hat. Es kommt etwa im Streitfall nicht darauf an, dass ein Mitarbeiter aussagt, dass Lieferungen regelmäßig untersucht würden. Er muss aussagen, dass die konkrete Lieferung untersucht worden sei und wann das geschehen ist.

[473] Vgl. LG Landshut (05.04.1995) CISG-online 193: In diesem Fall ging es um Sportbekleidung. Ein Teil der Ware lief nach dem Waschen ein, bei einem anderen Teil der Ware lag eine Minderlieferung vor. Nach dem Urteil des Landgerichts Landshut stelle das Einlaufen der Bekleidungsstücke einen versteckten Mangel dar. Die Klägerin sei im Rahmen der Untersuchung nicht verpflichtet gewesen, die gelieferte Ware probeweise zu waschen. Anders stellte sich der Fall bei der Minderlieferung dar: Die Klägerin habe – so das Urteil – die Ware nach deren Eintreffen zählen müssen.

[474] Vgl. LG Paderborn (25.06.1996) CISG-online 262: Dieser Fall hatte die Lieferung von PVC-Granulat zum Gegenstand. Das Granulat wies einen nicht ausreichenden Titandioxydgehalt auf. Die Beweisaufnahme ergab, dass der Käufer dies ohne eine quantitative chemische Analyse nicht hätte feststellen können. Diese habe der Käufer aber nicht durchführen müssen, um seiner Untersuchungspflicht nachzukommen. In derart gelagerten Fällen wird man aber auch stets die Frage aufwerfen müssen, welche Maßnahmen zur Untersuchung der Ware branchenüblich sind. Sind gewisse Maßnahmen in der Branche üblich, kann dies den Käufer verpflichten, komplizierte und kostenintensive Maßnahmen zu ergreifen, um die Ware zu untersuchen.

[475] Vgl. OLG Köln (21.08.1997) CISG-online 290: „Eine solche Frist kann freilich nur für Waren gelten, bei denen keine Veränderung zu besorgen ist, die dem Zweck der Art. 38, 39 CISG, schnell Klarheit darüber zu schaffen, ob ordnungsgemäß erfüllt wurde (…) und das notwendige Beweismaterial zu sichern (…), zuwiderlaufen würde. Handelt es sich wie im vorliegenden Fall um Waren, die mit anderem gleichartigen Material vermischt werden, so dass nicht mehr ohne weiteres festgestellt werden kann, aus welcher Lieferung das gegebenenfalls mangelhafte Material stammt, ist eine Untersuchung der Ware vor der Vermischung geboten. Dies gilt ungeachtet dessen, dass sämtliches Material im Silo von der Klägerin stammen soll. Zum einen wird letzteres gerade bestritten, Klarheit über die Mangelhaftigkeit bzw. Mangelfreiheit des Materials der Klägerin insofern nicht erreicht. Zum anderen besteht die Untersuchungspflicht für jede Lieferung gesondert. Das von der Klägerin bezogene Aluminiumhydroxid hätte deshalb nach der Ankunft bei der Beklagten sofort untersucht werden müssen, bevor es in den Silo gefüllt wurde. Eine sofortige Untersuchung jeder Lieferung ist der Beklagten auch zumutbar gewesen. Denn es hat keines besonders aufwendigen Prüfungsverfahrens dazu bedurft. Der Mangel wäre bei bloßer Sichtkontrolle durch einen ohne weiteres zu bewerkstelligenden Farbvergleich einer dem Silowagen zu entnehmenden Probe mit einer Probe mangelfreien Materials, die bei der Beklagten aufbewahrt werden konnte, durch Anfühlen oder Umrühren und Durchsieben der Probe aus dem Silowagen entdeckt worden."

[476] Dazu AG Riedlingen (21.10.1994), CISG-online 358, das es mit angeblich „zu frischem" Schinken zu tun hatte: „(Der Käufer) hat die Mangelhaftigkeit nicht innerhalb einer angemessenen Frist nach dem Zeitpunkt, in dem er sie hätte feststellen müssen, angezeigt. Die Anzeige gegenüber dem Vertreter der Generalvertreterin der Klägerin erfolgte erst 20 Tage nach Erhalt der Ware. Auch wenn eine vollständige Untersuchung innerhalb kurzer

Tage versäumt sein. Das gilt auch bei offenen Mängeln, so etwa bei der Menge und Farbe von Bekleidung.[479] Diese Tendenz deutscher Urteile bestätigen auch die Gerichte der europäischen Nachbarn: Auch sie verlangen in den meisten Fällen eine sofortige Untersuchung. So soll die Vertragswidrigkeit möglichst zeitnah festgestellt werden. Das gilt besonders bei verderblichen Waren wie Lebensmitteln.[480] Fristen von drei[481], neun[482] oder gar zwölf Monaten[483] werden selbst bei haltbaren Waren nicht hingenommen. Unabhängig vom Sitz des Gerichts gelten also kurze Untersuchungsfristen.

3.2.2.12 Rügepflicht

Stellt der Käufer die Vertragswidrigkeit der Ware fest oder hätte er sie feststellen können, läuft die Rügefrist. Gemäß Art. 39 Abs. 1 CISG verliert der Käufer das Recht, sich auf eine Vertragswidrigkeit der Ware zu berufen, wenn er sie dem Verkäufer nicht innerhalb einer angemessenen Frist nach dem Zeitpunkt, in dem er sie festgestellt hat oder hätte feststellen müssen, anzeigt und dabei die Art der Vertragswidrigkeit genau bezeichnet.

Frist hier durch die Weihnachtsfeiertage erschwert war, war es dem Beklagten doch wenigstens zuzumuten, Stichproben der Ware zu nehmen. Dies hätte er innerhalb einer Frist von höchstens 3 Tagen machen können. Spätestens innerhalb von weiteren 3 Tagen hätte er den Mangel dann der Klägerin melden können. Dies ergibt sich daraus, dass nach Angaben des Beklagten der Schinken spätestens 2–3 Stunden nach dem Auspacken zu schimmeln begann."

[477] Dazu OLG Jena (26.05.1998) CISG-online 513: Der Verkäufer betrieb in Tschechien eine Fischzuchtanlage. Von ihm erwarb der Käufer lebendige Fische, die er im Dezember 1996 beim Verkäufer abholte. Im März 1996 stellte der Käufer fest, dass die Fische erkrankt waren. Das OLG Jena urteilte, der Käufer sei seiner Untersuchungspflicht nicht nachgekommen: „Im vorliegenden Fall trägt der Beklagte nicht vor, die Fische kurz nach der Übergabe überhaupt untersucht zu haben. Also muss davon ausgegangen werden, dass er die Fische nach der Anlieferung in Deutschland nicht untersucht hat. Dieses Unterlassen würde ihm nicht zum Nachteil gereichen, wenn sich die Krankheit nur durch einen Sachverständigen hätte feststellen lassen (…). Der Beklagte trägt jedoch nichts zur Symptomatik der Krankheit vor, bzw., ob eine solche überhaupt gegeben war, so dass nicht beurteilt werden kann, ob die Krankheit für ihn, oder aber nur für einen Sachverständigen erkennbar gewesen ist. Es genügt nicht, nur vorzutragen, dass die Krankheit zunächst nur ‚latent' vorhanden gewesen sei. Denn damit wird der bestehenden Untersuchungspflicht, die eine Pflicht zum Handeln enthält, nicht ausreichend Rechnung getragen." Dieses Urteil kann so nicht überzeugen: Ein Unterlassen der Untersuchungspflicht spielt auch dann eine Rolle, wenn die Krankheit nur durch einen Sachverständigen hätte festgestellt werden können. Ist es dem Käufer zumutbar oder branchenüblich, einen Sachverständigen zur Beurteilung des Mangels hinzuziehen, muss dies auch geschehen.

[478] Dazu OLG Saarbrücken (03.06.1998) CISG-online 354, das für die Rügepflicht bei Blumen eine Frist von einem Tag ansetzt. Ähnlich das LG München I (18.05.2009) IHR 2010, 150, 151

[479] Dazu LG Landshut (05.04.1995) CISG-online 193.

[480] Vgl. Rb Roermond (19.12.1991) CISG-online 29 (Gefrorener Käse); Bundesgericht Schweiz (28.10.1998) CISG – online 413 (Gefrorenes Fleisch).

[481] OG Luzern (08.01.1997) CISG-online 228.

[482] TCo Brüssel (05.10.1994) CISG Case 19941005, 1994 (Schuhe).

[483] GK Oberrheintal (30.06.1995) CISG Case 19950630, 1995 (Schiebetore).

3.2.2.12.1 Form der Anzeige

Art. 39 UN-Kaufrecht sagt wenig über die formale und inhaltliche Gestaltung der Anzeige aus. Was unter einer ordnungsgemäßen Rüge zu verstehen ist, richtet sich also nach der Individualvereinbarung oder nach handelsüblichen Gepflogenheiten. Bei der Form der Rüge gilt wie im gesamten UN-Kaufrecht das Prinzip der Parteiautonomie.[484] Haben die Handelspartner sich beim Vertragsschluss nicht darauf geeinigt, wie die Rüge auszusehen hat, kann der Käufer sowohl mündlich, etwa telefonisch, als auch schriftlich oder über elektronische Medien (etwa Telefax, Telex, Telegramm oder Telebrief oder E-Mail) rügen.[485]

Bei einer mündlichen Beanstandung ist darauf zu achten, sich das Gespräch bestätigen zu lassen.[486] Vor allem Details wie das Datum des Gesprächs und der Name des Gesprächspartners sind im Rahmen der Beweispflicht vor Gericht von großer Bedeutung.[487] Übermittelt werden sollte die Anzeige mit einem Kommunikationsmittel, welches für den Zweck und den Umständen nach geeignet erscheint.[488] Außerdem ist die Anzeige an den Verkäufer zu adressieren, wozu auch ein Vertreter zählt, der mit der Abwicklung der Geschäfte betraut ist.[489]

Nach Art. 27 CISG trägt der Verkäufer das Übermittlungsrisiko für die Mängelanzeige. Die Rechte des Käufers bleiben mit Absendung, also auch dann gewahrt, wenn die Anzeige nicht, verspätet oder mit anderem Inhalt beim Verkäufer eintrifft.[490] Der Käufer hat nur darauf zu achten, dass sie rechtzeitig und ordnungsgemäß versendet wird. Der Verkäufer hingegen trägt das Transportrisiko der Mitteilung, die er selbst veranlasst hat.[491] Das heißt, dass die Rüge auf sein Risiko reist und er auch für die Vertragswidrigkeit der Ware haftet, wenn die Mitteilung verspätet oder gar nicht bei ihm eingeht.[492]

---

[484] Eine Einschränkung der Formfreiheit ergibt sich im Verhältnis zu den Staaten, die den Formvorbehalt nach Art. 96 CISG eingelegt haben (Argentinien, China, Chile, Lettland, Litauen, Ungarn, Ukraine, Weißrußland). Hier gelten die nach IPR berufenen Formvorschriftem, Staudinger/Magnus, Art. 39 CISG Rz. 52.

[485] Staudinger/Magnus, Art. 39 CISG Rz. 51; Kim, Zweite Andienung im Rahmen der kaufrechtlichen Behelfe für Sachmängel im BGB, HGB und UN-Kaufrecht, Marburg 1997, S. 105 f.;

[486] Bei einem Telefonat trägt das Beweisrisiko der Rügende, Staudinger/Magnus, Art. 38 CISG Rz. 51.

[487] Vgl. Magnus, Die Rügeobliegenheiten des Käufers im UN-Kaufrecht, TranspR (Beilage 1) 1999, S. 31 mit Verweis auf LG Frankfurt NJW – RR 1994, 1264 und LG Marburg RIW 1996, 233.

[488] Vgl. Hutter, Die Haftung des Verkäufers für Nichtlieferung bzw. Lieferung vertragswidriger Ware nach dem Wiener UNICITRAL-Übereinkommen über internationale Warenkaufverträge vom 11. April 1980, o.O. 1988, S. 81.

[489] Vgl. Tannò, Die Berechnung der Rügefrist im schweizerischen, deutschen und UN-Kaufrecht, St. Gallen 1993, S. 279.

[490] Schwenzer in Schlechtriem/Schwenzer, Art. 39 Rz. 11.

[491] Noussias, Die Zugangsbedürftigkeit von Mitteilungen nach den Einheitlichen Haager Kaufgesetzen und nach dem UN-Kaufgesetz, Heidelberg 1982, S. 143.

[492] Vgl. Schlechtriem, S. 107.

3.2.2.12.2 Inhalt der Anzeige

Während die Regeln zur Form der Mitteilung kaum eindeutige Vorgaben enthalten, gibt es bezüglich des Inhaltes der Rüge konkretere Anforderungen. Die deutsche Übersetzung des Art. 39 Abs. 1 CISG („…und dabei die Art der Vertragswidrigkeit genau bezeichnet.") wirkt dabei deutlich strenger als etwa die englische Originalfassung („…specifying the nature of the lack of conformity").[493] So gilt für eine inhaltlich vollständige Anzeige, dass es nicht ausreicht zu schreiben, dass die Ware vertragswidrig ist.[494] Bei Bekleidung reicht mithin nicht, in der Rüge nur darauf hinzuweisen, „Qualität und Größe" der Ware seien „nicht gut"[495]. Auch der pauschale Hinweis auf „fehlerhafte Ware" bei Lederwaren[496] oder der Rügeinhalt „Maschine defekt" bei Maschinen[497] reicht nicht aus. Vielmehr soll die Rüge darüber Aufschluss geben, wie genau sich die Vertragswidrigkeit darstellt und nicht nur allgemein Mängel kritisieren.

Wie präzise die Mitteilung sein muss, hängt von den Umständen des Einzelfalls ab.[498] In der Praxis wird die Forderung nach einer detaillierten Darstellung der Vertragswidrigkeit recht streng gehandhabt, sollte aber auf keinen Fall übertrieben werden.[499] Die Anzeige ist in jedem Fall ordnungsgemäß, wenn eine Person in der gleichen Situation wie der Verkäufer hinreichend Klarheit über die Vertragswidrigkeit erlangt hätte: Bei der Anzeige sollte der Käufer angeben, ob er die Lieferung einer zu geringen oder zu umfangreichen Menge reklamiert sowie welche konkreten Qualitätsabweichungen er bemängelt.[500] Zudem sollte er die Menge der betroffenen Ware bestimmen, wobei je nach Quantität auch eine grobe Schätzung ausreichen kann. Besonders bei verderblichen Gütern ist es für den Verkäufer hilfreich, wenn

---

[493] Zu den sprachlichen Unterschieden vgl. MüKoBGB/Gruber, Art. 39 CISG Rz. 9.

[494] Vgl. etwa Zusammenstellung bei Magnus, Die Rügeobliegenheiten des Käufers im UN-Kaufrecht, TranspR (Beilage 1) 1999, S. 32; vgl. auch Vogel, Die Untersuchungs- und Rügepflicht im UN-Kaufrecht, Bonn 2000, S. 97 f.

[495] LG Regensburg (24.09.1998) CISG Case 19980924, 1998.

[496] OLG München (09.07.1997) CISG-online 282: „Das von der Beklagten insoweit in Bezug genommene Schreiben (…), das die Mitteilung enthält "…dieser Artikel wurde nicht gemäß unseren Vorgaben gefertigt und kann nicht dem Kunden übergeben werden …" genügt den Anforderungen einer Mängelanzeige nach Art. 39 CISG deswegen nicht, weil die Vertragswidrigkeit nicht hinreichend genau bezeichnet und die Klägerin nicht so unterrichtet worden ist, dass sie sich verlässlich klar werden konnte, wie sie reagieren sollte. Nach Art. 39 (1) CISG hat die Beklagte wegen der nicht gehörigen Rüge das Recht, sich auf mögliche Vertragswidrigkeit zu berufen, verloren. (…) Auch insoweit liegt keine die Ware der Firma F. betreffende Rüge i.S.d. Art. 39 CISG vor. Die Mitteilung im Schreiben (…) – „Rechnungsabzug von unserem Kunden, da 250 Stück Etuis sehr schlecht geprägt waren (…)" – lässt den genauen Mangel nicht erkennen; (…)".

[497] Vgl. OLG Stuttgart (21.08.1995) CISG-online 150; CISG-Case 19950821, 1995.

[498] Vgl. Piltz, Entscheidungen des BGH zum CISG, TranspR (Beilage 1)1999, S. 16.

[499] Vgl. Staudinger/Magnus, Art. 39 CISG Rz. 24; Magnus, Die Rügeobliegenheiten des Käufers im UN-Kaufrecht, TranspR (Beilage 1) 1999, S. 32.

[500] Piltz, Internationales Kaufrecht, München 1993, S. 196.

er weiß, in welchem Maße die Ware mangelhaft ist.[501] Außerdem ist zu beachten, dass aus Gründen der Klarheit und Vollständigkeit jeder Mangel einzeln angezeigt werden muss.[502]

Der Käufer sollte sich also inhaltlich so klar wie möglich fassen und die Art der Vertragswidrigkeit exakt beschreiben. Ziel ist es, dass sich der Verkäufer ein genaues Bild über die Vertragswidrigkeit machen kann, wodurch ihm die Basis zur Wahrnehmung seiner Rechte bzw. Pflichten (Zweite Andienung, Ersatzlieferung oder Nachbesserung) gegeben werden soll.[503] Zu berücksichtigen sind aber auch Umstände, die in der Sphäre des Käufers liegen und die der Verkäufer bei Vertragsschluss kannte oder kennen musste, etwa eine erkennbar fehlende Fachkenntnis des Käufers: Ist der Käufer erkennbar fachunkundig, kann von ihm keine ähnlich präzise Bezeichnung verlangt werden wie von einem Fachmann.[504]

Ein späteres Nachschieben der nunmehr genau bezeichneten oder anderer Vertragswidrigkeiten ist nach Ablauf der angemessenen Rügefrist wirkungslos; hier kann sich dann der Käufer allenfalls auf Art. 44 CISG berufen.[505]

3.2.2.12.3 Fristbeginn

Beim Fristbeginn kommt es darauf an, ob ein offener oder versteckter Mangel vorliegt. Bei offenen Mängeln, die meist auf den ersten Blick erkennbar oder dem Käufer bekannt sind, beginnt die angemessene Anzeigefrist unmittelbar mit Anlieferung der Ware.[506] Versteckte Mängel dagegen werden oft erst bei längerer Nutzung oder auch rein zufällig entdeckt.[507] Erkennt der Käufer die Mängel der Ware erst im Rahmen der Untersuchung, läuft die Rügefrist ab dem Ende der Untersuchung.[508] Die Frist beginnt auch dann zu diesem Zeitpunkt, wenn der Käufer die Untersuchung unterlassen hat, im Rahmen dieser aber die Vertragswidrigkeit hätte aufdecken können.[509]

---

[501] Vgl. Schwenzer in Schlechtriem/Schwenzer, Art. 39 Rz. 9.

[502] Vgl. Janssen, Die Untersuchungs- und Rügepflichten im deutschen, niederländischen und internationalen Kaufrecht – Eine rechtsvergleichende Darstellung der Gemeinsamkeiten und Unterschiede, Baden-Baden 2001, S. 155.

[503] Staudinger/Magnus, Art. 39 CISG Rz. 21; Hutter, Die Haftung des Verkäufers für Nichtlieferung bzw. Lieferung vertragswidriger Ware nach dem Wiener UNICITRAL-Übereinkommen über internationale Warenkaufverträge vom 11. April 1980, o.O. 1988, S. 81.

[504] MüKoBGB/Gruber, Art. 39 CISG Rz. 10.

[505] MüKoBGB/Gruber, Art. 39 CISG Rz. 15; Studinger/Magnus, Art. 39 CISG Rz. 23.

[506] Staudinger/Magnus, Art. 39 CISG Rz. 30.

[507] Vgl. Janssen, Die Untersuchungs- und Rügepflichten im deutschen, niederländischen und internationalen Kaufrecht – Eine rechtsvergleichende Darstellung der Gemeinsamkeiten und Unterschiede, Baden-Baden 2001, S. 160 f.

[508] Vgl. Karollus, UN-Kaufrecht – Eine systematische Darstellung für Studium und Praxis, Wien 1991, S. 126.

[509] Vgl. Piltz, Internationales Kaufrecht, S. 195.

3.2 Direkter Export   115

Bei der Rüge von versteckten Mängeln, die erst im Lauf der Zeit festgestellt werden, läuft die Rügefrist, sobald der Käufer sie festgestellt hat oder hätte feststellen müssen.[510] Eine Feststellung ist nicht bereits dann gegeben, wenn sich erste Verdachtsmomente für eine versteckte Vertragswidrigkeit gezeigt haben. Diese Verdachtsmomente müssen vielmehr erhärtet worden sein bzw. sich zu einer hinreichenden Sicherheit verdichtet haben.[511]

3.2.2.12.4   Fristlänge

Für die Fristlänge gibt es keine absolute Regel: Das Gesetz gibt keine konkrete Frist vor, um flexibel zu bleiben.[512] Obwohl das Gesetz von einer klaren Frist absieht, sind mittlerweile in der Literatur und in Urteilen einige Tendenzen erkennbar: Die deutsche Literatur neigte zunächst zu kürzeren Fristen von mitunter sogar nur wenigen Tagen.[513] Auch die ersten Urteile zur Fristlänge bestätigten die Annahme kurzer Fristen: Das galt sowohl für Lebensmittel[514] als auch für langlebige Güter wie Türen[515], Pritschen[516] oder Maschinen.[517]

Andere Rechtsordnungen bevorzugen längere Fristen: Der französische Cour de Cassation etwa stellte in einem Urteil fest, dass ein Monat generell als kurze, normale Zeitspanne für Untersuchung und Rüge gelte.[518] Ähnlich urteilte das CA Grenoble, das selbst bei Käse eine Rüge nach einem Monat als rechtzeitig ansah.[519] Diese vergleichsweise großzügige Rechtsprechung überrascht insbesondere deshalb nicht, weil das französische Recht selbst keine Rügepflicht kennt. Vielleicht auch als Reaktion auf die Rechtsprechung der Länder, deren unvereinheitlichtes Sachrecht keine Rügepflicht kennt und deshalb bei der Fristlänge des Art. 39 Abs. 1 CISG nicht so streng ist, tendiert der Bundesgerichtshof derzeit zu einer Frist von etwa vier Wochen für beide Obliegenheiten.[520] Dem folgt die neuere Literatur: Hier wird

---

[510] Vgl. Schwenzer in Schlechtriem/Schwenzer, Art. 39 Rz. 20.

[511] MüKoBGB/Gruber, Art. 39 CISG Rz. 28.

[512] Vgl. Ferrari, International Sale of Goods, Basel 1999, S. 193.

[513] Piltz, Internationales Kaufrecht § 5 Rz. 59; Asam, UN-Kaufrechtsübereinkommen im deutsch-italienischen Rechtsverkehr, RIW 1989, 942, 944

[514] Etwa OLG Düsseldorf (08.01.1993) CISG-online 76, nach dem bei erntefrischen Einlegegurken eine Frist von sieben Tagen als zu lang anzusehen sei.

[515] OLG Saarbrücken (13.01.1993) CISG-online 83: Hier ging es um Türen, deren Mängel erst nach zweieinhalb Monaten gerügt wurden – nach Ansicht des OLG Saarbrücken zu spät, weil die Mängel bei entsprechender Untersuchung leicht feststellbar gewesen seien.

[516] LG Oldenburg (09.11.1994) CISG – online 114, nach dem eine Rüge bei Pritschen binnen eines Monat hätte erfolgen sollen.

[517] Nach OLG Oldenburg (05.12.2000) CISG-online 618 war hier eine Frist von sieben Wochen zu lang – Rüge hätte binnen einer Woche nach Beendigung der Untersuchung – etwa zwei Wochen – erfolgen müssen.

[518] Cour de Cassation (26.05.1999) CISG-online 487 ; CISG Case 19990526, 1999.

[519] CA Grenoble (13.09.1995) CISG-online 157.

[520] Vgl. BGH (03.11.1999) CISG-online 475, nach dem von einer regelmäßigen einmonatigen Rügefrist nach Art. 39 Abs. 1 CISG auszugehen ist. Vgl. auch LG Stuttgart (15.10.2009) IHR 2010, 207, 208

etwa für die Rüge ein grober Mittelwert von einem Monat befürwortet.[521] Der österreichische OGH dagegen will dagegen allgemein nur eine Fristlänge von zwei Wochen anerkennen.[522]

3.2.2.12.5 Ausschlussfrist

Nach Art. 39 Abs. 2 CISG verliert der Käufer in jedem Fall das Recht, sich auf die Vertragswidrigkeit der Ware zu berufen, wenn er sie nicht spätestens innerhalb von zwei Jahren, nachdem ihm die Ware tatsächlich übergeben worden ist, dem Verkäufer anzeigt, es sei denn, dass diese Frist mit einer vertraglichen Garantiefrist unvereinbar ist. Die Ausschlussfrist greift immer dann ein, wenn eine Vertragswidrigkeit auf Grund sachgemäßer Untersuchung nicht erkennbar war und der Käufer sie auch zu einem späteren Zeitpunkt nicht festgestellt hat oder hätte feststellen müssen.[523]

Die Frist ist eine absolute Ausschlussfrist, die weder gehemmt noch unterbrochen werden kann.[524] Der Käufer kann die Zweijahresfrist nur ausschöpfen, wenn er begründen kann, dass er die Ware nicht früher untersuchen oder trotz Untersuchung die Vertragswidrigkeit nicht früher feststellen oder trotz Feststellung der Vertragswidrigkeit diese nicht früher anzeigen konnte. Die Zweijahresfrist beginnt im Zeitpunkt der tatsächlichen Übergabe, also wenn dem Käufer die Ware wirklich ausgehändigt wurde und ihm vollständig zur Verfügung steht.[525] Die Ware muss also ihren endgültigen Bestimmungsort erreicht haben.

Eine gesetzliche Ausnahme von der Ausschlussfrist tritt nach Art. 40 CISG ein, wenn der Verkäufer von der Vertragswidrigkeit wusste und den Käufer nicht darüber in Kenntnis gesetzt hat.[526] Der Käufer kann sich in diesem Fall auch nach dem Ende der Zweijahresfrist auf einen Mangel berufen, wenn er nachweisen kann, dass er ihn wirklich erst zu dem Zeitpunkt entdeckt hat.[527] Als weitere Ausnahme gilt die Vereinbarung einer vertraglichen Garantie, die Art. 39 CISG ersetzen soll. Eine Garantie kann in diesem Fall die Ausschlussfrist nicht nur verlängern, sondern auch verkürzen.[528] Es gilt aber, dass Garantien, die zusätzlich zur normalen Gewährleistung nach Artikel 39 UN-Kaufrecht in den Vertrag aufgenommen werden, keinen Einfluss auf die Ausschlussfrist haben.[529]

---

[521] Vgl. Schwenzer in Schlechtriem/Schwenzer, Art. 39 Rz. 17.

[522] OGH (27.08.1999) IHR 2001, 81; so auch Staudinger / Magnus Art. 39 CISG Rz. 49.

[523] Schwenzer in Schlechtriem/Schwenzer, Art. 39 Rz. 22.

[524] Staudinger/Magnus, Art. 39 CISG Rz. 63; vgl. Schlechtriem, Rz. 154.

[525] MüKoBGB/Gruber, Art. 39 CISG Rz. 39; Staudinger/Magnus, Art. 39 CISG Rz. 64; vgl. Kim, Zweite Andienung im Rahmen der kaufrechtlichen Behelfe für Sachmängel im BGB, HGB und UN-Kaufrecht, Marburg 1997, S. 110 f.

[526] Vgl. Piltz, Internationales Kaufrecht – Das UN-Kaufrecht (Wiener Übereinkommen von 1980) in praxisorientierter Darstellung, München 1993, S. 196

[527] Schwenzer in Schlechtriem/Schwenzer, Art. 39 Rz. 31.

[528] Staudinger/Magnus, Art. 38 CISG Rz. 69; vgl Schlechtriem, Rz. 160.

[529] Vgl. Beispiel bei Schwenzer in Schlechtriem/Schwenzer, Art. 39 Rz. 26.

3.2.2.12.6 Bösgläubigkeit des Verkäufers

Gemäß Art. 40 CISG kann sich der Verkäufer nicht auf eine verspätete Rüge berufen, wenn die Vertragswidrigkeit auf Tatsachen beruht, die er kannte oder über die er nicht in Unkenntnis sein konnte und die er dem Käufer nicht offenbart hat. Diese Formulierung schließt nicht nur die Arglist des Verkäufers – wie in § 377 Abs. 5 HGB – ein, sondern auch dessen grobe Fahrlässigkeit.[530]

Ob der Verkäufer von einer Vertragswidrigkeit wusste oder nicht, hängt oft davon ab, ob er die Ware selbst verpackt hat oder sie von einem Zwischenhändler geliefert wurde.[531] Ist der Hersteller der Ware selbst Verkäufer, kann Art. 40 CISG dem Käufer helfen, bei nicht ordnungsgemäßer Rüge seine Gewährleistungsansprüche zu erhalten: Verlangt Art. 38 CISG vom Käufer im Rahmen der Wareneingangskontrolle eine umfangreiche Untersuchung der gelieferten Ware, sind entsprechende Anforderungen auch an den Verkäufer bei der Warenausgangskontrolle wegen seiner Obhuts- und Fürsorgepflichten zu stellen. Denn letztlich wird man hier vom Käufer nicht mehr verlangen können als vom Verkäufer. Der Verkäufer wird also im Rahmen der Auseinandersetzung darstellen müssen, bei der Warenausgangskontrolle nicht grob fahrlässig gehandelt zu haben. Welche Anforderungen hier an die Warenausgangskontrolle zu stellen sind, richtet sich nach dem Einzelfall. Der Anwendungsbereich der Norm muss sich aber nicht auf schwere oder augenfällige Mängel beschränken.

3.2.2.12.7 Entschuldigung für unterlassene Anzeige

Art. 44 UN-Kaufrecht sieht eine Entschuldigungsmöglichkeit für unterlassene oder nicht ordnungsgemäße Rügen vor. Die Bestimmung – auf die besonders Delegationen aus den Entwicklungsländern Wert legten – soll mögliche Folgen abschwächen, die aus einer Nichteinhaltung der Rügepflicht entstehen können.[532] Die Regelung gilt nur in Ausnahmefällen, wenn der Käufer einen triftigen Grund dafür hat, dass er zu spät gerügt oder den Mangel nicht ausreichend spezifiziert hat.[533] In Betracht kommt als Entschuldigung, wenn der Käufer versehentlich oder in Unkenntnis des Spezifizierungsgebots den Mangel nicht hinreichend

---

[530] Schlechtriem, Rz. 156; Magnus, Die Rügeobliegenheiten des Käufers im UN-Kaufrecht, TranspR (Beilage 1) 1999, S. 33; vgl. auch Schwenzer in Schlechtriem/Schwenzer, Art. 40 Rz. 4, nach dem sogar noch mehr als grobe Fahrlässigkeit verlangt wird, dagegen MüKoBGB/Gruber, Art. 40 CISG Rz. 3; vgl. auch OLG Hamm (02.04.2009) IHR 2010, 59, 63

[531] Vgl. Schwenzer in Schlechtriem/Schwenzer, Art. 40 Rz. 5. Streitig ist, auf welchen Zeitpunkt es für die Beurteilung der Kenntnis bzw. grob fahrlässigen Unkenntnis ankommt: Nach einer Ansicht ist der Zeitpunkt maßgeblich, in dem die Ware dem Käufer zu Verfügung steht (dafür Staudinger/Magnus, Art. 40 Rz. 8), nach anderer Ansicht kommt es darauf an, wann Untersuchungs- und Rügefrist nach den Artt. 38, 39 CISG abgelaufen wäre (dafür Schwenzer in Schlechtriem/Schwenzer, Art. 40 Rz. 8; MüKoBGB/Gruber, Art. 40 CISG Rz. 8). Im Hinblick darauf, dass die Untersuchungs- und Rügeobliegenheit dem Informationsinteresse des Verkäufers dient, er also erst mit Ablauf der Untersuchungs- und Rügefrist die Angelegenheit als erledigt betrachten darf, ist letztere Auffassung vorzugswürdig.

[532] Zur Entstehungsgeschichte vgl. Schwenzer in Schlechtriem/Schwenzer, Art. 44 Rz. 2.

[533] MüKoBGB/Gruber, Art. 44 CISG Rz. 3.

genau bezeichnet hat, zumal wenn der Mangel nicht streitig und rechtzeitig gerügt ist.[534] Kann der Käufer eine Entschuldigung nach Art. 44 CISG vorbringen, beschränken sich seine Gewährleistungsansprüche auf Herabsetzung des Preises und Schadensersatz ohne Gewinnausgleich.

3.2.2.13 Rechtsbehelfe des Käufers

Ist die Ware vertragswidrig oder hat der Verkäufer in sonstiger Weise seine vertraglichen Pflichten verletzt, kann der Käufer wählen, welche Rechte er gegen den Verkäufer geltend macht. Gemäß den Artt. 45 f. CISG kann der Käufer grundsätzlich wählen zwischen dem Rechtsbehelf auf Erfüllung oder Nacherfüllung (Art. 46 CISG), Vertragsaufhebung (Art. 49 CISG), Schadensersatz (Artt. 74 f. CISG) und Minderung bei Vertragswidrigkeit der Ware (Art. 50 CISG).

Ausgangspunkt sämtlicher Rechtsbehelfe ist der Einheitstatbestand der Vertragsverletzung[535], also die Verletzung einer Vertragspflicht. Die Vertragspflicht kann zum Pflichtenprogramm des UN-Kaufrechts gehören – Lieferung der Ware und Dokumente zur rechten Zeit, am rechten Ort und in vertragsmäßiger Beschaffenheit, aber auch eine von den Parteien geschaffene und ausgestaltete Pflicht eigener Art sein, wenn sie noch zum „Kaufrecht" gehört oder von den Parteien einvernehmlich – eventuell konkludent – dem UN-Kaufrecht unterstellt worden ist, wie etwa Informations- und Instruktionspflichten[536].

Die Rechtsbehelfe selbst unterscheiden sich nach Art der Pflicht und/oder der Verletzung: Manche – wie etwa der Rechtsbehelf der Vertragsaufhebung nach Art. 49 Abs. 1 a) CISG oder die Ersatzlieferung nach Art. 46 Abs. 2 CISG – verlangen eine wesentliche Vertragsverletzung nach Art. 25 CISG, andere – wie etwa die Minderung des Kaufpreises nach Art. 50 CISG -, beschränken sich darauf, dass die Ware nicht vertragsgemäß ist.

3.2.2.13.1 Erfüllung

Gemäß Art. 46 Abs. 1 CISG kann der Käufer vom Verkäufer Erfüllung seiner Pflichten, also auch Lieferung der Ware, verlangen, es sei denn, dass der Käufer einen Rechtsbehelf ausgeübt hat, der mit diesem Verlangen unvereinbar ist. Bei rechtsvergleichender Betrachtung ist das keine Selbstverständlichkeit: Während der deutsche Rechtskreis dem Erfüllungsanspruch Vorrang einräumt, ist eine Verurteilung des Beklagten zur Vertragserfüllung im angloamerikanischen Rechtskreis die Ausnahme. Hier ist der Rechtsbehelf bei Vertragsverletzung eine Verpflichtung zur Zahlung von Geldersatz und nur ausnahmsweise können die Gerichte in einer begrenzten Reihe von Fällen nach ihrem Ermessen eine Partei zur Erfüllung ihrer

---

[534] Magnus, Die Rügeobliegenheiten des Käufers im UN-Kaufrecht, TranspR (Beilage 1) 1999, S. 33, 34.
[535] Kronke/Melis/Schnyder/Benicke, B Rz. 273.
[536] Vgl. Schlechtriem/Schwenzer in Schlechtriem/Schwenzer, Art. 25 Rz. 7.

3.2 Direkter Export

Pflichten verurteilen (*specific performance*).[537] Dies ergibt sich primär aus der historischen Entwicklung des anglo-amerikanischen Rechtssystems.[538]

Den unterschiedlichen Rechtstraditionen trägt Art. 28 CISG Rechnung: Ist danach eine Partei berechtigt, von der anderen Partei die Erfüllung einer Verpflichtung zu verlangen, so braucht ein Gericht eine Entscheidung auf Erfüllung in Natur nur zu fällen, wenn es dies auch nach seinem eigenen Recht bei gleichartigen Kaufverträgen täte, die nicht unter dieses Übereinkommen fallen. Die Bestimmung versagt dem Kläger nicht den Rechtsbehelf der Erfüllung, wohl aber dessen gerichtliche Durchsetzbarkeit.[539]

Der praktische Anwendungsbereich von Art. 28 CISG ist gering: Nur in Ausnahmefällen wird der Käufer auf sein Erfüllungsbegehren beharren, so etwa dann, wenn er sich den Kaufgegenstand auf dem Markt anderweitig nicht beschaffen kann.[540] Im Regelfall wird der Käufer – wenn er vom Verkäufer nicht beliefert wird – einen Deckungskauf nach Art. 75 CISG vornehmen: Er wird sich von einem Dritten Ersatzware beschaffen und die Differenz zwischen Vertragspreis und höheren Preis des Deckungskaufs vom Verkäufer als Schadensersatz verlangen. Der Deckungskauf, der gemäß Art. 75 CISG eine Vertragsaufhebung voraussetzt, schließt dann den Rechtsbehelf der Erfüllung nach Art. 46 Abs. 1 CISG aus.

---

[537] Vgl. zum Recht in den USA Assmann/Bungert, 88.

[538] Den Rechtsbehelf auf Vertragserfüllung hat im anglo-amerikanischen Rechtskreis das englische Equity-Recht entwickelt: Equity ist der Teil des englischen materiellen Rechts, den einst die Equity-Gerichte (courts of chancery) anwandten. Vorläufer der courts of chancery war die königliche Kanzlei, die unter anderem auch damit befasst war, an den König gerichtete Bittschriften zu bearbeiten. Gegenstand dieser Bittschriften war, Urteile der königlichen Gerichte abzuändern (vgl. dazu Potter, An Historical Introduction to English Law and its Institutions, 2. Auflage London 1943, S. 489). Da die königlichen Gerichte keinen auf Vertragserfüllung gerichteten Rechtsbehelf kannten, waren sie darauf beschränkt, den Beklagten auf Schadensersatz zu verurteilen. Hier half die königliche Kanzlei und später das court of chancery: Sie konnten dem Kläger einen auf Vertragserfüllung gerichteten Titel gewähren, wenn nur die Verurteilung des Beklagten zur Vertragserfüllung die dem Kläger entstandenen Nachteile ausgleichen konnte (vgl. Harnett v. Yielding (1805) 2 Sch. & Lef. 549, 552/553; Ryan v. Mutual Tontine Westminster Association [1893] 1 Ch. 116, 126; Baker/Langan, Snell's Equity, 29. Auflage London 1990, S. 585). Das court of chancery billigte dem Kläger dagegen keinen Anspruch auf Vertragserfüllung zu, wenn eine Verurteilung des Beklagten zum Schadensersatz einer Vertragserfüllung gleichgekommen wäre, so etwa dann, wenn die Schadensersatzhöhe ohnehin dem vertraglich Geschuldeten entsprach oder eine Vertragserfüllung nutzlos gewesen wäre (New Brunswick and Canada Railway and Land Co. Ltd. v. Muggeridge (1859) 4 Drew. 686, 698/699). Die unterschiedlichen Gerichtszuständigkeiten hat das englische Recht mittlerweile aufgegeben; die Rechtsgrundsätze, die einst das court of chancery entwickelt hat, gelten aber heute noch mit der Folge, dass im anglo-amerikanischen Rechtskreis eine Partei nur zur Vertragserfüllung verurteilt wird, wenn Geldersatz inadäquat ist. Im englischen Recht etwa ermöglicht sec. 52 Sale of Goods Act 1979 das Gericht nur beim Vertragsbruch über den Verkauf von „specific or ascertained goods" zur Gewährung des Erfüllungsanspruchs. In den USA erlaubt UCC § 2-716 die Verurteilung zur Naturalerfüllung nur, wenn die verkaufte Sache einzigartig ist oder sonstige besondere Umstände vorliegen (vgl. Lüderitz/Budzikiewicz in Soergel/Lüderitz/Fenge, Art. 28 Rz. 1).

[539] Müller-Chen in Schlechtriem/Schwenzer, Art. 28 Rz. 21

[540] Vgl. weitere Beispiele bei Müller-Chen in Schlechtriem/Schwenzer, Art. 28 Rz. 4; MüKoBGB/Gruber, Art. 28 CISG Rz. 2.

3.2.2.13.2 Nacherfüllung

Hat der Verkäufer aber eine – wenn auch vertragswidrige – Ware geliefert, kann der Käufer vom Verkäufer entweder innerhalb einer angemessenen Frist Ersatzlieferung nach Art. 46 Abs. 2 UN-Kaufrecht oder Nachbesserung nach Art. 46 Abs. 3 UN-Kaufrecht verlangen. Nachbesserung ist eine Maßnahme, die die Ware vertragsgemäß macht.[541] Denkbar ist die Ausbesserung eines Mangels, indem etwa ein defektes Ventil richtig eingestellt wird, bei einer zusammengesetzten Sache Ersatzteile oder ursprünglich fehlende Komponenten nachträglich geliefert und eingebaut werden.[542] Der Käufer kann vom Verkäufer die Nachbesserung aber nur verlangen, wenn sie nicht unter Berücksichtigung aller Umstände unzumutbar ist. So wird ausgeschlossen, dass der Käufer den Verkäufer wegen geringfügiger Mängel schikaniert oder zu unverhältnismäßigen Anstrengungen zwingt.[543] Art. 46 Abs. 3 CISG ist also eine Schutzvorschrift für den Verkäufer, den auch die Beweislast trifft.[544]

Die Unzumutbarkeit kann sich etwa durch einen Vergleich der Kosten ergeben, die bei einer Reparatur durch den Verkäufer oder einem von ihm beauftragten Dritten einerseits und einer Reparatur durch den Käufer andererseits anfallen. Als Faustformel wird hier in der Literatur vorgeschlagen, dass die Reparatur für den Verkäufer unverhältnismäßig ist, wenn die Kosten zehn bis zwanzig Prozent höher liegen.[545] Die Frage, wann Unzumutbarkeit vorliegt, wird aber stets von der Würdigung der Umstände des Einzelfalls, insbesondere im Hinblick auf das Interesse des Käufers, den Mangel vom Verkäufer selbst beheben zu lassen, abhängen.

Strenge Anforderungen stellt das UN-Kaufrecht an die Ersatzlieferung, also den Austausch der gelieferten Ware in vertragskonforme Produkte: Hier verlangt Art. 46 Abs. 2 CISG eine wesentliche Vertragsverletzung. Nach Art. 25 CISG liegt eine wesentliche Vertragsverletzung vor, wenn sie für die andere Partei solchen Nachteil zur Folge hat, dass ihr im wesentlichen entgeht, was sie nach dem Vertrag hätte erwarten dürfen, es sei denn, dass die vertragsbrüchige Partei diese Folge nicht vorausgesehen hat und eine vernünftige Person der gleichen Art diese Folge unter den gleichen Umständen auch nicht vorausgesehen hätte.[546] Diese Voraussetzung stellt das UN-Kaufrecht auf, weil die Ersatzlieferung mit besonderen Leis-

---

[541] Kronke/Melis/Schnyder/Benicke, B Rz. 284.

[542] Müller-Chen in Schlechtriem/Schwenzer, Art. 46 Rz. 44.

[543] Piltz, UN – Kaufrecht – Wegweiser für die Praxis, 3. Auflage Bonn 2000, S. 67.

[544] MüKoBGB/Gruber, Art. 46 CISG Rz. 55.

[545] Kronke/Melis/Schnyder/Benicke, B Rz. 285.

[546] OLG Düsseldorf (09.07.2010) IHR 2011, 116, 120 nimmt einen wesentlichen Pflichtenverstoß an, wenn durch ihn die berechtigten Vertragserwartungen der anderen Partei erheblich beeinträchtigt würden. Was eine Partei erwarten dürfe, sei dem jeweiligen Vertrag ggf. durch Auslegung zu entnehmen. Die Vertragsverletzung müsse diese Erwartung im Wesentlichen zunichte machen; das Interesse der Partei an der Durchführung des Vertrages müsse im wentlichen entfallen. Bei der Lieferung vertragswidriger Waren – gleiches gälte für „aliud"-Lieferungen – erfüllten nur Warenmängel von erheblichem Gewicht die Voraussetzungen des Art. 25 CISG. Hierzu zählten insbesondere solche Mängel, die mit zumutbaren Aufwand in angemessener Frist nicht behoben werden könnten, so dass die Ware praktisch unbrauchbar oder unverkäuflich oder ihr Weiterverkauf jedenfalls nicht zumutbar sei; mangelhafte Ware, die – sei es auch mit Abschlag – noch in zumutbarer Weise absetzbar sei oder die der Käufer noch weiterverarbeiten könne, sei dagegen nicht in wesentlicher Weise vertragswidrig.

3.2 Direkter Export

tungsanstrengungen des Verkäufers (dreifacher Transport, Zollprobleme usw.) verbunden ist.[547] Zunächst muss der Mangel an der gelieferten Ware so gravierend sein, dass dem Käufer nicht zuzumuten ist, die Ware trotz des Mangels zu behalten und sich mit Schadensersatz wegen des Minderwertes oder mit der Minderung zufrieden zu geben.[548] Ist die Nachbesserung nach Art. 46 Abs. 3 CISG dem Verkäufer unzumutbar und liegt keine wesentliche Vertragsverletzung vor, die den Käufer berechtigen würde, Ersatzlieferung nach Art. 46 Abs. 2 CISG zu verlangen, kann der Käufer nur Minderung des Kaufpreises nach Art. 50 CISG und/oder Schadensersatz verlangen.[549]

3.2.2.13.3 Vertragsaufhebung nach Art. 49 Abs. 1 a) CISG

Gemäß Art. 49 Abs. 1 a) CISG kann der Käufer die Aufhebung des Vertrages erklären, wenn die Nichterfüllung einer dem Verkäufer nach dem Vertrag oder diesem Übereinkommen obliegenden Pflicht eine wesentliche Vertragsverletzung darstellt. Eine Vertragsaufhebung soll mithin grundsätzlich nur bei Vertragsverletzungen möglich sein, die so schwerwiegend sind, dass dadurch das für den vertragsbrüchigen Teil erkennbare Interesse der anderen Vertragspartei am Vertrag entfallen ist.[550] Gleichgültig ist, wie sich das pflichtwidrige Verhalten

---

[547] Piltz, UN-Kaufrecht – Wegweiser für die Praxis, 3. Auflage Bonn 2000, S. 67.

[548] Müller-Chen in Schlechtriem/Schwenzer, Art. 46 Rz. 24. Fraglich ist, ob die Behebbarkeit des Mangels die Wesentlichkeit der Vertragesverletzung ausschließen kann. Kann durch Nachbesserung der Mangel behoben werden, wird man das verneinen müssen, wenn nicht die Nachbesserung vom Verkäufer verweigert wird oder fehlschlägt (MüKoBGB/Gruber, Art. 46 CISG Rz. 33). Kann durch Ersatzlieferung der Mangel behoben werden, droht ein Zirkelschluss: Der Ersatzlieferungsanspruch setzt eine wesentliche Vertragsverletzung voraus. Diese wäre nur gegeben, wenn der Ersatzlieferungsanspruch – dessen Bestehen man gerade prüft – gescheitert wäre. Wäre also Ersatzlieferung möglich, bestünde kein Ersatzlieferungsanspruch (MüKoBGB/Gruber, Art. 46 CISG Rz. 29). Zur Lösung des Problems wird auf Art. 48 CISG hingewiesen: Danach kann der Verkäufer einen Mangel in der Erfüllung seiner Pflichten auch nach dem Liefertermin auf eigene Kosten beheben, wenn dies keine unzumutbare Verzögerung nach sich zieht und dem Käufer weder unzumutbare Unannehmlichkeiten noch Ungewissheit über die Erstattung seiner Auslagen durch den Verkäufer verursacht. Der Käufer könne den Rechtsbehelf der Ersatzlieferung – wenn die Parteien kein Fixgeschäft vereinbart haben – also erst durchsetzen, wenn der Verkäufer den Mangel nicht in angemessener oder binnen einer vom Käufer gesetzten angemessenen Nachfrist durch Nachbesserung oder Ersatzlieferung beseitigt habe (Müller-Chen in Schlechtriem/Schwenzer, Art. 46 Rz. 29; Kronke/Melis/Schnyder/Benicke, B Rz. 297). Nach einer anderen Auffassung sei die relevante Passage in Art. 46 Abs. 2 CISG folgendermaßen zu verstehen: „… wenn die Vertragswidrigkeit ohne die Ersatzlieferung eine wesentliche Vertragsverletzung darstellt…". Wenn also die Vertragsverletzung sich für den Fall, dass keine Ersatzlieferung erfolgt, als wesentlich darstelle, könne der Käufer Ersatzlieferung verlangen (MüKoBGB/Gruber, Art. 46 CISG Rz. 32).

[549] Müller-Chen in Schlechtriem/Schwenzer, Art. 46 Rz. 42.

[550] Schlechtriem, Rz. 188. Es ist zu beachten, dass das UN-Kaufrecht vom Vorrang der Vertragserhaltung ausgeht, worauf das Schweizer Bundesgericht (18.05.2009) in IHR 2010, 27, 28 hinweist: Der Vertrag solle im Zweifel auch bei Störungen Bestand haben, die Vertragsaufhebung aber die Ausnahme sein. Der Käufer solle in erster Linie die anderen rechtsbehlfe, namentlich Minderung und Schadensersatz, in Anspruch nehmen, während ihm die Rückabwicklung die letzte Möglichkeit zur Verfügung stehe, um auf eine Vertragsverletzung der anderen Partei zu reagieren, die so gewichtig sei, dass sie sein Erfüllungsinteresse im Wesentlichen entfallen lasse. In dem zugrunde liegenden Sachverhalt hatte der Verkäufer eine Abfüll- und Verpackungsanlage geliefert. Vertraglich vereinbart war, dass die Anlage 180 Flacons pro Minute befüllen könne. Die Maschinenanlage erbrachte aber nur eine Leistung von 52 Flacons. Wegen der Produktionseinbusse von 71% - die auch trotz Nachbesserungsversuchen nicht behoben werden konnte – nahm das Schweizer Bundesgericht hier eine wesentliche Vertragsverletzung an.

des Verkäufers äußert, ob er etwa nicht liefert, zu spät leistet oder vertragswidrige Ware übergibt.[551]

Erfüllt der Verkäufer die Lieferpflicht nicht – ist die Lieferung aber an sich noch möglich – ist im Regelfall keine wesentliche Vertragsverletzung gegeben, wenn der Verkäufer den Liefertermin nicht einhält.[552] Ausnahmefälle können sich aus dem Vertragsinhalt (etwa Fixgeschäft oder just-in-time Geschäft) oder den Umständen des Falls (zum Beispiel Verkauf von Saisonware) ergeben.[553] Verweigert der Verkäufer vor oder nach Verstreichen des Liefertermins dagegen ernsthaft und endgültig die Lieferung – etwa weil er wegen Unmöglichkeit – nicht mehr liefern kann oder will, liegt dagegen im Regelfall eine wesentliche Vertragsverletzung vor.[554] Wann eine wesentliche Vertragsverletzung wegen Lieferung vertragswidriger Ware vorliegt, ist schwierig zu beurteilen: Hier ist maßgebend, wie gravierend der Mangel ist[555] und – nach h.M. – ob die anderweitige Verwendung der Ware durch den Käufer möglich ist und ob der Mangel behoben werden kann.[556]

3.2.2.13.4 Vertragsaufhebung nach Art. 49 Abs. 1 b) CISG

Nach Art. 49 Abs. 1 b) CISG kann der Käufer Vertragsaufhebung erklären, wenn im Falle der Nichtlieferung der Verkäufer die Ware nicht innerhalb der vom Käufer nach Art. 47 Abs. 1 CISG gesetzten Nachfrist liefert oder wenn er erklärt, dass er nicht innerhalb der so gesetzten Frist liefern wird. Nichtlieferung meint Ausbleiben der Verschaffung der Ware, also des – unmittelbaren oder mittelbaren – Besitzes.[557] Andere Vertragsverletzungen können nicht durch Nachfristsetzung zu Aufhebungsgründen aufgewertet werden; sie rechtfertigen die Vertragsaufhebung nur dann, wenn sie eine wesentliche Vertragsverletzung darstellen.[558]

Für die kaufmännische Praxis stellt dies ein erhebliches Risiko dar: Ob eine wesentliche Vertragsverletzung vorliegt, entscheidet letztlich der Richter, wenn er die Umstände des Einzelfalls würdigt. Der Kaufmann wird also bis zur (letztinstanzlichen) Entscheidung abwarten müssen, ob er die Umstände, die ihn zur Erklärung der Vertragsaufhebung veranlasst haben, richtig (oder zumindest so wie der Richter) gewürdigt hat. Es versteht sich von selbst, dass der Kaufmann bei einer solchen Erklärung ein erhebliches Risiko eingeht.[559] Dieses

---

[551] Piltz, UN-Kaufrecht – Wegweiser für die Praxis, 3. Auflage Bonn 2000, Rz. 268.

[552] Müller-Chen in Schlechtriem/Schwenzer, Art. 49 Rz. 5; MüKoBGB/Huber, Art. 49 CISG Rz. 34.

[553] Kronke/Melis/Schnyder/Benicke, B Rz. 310; Müller-Chen in Schlechtriem/Schwenzer, Art. 49 Rz. 5.

[554] MüKoBGB/Huber, Art. 49 CISG Rz. 35.

[555] Müller-Chen in Schlechtriem/Schwenzer, Art. 49 Rz. 7.

[556] Zu diesen Kriterien eingehend MüKoBGB/Huber, Art. 49 CISG Rz. 38 f.

[557] Schlechtriem, 189.

[558] MüKoBGB/Huber, Art. 49 CISG Rz. 46.

[559] Der Kaufmann selbst wird die Frage der Wesentlichkeit der Vertragsverletzung nicht beurteilen können und deshalb auf die Hilfe externer Rechtsberater angewiesen sein. Raten die Vertragsaufhebung zu erklären, ist der Kaufmann gut beraten, sich diesen Rat schriftlich erteilen zu lassen. Die Entscheidung des Käufers, Vertragsaufhebung zu erklären, bestimmt den gesamten Fortgang der weiteren Auseinandersetzung. Ist der Käufer nicht

Risiko würde behoben, wenn das CISG etwa bei vertragswidriger Ware dem Kaufmann ermöglichen würde, über eine Nachfristsetzung zur Vertragsaufhebung zu kommen. Für diese Lösung hat sich der Gesetzgeber aber nicht entschieden: Zum einen sollen die Möglichkeiten der Vertragsaufhebung beschnitten werden, zum anderen sollen Nachfristsetzungen unerhebliche Vertragswidrigkeiten nicht zum Aufhebungsgrund aufwerten können.[560]

Für den Fall der Teillieferung stellt Art. 51 CISG eine Sonderregelung auf: Liefert der Verkäufer nur einen Teil der Ware oder ist nur ein Teil der gelieferten Ware vertragsgemäß, gelten gemäß Art. 51 Abs. 1 CISG für den Teil, der fehlt oder der nicht vertragsgemäß ist, die Artt. 46 bis 50 CISG. Im Umfang der noch fehlenden Lieferung liegt mithin eine Nichtlieferung vor, die gemäß Art. 49 Abs. 1 b) CISG zur teilweisen Vertragsaufhebung führen kann.[561] Aufhebung des gesamten Vertrages kann der Käufer gemäß Art. 51 Abs. 2 CISG nur erklären, wenn die unvollständige oder nicht vertragsgemäße Lieferung eine wesentliche Vertragsverletzung darstellt.

3.2.2.13.5 Erklärungsfrist bei verspäteter Lieferung, Art. 49 Abs. 2 a) CISG

Art. 49 Abs. 2 CISG regelt, wann ein entstandenes Aufhebungsrecht des Käufers wieder verloren geht: Hat der Verkäufer etwa Ware geliefert, mit der er seine kaufvertraglichen Pflichten erfüllen wollte, kann er nur Vertragsaufhebung nach Art. 49 Abs. 2 a) CISG verlangen, wenn er im Falle verspäteter Lieferung die Aufhebung innerhalb einer angemessenen Frist erklärt, nachdem er erfahren hat, dass die Leistung erfolgt ist. Der Gesetzgeber will so Ungewissheiten über das weitere Schicksal des Vertrages vermeiden.[562] Dies liegt im Interesse des Verkäufers: Er will von der Zurückweisung der Ware möglichst schnell unterrichtet werden, um die Ware anschließend anderweitig verwerten zu können.[563] Die Frist ist deshalb knapp bemessen und dürfte selten länger als ein oder zwei Tage betragen.[564] Aus dem Gegenschluss aus Art. 49 Abs. 2 a) CISG ergibt sich, dass der Käufer – wenn der Liefertermin verstrichen und die Lieferung noch nicht erfolgt ist – beliebig lange warten kann, ehe er sein Recht zur Vertragsaufhebung ausübt.[565]

---

zur Vertragsaufhebung berechtigt, stellt die Vertragsaufhebungserklärung ein pflichtwidriges Verhalten gegenüber dem Verkäufer dar und der Käufer riskiert, Ware behalten und bezahlen zu müssen, mit der er gegebenenfalls nichts mehr anfangen kann. Nicht nur in Zweifelsfällen wird man deshalb dem Kaufmann raten müssen, von der Erklärung der Vertragsaufhebung abzusehen und stattdessen die Rechtsbehelfe Minderung und Schadensersatz in Anspruch zu nehmen, denn diese setzen keine wesentliche Vertragsverletzung voraus.

[560] Schlechtriem, Rz. 188.
[561] MüKoBGB/Huber, Art. 49 CISG Rz. 49.
[562] Schlechtriem, Rz. 200.
[563] Müller-Chen in Schlechtriem/Schwenzer, Art. 49 Rz. 29.
[564] MüKoBGB/Huber, Art. 49 CISG Rz. 62.
[565] Müller-Chen in Schlechtriem/Schwenzer, Art. 49 Rz. 27.

3.2.2.13.6 Erklärungsfrist bei anderen Vertragsverletzungen, Art. 49 Abs. 2 b) CISG

Hat der Verkäufer die Ware geliefert, so verliert der Käufer sein Recht, den Vertrag aufzuheben, wenn er im Falle einer anderen Vertragsverletzung – etwa der Lieferung vertragswidriger Ware – die Aufhebung innerhalb angemessener Frist erklärt, i) nachdem er die Vertragsverletzung kannte oder kennen musste, ii) nachdem eine vom Käufer nach Art. 47 Abs. 1 CISG gesetzte Nachfrist abgelaufen ist oder nachdem der Verkäufer erklärt hat, dass er seine Pflichten nicht innerhalb der Nachfrist erfüllen wird, oder iii) nachdem eine vom Verkäufer nach Art. 48 Abs. 2 CISG gesetzte Nachfrist abgelaufen ist oder nachdem der Käufer erklärt hat, dass er die Erfüllung nicht annehmen wird. Die angemessene Frist ist hier länger als die in Art. 49 Abs. 2 a) CISG. Der Käufer benötigt einen gewissen Zeitraum zur Einschätzung der Lage und zur Einholung rechtlichen Rates: Ob etwa eine wesentliche Vertragsverletzung vorliegt und der Käufer von einem Vertragsaufhebungsrecht Gebrauch machen kann, ist schwieriger zu beurteilen als in dem in Art. 49 Abs. 2 a) CISG geregelten Fall.[566]

Beim Fristbeginn variiert die Regelung: Allgemein läuft die Frist, wenn der Käufer von der Vertragsverletzung weiß oder wissen muss. War der Käufer nachsichtig und hat er dem Verkäufer nach Art. 47 Abs. 1 CISG eine Nachfrist zur Erfüllung eingeräumt, soll der Käufer aufgrund dieses Entgegenkommens keine Nachteile erleiden und die Frist zur Vertragsaufhebung erst ab Ablauf der Nachfrist oder Erfüllungsverweigerung des Verkäufers zu laufen beginnen.[567] Hat der Verkäufer gemäß Art. 48 Abs. 2 CISG die nachträgliche Erfüllung innerhalb einer bestimmten Frist angeboten, beginnt die Frist für die Vertragsaufhebung dann mit dem Ablauf dieser vom Verkäufer angebotenen Frist oder mit der Ablehnung des Nacherfüllungsangebotes durch den Käufer.

3.2.2.13.7 Rückabwicklung nach Vertragsaufhebung

Gemäß Art. 81 Abs. 1 Satz 1 CISG befreit die Vertragsaufhebung beide Parteien von ihren Vertragspflichten mit Ausnahme etwaiger Schadensersatzpflichten. Hat eine Partei den Vertrag ganz oder teilweise erfüllt, kann sie gemäß Art. 81 Abs. 2 Satz 1 CISG Rückgabe des von ihr Geleisteten von der anderen Partei verlangen. Wer die Kosten der Rückgabe tragen muss, regelt das CISG nicht: Nach h.M. sind für den vertragstreuen Teil die Kosten der Rückgewähr in die Berechnung des Schadensersatzes aufzunehmen, während die Partei, die den Vertrag verletzt hat, diese Kosten selbst tragen muss.[568]

Zu beachten ist insbesondere Art. 82 Abs. 1 UN-Kaufrecht, nach dem grundsätzlich der Käufer das Recht auf Vertragsaufhebung verliert, wenn es ihm unmöglich ist, die Ware im Wesentlichen in dem Zustand zurückzugeben, in dem er sie erhalten hat. Dieser Grundsatz der unversehrten Rückgewähr ist aber wesentlich eingeschränkt durch die Ausnahmen in Art.

---

[566] MüKoBGB/Huber, Art. 49 CISG Rz. 65.

[567] Müller-Chen in Schlechtriem/Schwenzer, Art. 49 Rz. 36.

[568] Lüderitz/Dettmeier in Soergel/Lüderitz/Fenge, Art. 81 Rz. 2; Hornung/Fountoulakis in Schlechtriem/Schwenzer, Art. 81 Rz. 19.

82 Abs. 2 CISG, der die Regel zur Ausnahme macht.[569] Nach Art. 82 Abs. 2 a) CISG gilt der Grundsatz der unversehrten Rückgabe nicht, wenn die Unmöglichkeit, die Ware zurückzugeben oder sie im wesentlichen in dem Zustand zurückzugeben, in dem der Käufer sie erhalten hat, nicht auf einer Handlung oder Unterlassung des Käufers beruht. Diese Bestimmung legt dem Verkäufer allein die Gefahr auf, dass die Ware durch seine Vertragsverletzung – etwa infolge eines weiterfressenden Mangels oder fehlerhafter Gebrauchsanweisung[570] – beeinträchtigt wird.[571] Derselben Überlegung liegt Art. 82 Abs. 2 b) CISG zugrunde, nach dem der Käufer auch den Vertrag aufheben kann, wenn die Ware ganz oder teilweise infolge der in Art. 38 CISG vorgesehenen Untersuchung untergegangen oder verschlechtert worden ist.

Das Risiko der geschäftsüblichen Verwendung regelt – zum Schutz des gutgläubigen Käufers[572] – Art. 82 Abs. 2 c) CISG: Auch hier behält der Käufer das Recht, den Vertrag aufzuheben, wenn er die Ware ganz oder teilweise im normalen Geschäftsverkehr verkauft oder der normalen Verwendung entsprechend verbraucht oder verändert hat, bevor er die Vertragswidrigkeit entdeckt hat oder hätte entdecken müssen.

3.2.2.13.8 Minderung, Art. 50 CISG

Das Minderungsrecht steht dem Käufer gemäß Art. 50 UN-Kaufrecht zu, wenn der Verkäufer vertragswidrige Ware geliefert hat: Der Käufer kann den Preis in dem Verhältnis herabsetzen, in dem der Wert, den die tatsächlich gelieferte Ware im Zeitpunkt der Lieferung hatte, zu dem Wert steht, den vertragsgemäße Ware zu diesem Zeitpunkt gehabt hätte. Funktional entspricht die Minderung einer Anpassung der durch die vertragswidrige Beschaffenheit der Ware gestörten Vertragsparität.[573] Der Preis wird so herabgesetzt, als ob von vornherein die nicht vertragsmäßige, weniger wertvolle Ware, wie sie der Verkäufer tatsächlich geliefert hat, Vertragsgegenstand gewesen wäre.[574] Es ist also nicht der mangelbedingte Minderwert der gelieferten Ware vom vereinbarten Kaufpreis abzuziehen. Vielmehr ist der Minderwert ins Verhältnis zum Wert der eigentlich geschuldeten, vertragsmäßigen Ware zu setzen und der Kaufpreis um dieses Verhältnis zu kürzen. So bleibt das im Vertrag angelegte Äquivalenzverhältnis zwischen Leistung und Gegenleistung auch nach der Minderung gewahrt.[575]

Die Berechnung des geminderten Kaufpreises ist in der Praxis schwierig, so etwa dann, wenn sich der Wert vertragsmäßiger Ware nicht ohne weiteres ermitteln lässt. Das BGB berechtigt

---

[569] Hornung/Fountoulakis in Schlechtriem/Schwenzer, Art. 82 Rz. 12.
[570] Lüderitz/Dettmeier in Soergel/Lüderitz/Fenge, Art. 82 Rz. 6.
[571] Hornung/Fountoulakis in Schlechtriem/Schwenzer, Art. 82 Rz. 13 f., vgl. insbesondere zur „höheren Gewalt" Rz. 14.
[572] Lüderitz/Dettmeier in Soergel/Lüderitz/Fenge, Art. 82 Rz. 8.
[573] Schlechtriem, Rz. 203.
[574] Müller-Chen in Schlechtriem/Schwenzer, Art. 50 Rz. 1.
[575] MüKoBGB/Huber, Art. 50 CISG Rz. 16.

hier das Gericht in § 441 Abs. 3 Satz 2 BGB, den Minderungsbetrag zu schätzen. Qualifiziert man die Norm als prozessuale Vorschrift, könnte sie in Deutschland auch gelten, wenn der Rechtsstreit nach dem UN-Kaufrecht zu entscheiden wäre.[576] Probleme können auch entstehen, wenn sich der Wert der vertragsmäßigen Ware zwischen Vertragsschluss und Lieferung verändert hat.[577] Hier können dem Käufer die Vorteile eines günstigen Kaufs verloren gehen, wenn in der Zeit zwischen Vertragsschluss und Lieferungsdatum die Preise für Ware der gelieferten, aber nicht vertragsgemäßen Qualität stärker steigen als die Preise für Waren der im Vertrag vereinbarten Beschaffenheit.[578] Die praktische Bedeutung der Minderung insgesamt ist aber überschaubar, weil der Käufer bei Lieferung vertragswidriger Ware einen verschuldensunabhängigen Schadensersatzanspruch hat, der auch den Minderwert der Ware erfasst.[579]

3.2.2.13.9 Schadensersatz, Art. 45 Abs. 1 b) CISG

Zusätzlich neben allen anderen Rechtsbehelfen kann der Käufer gemäß Art. 45 Abs. 1 b) CISG vom Verkäufer nach den Artt. 74 bis 77 CISG Schadensersatz wegen Vertragsverletzung verlangen. Vertragsverletzung ist jede Form der objektiven Nichterfüllung einer Vertragspflicht. Ob es sich um eine zeitweilige oder endgültige Nichterfüllung handelt, ist gleichgültig. Es reicht aus, dass eine Verbindlichkeit bei Fälligkeit nicht erfüllt oder schlecht erfüllt wird; ein Verschulden oder Inverzugsetzen – etwa durch Mahnung oder Nachfristsetzung – ist nicht erforderlich.[580] Das Konzept, das den Schadensersatzregeln des UN-Kaufrechts zugrunde liegt, unterscheidet sich mithin erheblich von dem des deutschen BGB, das etwa in § 280 Abs. 1 Satz 2 BGB eine Schadensersatzhaftung vom Verschulden des Schuldners abhängig macht oder etwa in den §§ 280 Abs. 2, 286 BGB für den Ersatz des Verzögerungsschadens eine Mahnung des Gläubigers verlangt.

3.2.2.13.10 Entlastung nach Art. 79 Abs. 1 CISG

Verschuldensunabhängige Haftung bedeutet aber nicht, dass der Schuldner nach dem UN-Kaufrecht für jede Pflichtverletzung haftet: Er kann sich nach den Art. 79 Abs. 1 CISG seiner Schadensersatzpflicht entziehen. Danach muss eine Partei für die Nichterfüllung einer ihrer Pflichten nicht einstehen, wenn sie beweist, dass die Nichterfüllung auf einem außerhalb ihres Einflussbereichs liegenden Hinderungsgrund beruht und dass von ihr vernünftigerweise nicht erwartet werden konnte, den Hinderungsgrund bei Vertragsabschluß in Betracht zu ziehen oder den Hinderungsgrund oder seine Folgen zu vermeiden oder zu überwinden.

---

[576] Schlechtriem, Rz. 203.
[577] MüKoBGB/Huber, Art. 50 CISG Rz. 16.
[578] Schlechtriem, Rz. 204.
[579] Kronke/Melis/Schnyder/Benicke, B Rz. 331.
[580] Schwenzer in Schlechtriem/Schwenzer, Art. 74 Rz. 12.

3.2 Direkter Export

Das CISG geht von einem typischen Einflussbereich des Schuldners aus, in dem er durch organisatorische Maßnahmen und geeignete Kontrollen den störungsfreien Ablauf der für die Vorbereitung und Durchführung des Vertrages nötigen Vorgänge sicherstellen kann.[581] Entlastet wird der Schuldner etwa im Fall der durch höhere Gewalt (*force majeure*) bewirkten Leistungshinderung.[582] Streitig ist aber schon, ob etwa ökonomische Erschwerungen (*hardship*) den Schuldner entlasten können. Die herrschende Lehre will hier etwa das Beschaffungsrisiko auf das Zumutbare beschränken mit der Folge, dass bei „Unerschwinglichkeit" der Leistung oder „Überschreiten der Opfergrenze" der Schuldner von seinen Pflichten befreit werden müsse.[583] Sollte es aber für diese Fälle jemals einen praktischen Anwendungsbereich geben, dürfte er sich auf Grenzfälle beschränken. Die bislang dazu veröffentlichte Rechtsprechung hält solche Grenzfälle zwar für möglich; allerdings ist Art. 79 CISG bislang noch nicht bei Änderung wirtschaftlicher Verhältnisse angewendet worden.[584] Ob ein Streik den Schuldner nach Art. 79 Abs. 1 CISG entlasten kann, ist strittig. Während einige Autoren annehmen, jeder Streik sei unter den allgemeinen Voraussetzungen des Art. 79 Abs. 1 CISG ein Entlastungsgrund[585], wollen andere etwa darauf abstellen, ob dem Schuldner zuzumuten war, im Interesse der Erfüllung eines einzelnen Auftrags weitgehende Konzessionen an die Arbeitnehmer zu machen.[586]

Nach der wohl herrschenden Lehre kann sich der Schuldner bei allgemeinen – insbesondere politischen – Streiks, in die der Betrieb des Schuldners oder seine Zulieferer verwickelt werden, über Art. 79 Abs. 1 CISG entlasten, wenn ein solcher Streik nicht bereits bei Vertragsschluss zu erwarten war oder seine Folgen durch Vorsorgemaßnahmen hätten abgewendet werden können.[587] War aber der Arbeitskampf für den Verkäufer vermeidbar, kann er sich nicht entlasten, selbst wenn er zur Vermeidung des Arbeitskampfes hohe Zugeständnisse an seine Arbeitnehmer hätte machen müssen.[588] Hindern staatliche Eingriffe – etwa nichttarifäre Handelshemmnisse – die Erfüllung des Vertrages, wird sich der Schuldner in der Regel nach Art. 79 Abs.1 CISG entlasten können.[589] Dient der staatliche Eingriff allgemeinen staatspoli-

---

[581] Vgl. Schwenzer in Schlechtriem/Schwenzer, Art. 79 Rz. 11, die statt „Einflussbereich" den Begriff „Verantwortungsbereich" bevorzugt.

[582] Staudinger/Magnus, Art. 79 Rz. 27; Schlechtriem, Rz. 289; Lüderitz/Dettmeier in Soergel/Lüderitz/Fenge, Art. 79 Rz. 8.

[583] Schlechtriem, Rz. 291, Staudinger/Magnus, Art. 79 Rz. 24; vgl. auch Schwenzer in Schlechtriem/Schwenzer, Art. 79 Rz. 30.

[584] Vgl. Nachweise aus der Rechtsprechung bei Schwenzer in Schlechtriem/Schwenzer, Art. 79 Rz. 30.

[585] So Staudinger/Magnus, Art. 79 Rz. 21.

[586] Herber/Czerwenka, Art. 79 Rz. 13.

[587] Lüderitz/Dettmeier in Soergel/Lüderitz/Fenge, Art. 79 Rz. 5; Schwenzer in Schlechtriem/Schwenzer, Art. 79 Rz. 21.

[588] Schlechtriem, Rz. 293.

[589] Staudinger/Magnus, Art. 79 Rz. 28.

tischen Zielen – und nicht dazu, das Unternehmen von seinen Vertragspflichten zu befreien – kann sich auch ein Staatsunternehmen auf diese Norm berufen.[590]

3.2.2.13.11 Haftung für Dritte, Art. 79 Abs. 2 CISG

Beruht die Nichterfüllung einer Partei auf der Nichterfüllung durch einen Dritten, dessen sie sich zur völligen oder teilweisen Vertragserfüllung bedient, so ist diese Partei von der Haftung nur befreit, wenn sie nach Art. 79 Abs. 1 CISG befreit ist und wenn der Dritte selbst ebenfalls nach Art. 79 Abs. 1 CISG befreit wäre, wenn diese Bestimmung auf ihn Anwendung fände. Dritte sind nur solche Personen, die selbstständig zur Erfüllung herangezogen worden sind und ihre Leistung direkt an den Gläubiger erbringen, wie etwa Subunternehmer oder – beim Streckengeschäft – gegebenenfalls der Vorlieferant.[591] Für das Verhalten von unselbstständig Beschäftigten hat der Schuldner immer wie für eigenes einzustehen.[592] Hier verschärft das UN-Kaufrecht die Haftung des Schuldners mit dem doppelten Entlastungsbeweis: Der Schuldner soll aus der Erfüllungsübernahme durch den Dritten keine Vorteile ziehen dürfen, weil sie auf sein Risiko geschieht.[593]

3.2.2.13.12 Haftungsbefreiung nach Art. 80 CISG

Nach Art. 80 CISG kann sich eine Partei auf die Nichterfüllung von Pflichten durch die andere Partei nicht berufen, soweit diese Nichterfüllung durch ihre Handlung oder Unterlassung verursacht wurde. Die Norm regelt nicht die Folgen eines Mitverschuldens des Gläubigers, sondern die Befreiung des Schuldners von seiner Verantwortung für Leistungsstörungen, deren Ursache in der Gläubigersphäre liegt.[594] Fertigt etwa der Verkäufer eine Maschine nach den Plänen eines fachkundigen Käufers an, kann dieser nicht Ansprüche wegen der Konstruktionsmängel der Maschine geltend machen.[595] Problematisch und höchst umstritten ist die Frage, ob der Anwendungsbereich von Art. 80 CISG nur eröffnet ist, wenn der Gläubiger die Nichterfüllung allein verursacht hat[596] oder ob die Vorschrift auch eingreift, wenn beide Parteien einen Verursachungsbeitrag geleistet haben.[597] Für die letztere Auffassung spricht zumindest, dass der Wortlaut („to the extent") des Art. 80 CISG darauf hindeutet, dass die Schöpfer des UN-Kaufrechts auch den Fall der beiderseitigen Verursachung regeln wollten. Einigkeit besteht darin, dass es auf ein Verschulden des Gläubigers nicht an-

---

[590] Schwenzer in Schlechtriem/Schwenzer, Art. 79 Rz. 17; Staudinger/Magnus, Art. 79 Rz. 29.

[591] Schlechtriem, Rz. 294.

[592] Kronke/Melis/Schnyder/Benicke, B Rz. 385.

[593] Schwenzer in Schlechtriem/Schwenzer, Art. 79 Rz. 39.

[594] Schwenzer in Schlechtriem/Schwenzer, Art. 80 Rz. 1.

[595] Staudinger/Magnus, Art. 80 Rz. 9.

[596] „Alles-oder-nichts-Lösung": So etwa Lüderitz/Dettmeier in Soergel/Lüderitz/Fenge, Art. 80 Rz. 3,4.

[597] Schwenzer in Schlechtriem/Schwenzer, Art. 80 Rz. 7; Staudinger/Magnus, Art. 80 Rz. 14, der bei der Anwendung von Art. 80 CISG darauf abstellen möchte, ob der Ursachenbeitrag des Gläubigers deutlich jenen des Schuldners überwiegt. Ist das der Fall, soll Art. 80 CISG Anwendung finden.

kommt.⁵⁹⁸ Das Gläubigerverhalten muss auch keine Vertragsverletzung darstellen.⁵⁹⁹ In der Rechtsprechung ist Art. 80 CISG insbesondere auf den Fall angewendet worden, dass der Verkäufer weitere Leistungen einstellte, weil der Käufer, der wegen des Lieferstopps nunmehr Schadensersatz verlangt, die bisherigen Leistungen nicht bezahlt hat.⁶⁰⁰

3.2.2.13.13 Umfang des Schadensersatzanspruchs, Art. 74 CISG

Nach Art. 74 Satz 1 CISG ist als Schadensersatz für die durch eine Partei begangene Vertragsverletzung der der anderen Partei infolge der Vertragsverletzung entstandene Verlust, einschließlich des entgangenen Gewinns, zu ersetzen. Man spricht vom Grundsatz der Totalreparation: Der Gläubiger hat Anspruch auf vollen Ausgleich aller Nachteile, die ihm durch die Vertragsverletzung entstanden sind.⁶⁰¹ Ersetzt wird nicht nur das Integritätsinteresse⁶⁰², sondern auch das Erfüllungsinteresse.⁶⁰³ Dazu zählt zunächst der erlittene Verlust, also der Nichterfüllungs-, Begleit- und Folgeschaden: Liefert etwa der Verkäufer dem Käufer vertragswidrige Ware, kann der Käufer den Mangel selbst beheben und vom Verkäufer Aufwendungsersatz fordern – sofern die Aufwendungen angemessen waren.⁶⁰⁴ Der Käufer kann aber auch den Mangelschaden nach der Differenz des Wertes der mangelhaften Sache und dem Wert berechnen, den die mangelfreie Sache im Zeitpunkt der Schadensberechnung gehabt hätte.⁶⁰⁵ Darüber hinaus kann der Käufer bei Lieferung vertragswidriger Ware etwa die Lagerungskosten vom Verkäufer ersetzt verlangen, wenn er die Ware nach Vertragsaufhebung an den Verkäufer zurücksendet.⁶⁰⁶

Hat der Käufer vertragswidrige Ware weiterverkauft und wird er nun vom Abnehmer in Anspruch genommen, kann der Käufer von seinem Verkäufer diesen Folgeschaden ersetzt verlangen.⁶⁰⁷ Ersetzen muss der Schuldner auch den entgangenen Gewinn⁶⁰⁸, also jede durch

---

⁵⁹⁸ Lüderitz/Dettmeier in Soergel/Lüderitz/Fenge, Art. 80 Rz. 2.

⁵⁹⁹ Staudinger/Magnus, Art. 80 Rz. 9.

⁶⁰⁰ Staudinger/Magnus, Art. 74 Rz. 19; LG München II (20.02.2002) CISG online 712.

⁶⁰¹ Schwenzer in Schlechtriem/Schwenzer, Art. 74 Rz. 2; Kronke/Melis/Schnyder/Benicke, B Rz. 376.

⁶⁰² Lüderitz/Dettmeier in Soergel/Lüderitz/Fenge, Art. 74 Rz. 8.

⁶⁰³ Kronke/Melis/Schnyder/Benicke, B Rz. 376.

⁶⁰⁴ Staudinger/Magnus, Art. 74 Rz. 41; Schwenzer in Schlechtriem/Schwenzer, Art. 74 Rz. 24.

⁶⁰⁵ Schwenzer in Schlechtriem/Schwenzer, Art. 74 Rz. 24.

⁶⁰⁶ Schwenzer in Schlechtriem/Schwenzer, Art. 74 Rz. 27; Lüderitz/Dettmeier in Soergel/Lüderitz/Fenge, Art. 74 Rz. 5.

⁶⁰⁷ Schwenzer in Schlechtriem/Schwenzer, Art. 74 Rz. 34.

⁶⁰⁸ Das OLG Koblenz hat jüngst (24.04.2010) in IHR 2010, 255, 257 darauf hingewiesen, dass Art. 74 CISG von § 252 BGB abweiche: Nach § 252 BGB gelte der Gewinn als entgangen, welcher nach dem gewöhnlichen Lauf der Dinge oder nach den besonderen Umständen, insbesondere nach den getroffenen Anstalten und Vorkehrungen, mit Wahrscheinlichkeit habe erwartet werden können. Demgegenüber weiche Art. 74 Satz 1 CISG insoweit vom deutschen unvereinheitlichten Recht ab, als die Regelung des § 252 Satz 2 BGB über die Vermutung des Gewinns der nach dem „gewöhnlichen Lauf der Dinge mit Wahrscheinlichkeit erwartet werden konnte" keine Anwendung finde. Es bedürfe deshalb stets einer hypothetischen Schadensberechnung, in deren Rahmen al-

die Vertragsverletzung verhinderte Vermögensmehrung.[609] Bei der Schadensberechnung sind aber auch stets die Vorteile, die im Zusammenhang mit dem Vertragsbruch für den Gläubiger entstanden sind, zu berücksichtigen, also etwa ersparte Aufwendungen für die Montage einer vom Verkäufer nicht gelieferten Maschine.[610] Ersatzfähig ist aber stets nur der materielle Schaden; Schmerzensgeld für immaterielle Schäden sieht das UN-Kaufrecht nicht vor.[611]

Nach Art. 74 Satz 2 CISG darf der Schadensersatz aber den Verlust nicht übersteigen, den die vertragsbrüchige Partei bei Vertragsschluss als mögliche Folge der Vertragsverletzung vorausgesehen hat oder unter Berücksichtigung der Umstände, die sie kannte oder kennen musste, hätte voraussehen müssen. Diese Regelung soll den Verkäufer davor schützen, dass der Käufer ihn mit einer Haftung überzieht, die für ihn bei Vertragsschluss nicht kalkulierbar war und die er deshalb bei seiner Entscheidung über den Vertragsschluss nicht berücksichtigen konnte.[612] Bedeutsam ist dies besonders bei Folgeschäden: Entsteht etwa beim Käufer ein Haftungsschaden, weil er mit seinem Abnehmer eine nicht branchenübliche Vertragsstrafe vereinbart hat, muss der Verkäufer diesen Schaden nur ersetzen, wenn er die Vereinbarung bei Vertragsschluss kannte oder kennen musste.[613] Macht der Käufer dagegen entgangenen Gewinn geltend und entspricht dieser der gewöhnlichen Handelsspanne[614], war der entgangene Gewinn beim Käufer zu erwarten und der Verkäufer muss ihn ersetzen.[615]

3.2.2.13.14 Deckungsgeschäft, Art. 75 CISG

Praktisch wichtig ist der Fall, dass der Käufer einen Deckungskauf tätigen muss, weil der Verkäufer seiner Lieferpflicht nicht nachgekommen ist, der Käufer aber gegenüber Dritten ebenfalls zur Lieferung verpflichtet war. Hier gilt Art. 75 CISG: Ist danach der Vertrag aufgehoben und hat der Käufer einen Deckungskauf in angemessener Weise innerhalb eines angemessenen Zeitraums nach der Aufhebung vorgenommen, kann der Käufer den Unterschied zwischen dem im Vertrag vereinbarten Preis und dem Preis des Deckungskaufs sowie jeden weiteren Schadensersatz nach Art. 74 CISG verlangen. Zweck der Vorschrift ist, dem Gläubiger den Schadensnachweis zu erleichtern.[616] Sie verlangt zunächst, dass der Vertrag aufgehoben ist[617], also der Käufer die Vertragsaufhebung erklärt hat. Rechtsprechung und

---

lerdings die nationalen Beweisregeln ausschlaggebend sein könnten. Dazu gehöre § 287 ZPO, nach der Geschädigte nur die Umstände darlegen und beweisen müsse, aus denen sich nach dem gewöhnlichen Verlauf der Dinge oder den besonderen Umständen des Falles die Wahrscheinlichkeit des Gewinneintritts ergebe.

[609] Lüderitz/Dettmeier in Soergel/Lüderitz/Fenge, Art. 74 Rz. 10; Schwenzer in Schlechtriem/Schwenzer, Art. 74 Rz. 36.

[610] Schlechtriem, Rz. 300.

[611] Kronke/Melis/Schnyder/Benicke, B Rz. 376.

[612] Zur Entwicklung vgl. Schlechtriem, Rz. 302.

[613] Schwenzer in Schlechtriem/Schwenzer, Art. 74 Rz. 56; Staudinger/Magnus, Art. 74 Rz. 45.

[614] Lüderitz/Dettmeier in Soergel/Lüderitz/Fenge, Art. 74 Rz. 21.

[615] Stoll/Gruber in Schlechtriem/Schwenzer, Art. 74 Rz. 55.

[616] Staudinger/Magnus, Art. 75 Rz. 1; Lüderitz/Dettmeier in Soergel/Lüderitz/Fenge, Art. 75 Rz. 1.

[617] Staudinger/Magnus, Art. 75 Rz. 7; vgl. dazu auch OLG Düsseldorf (09.07.2010) IHR 2011, 116, 121

wohl auch herrschende Meinung wollen aber eine Ausnahme von diesem Erfordernis machen, wenn bei Vornahme des Deckungsgeschäfts feststeht, dass der Schuldner keinesfalls erfüllen wird, etwa weil er ernsthaft und endgültig die Erfüllung verweigert hat.[618] Darüber hinaus muss der Käufer das Deckungsgeschäft tatsächlich vorgenommen haben. Allein die Möglichkeit, ein solches abzuschließen, genügt nicht.[619]

Die Angemessenheit des Deckungskaufs ist zu bejahen, wenn der Käufer sich bei Abschluss des Geschäfts im Rahmen der einschlägigen kaufmännischen Übung wie ein vorsichtiger und umsichtiger Geschäftsmann verhalten, insbesondere den niedrigsten geforderten Preis angestrebt hat.[620] Zumindest müssen übliche Einkaufspreise eingehalten werden.[621] Nimmt der Käufer keinen Deckungskauf vor, gilt die Marktpreisregel des Art. 76 CISG, um die Höhe des Schadensersatzes zu berechnen: Der Käufer kann hier den Unterschied zwischen dem im Vertrag vereinbarten Preis und dem Marktpreis zur Zeit der Vertragsaufhebung sowie jeden weiteren Schadensersatz nach Art. 74 CISG verlangen.[622]

3.2.2.13.15 Schadensminderungspflicht

Eine Grenze der Schadensersatzpflicht des Käufers setzt Art. 77 CISG, nach dem die Partei, die sich auf eine Vertragsverletzung beruft, alle den Umständen nach angemessenen Maßnahmen zur Verringerung des aus der Vertragsverletzung folgenden Verlusts, einschließlich des entgangenen Gewinns, treffen muss. Hier können Maßnahmen zur Erhaltung der Ware oder zur Veräußerung verderblicher Waren nach Art. 77 CISG geboten sein. Der Käufer kann auch gehalten sein, ein Deckungsgeschäft vorzunehmen, so etwa dann, wenn dadurch Folgeschäden vermieden werden können.[623] Zu außerordentlichen, unverhältnismäßige Kosten erfordernden Anstrengungen ist der Käufer aber nicht verpflichtet.[624]

---

[618] OLG Hamburg (28.2.1997) CISG-online 261; OLG Bamberg (13.1.1999) CISG-online 516; Staudinger/Magnus, Art. 75 Rz. 8; Schwenzer in Schlechtriem/Schwenzer, Art. 75 Rz. 5.; Staudinger/Magnus, Art. 75 Rz. 8; a.A. Lüderitz/Dettmeier in Soergel/Lüderitz/Fenge, Art. 75 Rz. 3. Der wohl herrschenden Meinung wird man hier allerdings zustimmen müssen: Es ist schwer nachvollziehbar, warum sich der Schuldner auf eine nicht erfolgte Vertragsaufhebungserklärung berufen dürfen soll, wenn er selbst erklärt hat, den Vertrag nicht mehr zu erfüllen.
[619] Schwenzer in Schlechtriem/Schwenzer, Art. 75 Rz. 2.
[620] Schwenzer in Schlechtriem/Schwenzer, Art. 75 Rz. 6.
[621] Staudinger/Magnus, Art. 75 Rz. 16.
[622] Zur Berechnung vgl. Wittinghofer, Zur Berechnung des Schadensersatzes nach Art. 76 UN-Kaufrecht, IHR 2010, 225
[623] Lüderitz/Dettmeier in Soergel/Lüderitz/Fenge, Art. 77 Rz. 4; Staudinger/Magnus, Art. 77 Rz. 11; Schwenzer in Schlechtriem/Schwenzer, Art. 75 Rz. 13.
[624] Schwenzer in Schlechtriem/Schwenzer, Art. 77 Rz. 7.

3.2.2.14 Pflichten des Käufers

Gemäß Art. 53 CISG ist der Käufer verpflichtet, den Kaufpreis zu zahlen und die Ware abzunehmen. Die Kaufpreiszahlung regeln die Artt. 54 bis 59 CISG, die Abnahme Art. 60 CISG. Diese Regelungen greifen grundsätzlich dann ein, wenn die Parteien keine abweichenden Vereinbarungen getroffen haben.

3.2.2.14.1 Zahlungsort

Den Zahlungsort regelt Art. 57 CISG: Fehlt danach eine Vereinbarung über den Zahlungsort, ist die Zahlung entweder am Ort der Niederlassung des Verkäufers oder, soll die Zahlung gegen Übergabe der Ware oder von Dokumenten erfolgen, an dem Ort zu leisten, an dem die Übergabe stattfinden soll. Grundsätzlich ist die Kaufpreiszahlungspflicht also Bringschuld mit der Folge, dass bei bargeldloser Zahlung durch Überweisung Erfüllung erst mit der Gutschrift auf dem Konto des Verkäufers eintritt.[625] Zu beachten ist in diesem Zusammenhang Art. 5 Nr. 1 a) EuGVVO, der grundsätzlich am Erfüllungsort einen Gerichtsstand begründet. Beim Verkauf beweglicher Sachen wird aber der Erfüllungsort in Art. 5 Nr. 1 b) EuGVVO erster Spiegelstrich autonom bestimmt: Maßgeblich ist der Lieferort, der damit einen Gerichtsstand für Ansprüche auf den Kaufpreis (und andere Ansprüche) begründet.[626]

3.2.2.14.2 Zahlungszeit

Nach Art 58 CISG muss der Käufer – wenn die Parteien keine Vereinbarung über die Zahlungszeit getroffen haben – den Preis zahlen, sobald ihm der Verkäufer entweder die Ware oder die Dokumente, die zur Verfügung darüber berechtigen, übergeben hat. Die Fälligkeit der Forderung tritt nach Art. 59 CISG unabhängig davon ein, ob der Verkäufer den Käufer zur Zahlung aufgefordert hat. Beim Platzkauf – also der Übernahme der Ware beim Verkäufer oder an einem dritten Ort – wird der Kaufpreis fällig, wenn der Verkäufer die erforderlichen Maßnahmen getroffen hat, die dem Käufer die Übernahme der Ware ermöglichen – also in der Regel dann, wenn er die Ware individualisiert und den Käufer hiervon informiert hat.[627] Beim Fernkauf (Bringschuld) muss der Verkäufer dem Käufer die Ware am Ort der Niederlassung des Käufers oder einem vereinbarten dritten Ort anbieten.[628]

Beim Versendungskauf muss dem Käufer die Ware am Bestimmungsort angeboten worden sein. Erst dann ist der Kaufpreis fällig. Art. 58 Abs. 2 CISG enthält hier zum Schutz des Verkäufers eine Sonderregelung: Der Verkäufer kann die Ware mit der Maßgabe versenden, dass die Ware oder die Dokumente, die zur Verfügung darüber berechtigen, dem Käufer nur

---

[625] Hager/Maultzsch in Schlechtriem/Schwenzer, Art. 57 Rz. 4. Streitig ist, wie der Lieferort zu bestimmen ist, dazu etwa Piltz, Gerichtsstand des Erfüllungsortes in UN-Kaufverträgen, IHR 2006, 53, 56. Praktisch bietet sich deshalb an, eine Gerichtsstandsvereinbarung zu treffen.

[626] Schlechtriem, Rz. 215. Zur Problematik des Lieferorts beim Versendungskauf vgl. FN 384

[627] Hager/Maultzsch in Schlechtriem/Schwenzer, Art. 58 Rz. 4.

[628] Schlechtriem, Rz. 217.

gegen Zahlung des Kaufpreises zu übergeben sind. Unabhängig davon ist aber der Käufer gemäß Art. 58 Abs. 3 CISG berechtigt, die Ware vor Zahlung zu untersuchen. Die Pflicht zur Abnahme besteht gemäß Art. 60 CISG darin, alle Handlungen vorzunehmen, die vernünftigerweise von ihm erwartet werden können, damit dem Verkäufer die Lieferung ermöglicht wird, und die Ware zu übernehmen. Von der Übernahme strikt zu trennen ist die Frage des Eigentumsübergangs, dessen Regelung dem UN-Kaufrecht gemäß Art. 4 Satz 2 b) CISG entzogen ist.

3.2.2.14.3 Währung

In welcher Währung die Zahlung zu leisten ist, richtet sich entweder nach der Parteivereinbarung oder – wenn eine solche fehlt – nach den zwischen den Parteien gebildeten Gepflogenheiten. Haben sich zwischen den Parteien auch keine Gepflogenheiten gebildet, ist streitig, in welcher Währung der Kaufpreis zu zahlen ist: Während in einigen Urteilen vertreten wird, der Kaufpreis sei regelmäßig in der Verkäuferwährung zu zahlen[629], wollen andere die Frage nach dem über das Kollisionsrecht anwendbaren nationalen Recht entscheiden.[630] Im deutschen Internationalen Privatrecht richtet sich die Schuldwährung nach dem Vertragsstatut[631], so dass wegen Art. 4 Abs. 1 lit a) Rom I-VO der Kaufpreis in der Verkäuferwährung zu zahlen ist. Schließlich wird vertreten, man müsse eine Sonderanknüpfung vornehmen und die Währungsvorschriften des Erfüllungsortes für maßgeblich erachten.[632] Sämtliche vertretene Auffassungen führen mithin zu dem Ergebnis, dass im Regelfall[633] der Kaufpreis in der Verkäuferwährung zu zahlen ist.

3.2.2.14.4 Abnahmepflicht

Nach Art. 60 CISG besteht die Pflicht des Käufers zur Abnahme darin, alle Handlungen vorzunehmen, die vernünftigerweise von ihm erwartet werden können, damit dem Verkäufer die Lieferung ermöglicht wird, und die Ware abzunehmen. Die Abnahmepflicht erschöpft sich nicht in der körperlichen Übernahme der Ware an dem Ort, an dem sie nach dem Vertrag dem Käufer zur Verfügung zu stellen ist. Er muss auch die von ihm zu erwartenden Mitwirkungshandlungen vornehmen, um die Lieferung durch den Verkäufer zu ermöglichen.[634] Der Käufer kann etwa gehalten sein, die für eine Montage durch den Verkäufer erforderlichen Vorbereitungshandlungen vorzunehmen[635], auf besondere klimatische Ver-

---

[629] Vgl. etwa KG Berlin (24.1.1994) CISG-online 130 = RIW 1994, 683.
[630] So etwa Herber/Czerwenka, Art. 53 Rz. 5.
[631] Palandt/Heldrich, Art. 32 Rz. 10.
[632] So etwa Schlechtriem, Rz. 211.
[633] Eine Ausnahme bildet der Fall, wenn ausnahmsweise die Übergabe der Ware oder der Dokumente in einem Drittland erfolgen muss. Stellt man hier auf den Erfüllungsort ab, kann eine andere Währung als die des Verkäufers in Betracht kommen (dazu Schlechtriem, Rz. 211).
[634] Kronke/Melis/Schnyder/Benicke, B Rz. 354 f.; Schlechtriem, Rz. 220.
[635] Schlechtriem, Rz. 220.

hältnisse im Käuferland hinzuweisen[636], Einfuhrgenehmigungen zu besorgen oder den Verkäufer bei der Erledigung der Zollformalitäten zu unterstützen.[637] Abnahme bedeutet aber nicht – wie etwa im deutschen Werkvertragsrecht – Billigung der Ware.[638]

Praktisch wichtig ist, unter welchen Voraussetzungen der Käufer die Abnahme der Ware verweigern kann: Gesetzlich steht dies dem Käufer gemäß Art. 52 Abs. 1 CISG bei vorzeitiger Lieferung oder gemäß Art. 52 Abs. 2 Satz 1 CISG bei der Zuviellieferung bezüglich der überschüssigen Menge zu.[639] Liefert der Verkäufer verspätet, kann der Käufer die Abnahme nur verweigern, wenn er auch den Vertrag aufheben dürfte.[640] Hat der Verkäufer vertragswidrige Ware geliefert, kann der Käufer die Abnahme nur verweigern, wenn er den Vertrag aufheben (Art. 49 Abs. 1 a) CISG) oder Ersatzlieferung (Art. 46 Abs. 2 CISG) verlangen könnte – also die Vertragswidrigkeit eine wesentliche Vertragsverletzung nach Art. 25 CISG darstellt.[641] Bei geringerer Schwere der Mängel muss der Käufer die Ware abnehmen und sich auf die Rechtsbehelfe der Nachbesserung (Art. 46 Abs. 3 CISG), der Minderung (Art. 50 CISG) oder die Schadensersatzansprüche ohne Vertragsaufhebung beschränken.[642]

3.2.2.15 Rechtsbehelfe des Verkäufers

Bei Vertragsverletzungen des Käufers kann der Verkäufer zwischen den Rechtsbehelfen der Art. 61 UN-Kaufrecht wählen. Das sind Erfüllung (Art. 62 CISG), Vertragsaufhebung (Art. 64 CISG), Schadensersatz (Art. 61 Abs. 1 b) CISG) und Zinsen (Art. 78 CISG).

3.2.2.15.1 Erfüllung, Art. 62 CISG

Der Rechtsbehelf der Erfüllung in Art. 62 CISG ist zunächst auf Zahlung des Kaufpreises und Abnahme der Ware, aber auch auf Erfüllung der zusätzlich im Vertrag vereinbarten Pflichten gerichtet. Hier ist wieder – wie schon im Fall des Art. 46 Abs. 1 CISG – der Art. 28 CISG bedeutsam, der dem Rechtsbehelf der Erfüllung dessen gerichtliche Durchsetzbarkeit in den Ländern, die nur ausnahmsweise den Erfüllungsanspruch gewähren, versagen kann. Nach herrschender Meinung ist Art. 28 CISG nicht nur auf Kaufpreisklage, sondern auch auf Klagen anzuwenden, die Abnahmepflicht und sonstige Pflichten durchsetzen sollen.[643] Dies hat praktische Folgen: Muss der Verkäufer, der eigentlich Zahlung des Kaufpreises will, stattdessen den Kaufpreis als Schaden geltend machen, greift – weil nunmehr ein Schadens-

---

[636] Kronke/Melis/Schnyder/Benicke, B Rz. 355.

[637] Hager/Maultzsch in Schlechtriem/Schwenzer, Art. 60 Rz. 2.

[638] Staudinger/Magnus, Art. 60 Rz. 8; Kronke/Melis/Schnyder/Benicke, B Rz. 358.

[639] Kronke/Melis/Schnyder/Benicke, Handbuch Internationales Wirtschaftsrecht, Teil B Rz. 358.

[640] Hager/Maultzsch in Schlechtriem/Schwenzer, Art. 60 Rz. 3.

[641] Kronke/Melis/Schnyder/Benicke, B Rz. 359.

[642] Hager/Maultzsch in Schlechtriem/Schwenzer, Art. 60 Rz. 3

[643] Hager/Maultzsch in Schlechtriem/Schwenzer, Art. 62 Rz. 12, 13; Schlechtriem,, Rz. 236, 238, 239.

ersatzanspruch verfolgt wird – die Schadensminderungspflicht des Art. 77 CISG ein.[644] Gegen den Erfüllungsanspruch wird man dagegen nur in krassen Fällen des Beharrens auf Vertragserfüllung den Einwand wegen Rechtsmissbrauchs nach Art. 7 Abs. 1 CISG erheben können.[645]

3.2.2.15.2 Vertragsaufhebung, Art. 64 Abs. 1 CISG

Der Rechtsbehelf der Vertragsaufhebung ist für den Verkäufer insbesondere vorteilhaft, wenn abzusehen ist, dass der Käufer nach Erfüllung der Lieferpflicht den Kaufpreis nicht zahlen wird oder zahlen kann. Dann ist der Verkäufer gut beraten, den Rechtsbehelf der Vertragsaufhebung zu wählen, vorausgesetzt natürlich, aus dem Vertrag sind bereits Zahlungsansprüche fällig. Der Rechtsbehelf der Vertragsaufhebung setzt gemäß Art. 64 CISG voraus, dass die Nichterfüllung einer dem Käufer obliegenden Pflicht eine wesentliche Vertragsverletzung darstellt oder der Käufer nicht innerhalb der vom Verkäufer nach Art. 63 Abs. 1 CISG gesetzten Nachfrist seine Pflicht zur Zahlung des Kaufpreises oder zur Abnahme der Ware erfüllt oder wenn er erklärt, dass er dies nicht innerhalb der so gesetzten Frist tun wird. Für die Frage also, ob der Verkäufer – der den Vertrag aufheben will – sofort eine Vertragsaufhebungserklärung abgibt oder zunächst eine Nachfrist nach Art. 63 CISG setzen soll, ist entscheidend, ob der Käufer eine wesentliche Vertragsverletzung nach Art. 25 CISG begangen hat.

Die nicht rechtzeitige Zahlung durch den Käufer stellt grundsätzlich keine wesentliche Vertragsverletzung dar.[646] Die verspätete Zahlung müsste für den Verkäufer einen solchen Nachteil zur Folge haben, dass ihm im wesentlichen entgeht, was sie nach dem Vertrag hätte erwarten dürfen. Dies wird regelmäßig nur anzunehmen sein, wenn die Pflicht zur Zahlung des Kaufpreises Fixcharakter hat, also etwa bei stark fluktuierenden Devisenmärkten.[647] Auch die endgültige Zahlungsverweigerung des Käufers stellt eine wesentliche Vertragsverletzung dar.[648] Gerät also der Käufer mit der Zahlungspflicht in Verzug, sollte der Verkäufer im Zweifel regelmäßig eine Nachfrist nach Art. 63 Abs. 1 CISG setzen. Das gilt darüber hinaus bei der Verletzung der Abnahmepflicht des Käufers: Eine wesentliche Vertragsverletzung ist hier nur in Ausnahmefällen denkbar, so etwa dann, wenn der Verkäufer an der pünktlichen Räumung seines Lagers oder der schnellen Entladung seiner Beförderungsmittel gelegen ist, wenn keine Lager oder – bei verderblichen Waren – keine Erhaltungsmöglichkeiten bestehen oder wenn beim Verkauf von Massengütern der ordnungsgemäße Betrieb des Verkäufers von der pünktlichen Abnahme abhängt.[649] Schließlich kann die endgültige Abnahmeverweigerung eine wesentliche Vertragsverletzung darstellen.[650] Bei der Verletzung sonstiger Pflich-

---

[644] Schlechtriem, Rz. 236.
[645] Kronke/Melis/Schnyder/Benicke, B Rz. 365; Hager/Maultzsch in Schlechtriem/Schwenzer, Art. 62 Rz. 14.
[646] Hager/Maultzsch in Schlechtriem/Schwenzer, Art. 64 Rz. 5; Schlechtriem, Rz. 242.
[647] Schlechtriem, Rz. 242.
[648] Hager/Maultzsch in Schlechtriem/Schwenzer, Art. 64 Rz. 5.
[649] Schlechtriem, Rz. 243.

ten sind die Voraussetzungen nach Art. 25 CISG gegeben, wenn etwa Mitwirkungspflichten – wie zum Beispiel die Übermittlung von Daten oder Plänen – Fixcharakter haben. Maßgeblich ist das der Pflicht nach der Vertragsvereinbarung zukommende Gewicht.[651] Im Regelfall empfiehlt sich also auch hier die Nachfristsetzung nach Art. 63 CISG.

3.2.2.15.3 Erklärungsfrist nach Kaufpreiszahlung, Art. 64 Abs. 2 CISG

Für die Frist, innerhalb derer der Verkäufer die Aufhebung des Vertrages erklären muss, kommt es nach Art. 64 Abs. 2 CISG darauf an, ob der Käufer den Kaufpreis bereits gezahlt hat: Vor Kaufpreiszahlung läuft keine Frist.[652] Nach Kaufpreiszahlung – und zwar Zahlung des vollen Kaufpreises[653] – ist zwischen verspäteter Vertragserfüllung und anderer Vertragsverletzung zu unterscheiden: Bei verspäteter Erfüllung einer Vertragspflicht durch den Käufer verliert der Verkäufer gemäß Art. 64 Abs. 2 a) CISG sein Recht, die Aufhebung des Vertrages zu erklären, wenn er die Aufhebung nicht erklärt, bevor er erfahren hat, dass erfüllt worden ist. Bei anderen Vertragsverletzungen als verspäteter Erfüllung durch den Käufer – also etwa bei der Nichtleistung[654] – verliert der Verkäufer gemäß Art. 64 Abs. 2 b) CISG das Vertragsaufhebungsrecht, wenn er die Aufhebung nicht innerhalb einer angemessenen Zeit erklärt, nachdem der Verkäufer die Vertragsverletzung kannte oder kennen musste oder nachdem eine vom Verkäufer nach Art. 63 Abs. 1 CISG gesetzte Nachfrist abgelaufen ist oder nachdem der Käufer erklärt hat, dass er seine Pflichten nicht innerhalb der Nachfrist erfüllen wird. Da der Verkäufer den Kaufpreis erhalten hat, werden seine Interessen durch die Beschränkung des Vertragsaufhebungsrechts nicht unangemessen benachteiligt.[655]

3.2.2.15.4 Schadensersatz, Art. 61 Abs. 1 b) CISG

Die Pflicht des Käufers, bei Zahlungsverzug Schadensersatz nach Art. 61 Abs. 1 b) CISG zu leisten, richtet sich nach den allgemeinen Regeln der Artt. 74 f. CISG: Der Käufer muss dem Verkäufer alle voraussehbaren Schäden ersetzen. Nimmt der Verkäufer, wenn der Käufer nicht zahlt, einen marktüblichen Kredit in Anspruch, kann er – über den Zinsanspruch nach Art. 78 CISG hinaus – die Kreditkosten geltend machen.[656] Streitig ist, ob Kursverluste der geschuldeten Währung als Schäden ersetzbar sind. Während dies teilweise generell bejaht wird[657], unterscheidet die herrschende Meinung: Erhält der Gläubiger Zahlung in seiner Heimatwährung, sind Kursverluste gegenüber anderen Währungen nicht zu ersetzen, bei der

---

[650] OLG Hamm (22.9.1994) CISG-online 57.

[651] Hager/Maultzsch in Schlechtriem/Schwenzer, Art. 64 Rz. 7.

[652] Kronke/Melis/Schnyder/Benicke, B Rz. 368.

[653] Hager/Maultzsch in Schlechtriem/Schwenzer, Art. 64 Rz. 11.

[654] Schlechtriem, Rz. 248.

[655] Kronke/Melis/Schnyder/Benicke, B Rz. 371.

[656] Staudinger/Magnus, Art. 74 Rz. 43; Lüderitz/Dettmeier in Soergel/Lüderitz/Fenge, Art. 74 Rz. 7.

[657] So etwa Herber/Czerwenka, Art. 74 Rz. 6; zustimmend zumindest bei inflationistischen Währungen Lüderitz/Dettmeier in Soergel/Lüderitz/Fenge, Art. 74 Rz. 19.

3.2 Direkter Export 137

Fremdwährung dagegen sei Konvertierung bei Zahlung zu unterstellen und ein Kursverlust ersatzfähig.[658]

Unabhängig von Aufhebung oder Festhalten am Vertrag kann der Verkäufer – zumindest nach der Praxis der deutschen Gerichte – als Schaden auch die Aufwendungen zur angemessenen Rechtsverfolgung geltend machen.[659] Zu beachten ist, dass sich die Erstattung der Prozesskosten nach nationalem Prozessrecht richtet. Nach der in den USA herrschenden *American rule* zahlt jede Partei ihre eigenen Prozess- und Anwaltskosten.[660] Diese Regel geht in den USA dem UN-Kaufrecht vor.[661] Inwieweit in den USA vom Prozessrecht nicht gedeckte Kostenlasten als Schadensersatz verlangt werden können, ist unklar. Nach der deutschen Gerichtspraxis sind außergerichtliche Kosten für die Einschaltung von Anwälten im eigenen wie im Land der anderen Partei ersatzfähig, wenn Art und Umfang der Vertragsverletzung und das Verhalten der anderen Partei für die Betrauung von Anwälten hinreichenden Anlass gegeben haben.[662] Ob die Kosten für die Einschaltung eines Inkassobüros zu ersetzen sind, ist streitig: Die Gerichte sehen dies oft als unüblich und kostenerhöhend an, weil ein Inkassobüro im Allgemeinen keine überlegene Möglichkeit der Rechtsdurchsetzung hat.[663]

3.2.2.15.5 Zinsanspruch

Gemäß Art. 78 CISG sind Kaufpreis und andere Geldansprüche zu verzinsen – eine Regelung, die etwa im Hinblick auf das Zinsverbot islamischer Staaten keine Selbstverständlichkeit ist. Wegen der unterschiedlichen wirtschaftlichen, religiösen und politischen Auffassungen gehörte Art. 78 CISG im Rahmen der diplomatischen Konferenz von 1980 zu den umstrittensten Regelungen, wenn man sich auch grundsätzlich über die Verzinsungspflicht einig war.[664] Der Zinsanspruch setzt allein die Fälligkeit des Zahlungsanspruchs voraus[665]; eine Mahnung ist nicht erforderlich.[666] Eine Ausnahme gilt, wenn der Schuldner die Forderungs-

---

[658] Staudinger/Magnus, Art. 74 Rz. 49; Schwenzer in Schlechtriem/Schwenzer, Art. 74 Rz. 26.

[659] Lüderitz/Dettmeier in Soergel/Lüderitz/Fenge, Art. 74 Rz. 6; Staudinger/Magnus, Art. 74 Rz. 51; differenzierend Schwenzer in Schlechtriem/Schwenzer, Art. 74 Rz. 30; vgl. auch LG Potsdam (07.04.2009) IHR 2009, 205

[660] Assmann/Bungert, 8. Kapitel Rz. 121 f.

[661] Zapata Hermanos Sucesores S.A. v Hearthside Baking Co., Inc., U.S. Ct. App. (7th Cir.) (19.11.2002) CISG-online 684 = IHR 2003, 128.

[662] Dazu Staudinger/Magnus, Art. 74 Rz. 51.

[663] LG Frankfurt (16.9.1991) CISG-online 26; LG Berlin (6.10.1992) CISG-online 173; LG Düsseldorf (25.8.1994) CISG-online 451; so auch Schwenzer in Schlechtriem/Schwenzer, Art. 74 Rz. 31; a.A. Staudinger/Magnus, Art. 74 Rz. 51, der grundsätzlich meint, dass aus Sprachgründen, Ortsansässigkeit, Kenntnis der Mentalitäten etc. ein ausländisches Inkassobüro etwas bessere Durchsetzungs- und Rechtsverfolgungsmöglichkeiten habe als der Gläubiger selbst. Der Gläubiger verstoße aber gegen seine Schadensminderungspflicht, wenn er wisse oder wissen müsse, dass die Einschaltung eines Inkassounternehmens nicht zur Anspruchsdurchsetzung führen könne, etwa weil für eine gerichtliche Durchsetzung Anwaltszwang bestehe.

[664] Zur Entstehungsgeschichte vgl. Bianca/Bonell/Nicholas, Art. 78 Anm. 1; Bacher in Schlechtriem/Schwenzer, Art. 78 Rz. 2; Staudinger/Magnus, Art. 78 Rz. 4; Lüderitz/Dettmeier in Soergel/Lüderitz/Fenge, Art. 78 Rz. 1.

[665] Bacher in Schlechtriem/Schwenzer, Art. 78 Rz. 7.

[666] Staudinger/Magnus, Art. 78 Rz. 9.

höhe nicht kennt. Im Hinblick auf das Risiko des Schuldners, dass der Gläubiger die Vorteile der Verzinsung für sich ausnutzt, wird aber vom Gläubiger zu erwarten sein, dass er seine Forderung gegenüber dem Schuldner – etwa in einer Rechnung – beziffert hat.[667] Bis dahin wird die Forderung als gestundet gelten müssen.[668] Der Zinsanspruch besteht unabhängig vom Vorliegen der Voraussetzungen des Art. 79 CISG.[669]

Die Höhe des Zinssatzes regelt das UN-Kaufrecht nicht: Grundsätzlich richtet er sich nach der Parteivereinbarung. Haben die Parteien keinen Zinssatz vereinbart, ist – so die weit überwiegende Rechtsprechung – über das Kollisionsrecht des Gerichtssitzes zu ermitteln, welcher gesetzliche Zinssatz des unvereinheitlichten nationalen Sachrechts gilt.[670] Nach dem deutschen Kollisionsrecht wird im Regelfall das Recht am Ort der Verkäuferniederlassung anwendbar sein. Kennt das dann anwendbare Recht keine Verzinsungspflicht, etwa weil ein Zinsverbot besteht, sind die funktional entsprechenden Kreditkosten im Bereich dieser Rechtsordnung heranzuziehen. Gibt es dort keine, können keine Zinsen verlangt werden.[671]

3.2.3 INCOTERMS® 2010

Die nationalen Regelungen wie auch das UN-Kaufrecht sind bei internationalen Warenlieferungen oft nur unzureichend: Es bedarf sorgfältiger Vertragsgestaltung, um in Einzelfragen eine interessengerechte Lösung der Probleme zu treffen. Dies setzt aber voraus, dass die Parteien die Zeit haben, in Verhandlungen Verträge zu gestalten. Auch müssen sie dabei gegebenenfalls bestehende Sprachbarrieren überwinden. Hier helfen Lieferklauseln, deren wichtigste in den INCOTERMS der Internationalen Handelskammer festgelegt sind.[672] Es sind keine gesetzlichen Regelungen, sondern vorformulierte Vertragsklauseln, die im internationalen Wirtschaftsverkehr gehandhabte Pflichtenaufteilungen wiedergeben und klare Definitionen enthalten. Sie werden dadurch verbindlich, dass die Parteien im Vertrag auf sie Bezug nehmen.[673] Herausgegeben werden die INCOTERMS seit 1936 von der Internationalen Handelskammer (ICC) in Paris. Aktuell sind die INCOTERMS® 2010.[674] Die Lieferklauseln teilen die INCOTERMS in vier Klauselgruppen, die E-, F-, C- und D-Gruppe, ein.

---

[667] Lüderitz/Dettmeier in Soergel/Lüderitz/Fenge, Art. 78 Rz. 3.

[668] Bacher in Schlechtriem/Schwenzer, Art. 78 Rz. 12.

[669] Staudinger/Magnus, Art. 78 Rz. 11.

[670] OLG Köln (13.11.2000) CISG-online 657; OLG Düsseldorf (10.2.1994) CISG-online 115. Es handelt sich hier um eine der im UN-Kaufrecht umstrittensten Fragen überhaupt: Wie ist die Lücke, die der Gesetzgeber bei der Höhe des Zinssatzes gelassen hat, zu schließen (zum Meinungsstand Ferrari, Verzugszinsen nach Art. 78 CISG, IHR 2003, 153, 156 f.).

[671] Staudinger/Magnus, Art. 78 Rz. 17.

[672] Huber/Widmer in Schlechtriem/Schwenzer, Art. 78 Rz. 12.

[673] Qualifiziert werden die INCOTERMS überwiegend als Allgemeine Geschäftsbedingungen (dazu Koller in Großkomm. HGB, 4. Aufl. Stand 2001 § 346 Rz. 285; Lehr, Die neuen Incoterms 2000, VersR 2000, 548, 550). Innerhalb des Geltungsbereichs des UN-Kaufrechts gelten die INCOTERMS über Art. 9 Abs. 1 CISG als einverständlich berufener Handelsbrauch (Piltz, INCOTERMS 2000, ein Praxisüberblick, RIW 2000, 485).

[674] Dazu Piltz, Incoterms® 2010, IHR 2011, 1; Graf von Bernstorff, Incoterms 2010 RIW 2010, 672.

Die Lieferklauseln innerhalb der jeweiligen Klauselgruppe sind, was die Pflichtenaufteilung zwischen Käufer und Verkäufer angeht, einander ähnlich. Die Lieferklauseln regeln dann Lieferort, Gefahrübergang sowie die Pflichten zum Abschluss des Beförderungsvertrages, zur Zahlung der Transportkosten, zur Zahlung von Zöllen, zur Erledigung der Ein- und Ausfuhrformalitäten sowie Benachrichtigungspflichten. Teilweise regeln die Lieferklauseln auch, wer die Transportversicherung für die Ware tragen muss.[675] Nicht geregelt werden dagegen Fragen des Zustandekommens des Vertrags, Eigentumsübergang, Lieferunmöglichkeit, Mängelrüge, Gewährleistungs- und Zahlungsabwicklung.

3.2.3.1   E-Gruppe

Die E-Gruppe enthält nur die Klausel

    EXW: *Ex Works ... (named place), Ab Werk ... (benannter Ort)*

und begründet eine Holschuld des Käufers ab dem Werk bzw. dem Lager der Verkäufers: Der Verkäufer muss die Ware dem Käufer nur am benannten Lieferort in dem vereinbarten Zeitpunkt oder innerhalb der vereinbarten oder üblichen Lieferzeit zur Verfügung zu stellen, ohne die Ware auf das abholende Beförderungsmittel verladen zu müssen. Der Gefahrübergang erfolgt, wenn der Verkäufer dem Käufer die Ware im Werk (z.B. Fabrikationsstätte, Lager u.a.) des Verkäufers zur Verfügung stellt. Dort muss der Käufer also die Ladung untersuchen (§ 377 HGB, Art. 38 CISG). Die EXW-Klausel nimmt hier eine einseitige Lastenverteilung auf den Käufer vor. Keinesfalls sollte deshalb diese Klausel verwendet werden, wenn der Käufer weder direkt noch indirekt die Exportformalitäten erledigen kann.

3.2.3.2   F-Gruppe

Schnittstelle von Käufer- und Verkäuferpflichten bei der F-Gruppe ist der Beginn des Haupttransports. Anders als bei der E-Gruppe muss der Verkäufer die Ware bis zum Frachtführer transportieren. Für sämtliche Transportarten – also Schiffs-, Straßen-, Luft- oder Bahnverkehr steht als Lieferklausel

    FCA: *Free Carrier ... (named place) – Frei Frachtführer ... (benannter Ort)*

zur Verfügung: Der Verkäufer hat seine Lieferpflicht erfüllt, wenn er die zur Ausfuhr freigemachte Ware dem vom Käufer benannten Frachtführer am benannten Ort oder an der benannten Stelle übergibt. Nur für den Schiffsverkehr geeignet sind dagegen die

    FAS: *Free Alongside Ship ... (named port of shipment) – Frei Längsseite Schiff ... (benannter Verschiffungshafen)*

und die

    FOB: *Free on Board ... (named port of shipment) – Frei an Bord ... (benannter Verschiffungshafen)*

---

[675] Kronke/Melis/Schnyder/Benicke, B Rz. 394; Schmidt in MüKoHGB, § 346 Rz. 111.

Klausel: „Frei Längsseite Schiff" bedeutet, dass der Verkäufer seine Lieferpflicht erfüllt, wenn er die Ware dem Hafenbrauch entsprechend – also am Kai oder in Leichterschiffen – am vom Käufer benannten Ladeplatz in dem benannten Verschiffungshafen Längsseite des vom Käufer benannten Schiffes bereitgestellt hat. „Frei an Bord" dagegen bedeutet, dass der Verkäufer liefert, wenn die Ware an Bord des Schiffes verladen worden ist. Ab diesen, von FAS- und FOB-Klausel benannten Zeitpunkten gehen alle Kosten und Gefahren des Verlusts oder der Beschädigung der Ware auf den Käufer über.

3.2.3.3 C-Gruppe

Bei der C-Gruppe fallen Kosten- und Gefahrenübergang auseinander: Wie bei der F-Gruppe geht die Gefahr des Untergangs oder der Verschlechterung der Ware mit Beginn des Haupttransports über, nur muss der Verkäufer den Transport disponieren und die regulären Frachtkosten bis zum Bestimmungsort tragen. Die Fracht ist also im Kaufpreis eingeschlossen. Die Lieferklauseln dieser Gruppe unterscheiden zum einen nach der Transportart, zum anderen danach, ob der Verkäufer zusätzlich noch die Kosten einer Transportversicherung tragen muss. Allein für den Schiffstransport geeignet sind die

CFR: *Cost and Freight ... (named port of destination) – Kosten und Fracht ... (benannter Bestimmungshafen)*

und

CIF: *Cost, Insurance and Freight ... (named port of destination) – Kosten, Versicherung und Fracht ... (benannter Bestimmungshafen)*

Klauseln. Kosten und Fracht bedeutet, dass der Verkäufer die Kosten und die Fracht tragen muss, die erforderlich sind, um die Ware zum benannten Bestimmungshafen zu befördern. Die Gefahr des Verlusts oder der Beschädigung der Ware ebenso wie zusätzliche Kosten, die auf Ereignisse nach Lieferung der Ware an Bord zurückzuführen sind, geht vom Verkäufer auf den Käufer bei Verladung der Ware an Bord des Schiffes über. Das gilt auch für die CIF-Klausel, nur muss der Verkäufer hier zusätzlich die Seetransportversicherung gegen die vom Käufer getragene Gefahr des Verlusts oder der Beschädigung der Ware während des Transports abschließen. Für alle Transportarten geeignet sind dagegen die

CPT: *Carriage Paid To ... (named place of destination) – Frachtfrei ... (benannter Bestimmungsort),*

Klausel, bei der der Verkäufer die Frachtkosten übernehmen muss, die erforderlich sind, um die Ware bis zum benannten Bestimmungsort zu befördern, und die

CIP: *Carriage and Insurance Paid to ... (named place of destination) – Frachtfrei versichert ... (benannter Bestimmungsort)*

Klausel, bei der der Verkäufer zusätzlich noch die Transportversicherung abschließen und die Versicherungsprämie zahlen muss.

3.2.3.4 D-Gruppe

Schnittstelle zwischen Käufer- und Verkäuferpflichten ist bei der D-Gruppe der Bestimmungsort des Haupttransports: Diese Gruppe verlagert die gesamten Transportkosten und Transportgefahren auf den Verkäufer. Der Käufer spart damit auch die Versicherungskosten. Diese sollte der Verkäufer im eigenen Interesse aufbringen. Innerhalb der D-Gruppe unterscheiden die Incoterms® 2010 nicht nach der jeweiligen Transportart. In dieser Gruppe hat die Internationale Handelskammer zwei neue Klauseln – DAT und DAP – geschaffen, die die Klauseln DAF (Delivered At Frontier – geliefert Grenze), DES (Delivered Ex Ship – geliefert ab Schiff), DEQ (Delivered Ex Quay – Geliefert ab Kay) und DDU (Delivered Duty Unpaid – Geliefert unverzollt) ersetzen. Bei

> **DAP:** *Delivered At Place ... (named place) – geliefert zum Platz ... (benannter Ort)*

soll Ware bis zu einem Platz an einem Bestimmungsort geliefert werden; der Verkäufer muss bis zu diesem Moment neben den Kosten auch die Sachgefahr tragen.[676] Ähnlich ist das bei der Klausel

> **DAT:** *Delivered At Terminal ... (named place) – geliefert Terminal ... (benannter Terminal).*

Die Klausel DAT ersetzt die DEQ-Klausel der INCOTERMS 2000[677]. Diese Klausel eignet sich für alle Geschäfte, in denen der Verkäufer die Ware nach Abladung vom Transportmittel dem Käufer an einem bestimmten Terminal in einem benannten Bestimmungshafen oder an einem benannten Bestimmungsort zur Verfügung stellt.[678] Wie bei der Klausel DDP hat der Verkäufer alle Kosten und Risiken bis zum Eintreffen der Ware am Terminal zu tragen.[679] Das gilt auch für die

> **DDP:** *Delivered Duty Paid ... (named place of destination) – Geliefert verzollt ... (benannter Bestimmungsort)*

Klausel, bei der der Verkäufer aber die Kosten für den bei der Einfuhr anfallenden Zoll tragen muss. „Geliefert verzollt" ist die den Verkäufer maximal belastende INCOTERMS-Klausel und eignet sich für alle Transportarten.

3.2.4 Dokumentenakkreditiv

Das Dokumentenakkreditiv dient primär der Zahlungssicherung im Außenhandel: Der Verkäufer muss sich absichern, wenn er in Vorleistung die Ware liefern muss. Deshalb wurde für den internationalen Warenhandel das Dokumentenakkreditiv entwickelt: Zur Sicherung

---

[676] Graf von Bernstorff, Incoterms 2010, RIW 2010, 672, 679
[677] Piltz, INCOTERMS® 2010, IHR 2011, 1, 2
[678] Graf von Bernstorff, Incoterms 2010, RIW 2010, 672, 679
[679] Piltz, INCOTERMS® 2010, IHR 2011, 1, 2

des Verkäufers erteilt der Käufer – in der Regel seiner Hausbank – einen Akkreditivauftrag. Eröffnet dann die Bank das Akkreditiv, erhält der Verkäufer einen vom Warengeschäft losgelösten, von der Einreichung der im Akkreditiv benannten Dokumente abhängigen abstrakten Zahlungsanspruch gegen die Bank.[680] Die vertragliche Verpflichtung der Akkreditivbank besteht also darin, im Auftrag und für Rechnung des Käufers einer Ware direkt oder über eine Zweitbank einen bestimmten Betrag in einer festgelegten Währung innerhalb einer bestimmten Frist gegen Vorlage ausgehandelter Dokumente und/oder der Erfüllung sonstiger Bedingungen an der Verkäufer zu zahlen.[681] Der Zahlungsanspruch besteht unabhängig vom Grundgeschäft. Für den Verkäufer hat dies Vorteile: Er muss sich nach Eröffnung des Akkreditivs auch keine berechtigte Einwendungen und Einreden aus dem Kaufvertrag entgegenhalten. Für den Käufer gilt: „Erst bezahlen, dann prozessieren."

3.2.4.1 Regelung des Dokumentenakkreditivs

In den meisten Staaten[682] – so etwa auch in Deutschland – findet sich keine gesetzliche Regelung zum Dokumentenakkreditiv. Um international das Dokumentenakkreditiv einheitlich handhaben zu können, wurden aufgrund Vereinbarung der Bankvereinigungen die Uniform Customs and Practice for Documtentary Credits, die Einheitlichen Richtlinien und Gebräuche für Dokumenten-Akkreditive (UCP 600) geschaffen, die von der Internationalen Handelskammer veröffentlicht werden.[683] Streitig ist, wie die UCP 600 rechtlich einzuordnen sind.[684] Um hier Rechtsunsicherheiten zu vermeiden, schreibt 1 UCP 600 vor, das Regelwerk finde auf alle Dokumentenakkreditive Anwendung, in deren Text es einbezogen sei, wenn es nicht im Akkreditiv ausdrücklich geändert oder ausgeschlossen ist.[685]

3.2.4.1.1 Begriff

Unter die Ausdrücke „Dokumentenakkreditiv(e)" und „Standby Letter(s) of Credit" fasst man jede wie auch immer benannte oder bezeichnete Vereinbarung, wonach eine im Auftrag und nach den Weisungen eines Kunden („Auftraggeber") oder im eigenen Interesse handelnde Bank („eröffnende Bank") gegen vorgeschriebene Dokumente eine Zahlung an einen

---

[680] Freitag in Derleder/Knops/Bamberger, Handbuch zum deutschen und europäischen Bankrecht, Heidelberg 2004, § 54 Rz. 16.

[681] Kronke/Melis/Schnyder/Ehrlich, I Rz. 253.

[682] Vgl. Schütze, Das Dokumentenakkreditiv im internationalen Handelsverkehr, 5. Aufl. 1999 Rz. 3 f.; zur gesetzlichen Regelung in den USA vgl. auch Eschmann, Die Auslegungsfähigkeit eines Standby Letter of Credit, RIW 1996, 913 und Das Recht des Dokumentenakkreditivs in den USA und in Deutschland, 1985.

[683] Uniform Customs and Practice for Documentary Credits (UCP), 2007 Revision, ICC Publikation Nr. 600.

[684] Graf von Westphalen, AGB-rechtliche Erwägungen zu den neuen Einheitlichen Richtlinien und Gebräuchen für Dokumenten-Akkreditive-Revision 1993, RIW /AWD 1994, 453.

[685] Zum Vergleich der Neuregelung der UCP 600 mit dem Vorgänger vgl. Holzwarth, Einheitliche Richtlinien und Gebräuche für Dokumenten – Akkreditive, IHR 2007, 136, 138; vgl. zur Vorgängerregelung in den UCP 500 auch Münchener Vertragshandbuch/Schütze VI.1. Anm. 11; vgl. auch Kronke/Melis/Schnyder/Ehrlich, I Rz. 256.

Dritten („Begünstigter") oder dessen Order zu leisten oder vom Begünstigten bezogenen Wechsel (Tratten) zu akzeptieren und zu bezahlen hat oder eine andere Bank zur Ausführung einer solchen Zahlung oder zur Akzeptierung und Bezahlung derartiger Wechsel (Tratten) ermächtigt oder eine andere Bank zur Negoziierung ermächtigt, sofern die Akkreditivbedingungen erfüllt sind. Im Sinne dieser Richtlinien gelten Filialen einer Bank in unterschiedlichen Ländern als andere Bank.

3.2.4.1.2 Widerrufliches und unwiderrufliches Akkreditiv

Akkreditive werden grundsätzlich unwiderruflich eröffnet. Für das widerrufliche Akkreditiv enthalten die UCP 600 keine Sonderregelungen mehr.[686] Soll gleichwohl ein widerrufliches Akkreditiv bestellt werden, wäre denkbar, die Vorgängerregelung zu den UCP 600, also die ERA 500, in den Vertrag einzubeziehen. Aber auch dort sind die Regelungen zu den widerruflichen Akkreditiven lückenhaft und deshalb auch nur bedingt brauchbar, so dass davon abgeraten wird.[687] Das Bedürfnis, ein widerrufliches Akkreditiv zu eröffnen, ist aber – im Hinblick auf das Interesse des Begünstigten, eine Sicherheit für die Zahlung zu erlangen – gering. Denn anders als das widerrufliche Akkreditiv kann das unwiderrufliche Akkreditiv nur mit Zustimmung aller Beteiligten – also von Akkreditivbank, Auftraggeber, Begünstigtem und ggf. Zweitbank – abgeändert oder annulliert werden.[688] Wegen des Sicherungsinteresses des Begünstigten wurden widerrufliche Akkreditive in der Praxis kaum vereinbart.

3.2.4.1.3 Unbestätigtes und bestätigtes Akkreditiv

Im internationalen Geschäft ist die Einschaltung mehrerer Banken üblich: Die Bank des Käufers (Akkreditivaufgebers) schließt als Akkreditivbank (Eröffnungsbank) mit einer zweiten – meist ausländischen – Bank (Zweitbank) einen Geschäftsbesorgungsvertrag ab. Die Funktion der Zweitbank hängt dann von deren Aufgaben ab: Ist die Zweitbank nur gehalten, den Verkäufer (Begünstigten) von der Eröffnung des Akkreditivs zu unterrichten (Avisbank) oder stellvertretend für die Akkreditivbank die Dokumente zu prüfen und den Akkreditivbetrag zu zahlen (Zahlstelle)[689], ist sie lediglich Abwicklungsbank und der Verkäufer hat keine eigenen Ansprüche gegen die Zweitbank. Übernimmt dagegen die Zweitbank, das (unwiderrufliche) Akkreditiv dem Verkäufer gegenüber zu bestätigen, haften Akkreditivbank und Zweitbank (Bestätigungsbank) gegenüber dem Begünstigten als Gesamtschuldner.[690] Der

---

[686] Holzwarth, Einheitliche Richtlinien und Gebräuche für Dokumenten-Akkreditive, IHR 2007, 136, 138. Sollte nach dem Vorgänger der UCP 600. Sollte ein widerrufliches Akkreditiv eröffnet werden, musste der Akkredtivaufgeber eine entsprechende Weisung erteilen (Kronke/Melis/Schnyder/Ehrlich, I Rz. 271). Ein widerrufliches Akkreditiv stand gemäß Art. 8 a) ERA unter dem Vorbehalt der jederzeitigen Änderung oder Annullierung durch die Akkreditivbank.

[687] Holzwarth, Einheitliche Richtlinien und Gebräuche für Dokumenten-Akkreditive, IHR 2007, 136, 140.

[688] Münchener Vertragshandbuch/Schütze,VI.1. Anm. 4.

[689] Kronke/Melis/Schnyder/Ehrlich, I Rz. 267.

[690] Holzwarth, Einheitliche Richtlinien und Gebräuche für Dokumenten-Akkreditive, IHR 2007, 136, 140; Schütze, Das Dokumentenakkreditiv im internationalen Handelsverkehr, 5. Aufl. 1999 Rz. 287.

Verkäufer erhält also einen zusätzlichen, vom Grundgeschäft unabhängigen Zahlungsanspruch gegen die Bestätigungsbank.

3.2.4.1.4 Dokumente

Ein Akkreditivauftrag muss genau die Dokumente angeben, gegen die Zahlung, Akzeptleistung oder Negoziierung vorgenommen werden soll. Die Bank ist gehalten, bei der Prüfung der Dokumente den Grundsatz der Dokumentenstrenge – also die Prüfung der ihnen vorgelegten Dokumente nur auf Vollständigkeit und äußerliche Ordnungsgemäßheit hin – einzuhalten.[691] Deshalb kann die beauftragte Bank die Annahme eines Akkreditivantrags, der den von den UCP 600 vorgegebenen Standards nicht entspricht, verweigern, um etwa spätere Streitigkeiten wegen der Erfüllung der Akkreditivbedingungen zu vermeiden. Aufnahmefähige Akkreditivdokumente sind Handelsrechnungen, Transport- und Versicherungsdokumente sowie „andere Dokumente". Handelsrechnungen müssen vom Begünstigten ausgestellt – noch aber nicht unterschrieben – sein und den Akkreditivaufgeber als Adressaten ausweisen. Der Text muss genau den Akkreditivbedingungen entsprechen. Hier gibt es in der Praxis die meisten Abweichungen, etwa weil Warenbeschreibung und Qualitätsangaben vermengt werden.[692] Die Handelsrechnung muss in derselben Währung aufgemacht sein wie das Akkreditiv.

Die Voraussetzungen für die formelle Akkreditivfähigkeit von Versicherungsdokumenten regelt Art. 28 UCP 600: Das Versicherungsdokument muss von einer Versicherungsgesellschaft, einem Versicherer oder deren „Agenten" ausgestellt und unterzeichnet sein. Agenten und deren Bevollmächtigte müssen ausweisen, ob sie für eine Versicherungsgesellschaft oder einen Versicherer gezeichnet haben. Insbesondere muss das Versicherungsdokument in derselben Währung ausgestellt sein wie das Akkreditiv. Deckungsbestätigungen sind für eine konforme Dokumentenvorlage ungeeignet. Dabei ist gleichgültig, wer die Deckungsbestätigung ausgestellt hat. Das Versicherungsdokument muss ausweisen, dass Risiken mindestens für den Transportweg zwischen dem im Akkreditiv genannten Übernahme-/Verladeort und Auslieferungs-/endgültigen Bestimmungsort gedeckt sind.[693] Die Versicherungsdokumente dürfen handelsübliche Ausschlussklauseln enthalten, es sei denn, das vorgelegte Versicherungsdokument enthält derart weitgehende Haftungsausschlüsse, dass dadurch dessen nach den Akkreditiv-Bedingungen erforderlichen Eigenschaften wesentlich beeinträchtigt oder abbedungen zu sein scheinen.[694]

Aufnahmefähige Transportdokumente sind etwa Seekonnossement (Art. 20 UCP 600), nicht begebbarer Seefrachtbrief (Art. 21 UCP 600), Charterpartie-Konnossement (Art. 22 UCP 600), Lufttransportdokument (Art. 23 UCP 600), Dokumente des Straßen-, Eisenbahn- und Binnenschifffahrtstransports (Art. 24 UCP 600) sowie Kurierempfangsbestätigung und Post-

---

[691] Münchener Vertragshandbuch/Schütze, VI.1. Anm. 6.
[692] Münchener Vertragshandbuch/Schütze, VI.1. Anm. 6 c).
[693] Holzwarth, Einheitliche Richtlinien und Gebräuche für Dokumenten-Akkreditive, IHR 2007, 136, 146.
[694] Holzwarth, Einheitliche Richtlinien und Gebräuche für Dokumenten-Akkreditive, IHR 2007, 136, 147.

einlieferungsschein (Art. 25 UCP 600). „Andere Dokumente" sind etwa Spediteurübernahmebescheinigung, Ursprungszeugnisse, Qualitätszertifikate, Konsulats- und Zollfakturen, Export- und Importlizenzen oder Lager- und Lieferscheine[695], und müssen im Akkreditiv besonders als Bedingung aufgenommen werden.

Nach Art. 17 UCP 600 ist jedes im Akkreditiv vorgeschriebene Dokument mindestens in einem Original vorzulegen. Als Original gilt ein Dokument, das Originalunterschrift, Zeichen, Stempel oder Aufkleber zu tragen oder vom Aussteller eigenhändig handschriftlich oder mit einer Maschine geschrieben, perforiert oder gestempelt, oder auf dem Originalbriefbogen des Ausstellers erstellt oder aber als Original bezeichnet zu sein scheint.

3.2.4.1.5 Übertragbarkeit des Dokumentenakkreditivs

Die Rechtsstellung, die der Begünstigte aus einem Dokumentenakkreditiv erlangt, ist nach Art. 38 UCP 600 grundsätzlich nicht übertragbar, kann aber für übertragbar erklärt werden. Das ist sinnvoll, wenn etwa der Verkäufer eigene Verpflichtungen, die er gegenüber seinem Vorlieferanten eingegangen ist, absichern will, ohne eigene Mittel oder Sicherungen einsetzen zu müssen. Wie die Übertragung erfolgt, regeln die UCP 600 nicht und richtet sich nach dem auf das Rechtsverhältnis zwischen Akkreditivbank und Verkäufer anwendbarem Recht. Nach Rechtsprechung[696] und herrschender Meinung[697] stellt in Deutschland die Übertragung des Dokumentenakkreditivs als abstraktes Schuldversprechen nach § 780 BGB dar, durch das der Zweitbegünstigte einen selbstständigen Zahlungsanspruch gegen die aus dem Akkreditiv verpflichtete Bank erwirbt. Von der Übertragung des Dokumentenakkreditivs abzugrenzen ist die Abtretung des Zahlungsanspruchs aus dem Dokumentenakkreditiv; dies ist ohne weiteres zulässig.

3.2.4.1.6 Prüfung der Dokumente

Der Anspruch gegen Akkreditiv- bzw. Bestätigungsbank hängt maßgeblich von der Einreichung der vorgeschriebenen Dokumente ab: Nach dem Tag der Dokumentenvorlage hat die Bank gemäß Art. 14 UCP 600 maximal fünf Bankarbeitstage Zeit, die Dokumente zu prüfen und zu entscheiden, ob die Dokumente mit den Akkreditivbedingungen äußerlich übereinstimmen. Dabei müssen sich die Banken streng innerhalb der Grenzen des erteilten formalen und präzisen Auftrags halten.[698]

---

[695] Kronke/Melis/Schnyder/Ehrlich, I Rz. 286.
[696] BGH WM 1996, 995.
[697] Schütze, Das Dokumentenakkreditiv im internationalen Handelsverkehr Rz. 341.
[698] BGH WM 1971, 158, 159; OLG München WM 1996, 2335, 2336.

3.2.4.2 Anwendbares Recht

Die UCP 600 beantworten nicht alle Fragen, die sich beim Dokumentenakkreditiv stellen. Lücken, die die UCP 600 lassen, sind hier über das nationale Sachrecht zu schließen. Welches nationale Recht Anwendung findet, ist im Verhältnis zwischen Käufer und Akkreditivbank sowie im Verhältnis zwischen Verkäufer und Zweitbank unproblematisch: Hat der Käufer seiner Hausbank den Akkreditivauftrag erteilt, liegt kein Fall mit Auslandsberührung vor, wenn Käufer und Akkreditivbank ihren Sitz im selben Staat haben. Hier gilt dann das Recht dieses Staates. Weil die Zweitbank in der Regel ihren Sitz im Staat des Verkäufers haben wird, gilt auch hier das Recht des Staates, in dem Zweitbank und Verkäufer ihren Sitz haben. Im Verhältnis zwischen Akkreditivbank und Verkäufer ist über das am Gerichtssitz geltende Kollisionsrecht zu bestimmen, welches nationale Sachrecht gilt. Hier wird in Deutschland allgemein das Sitzrecht der Akkreditivbank angewendet.[699] Im Verhältnis zwischen Akkreditivbank und Zweitbank ist – wenn keine Rechtswahlvereinbarung etwa nach der AGB Banken vorliegt – das Recht am Sitz der Zweitbank anzuwenden.[700]

---

[699] BGH WM 1955, 765; OLG Frankfurt / Main WM 1992, 569; a.A. für den Fall, dass die Zweitbank als Zahlstelle eingeschaltet wird, vgl. OLG Frankfurt / Main RIW/AWD 1988, 133.

[700] Zum anwendbaren Recht vgl. Schütze in Münchener Vertragshandbuch/Schütze, VI.1. Anm. 12; Kronke/Melis/Schnyder/Ehrlich, I Rz. 287 f.

4   Internationaler Anlagenbau

Gegenstand des Außenhandels sind nicht nur Waren, sondern auch Dienstleistungen.[701] Allgemein werden darunter alle grenzüberschreitenden Dienstleistungstransaktionen, wie etwa Finanzdienstleistungs-, Reisedienstleistungs-, Transportdienstleistungs- oder Beratungsdienstleistungstransaktionen gesehen.[702] Grenzüberschreitend können auch Werk- oder Bauleistungen erbracht werden. Für die deutsche Wirtschaft von besonderer Bedeutung ist hier die Errichtung von Industrieanlagen im Ausland. Der Bau von Industrieanlagen zur Produktion oder Verarbeitung von Rohstoffen, von Entsorgungs-, Verkehrsanlagen etc. wird immer internationaler: Aufgrund des Zusammenwachsens des europäischen Marktes und der zunehmenden Globalisierung und der damit zusammenhängenden Arbeitsteilung ist kaum noch ein größeres Anlageprojekt denkbar, das sich auf rein nationale Ressourcen stützt. Außerdem werden viele Industrieanlagen in Entwicklungs- und Schwellenländern errichtet. Diese Länder wollen so ihre einseitigen Abhängigkeiten vom Rohstoffexport und Konsumgüterimport durchbrechen und selbst produzieren. Allerdings fehlen ihnen meist Know-how und Kapazitäten zum Bau größerer Anlagen. Sie müssen ausländische Unternehmen mit der Errichtung beauftragen. So wird das Projekt zwangsläufig international. Hier stellt sich – wie auch bei den meisten anderen Dienstleistungstransaktionen – für den Kaufmann ein Problem: Anders als bei grenzüberschreitenden Kaufverträgen kann er sich beim Industrieanlagengeschäft keines vereinheitlichten internationalen Rechts – wie etwa des UN-Kaufrechts – bedienen, um die rechtlichen Probleme des Geschäfts zu lösen. Beim Anlagenbauvertrag gibt es zwar auch kaufrechtliche Elemente, wie etwa Kauf und Lieferung von Anlagenteilen. Darin erschöpfen sich aber nicht die Pflichten des Auftragnehmers, weil er die Anlage auch planen und errichten muss.[703] Grundlage des Anlagenbauvertrages ist mithin nicht international vereinheitlichtes, sondern unvereinheitlichtes nationales Recht.

---

[701] Kutschker/Schmid, 15.

[702] Kutschker/Schmid, 145.

[703] Denkbar wäre, dass die Parteien einen Kaufvertrag über die Lieferung der Anlagenteile und zusätzlich einen Werkvertrag über die Montage und Inbetriebsetzung der Anlage abschließen. Dann könnte – zumindest für den Kaufvertrag – UN-Kaufrecht gelten, wenn dies dem Parteiwillen entspricht (vgl. dazu Ferrari in Schlechtriem/Schwenzer, Art. 3 Rz. 12; zur Anwendung des UN-Kaufrechts vergleiche auch Joussen, Der Industrieanlagen-Vertrag, 2. Aufl. Heidelberg 1997, § 10 Rz. 14 f.). Eine entsprechende Aufteilung in zwei Verträge dürfte aber kaum den Interessen der Parteien entsprechen: Der Auftragnehmer will nicht nur, dass der Auftragnehmer Anlagenteile liefert, sondern auch, dass er die Anlage plant und die Anlagenteile montiert und in Betrieb nimmt. Er will also in erster Linie, dass der Auftragnehmer kauffremde Pflichten erfüllt. Hier nützt ein – auf den kaufrechtlichen Teil des Vorhabens isoliert anwendbares – Regelwerk wenig, das die vertragliche Risikoverteilung beim Kaufvertrag regelt. Darüber hinaus dürfte eine entsprechende Konstruktion das Vertragswerk – insbeson-

4.1 Anwendbares Recht

Welches national unvereinheitlichte Recht gilt, regelt das Internationale Privatrecht: Das internationale rechtsgeschäftliche Schuldrecht regelt seit dem 17.12.2009 die Rom I-VO, die das Römische EWGVertrÜ vom 19.06.1980 und damit auch die diesem zugrunde liegenden Art. 27 f. EGBGB abgelöst hat. Die Rom I-VO schafft in sämtlichen EU-Mitgliedsstaaten mit Ausnahme Dänemarks einheitliche Kollisionsregeln für vertragliche Schuldverhältnisse.

4.1.1 Rechtswahl

Die Parteien können gemäß Art. 3 Abs. 1 Rom I-VO ausdrücklich das auf den Vertrag anzuwendende Recht wählen. Will man mit seinem Vertragspartner das eigene Recht vereinbaren, stellt sich – wie beim Warenhandel – auch beim Anlagenbauvertrag das Problem, wie man den Vertragspartner im Ausland überzeugen soll, den Vertrag einem ihm möglicherweise unbekannten Recht zu unterstellen. Gelingt aber dem Auftragnehmer, der im Ausland eine Industrieanlage errichten soll, den Auftraggeber von der Geltung „seines" Rechts zu überzeugen, könnten Konflikte wegen zwingender Bestimmungen am Baustellenort – etwa Regelungen über Arbeitsbedingungen, soziale Sicherheit, Arbeitssicherheit oder Steuerrecht etc. – entstehen.[704] Vereinbaren die Parteien dagegen das Recht des Baustellenortes, wird dies dem Auftragnehmer meistens unbekannt sein und gegebenenfalls auch unbekannt bleiben, weil es – etwa wenn er die Industrieanlage in einem Entwicklungsland errichten soll – schwer ermittelbar ist.[705] Sein Ziel, mit der Rechtswahlklausel Rechtssicherheit über das auf den Vertrag anwendbare Recht zu schaffen und rechtliche Risiken des Projekts abschätzen zu können, wird er so nicht erreichen. Denkbar wäre auch, einen „Mix" aus Recht des Auftragnehmers und Recht des Auftraggebers/Baustellenortes vorzusehen: Die Parteien können etwa für verschiedene Teile des Vertrages eine jeweils unterschiedliche Rechtswahl treffen – z.B. für die Ansprüche aus der Lieferung der Anlagenteile das Recht des Auftragnehmers und für Ansprüche aus Montage und Baumaßnahmen das Recht des Auftragnehmers vereinbaren (Spaltung des Vertragsstatuts). Nachteil dieser Regelung ist, dass die Anwendbarkeit verschiedener Rechtsordnungen zu Widersprüchen führen kann. Kann keine Partei das eigene Recht durchsetzen, wird deshalb auch vorgeschlagen, „neutrales" Recht – also das Recht eines Drittstaates – zu wählen.[706] Diese Variante – die als Kompromisslösung oft gewählt wird – hat zumindest den Vorteil, dass beide Parteien meistens keine detaillierten Kenntnisse über das Recht des Drittstaates haben, geschweige denn konkrete Erfahrungen mit dieser Rechtsordnung sammeln konnten. Deshalb können in der Regel beide Parteien die rechtli-

---

dere durch diverse Doppelregelungen – aufblähen und unübersichtlich machen (so Münchener Vertragshandbuch/Rosener, V.1. Anm. 1 (c)).

[704] Hök, § 12 Rz. 4 mit Bezugnahme auf den « Guide sur la rédaction de contrats relatifs à la réalisation d'ensembles industriels de la Commission économique pour l'Europe de l'Organisation des Nations Unies », Rz 45.

[705] Münchener Vertragshandbuch/Rosener,V.1. Anm. 2 (j).

[706] Münchener Vertragshandbuch/Rosener, V.1. Anm. 12 (a).

chen Projektrisiken kaum abschätzen und verhandeln „ins Blaue hinein", also in Unkenntnis der gesetzlichen Vertragsgrundlage.

4.1.2 Fehlen der Rechtswahl

Fehlt eine Rechtswahl – etwa weil die Parteien sich auf kein Recht einigen konnten –, gilt Art. 4 Abs. 1 lit. b Rom I-VO: Dienstleistungsverträge unterliegen danach dem Recht des Staates, in dem der Dienstleister seinen gewöhnlichen Aufenthalt hat. Dabei ist der europarchtliche Begriff der Dienstleistung wesentlich weiter gefasst als der des deutschen Rechts. Ausgehend von der Dienstleistungsfreiheit werden hiervon alle auf eine Tätigkeit gerichteten Verträge erfasst, unabhängig davon, ob diese entgeltlich oder unentgeltlich erbracht werden. Dazu zählt im deutschen Recht neben dem Dienst- auch der Werkvertrag und damit auch der Anlagenbauvertrag.[707] Art. 4 Abs. 3 Rom I-VO bestimmt, dass abweichend von der Regelanknüpfung ein anderes Recht als das des Dienstleisters gelten kann, wenn sich aus der Gesamtheit der Umstände ergibt, dass der Vertrag eine offensichtlich engere Verbindung zu einem anderen Staat aufweist. Auf der Grundlage der Vorgängerregelung in Art. 28 Abs. 5 EGBGB wurde in der Literatur vorgeschlagen, maßgeblich auf den Baustellenort abzustellen und das dort geltende Recht anzuwenden.[708] Die höchstrichterliche Rechtsprechung sieht dagegen die Baustelle nicht als hinreichenden Umstand an, der abweichend von der Vermutung des Art. 28 Abs. 2 EGBGB eine engere Verbindung im Sinne von Art. 28 Abs. 5 EGBGB begründen könne.[709] Das dürfte nach der neuen Rechtslage erst recht im Hinblick darauf gelten, dass der Gesetzgeber strengere Anforderungen an die Ausweichklausel in Art. 4 Abs. 3 Rom I-VO („offensichtlich") stellt, als er dies noch im Rahmen des Art. 28 Abs. 5 EGBGB tat.

---

[707] Palandt/Thorn, Rom I 4 (IPR) Rz. 8

[708] Thode, ZfBR 1989, 43, 47. Insbesondere wird dieses Ergebnis mit der – so diese Auffassung, „überragendenden" Bedeutung des Errichtungsortes begründet: Wegen des Ausnahmecharakters des Art. 28 Abs. 5 EGBGB könne zwar nicht von einer generellen Nähebeziehung des Baustellenrechts ausgegangen werden, sondern es bedürfe in jedem Einzelfall einer Abwägung der konkreten Anhaltspunkte, um eine solche Nähebeziehung zum Errichtungsort zu begründen. Anhaltspunkte könnten hier die Errichtung eines Baubüros – das nicht als Niederlassung im Sinne von Art. 28 Abs. 2 Satz 2 EGBGB zu qualifizieren sei – oder auch vertragliche Mitwirkungspflichten des Auftraggebers am Ort der Errichtung der Anlage sein (vgl. dazu Berger, Der praktische Fall – Internationales Privatrecht: Eine Düngemittelanlage für China, JuS 1999, 1091, 1094.

[709] BGH RIW 1999, 456: „Die Regelvermutung des Art. 28 Abs. 2 EGBGB gilt auch für Bauverträge. Danach ist das Recht des Staates anzuwenden, in welchem die Partei ihren Sitz hat, welche die charakteristische Leistung des Vertrages zu erbringen hat. Der Werkvertrag wird wie beispielsweise der Dienstvertrag (…) nicht durch die Geldleistung des Auftraggebers, sondern durch die Leistung des Auftragnehmers charakterisiert. Das führt regelmäßig zum Recht des Ortes der Niederlassung des Werkunternehmers. Die Baustelle ist für sich genommen kein hinreichender Umstand, der abweichend von der Vermutung des Art. 28 Abs. 2 EGBGB eine engere Verbindung im Sinne des Art. 28 Abs. 5 EGBGB begründen könnte (…)."; so auch OLG Brandenburg IPRspr. 2000 Nr. 23 A.

4.1.3 Reichweite der Verweisung

Wird durch Rechtswahl oder autonomes Kollisionsrecht auf ein bestimmtes Recht verwiesen, stellt sich die Frage, welchen Umfang die Verweisung hat. Hilfreich sind hier die Bestimmungen in Artt. 12 und 20 Rom I-VO. Art. 20 Rom I-VO verhindert die kollisionsrechtliche Rückverweisung, indem die Norm das Recht, auf welches das internationale Schuldrecht verweist, auf die Sachnormen dieser Rechtsordnung beschränkt. In sachlicher Hinsicht bestimmt Art. 12 Rom I-VO, dass das anzuwendende Recht insbesondere maßgeblich ist für Auslegung, Erfüllung, Folgen der vollständigen oder teilweisen Nichterfüllung oder die verschiedenen Arten des Erlöschens des Vertrages sowie für die Nichtigkeitsfolgen. Zu nennen sind hier auch die in der baurechtlichen Praxis bedeutsamen Fragen der Verjährung. Ferner untersteht auch die Wirksamkeit grundsätzlich diesem Recht. Dabei ist egal, ob der Vertrag nach diesem Recht wirksam zustande gekommen ist. Dies richtet sich nach Art. 10 Rom I-VO. Für die Frage der Wirksamkeit einzelner Klauseln ist dagegen das anzuwendende Recht maßgebend.

4.2 Probleme des unvereinheitlichten nationalen Rechts

Die unvereinheitlichten nationalen Rechte der einzelnen Staaten enthalten kaum speziell für den Anlagenbauvertrag geschaffene Regelungen.[710] Das deutsche Werkvertragsrecht etwa ist auf kleinere und einfache Werkverträge zugeschnitten, bei denen ein punktueller Leistungsaustausch Werk gegen Vergütung stattfindet. Bei internationalen Anlagenbauverträgen handelt es sich dagegen um Langzeitverträge mit einem komplexen Leistungsprogramm und unter enger Kooperation beider Vertragspartner.[711] Das vertragliche Leistungsprogramm enthält im übrigen nicht nur werkvertragliche Elemente: Der Anlagenbauvertrag bildet typischerweise eine Kombination aus Planungs-, Lieferungs-, Errichtungs- und Inbetriebnahmeleistungen, also einen gemischt-typischen Vertrag mit Elementen aus dem Kauf-, Werk-, Werklieferungs- und Dienstvertragsrecht.[712] Allein die gesetzlichen Regelungen werden nicht den besonderen Bedürfnissen des Anlagenbauers gerecht. Darüber hinaus stellt sich bei Projekten in Entwicklungsländern das Problem, dass dort das am Baustellenort anwendbare Recht schwer zu ermitteln ist.[713]

---

[710] Spezielle gesetzliche Regelungen zum Anlagenbauvertrag gab es einmal in den §§ 88 f. des Gesetzes über internationale Wirtschaftsverträge vom 5. Februar 1976 (GIW), GBl. DDR 1, 61, in der DDR. Aber auch diese spezialgesetzliche Regelung war sehr allgemein gehalten (vgl. Münchener Vertragshandbuch/Rosener, V.1. Anm. 3 (b)).

[711] Kronke/Melis/Schnyder/Nicklisch, C Rz. 336.

[712] Hök, § 12 Rz. 1.

[713] Münchener Vertragshandbuch/Rosener, V.1. Anm. 2 (j).

4.3 Standardvertragsbedingungen

Die Unzulänglichkeiten der nationalen gesetzlichen Regelungen machen es erforderlich, durch sorgfältige Vertragsgestaltung die vertraglichen Pflichten der Parteien möglichst präzise zu regeln.[714] Hier können nationale und internationale Standardvertragsbedingungen helfen. Die nationalen Standardvertragsbedingungen – in Deutschland etwa die Verdingungsordnung für Bauleistungen (VOB) – gehen jeweils vom nationalen Werkvertragsrecht aus und finden deshalb ihrer Herkunft nach im Wesentlichen auf nationale Bauverträge Anwendung.[715] International gebräuchlich sind im Bau- und Anlagengeschäft vor allem die FIDIC[716]-Conditions. Aktuell liegen vor: die Conditions of Contract for Construction, For Building and Engineering Works Designed by the Employer (New Red Book), die Conditions of Contract for Plant and Design-Build, For Electrical and Mechanical Works and for Building and Engineering Works Designed by the Contractor (New Yellow Book), die Conditions of Contract for EPC Turnkey Projects (Silver Book) sowie – für kleinere Projekte — der Short Form of Contract (Green Book).[717] Daneben gibt es den Orgalime Turnkey Contract for Industrial Works, den der Europäische Verband der mechanischen, elektronischen und Metallartikelindustrie herausgibt und der die schlüsselfertige Errichtung einer Anlage zum Gegenstand hat.

4.3.1 FIDIC-Mustervertragswerke

Das Red Book enthält Vertragsbedingungen für Bauprojekte, die der Auftraggeber geplant hat – bei denen der Auftragnehmer also keine oder nur geringe Planungsleistungen übernimmt.[718] Es handelt sich um einen Einheitspreisvertrag, bei dem der Abrechnungspreis aufgrund des Aufmaßes ermittelt wird.[719] Das Yellow Book dagegen schlägt Vertragsbedingungen für die Lieferung komplexer Industrieanlagen vor und betrifft Bauverträge, bei denen der Auftragnehmer das Vorhaben nicht nur bauen, sondern auch planen muss. Die funktionale Leistungsbeschreibung des Bestellers wird Vertragsbestandteil und enthält den Zweck und

---

[714] Hök weist in diesem Zusammenhang zu Recht darauf hin, man dürfe nicht den Eindruck erwecken, der Unvollkommenheit des nationalen Rechts in Entwicklungsländern mit einer möglichst eingehenden und abschließenden vertraglichen Regelung begegnen zu können. Der Umstand, dass der Vertrag stets mit dem ihm zugrunde liegenden Recht harmonieren müsse, führe dazu, dass niemals ein abschließender Vertrag geschaffen werden könne (Hök, § 12 Rz. 2).

[715] Kronke/Melis/Schnyder/Nicklisch, C Rz. 336.

[716] „Federation Internationale des Ingenieurs-Conseils", ein 1913 gegründeter internationaler Zusammenschluss beratender Ingenieure mit Sitz in Lausanne.

[717] Das Green Book dürfte sich nur für Teilprojekte anbieten: Es wird für Bauprojekte mit einer Investitionssumme bis zu 500.000 US-$ oder für relativ einfache Arbeiten empfohlen, die nur kurze Zeit in Anspruch nehmen und zu deren Ausführung keine spezialisierte Subauftragnehmer benötigt werden. Eine Verwendung für komplexe Anlagenbauverträge kommt nicht in Betracht. Hier ist auf Red, Yellow und Silver Book zurückzugreifen.

[718] Mallmann, Neue FIDIC-Standardbedingungen für Bau- und Anlagenverträge, RIW 2000, 532, 533.

[719] Hök, § 18 Rz. 140.

Umfang der Arbeiten sowie technische Anforderungen.[720] Vereinbart wird ein Pauschalfestpreis: Der Unternehmer verpflichtet sich, die Leistung zu einem von vornherein festgelegten Gesamtpreis zu erbringen.[721] Red und Yellow Book sind in der Praxis weit verbreitet: Zum einen sind deren Vorläufer in viele Landessprachen übersetzt worden, zum anderen nimmt die Weltbank Anträge auf Projektfinanzierungen nur zur Bearbeitung an, wenn sie auf den Vorläufer des Red Books 1999 aufgebaut sind.[722]

Im Gegensatz zu Red und Yellow Book hatte das Silver Book von 1999 keine Vorläufer: Es enthält ein Vertragsmuster für den Schlüsselfertigbau, bei dem der Auftragnehmer die Planungs- und Ausführungsleistungen zu einem Pauschalfestpreis übernimmt. Anders als im Yellow Book ist hier nicht vorgesehen, dass der Auftraggeber einen „Engineer" einsetzt, der als Interessenmittler zwischen Auftraggeber und Auftragnehmer fungiert.[723] Das Vertragsmuster sieht eine weitgehende Risikoüberwälzung auf den Auftragnehmer vor.[724] Red, Yellow und Silver Book weisen eine einheitliche Struktur auf: Sie bestehen jeweils aus 20 Klauseln, von denen 17 den gleichen Titel tragen.[725] Auch die Regelungsinhalte entsprechen sich weitgehend. Sie weichen voneinander nur insoweit ab, als dies die jeweilige Vertragsgestaltung erfordert.

4.3.1.1 Einsatz eines „Engineers"

Klausel 3 des Red und des Yellow Books sehen etwa jeweils den Einsatz eines „Engineers" vor. In diesen Klauselwerken nimmt dieser „Engineer" eine herausgehobene Stellung ein: Mit dem Abschluss des Vertrages kommen die Parteien darin überein, sich jeweils der Vertragsinterpretation des „Engineers" anzuschließen.[726] Eine Entscheidung soll der „Engineer" aber erst nach angemessener Beratung mit Auftraggeber und Auftragnehmer treffen.[727] Für den Auftragnehmer ist dies nicht unproblematisch, weil der „Engineer" vom Auftraggeber beauftragt und bezahlt wird und deshalb zweifelhaft ist, wie er dann unparteiisch handeln soll. Zur Lösung wird deshalb vorgeschlagen, den „Engineer" nach deutschem Recht als Erfüllungsgehilfen des Auftraggebers zu behandeln.[728]

---

[720] Mallmann, Neue FIDIC-Standardbedingungen für Bau- und Anlagenverträge, RIW 2000, 532, 533.

[721] Mallmann, Neue FIDIC-Standardbedingungen für Bau- und Anlagenverträge, RIW 2000, 532, 539.

[722] Kronke/Melis/Schnyder/Nicklisch, C Rz. 349.

[723] Zur Rolle und zu den Aufgaben des Ingenieurs vgl. Hök, § 18 Rz. 142 f.

[724] Münchener Vertragshandbuch/Rosener, V.1. Anm. 2 (a).

[725] Vgl. Atzpodien/Müller, FIDIC-Standardbedingungen als Vorlage für europäische AGB im Bereich des Industrieanlagen-Vertragsrechts, RIW 2006, 331, 334.

[726] Hök, § 18 Rz. 159.

[727] Münchener Vertragshandbuch/Rosener, V.1. Anm. 18 (c).

[728] Münchener Vertragshandbuch/Rosener, V.1. Anm. 18 (b); a. A. Hök, § 18 Rz. 160, der dagegen einwendet, dass Auftraggeber und „Engineer" nicht arbeitsteilig tätig würden und deshalb auch der Auftraggeber nicht für Fehlentscheidungen des „Engineers" hafte.

Teilweise sehen die Musterbedingungen selbst vor, dem Auftragnehmer Rechtsbehelfe bei Pflichtverletzungen des „Engineers" zu gewähren.[729] Unabhängig von der rechtlichen Einordnung des „Engineers" wird aber regelmäßig eine Vertragsverletzung des Auftraggebers vorliegen, wenn er auf unzulässige Weise versucht, den „Engineer" dahingehend zu beeinflussen, dass dieser parteiische und unfaire Entscheidungen trifft.[730] Das Silver Book – das nicht den Einsatz eines „Engineers" vorsieht – behandelt dagegen in Klausel 3 die Verwaltung des Vertrages auf Seiten des Auftraggebers, insbesondere des Einsatzes eines „Employer´s Representatives".

4.3.1.2 Sonderregelungen für jeweilige Vertragsgestaltung

Unterschiede zwischen den Standardbedingungen finden sich in Klausel 5: Während Silver und Yellow Book hier Regelungen zu Planung und Konstruktion vorsehen, war eine entsprechende Regelung im Red Book entbehrlich, da hier der Auftragnehmer grundsätzlich keine Planungsleistung schuldet. Hier regelt Klausel 5 den Einsatz von benannten Subunternehmern. Schließlich weichen die Standardbedingungen in Klausel 12 voneinander ab: Das Red Book regelt hier die Vergütung des Unternehmers nach Einheitspreisen und Aufmaß. An die Stelle der Berechnungsmethoden des Vertragspreises (anhand des Leistungsverzeichnisses mit Einheitspreisen) treten in Silver und Yellow Book – bei denen ein Pauschalpreis die Regel ist – Vereinbarungen über durchzuführende Tests nach Fertigstellung.[731]

Aber auch bei den einzelnen Regelungen gibt es teilweise erhebliche Unterschiede. Dies zeigt etwa die Risikoverteilung zwischen Auftraggeber und Auftragnehmer. Welche Risiken der Auftraggeber zu tragen hat, regelt jeweils Klausel 17.3: Sowohl Red als auch Silver Book zählen hier Krieg, Rebellionen und Revolutionen, Aufstände, innere Unruhen, ionisierende Strahlungen und Luftdruckwellen auf – also von den Parteien unbeherrschbare Ereignisse. Anders als nach dem Red Book fallen in den Risikobereich des Auftragnehmers eine Besetzung der Baustelle durch den Auftraggeber und unvorhersehbare Naturgewalten. Auch für seine eigene Leistungsbeschreibung ist der Auftraggeber nur begrenzt verantwortlich[732].

Unterschiedlich behandeln die FIDIC-Bedingungen auch das Baugrundrisiko[733] in Klausel 4.12: Das Red Book bestimmt hier, dass wenn der Auftragnehmer während der Bauausführung unvorhersehbare ungünstige physikalische Verhältnisse oder künstliche Hindernisse

---

[729] Klausel 16.1, vgl. dazu Mallmann, Neue FIDIC-Standardbedingungen für Bau- und Anlagenverträge, RIW 2000, 532, 538.

[730] Vgl. Hök, § 18 Rz. 159, nach dem sinngemäß auf die Frage des Auftraggebers „Are you or are you not our man" der Ingenieur antworten sollte: „My strength in your support depends upon me not being your man."

[731] Mallmann, Neue FIDIC-Standardbedingungen für Bau- und Anlagenverträge, RIW 2000, 532, 534.

[732] Mallmann, Neue FIDIC-Standardbedingungen für Bau- und Anlagenverträge, RIW 2000, 532, 534.

[733] Die Frage, wer das Baugrundrisiko trägt, behandeln die Rechtsordnungen unterschiedlich: Ist etwa das bereitgestellte Grundstück kontaminiert und muss vor Baubeginn abgetragen werden, kann es vom anwendbaren Recht abhängen, wer dafür die Verantwortung trägt. Hier weist das US-amerikanische Recht etwa regelmäßig dem Auftragnehmer das Baugrundrisiko zu, eventuelle Nachteile der Beschaffenheit des Baugrundstücks treffen damit ihn. Nach dem deutschen Recht ist dies genau umgekehrt. Danach ist grundsätzlich der Auftraggeber für die Beschaffenheit des Baugrundstücks verantwortlich.

antreffen sollte, er den zusätzlichen Zeit- und Kostenaufwand geltend machen kann. Im Silver Book dagegen legt Klausel 4.12 dem Auftragnehmer das Baugrundrisiko auf: Danach wird der Auftragnehmer behandelt, als hätte er alle erforderlichen Informationen bezüglich Risiken, unvorhergesehene Ausgaben und andere Umstände erhalten, die die Arbeiten beeinflussen oder betreffen könnten. Durch die Unterzeichnung des Vertrages habe er – so die Klausel weiter – die volle Verantwortung dafür übernommen, alle Probleme und Kosten zur erfolgreichen Vollendung des Werks vorhergesehen zu haben. Der Vertragspreis soll nicht wegen unvorhergesehener Probleme und Kosten angepasst werden.

Die einseitige Risikoverteilung im Silver Book sollte nicht nur dem Auftraggeber, sondern auch den Projektfinanciers im Hinblick auf Pauschalfestpreis und Fertigstellungstermin größere Sicherheit geben[734]: Kreditgeber wollen auf ihrer Seite die Projektrisiken minimieren und sind deshalb nicht daran interessiert, dass der Auftragnehmer den Vertragspreis ändern kann. Deshalb begrenzt das Silver Book die Möglichkeiten, den Vertragspreis zu ändern, um den Erwartungen der Kreditgeber entgegen zu kommen. Da jedoch das Silver Book die Risikoverteilung sehr einseitig zu Lasten des Auftragnehmers vornimmt, wird es in der Literatur kritisiert.[735] Teilweise ist es sogar als AGB-widrig angesehen worden.[736] In der Literatur wird aber diskutiert, ob die FIDIC-Bedingungen der AGB-Inhaltskontrolle entzogen sein sollen. Hier wird vertreten, dass eine Anwendung der FIDIC-Mustervertragsbedingungen nicht durch eine Inhaltskontrolle nach dem Recht der Allgemeinen Geschäftsbedingungen behindert sein soll. Eine Inhaltskontrolle komme nur in Betracht, wenn der Verwender die FIDIC-Bedingungen zu seinen Gunsten ändere, um sich dadurch einseitig einen Vorteil zu verschaffen.[737]

4.3.1.3 Gefahrübergang

Die FIDIC-Bedingungen gehen in Klausel 17.2 einheitlich davon aus, dass der Auftragnehmer solange für die Erhaltung der Bauleistungen verantwortlich ist, bis das Übernahmezertifikat (Taking-Over Certificate) ausgestellt ist. Nach dem Red and Yellow Book soll das Übernahmezertifikat gemäß Klausel 10.1 durch den „Engineer" ausgestellt werden, nach dem Silver Book durch den Auftraggeber. Verlangt der Auftragnehmer die Bescheinigung, läuft eine Frist von 28 Tagen. Weigern sich „Engineer" bzw. Auftragnehmer trotz „Abnahmereife" zu Unrecht, das Übernahmezertifikat auszustellen, gilt das Übernahmezertifikat als am letzten Tag dieser Frist ausgestellt.

---

[734] Kronke/Melis/Schnyder/Nicklisch, C Rz. 351.

[735] Gaede, The Silver Book, an unfortunate shift from FIDIC's tradition of being even handed and of focussing on the best interests of the project, ICLR 2000, 477 f.; Mallmann, Neue FIDIC-Standardbedingungen für Bau- und Anlagenverträge, RIW 2000, 532, 534; Sandberg, A Contractor's View on FIDIC Conditions of Contract for EPC Turnkey Projects, Test Edition of the "Silver Book", ICLR 1999, 47, 54 f.

[736] Münchener Vertragshandbuch/Rosener, V.1. Anm. 2 (a) und Anm. 24; Kappelmann, FIDIC's new „Silver Book" under the German Standard Form Contracts Act, ICLR 1999, 533.

[737] So Atzpodien/Müller, FIDIC-Standardbedingungen als Vorlage für europäische AGB im Bereich des Industrieanlagen-Vertragsrechts, RIW 2006, 331, 337.

Das Taking-Over ist im Ansatz mit der Abnahme deutschen Rechts vergleichbar.[738] Wird das Bauwerk oder die Anlage aus einem Grund geschädigt, der nicht in den Risikobereich des Auftraggebers fällt, muss der Auftragnehmer diesen Schaden auf eigene Kosten beseitigen.[739] Das Taking-Over setzt nach Klausel 10.1 voraus, dass die Arbeiten – von kleineren noch durchzuführenden Arbeiten oder Fehlern, die die Brauchbarkeit des Werkes nicht beeinträchtigen, abgesehen – vertragsgemäß ausgeführt worden sind. Es bestehen aber Unterschiede zur deutschen Abnahme: Zum einen geht wegen Klausel 11.2 nicht die Beweislast für Mängel und vertragswidrige Leistung auf den Auftraggeber über, zum anderen zieht das Taking-Over nach Klausel 11.10 nicht den Verlust nicht vorbehaltener Gewährleistungsrechte für bekannte Mängel nach sich.[740] Diese Unterschiede zeigen, dass dem Taking-Over in den FIDIC-Bedingungen nicht die Bedeutung beizumessen ist wie der Abnahme im deutschen Werkvertragsrecht.

4.3.1.4 Mängelanzeigefrist und Erfüllungsbescheinigung

Ist das Übernahmezertifikat erteilt, läuft die Mängelanzeigefrist (defects notification period).[741] Zeigt der Auftraggeber einen Mangel an, muss der Auftragnehmer den Mangel gemäß Klausel 11.1 beseitigen. Das geschieht gemäß Klausel 11.2 auf Kosten und Risiko des Auftragnehmers, wenn er seine Leistungen nicht vertragsgemäß erbracht hat.[742] Verletzt der Auftragnehmer diese Pflicht, gilt Klausel 11.4: Stellt der Auftragnehmer die ihm angezeigten Mängel nicht innerhalb eines angemessenen Zeitraums ab, kann der Auftraggeber nach fruchtlosem Verstreichen einer Nachfrist den Mangel selbst oder durch andere beheben lassen, den Vertragspreis mindern oder den Vertrag aufheben. Die Vertragsaufhebung setzt aber voraus, dass das Werk wegen des Mangels wertlos ist, es also wegen des Mangels nicht bestimmungsgemäß genutzt werden kann. In diesem Fall kann der Auftraggeber sämtliche bereits an den Auftragnehmer gezahlten Beträge, Finanzierungskosten und die Kosten für die Beseitigung und Rücksendung der Baumaterialien und Anlagenteile ersetzt verlangen.

Gemäß Klausel 11.9 ist nach Ablauf der Mängelanzeigefrist durch den Auftraggeber/„Engineer" eine Erfüllungsbescheinigung (Performance Certificate) auszustellen, wenn der Auftragnehmer alle angezeigten Mängel beseitigt hat. In der Erfüllungsbescheinigung erkennt der Auftraggeber an, dass der Auftragnehmer den Vertrag vollständig erfüllt hat. Der Auftragnehmer, der nach dem Übernahmezertifikat wegen Klausel 14.10 nur eine vorläufige

---

[738] Münchener Vertragshandbuch/Rosener, V.1. Anm. 38 (a); Hök, § 18 Rz. 111.

[739] Mallmann, Neue FIDIC-Standardbedingungen für Bau- und Anlagenverträge, RIW 2000, 532, 537.

[740] Zu weiteren Unterschieden vergleiche Münchener Vertragshandbuch/Rosener, V.1. Anm. 38 (b).

[741] Eine Regelung zur Mängelanzeigefrist enthält Klausel 1.1.3.7.: Die FIDIC schlägt hier eine Frist von einem Jahr vor. Es handelt sich hier aber nur um einen Vorschlag; die Parteien können die Frist verlängern oder verkürzen.

[742] Rosener beschreibt die Klauseln in 11.1 und 11.2 als Vereinbarung einer „Garantiewartung": Der Auftragnehmer übernimmt als vertragliche Hauptpflicht, alle auftretenden Mängel und Schäden zu beseitigen. Diese Garantiewartung zerfällt in eine Pflicht zur kostenlosen Mängelbeseitigung einerseits und in eine Pflicht zur Wartung über die entgeltliche Beseitigung künftiger Schäden andererseits (Münchener Vertragshandbuch/Rosener, V.1. Anm. 45 (a)).

Schlussrechnung stellen konnte, kann nunmehr die Schlussrechnung einreichen.[743] Die Gewährleistungsansprüche des Auftraggebers bleiben aber von der Vollendung der Mängelanzeigefrist und der Erfüllungsbescheinigung unberührt: Gemäß Klausel 11.10 sind auch nach Erteilung der Erfüllungsbescheinigung beide Parteien verpflichtet, ihre vertraglichen Pflichten zu erfüllen. Wie lange sich also Gewährleistungsansprüche gegen den Auftragnehmer durchsetzen lassen, richtet sich nach dem jeweils anwendbaren gesetzlichen Verjährungsrecht, die weit über die von der FIDIC vorgeschlagenen Jahresfrist für die Mängelanzeige hinausgehen.[744] Die Parteien sollten also die Verjährungsfrage vertraglich regeln, um Rechtssicherheit darüber zu schaffen, wie lange Gewährleistungsansprüche gegen den Auftragnehmer durchsetzbar sind.

4.3.1.5 Leistungstests

Einheitlich regeln die Mustervertragsbedingungen die „Tests on Completion" in Klausel 9. Diese Leistungstests gehen dem „Taking-Over" nach Klausel 10.1 voraus. Grundsätzlich beginnen die Leistungstests gemäß Klausel 9.1 mit einer Voruntersuchung, die eine angemessene Prüfung der Anlage auf ihre Funktionsfähigkeit hin umfasst. Vorgesehen ist hier insbesondere eine kalte Inbetriebsetzung (Trockentest). Hier wird die Anlage ohne Einsatz

---

[743] Hök, § 18 Rz. 218.

[744] Im deutschen Recht verjähren die Gewährleistungsansprüche gemäß § 634a Abs. 1 Nr. 2 BGB fünf Jahre nach Abnahme des Bauwerks. Von der Kenntnis des Auftraggebers abhängig ist der Fristbeginn, wenn der Auftragnehmer den Mangel arglistig verschwiegen hat: Gemäß § 634a Abs. 3 Satz 1 BGB beginnt hier eine dreijährige Verjährungsfrist mit dem Schluss des Jahres, in dem der Anspruch entstanden ist und der Gläubiger von den den Anspruch begründenden Umständen und der Person des Schuldners Kenntnis erlangt oder ohne grobe Fahrlässigkeit erlangen müsste (§§ 195, 199 Abs. 1 BGB), aber – gemäß § 634a Abs. 3 Satz 2 BGB – nicht vor Ablauf von fünf Jahren ab Abnahme des Bauwerks. Im englischen Recht ist zwischen der Verjährung vertraglicher und gesetzlicher Ansprüche (tort) zu unterscheiden: Stützt der Kläger seine Klage auf einen vertraglichen Anspruch, gilt bei einfachen Verträgen gemäß sec. 5 Limitation Act 1980 eine Frist von sechs Jahren, bei gesiegelten Verträgen gemäß sec. 8 Limitation Act 1980 eine Frist von zwölf Jahren nach Entstehung des Klagegrundes. Stützt der Kläger seine Klage dagegen auf den deliktischen Fahrlässigkeitsanspruch (negligence) des englischen Rechts, läuft alternativ zur Sechsjahresfrist in sec. 2 Limitation Act 1980 eine von der Kenntnis des Geschädigten abhängige Dreijahresfrist nach sec. 14A (4) (b) Limitation Act 1980: Fristbeginn ist dann, wenn der Geschädigte weiß, dass der Schaden erheblich ist (sec. 14A (7) Limitation Act 1980), der Schädiger den zum Schadensersatz wegen negligence verpflichtenden Tatbestand erfüllt hat (sec. 14A (8) (a) und (9) Limitation Act 1980) und wer Ersatzpflichtiger ist (sec. 14A (8) (b) und (c) Limitation Act 1980). Das Gericht kann die Kenntnis nach sec. 14A (1) Limitation Act 1980 fingieren, wenn man von dem Geschädigten erwarten durfte, die von ihm selbst bemerkbaren und feststellbaren Tatsachen zu erkennen oder der Geschädigte diese Tatsachen bei Inanspruchnahme eines Sachverständigen erkannt hätte. Der kenntnisabhängige Verjährungsbeginn ist besonders bei Mängeln bedeutsam, die dem Kläger während der vertraglichen Regelfrist von sechs Jahren verborgen geblieben sind. Seine Klage kann er aber nur auf den deliktischen Negligence-Anspruch stützen, wenn ein Vermögensschaden auf Grund einer fahrlässig erteilten Falschauskunft oder eine Eigentumsverletzung eingetreten ist (vgl. dazu Conrads, Verjährung im englischen Recht, Münster 1996, S. 142 f.). Anders als im englischen und deutschen Recht sind im französischen Recht nicht Verjährungs-, sondern Garantiefristen bedeutsam: Hier gilt gemäß Art. 1792, 2270 Code Civil eine Frist von zehn Jahren für die Hauptarbeiten an dem Gebäude (Garantie décennale). Sie erfasst Mängel des Bauwerkes, die seine Stabilität beeinträchtigen oder es infolge von Mängeln an wesentlichen Bestandteilen oder Ausstattungsteilen für seine Zweckbestimmung unbrauchbar machen (Auftreten von Rissen an den Fassaden, die nicht nur Haarrisse sind; Mängel an Dach oder Heizungsanlage etc.). Hier ist zu beachten, dass die französischen Garantiefristen weitgehend zwingend sind, die Parteien also von ihnen nicht durch Vertragsvereinbarung abweichen können (Hök, § 33 Rz. 84 f.).

der zu verarbeitenden Rohstoffe angefahren. Die Voruntersuchung soll zeigen, dass die Anlage sich sicher der nächsten Testphase unterziehen kann.

Die sich anschließenden Untersuchungstests enthalten spezifizierte Operationstests: Diese sollen zeigen, dass die Anlage sicher und wie im einzelnen angegeben unter den gegebenen Betriebsbedingungen betrieben werden kann. Der abschließende Probelauf soll zeigen, dass die Anlage verlässlich und vertragsgemäß ihre Leistungen erbringt. Bei Fehlschlag eines Tests können Auftragnehmer und Auftraggeber gemäß Klausel 9.3 verlangen, dass der Test wiederholt wird. Schlägt der Test dann erneut fehl, kann gemäß Klausel 9.4 der Auftraggeber/"Engineer" den Test nochmals wiederholen lassen oder die Abnahme zurückweisen. Er kann aber auch das Übernahmezertifikat ausstellen und den Vertragspreis entsprechend mindern.

Von den „Tests on Completion" sind die in Klausel 12 des Silver und Yellow Books vorgesehenen „Tests after Completion" zu unterscheiden. Verwenden die Vertragsparteien Silver oder Yellow Book, schuldet der Auftragnehmer Planung und Errichtung einer schlüsselfertigen, voll funktionstüchtigen Anlage gegen Zahlung eines Pauschalfestpreises.[745] Zwei Vertragsgestaltungen sind denkbar: Beim Vertrag cle´en main erfüllt der Auftragnehmer seine Pflichten mit Errichtung der Anlage, beim Vertrag produit en main dann, wenn die Anlage die vorgegebenen Leistungsparameter erfüllt[746], also etwa über einen vertraglich vereinbarten Zeitraum bei einem bestimmten Rohstoffverbrauch einen nach Quantität und Qualität bestimmten Produktausstoß erbringt. Besonders im letztgenannten Fall besteht ein Interesse, noch nach der Übernahme nach Klausel 10.1 durchzuführende Abschlusstests vorzusehen. Im Red Book waren diese entbehrlich, weil hier der Auftragnehmer keine oder nur geringe Planungsleistungen übernehmen muss.

4.3.1.6 Zahlungsbedingungen

Besonders bei Langzeitprojekten ist der Auftragnehmer auf Abschlagszahlungen des Auftraggebers angewiesen, weil er die Anlage teilweise vorfinanzieren muss und deshalb das Risiko trägt, etwa wegen einer Insolvenz des Auftraggebers keine Ansprüche mehr gegen ihn durchsetzen zu können.[747] Wann der Auftraggeber Zahlungen an den Auftragnehmer vornehmen muss, regeln die FIDIC-Mustervertragsbedingungen in Klausel 14: Zunächst gewährt der Auftraggeber dem Auftragnehmer gemäß Klausel 14.2 ein zinsloses Darlehen für Planung und Aufnahme der Arbeiten, wenn die Vertragsvereinbarung dies vorsieht (advance payment). Der Rückzahlungsanspruch ist durch den Auftragnehmer durch eine Rückzahlungsgarantie (advance payment guarantee) abzusichern. Darüber hinaus muss der Auftragnehmer eine Erfüllungssicherheit nach Klausel 4.2 leisten.

---

[745] Vgl. Atzpodien/Müller, FIDIC-Standardbedingungen als Vorlage für europäische AGB im Bereich des Industrieanlagen-Vertragsrechts, RIW 2006, 331, 334, 335.

[746] Hök, § 11 Rz. 2 und § 13 Rz. 3; vgl. zur Abgrenzung auch Dünnweber, Vertrag zur Erstellung einer schlüsselfertigen Industrieanlage im internationalen Wirtschaftsverkehr, Berlin, New York 1984, S. 11.

[747] Michaelis de Vasconcellos, Das besondere Vertragsrecht des Anlagenbaus: Auf dem Weg zu einer internationalen Rechtsvereinheitlichung?, RIW 1997, 455, 456.

Die Höhe des zinslosen Darlehens richtet sich nach der Parteivereinbarung. Die Weltbank empfiehlt eine Anzahlung in Höhe von 10 bis 15 % des Vertragspreises, die bei Fertigstellung bis zu 80 % zurückbezahlt worden sein soll.[748] Ab Baubeginn soll der Auftragnehmer nach Klausel 14.3 monatlich Zwischenrechnungen legen, die der Auftraggeber/„Engineer" nach Klausel 14.6 prüfen und innerhalb von 28 Tagen bescheinigen muss.[749] Gemäß Klausel 14.7 ist eine bescheinigte Zwischenrechnung 56 Tage nach Erhalt zu bezahlen. Nach Klausel 14.10 muss der Auftragnehmer binnen 84 Tagen nach Ausstellung des Taking-Over Certificates eine vorläufige Schlussrechnung beim Auftraggeber/„Engineer" einreichen, der diese prüft und bescheinigt. Die endgültige Schlussrechnung ist gemäß Klausel 14.11 binnen einer Frist von 56 Tagen nach Erteilung der Erfüllungsbescheinigung beim Auftraggeber/„En-gineer" einzureichen.

4.3.1.7 Zahlungssicherung

Die Sicherung der vom Auftraggeber einzeln zu erbringender Zahlungen regeln die FIDIC-Musterverträge nicht, schlagen aber in Annex E eine echte Zahlungsgarantie vor.[750] Der Einsatz von Dokumentenakkreditiven ist deshalb problematisch, weil anders als beim Warengeschäft bei der Erledigung von Bau- und Montagepflichten keine geeigneten Dokumente ausgestellt werden, bei deren Vorlage die Bank zahlen muss.[751] Zu beachten ist jedoch, dass der Auftragnehmer dingliche Sicherungsrechte – etwa die Einräumung einer Hypothek – beanspruchen kann, wenn das anwendbare Recht dies vorsieht.

Unabhängig von der Absicherung einzelner fälliger Forderungen hat aber der Auftragnehmer gemäß Klausel 2.4 Anspruch darauf, dass ihm der Auftraggeber innerhalb einer Frist von 28 Tagen beweist, welche finanziellen Vorkehrungen er zur Bezahlung des Vertragspreises ergriffen hat: Der Auftragnehmer soll sicher sein können, dass sein Auftraggeber die Vergütung zahlen kann. Bedeutung erlangt diese Klausel, wenn Auftraggeber ein finanzschwaches Entwicklungsland oder ein privater Investor ist, dessen Liquidität nicht ohne weiteres überprüft werden kann.[752]

4.3.1.8 Erfüllungssicherheiten

Klausel 4.2 verpflichtet den Auftragnehmer, auf seine Kosten eine Sicherheit für den gegen ihn bestehenden Erfüllungsanspruch zu stellen. Zu nennen sind hier die Leistungsgarantien, die Banken oder Versicherungen übernehmen, wenn der Auftragnehmer seine Pflichten nicht ordnungsgemäß erbringt. Die Bankgarantie dient der Absicherung von Verbindlichkeiten des

---

[748] Hök, § 18 Rz. 185.

[749] Ist ein „Engineer" eingeschaltet und versäumt er, binnen einer Frist von 56 Tagen die Zwischenrechnung zu bescheinigen, kann der Auftragnehmer gemäß Klausel 16.2 des Red und Yellow Books den Vertrag aufheben.

[750] Hök, § 23 Rz. 22.

[751] Vgl. Münchener Vertragshandbuch/Rosener, V.1. Anm. 21 (d).

[752] Mallmann, Neue FIDIC-Standardbedingungen für Bau- und Anlagenverträge, RIW 2000, 532, 535.

Kunden gegenüber dem Gläubiger der Garantie.[753] Bei Bauprojekten übernimmt die Bank in der Regel die Garantiehaftung für Qualitäts- und Quantitätsabweichungen. Hier werden üblicherweise 5 bis 10 % des Vertragspreises abgesichert. Beim Performance Bond dagegen übernimmt eine Versicherungsgesellschaft die Pflichten des Auftragnehmers, wenn dieser den Vertrag nicht mehr erfüllen kann. Abgesichert werden hier im Regelfall 30 % des Vertragspreises.[754]

4.3.1.9 Vertragsaufhebung durch Auftraggeber

Die Gründe für eine Vertragsaufhebung durch den Auftraggeber regelt Klausel 15.2: Arbeitet der Auftragnehmer nicht konform mit der Erfüllungssicherheit, kommt er einem Nachbesserungsverlangen nicht nach, legt er die Arbeiten ganz nieder oder macht er sonst wie deutlich, an einer Erfüllung des Vertrages nicht interessiert zu sein, nimmt er nach Unterbrechungen die Arbeit nicht wieder auf oder überträgt er ohne eine dafür erforderliche Vereinbarung die gesamten Arbeiten einem Subunternehmer, kann er unter Wahrung einer Frist von 14 Tagen den Vertrag aufheben. Das Recht zur fristlosen Aufhebung des Vertrages besteht, wenn der Auftragnehmer insolvent wird oder Bestechungen vornimmt. Nach Klausel 15.4 ist dann schnellstmöglich der Wert der geleisteten Arbeit zu ermitteln.

Ohne Grund kann der Auftraggeber den Vertrag gemäß Klausel 15.5 unter Wahrung einer Frist von 28 Tagen aufheben, sofern er die Arbeiten nicht selbst erledigen oder durch einen anderen Unternehmer ausführen lassen will. Die Vergütung des Auftragnehmers richtet sich dann nach Klausel 19.6: Der Auftragnehmer kann – anders als etwa im deutschen Recht nach § 649 BGB, nach dem der Auftragnehmer den um ersparte Aufwendungen verminderten Anspruch auf die Gesamtvergütung behält – nur Bezahlung der bereits erbrachten Leistungen sowie Erstattung von Stilllegungs- und Abwicklungskosten verlangen kann. Diese Klausel wird als problematisch empfunden: Stellt der Auftraggeber fest, sich mit dem Projekt finanziell übernommen zu haben oder will er es aus strategischen Gründen nicht fortsetzen, ist der Auftragnehmer schlechter gestellt als nach § 649 BGB.[755] Für Anlagenbauprojekte wäre aber eine mit § 649 BGB korrespondierende Regelung kaum hinnehmbar: Gerade bei Langzeitverträgen wie Anlagenbauverträgen muss der Auftraggeber frei sein, unternehmerische Entscheidungen treffen zu dürfen. Diese Entscheidungsfreiheit wird dem Auftraggeber genommen, wenn er bei Aufgabe des Projektes dem Auftragnehmer den vollen kalkulierten Gewinn zahlen muss.[756]

---

[753] Kronke/Melis/Schnyder/Wagenknecht/Iffland, H Rz. 398.
[754] The World Bank, Standard Bidding Documents, Procurement of Works, Washington D.C. 2004, Section III.37.
[755] So etwa Mallmann, Neue FIDIC-Standardbedingungen für Bau- und Anlagenverträge, RIW 2000, 532, 538.
[756] So im Ergebnis auch Michaelis de Vasconcellos, Das besondere Vertragsrecht des Anlagenbaus: Auf dem Weg zu einer internationalen Rechtsvereinheitlichung?, RIW 1997, 455, 463.

4.3.1.10 Vertragsaufhebung durch Auftragnehmer

Der Auftragnehmer kann den Vertrag bei Vorliegen der Voraussetzungen von Klausel 16.2 aufheben, so etwa dann, wenn der Auftraggeber nicht binnen 42 Tagen seiner Pflicht nachgekommen ist, dem Auftragnehmer nach Klausel 2.4 zu beweisen, finanzielle Vorkehrungen zur Zahlung des Vertragspreises ergriffen zu haben. Schon vorher – nach Ablauf von 21 Tagen – darf der Auftragnehmer seine Arbeiten an dem Projekt gemäß Klausel 16.1 einstellen. Dieselben Grundsätze gelten, wenn eine fällige Zahlungsverpflichtung vom Auftraggeber nicht erfüllt wird. Auch kann der Auftragnehmer den Vertrag aufheben, wenn der Auftraggeber wesentlichen Vertragspflichten nicht nachkommt.[757] Die Kündigungsfrist beträgt jeweils 14 Tage. Eine andauernde Suspendierung der Arbeiten kann schließlich diese derart beeinträchtigen, dass sogar ein Grund zur fristlosen Kündigung vorliegen kann. Das gilt auch, wenn der Auftraggeber insolvent wird.

4.3.1.11 Änderungsaufträge

Bei langfristigen Projekten wie dem Anlagenbau müssen die Parteien Verfahren und Mechanismen regeln, die den Unabwägbarkeiten und geänderten Umständen Rechnung tragen: Stellt etwa der Auftraggeber fest, dass er bestimmte Leistungen anders erbracht haben möchte oder schlägt der Auftragnehmer Alternativen vor, die die Anlage verbessern oder ihre Kosten reduzieren, weichen die Parteien von der Leistungsbeschreibung ab.[758] Solche Fälle regeln die FIDIC-Bedingungen in Klausel 13. Nach Klausel 13.1 kann der Auftraggeber/„Engineer" jederzeit vor Ausstellung der Übernahmebescheinigung entweder selbst Änderungen anordnen oder den Auftragnehmer auffordern, einen Änderungsvorschlag zu machen. Im letzteren Fall muss der Auftragnehmer so schnell wie praktisch möglich schriftlich antworten. Er muss gemäß Klausel 13.3 begründen, warum er dem Änderungswunsch nicht Folge leisten kann.

Der einzige Grund, Änderungen abzulehnen, ist gemäß Klausel 13.1 des Red Books, dass der Auftragnehmer die Änderungen nicht vornehmen kann, weil er nicht rechtzeitig die dafür erforderlichen Güter beschaffen kann. Nach Klausel 13.1 des Silver Books kann der Auftragnehmer Änderungen zusätzlich verweigern, wenn die erwogenen Änderungen Sicherheit oder Brauchbarkeit des Werkes beeinträchtigen oder der Erfüllungsgarantie zuwider laufen. Ist das nicht der Fall, muss der Auftragnehmer eine Beschreibung der vorgeschlagenen Arbeiten, die vorzunehmen sind und ein Programm für deren Umsetzung, einen Vorschlag zu den notwendigen Änderungen der Terminpläne und zum Fertigstellungstermin und zur Berechnung des Wertes der Änderungen vorlegen.

---

[757] Im Red Book wird als Aufhebungsgrund ausdrücklich der Fall genannt, dass der „Engineer" versäumt, innerhalb von 56 Tagen nach Empfang des entsprechenden Statements und dazugehöriger Dokumente die Zahlung zu genehmigen, vgl. dazu Mallmann, Neue FIDIC-Standardbedingungen für Bau- und Anlagenverträge, RIW 2000, 532, 538.

[758] Michaelis de Vasconcellos, Das besondere Vertragsrecht des Anlagenbaus: Auf dem Weg zu einer internationalen Rechtsvereinheitlichung?, RIW 1997, 455, 463 f.

4.3 Standardvertragsbedingungen

Über die vom Auftragnehmer gemachten Vorschläge muss der „Engineer" so schnell wie praktisch möglich entscheiden. Der Unternehmer darf die Arbeiten nicht verzögern, während er auf die Antwort des „Engineers" wartet. Beim Silver Book stellt sich bei Änderungsaufträgen oft die Frage, ob der Auftraggeber diese vergüten muss. In der Praxis entsteht hier Streit darüber, ob es sich hier um eine vergütungspflichtige Änderung oder Zusatzleistung handelt oder in den Bereich der anfänglichen Verpflichtung zur schlüsselfertigen Erstellung fällt, also mit dem Pauschalfestpreis abgegolten ist.[759]

4.3.1.12 Bauzeitverlängerung

Die Bauzeit regelt Klausel 8: Haben die Parteien keinen festen Fertigstellungstermin vereinbart, muss der Auftragnehmer gemäß Klausel 8.3 innerhalb von 28 Tagen nach Baubeginn einen detaillierten Zeitplan einreichen. Dieser Zeitplan soll unter anderem die Reihenfolge, in denen der Auftragnehmer die Arbeiten auszuführen beabsichtigt, insbesondere den erwarteten Zeitrahmen für die größeren Bauabschnitte enthalten. Darüber hinaus ist der Auftragnehmer verpflichtet, den Auftraggeber/„Engineer" unverzüglich über bestimmte zukünftige Ereignisse oder Umstände zu informieren, die die Arbeiten nachteilig beeinflussen, den Vertragspreis erhöhen oder die Ausführung der Arbeiten verzögern könnten.

Zumindest die Fixierung geplanter Fristen und Termine ist auch dann, wenn die Parteien einen festen Fertigstellungstermin vereinbart haben, zur Kontrolle des Leistungsfortschritts sinnvoll. In der Praxis empfiehlt sich, „Milestones" festzulegen, also Zeitpunkte, die sich am Projektablauf orientieren, wie Vertragsunterzeichnung, Übergabe der Baustelle, Beginn der Arbeiten, Meldung der Lieferbereitschaft, Beendigung der Montage und Meldung der Bereitschaft zur Durchführung der vorläufigen Abnahme, Zeitraum für erste Leistungstests, vorläufige Abnahme, Beendigung der Leistungstests und endgültige Abnahme[760].

An der Kontrolle des Leistungsfortschritts ist insbesondere der Auftragnehmer interessiert, der nur unter den engen Voraussetzungen der Klausel 8.4 eine Bauzeitverlängerung beanspruchen kann: Zum einen kann ein Anspruch auf Bauzeitverlängerung im Fall von Änderungswünschen des Auftraggebers entstehen, zum anderen aber auch dann, wenn die Verzögerung aus Gründen eintritt, die der Auftraggeber verursacht hat oder die ihm zuzurechnen sind. Auch Verzögerungen, die allein auf staatliche Eingriffe in den Bauablauf zurückzuführen sind, können nach Klausel 8.5 einen Anspruch auf Bauzeitverlängerung begründen. Das Red Book sieht als Gründe für eine Bauzeitverlängerung darüber hinaus außergewöhnlich ungünstige klimatische Verhältnisse oder eine durch Epidemien oder staatliche Eingriffe verursachte Personal- oder Güterverknappung vor.

Meint der Auftragnehmer, Bauzeitverlängerung beanspruchen zu können, muss er diesen Anspruch in der in Klausel 20.1 beschriebenen Weise geltend machen: Er muss dem Auftraggeber/„Engineer" binnen einer Frist von 28 Tagen, die mit Kenntnis oder Kennenmüssen der den Anspruch auf Bauzeitverlängerung begründenden Umstände zu laufen beginnt, eine

---

[759] Münchener Vertragshandbuch/Rosener, V.1. Anm. 49 (a).
[760] Vgl. Münchener Vertragshandbuch/Rosener, V.1. Anm. 33 (b).

entsprechende Anzeige machen und darin auf das Ereignis oder den Umstand, der den Anspruch auf Bauzeitverlängerung begründen soll, Bezug nehmen. Versäumt der Auftragnehmer die fristgemäße Anzeige, ist der Umstand oder das Ereignis unbeachtlich und die Bauzeit wird nicht verlängert.

4.3.1.13 Schadensersatz bei Bauzeitverlängerung

Für den Fall der Bauzeitüberschreitung bestimmt Klausel 8.7, dass der Auftragnehmer dem Auftraggeber Schadensersatz wegen der Verzögerung leisten muss. Schadensersatz wegen Verzögerung ist der vereinbarte Betrag, der für jeden Tag zwischen dem vereinbarten Fertigstellungstermin und Erteilung der Übernahmebescheinigung zu zahlen ist. Fraglich ist, ob es sich hier um eine Schadenspauschale oder um Strafschadensersatz handelt: Bei der Schadenspauschale ist ein bestimmter Betrag unabhängig davon zu zahlen, ob der tatsächlich entstandene Schaden des Vertragspartners höher oder niedriger ist. Es entsteht keine Diskussion, welcher Schaden nun wirklich entstanden ist.[761] Dies soll den Auftraggeber davon befreien, die Schadenshöhe beweisen zu müssen.[762]

Von der Schadenspauschale abzugrenzen ist die Vertragsstrafe: Auch sie befreit den Gläubiger von der Pflicht, Schaden und Schadenshöhe beweisen zu müssen und sichert dem Gläubiger so einen (Mindest-)Schadensersatzanspruch. Darüber hinaus dient sie dem Gläubiger aber auch als Zwangsmittel gegen den Schuldner.[763] Die Vertragsstrafe kann sogar ein echtes „Draufgeld" sein, welches neben dem tatsächlich entstandenen Schaden zu zahlen ist.[764] Die Unterscheidung ist insbesondere deshalb bedeutsam, weil Vertragsstrafen (penalties) etwa in Großbritannien nicht vollstreckbar, also nicht prozessual durchsetzbar sind.[765] Im deutschen Recht wäre eine Einordnung der Klausel 8.7 als Vertragsstrafe weniger problematisch: Die Vereinbarung von Vertragsstrafen ist – im Verkehr zwischen Unternehmern sogar in Allgemeinen Geschäftsbedingungen – hier möglich, sofern sie den Auftragnehmer nicht unangemessen benachteiligen, wie das etwa bei Prozentsätzen von 0,5 bis 1,5 der Auftragssumme pro Tag der Fall wäre, weil solche Regelungen darauf hinausliefen, den Unternehmensgewinn binnen weniger Tage aufzuzehren.[766]

Zulässig sind insgesamt 5 % der Auftragssumme, wenn der Auftraggeber den Fertigstellungstermin nicht einhält.[767] Unabhängig von der rechtlichen Regelung hat aber auch der

---

[761] Michaelis de Vasconcellos, Das besondere Vertragsrecht des Anlagenbaus: Auf dem Weg zu einer internationalen Rechtsvereinheitlichung?, RIW 1997, 455, 459.

[762] Münchener Vertragshandbuch/Rosener, V.1. Anm. 35 (b).

[763] Münchener Vertragshandbuch/Rosener, V.1. Anm. 35 (b).

[764] Michaelis de Vasconcellos, Das besondere Vertragsrecht des Anlagenbaus: Auf dem Weg zu einer internationalen Rechtsvereinheitlichung?, RIW 1997, 455, 459.

[765] Der Vorläufer des Red Books stellte in Klausel 47.1 des FIDIC Red Book 1987 deshalb klar, dass im Falle einer Leistungsverzögerung keine „penalty", sondern „liquidated damages" verlangt werden können (vgl. Hök, § 20 Rz. 30).

[766] BGH NJW 81, 1509; BGH NJW 83, 385; BGH NJW 2000, 2106; BGH NJW RR 2002, 806.

[767] BGH NJW 2003, 1805-

Auftraggeber ein Interesse daran, eventuelle Vertragsstrafen vorsichtig zu kalkulieren, weil er will, dass die Arbeiten fertig gestellt werden. Ist der Auftragnehmer wegen der Ersatzansprüche in seiner Existenz gefährdet, ist fraglich, ob er seine Vertragspflichten korrekt erfüllt.[768]

4.3.1.14 Haftungsbegrenzungen

Klausel 17.6 schließt die Haftung beider Parteien für mittelbare Vermögensschäden der gegnerischen Partei aus: Keine Partei soll der anderen Partei gegenüber für Verluste aus der Nutzung des Werkes, für Ertragsausfälle, für das Nichtzustandekommen anderer Verträge oder für jeden indirekten oder daraus folgenden Verlust oder Schaden aufkommen, die in Zusammenhang mit dem Vertrag erlitten werden können. Darüber hinaus überlassen die FIDIC-Bedingungen den Parteien, Haftungsobergrenzen zu vereinbaren. Tun sie das nicht, haftet der Auftragnehmer – außer im Fall vorsätzlicher sittenwidriger Schädigungen – nur bis zur Höhe der Vertragssumme.

4.3.1.15 Force Majeure

Nach Klausel 19.1 ist Force Majeure ein Ereignis, das von einer Partei nicht beeinflussbar ist, gegen das diese Partei bei Vertragsschluss vernünftigerweise keine Vorkehrungen treffen konnte, das von dieser Partei auch nicht verhindert oder überwunden und nicht grundsätzlich dem Vertragsgegner zugeschrieben werden kann. Das Ereignis muss der Vertragspartei unmöglich machen, die Vertragspflicht zu erfüllen.[769] Die Klausel zählt dann einige Beispielsfälle auf, die der Force Majeure-Klausel unterstellt werden können (Krieg, Terrorismus, Naturkatastrophen etc.). Tritt ein solches Ereignis ein, muss die betroffene Vertragspartei gemäß Klausel 19.2 dies der gegnerischen Vertragspartei innerhalb von 14 Tagen nach Kenntnis oder Kennenmüssen des die Unmöglichkeit begründenden Umstandes anzeigen, um ihre Ansprüche zu wahren. Grundsätzlich wird aber der Auftragnehmer nicht von seiner Leistungspflicht befreit, sondern kann nur eine Bauzeitverlängerung in Anspruch nehmen. Kündigen kann er gemäß Klausel 19.6 nur, wenn die Ausführung des gesamten Werks länger als 84 zusammenhängende Tage oder insgesamt 140 Tage unmöglich ist.[770]

4.3.1.16 Streitschlichtung

Die FIDIC-Vertragswerke sehen detaillierte und mehrstufige Regelungen zu Streitschlichtung und Streitbeilegung vor. In der ersten Stufe kann in Red und Yellow Book der „Engineer" Entscheidungen treffen. Gemäß Klausel 3.5 wird vom „Engineer" erwartet, dass er

---

[768] Michaelis de Vasconcellos, Das besondere Vertragsrecht des Anlagenbaus: Auf dem Weg zu einer internationalen Rechtsvereinheitlichung?, RIW 1997, 455, 459.
[769] Vgl. dazu rechtsvergleichend Hök, § 18 Rz. 82.
[770] Zum Kostenersatz vgl. Mallmann, Neue FIDIC-Standardbedingungen für Bau- und Anlagenverträge, RIW 2000, 532, 537.

faire Entscheidungen trifft und alle relevanten Bereiche beachtet, sofern die FIDIC-Bedingungen auf diese Klausel verweisen und vorher der Versuch einer einvernehmlichen Lösung gescheitert ist. Er soll zwischen den Parteien im Konfliktfall vermitteln. Kommt es zu keiner Einigung, darf er selbst eine Entscheidung treffen, etwa bei Bauzeitverlängerung und Kosten wegen verspäteter Inbesitznahme der Baustelle (Klausel 2.1), Kosten für fehlgeschlagene Leistungstests (Klausel 9.4), Folgen bei Verhinderung von Leistungstests (Klausel 10.3), Minderung des Vertragspreises bei Mängeln, die nicht vom Auftragnehmer nachgebessert wurden (Klausel 11.4), Kosten wegen der Ursachenforschung von Mängeln (Klausel 11.8), Entscheidungen über den Zahlungsplan (Klausel 14.4), Schätzung des Fertigstellungstermins (Klausel 15.3), zusätzlichen Ansprüchen des Auftragnehmers bei berechtigter Arbeitsunterbrechung (Klausel 16.1) oder bei zusätzlichen Ansprüchen in Fällen höherer Gewalt (Klausel 19.4).

In der zweiten Stufe können die Parteien das „Dispute Adjudication Board" (DAB) anrufen: Anders als der „Engineer", den der Auftraggeber beauftragt und bezahlt, ist das DAB vom jeweiligen „Engineer" und den Parteien des Vertrags unabhängig. Das DAB ist mit einer oder drei Personen besetzt, in aller Regel mit Ingenieuren.[771] Einzelheiten zum DAB regelt Klausel 20 der drei FIDIC-Mustervertragswerke: Das Red Book sieht hier in Klausel 20.2 ein DAB vor, das projektbegleitend installiert wird.[772] Das Silver Book sieht dagegen ein ad hoc für jeden Streitfall einzusetzendes DAB vor, auf dessen Mitglieder sich die Parteien jeweils einvernehmlich einigen sollen.[773] Im Streitfall tritt seine Entscheidung an die Stelle der Entscheidung des „Engineers". Es hat gemäß Klausel 20.4 innerhalb von 84 Tagen ab Anrufung zu entscheiden. Diese Entscheidung ist – zunächst einmal – bindend. Ist eine Partei mit der Entscheidung des DAB nicht einverstanden, muss diese Partei dies binnen einer Frist von 28 Tagen anzeigen. Für diesen Fall verpflichten sich die Parteien nach Klausel 20.5 zu einem gütlichen Einigungsversuch.

Kommt es zu keiner Einigung, kann das Schiedsgericht nach Ablauf einer Frist von 56 Tagen angerufen werden. Das Schiedsgerichtsverfahren bildet dann die dritte Stufe des in den FIDIC-Bedingungen vorgesehenen Streitschlichtungs- und Streitbeilegungssystems. Die Wirtschaft löst heutzutage kaum noch größere vertragliche Streitigkeiten vor nationalen Gerichten: Diese arbeiten oft zu langsam und ihnen fehlen Zeit, Kapazitäten und Sachverstand (gerade bei so umfangreichen, langwierigen und technisch schwierigen Projekten wie Anlagenbau), um sich mit umfangreichen Verträgen, die häufig die Erbringung komplizierter technischer Leistungen zum Inhalt haben, ausreichend und gründlich zu befassen.

Auch sind Gerichtsverfahren meist öffentlich: Hier könnten Betriebsgeheimnisse bekannt werden. Darüber hinaus ist nicht bei allen nationalen Gerichten auszuschließen, dass sie die einheimische Partei bevorzugt behandeln. Das ist nicht nur in Entwicklungsländern so. Auch etwa in den USA bejahen die Gerichte oft ihre Zuständigkeit bei Klagen einheimischer Un-

---

[771] Kronke/Melis/Schnyder/Nicklisch, C Rz. 354.
[772] Münchener Vertragshandbuch/Rosener, V.1. Anm. 62 (b).
[773] Zur Entwicklung der Klausel vgl. Mallmann, Neue FIDIC-Standardbedingungen für Bau- und Anlagenverträge, RIW 2000, 532, 539.

ternehmen, um diese so zu bevorzugen.[774] Schließlich fehlt es – mangels verbürgter Gegenseitigkeit im internationalen Rechtsverkehr – oft an der Anerkennung und Vollstreckbarkeit der Urteile staatlicher Gerichte eines Staates im anderen Staate, während diese bei Schiedssprüchen aufgrund des New Yorker oder UN-Abkommens über die Anerkennung und Vollstreckung ausländischer Schiedssprüche vom 10.06.1958 und des Europäischen Übereinkommens über die internationale Handelsschiedsgerichtsbarkeit vom 21.04.1961 mit ihren vielen Mitgliedstaaten weithin gesichert sind.[775] Um all diese Unabwägbarkeiten auszuschließen, enthalten Wirtschaftsverträge heute grundsätzlich Schiedsklauseln. Eine solche sehen die FIDIC-Mustervertragsbedingungen standardmäßig in Klausel 20.6 vor, der bei der Schiedsoption auf die Schiedsgerichtsordnung der Internationalen Handelskammer in Paris verweist. Das Schiedsgericht kann alle Entscheidungen von „Engineer" und DAB überprüfen und ändern.

4.3.1.17 Regelungsbedürftige Fragen, insbesondere Leistungsgarantien

Die FIDIC-Mustervertragswerke lassen einige Fragen offen, über die sich die Parteien einigen müssen. Zu nennen sind hier Fragen zu Vertragssprache und anwendbarem Recht (Klausel 1.4), Festlegung von Schadenspauschalen bei Bauzeitverlängerung (Klausel 8.7), Besetzung des DAB (Klausel 20.2), Mängelanzeigefrist (Klausel 1.1.3.7) und Bauzeit (Klausel 1.1.3.3) sowie zur Erfüllungssicherheit (4.2). Damit sind die regelungsbedürftigen Fragen aber nicht erschöpfend aufgezählt: Gerade im Bereich der Sachmängelhaftung sollten die Parteien beim Anlagenbauvertrag Regelungen treffen, die über die Bestimmungen der FIDIC-Mustervertragsbedingungen hinausgehen. Klausel 11 der FIDIC-Bedingungen enthält etwa keine Regelung darüber, welche Ansprüche entstehen, wenn die Anlage bei Inbetriebnahme die vertraglich garantierte Leistung nicht erreicht, etwa weil sie weniger produktiv ist als vertraglich vorgesehen.

Hier legen die Parteien oft pauschalierte Preisminderungen – mitunter auch als „Leistungspönalen" bezeichnet – pro nicht erbrachter Leistungseinheit fest.[776] Denkbar ist etwa, dass die Parteien 1 % der Minderleistung mit 0,5 % des Vertragspreises pönalisieren. Die Parteien können auch Staffelpönalen vereinbaren, die eine Zunahme des durch die Pönale pauschalierten Schadensersatzes mit größer werdender Minderleistung vorsehen. Ist die Minderleistung so gravierend, dass die Anlage wirtschaftlich nicht betrieben werden kann, sollte der Auftraggeber wählen können, entweder ein anderes Unternehmen mit der Fertigstellung der Anlage zu betrauen und dem Auftragnehmer nur einen angemessenen Preis für die Anlage zu bezahlen, oder vom Auftragnehmer Wandlung – also Rückbau der Anlage und Räumung der Baustelle auf Kosten des Auftragnehmers – verlangen zu können.

---

[774] Witte, Der US- amerikanische RICO-Act und deutsche Unternehmen, Heidelberg 1998, 156 f.
[775] Münchener Vertragshandbuch/Rosener, V.1. Anm. 63 (a).
[776] Münchener Vertragshandbuch/Rosener, V.1. Anm. 43 (b), der zu Recht darauf hinweist, dass im Vertrag der Begriff „Leistungspönale" vermieden werden sollte, weil dieser auf eine Vertragsstrafe hindeutet.

Wegen der Leistungsgarantien bieten sich insbesondere ergänzende Regelungen zu den Leistungstests an: Wichtig ist, dass die Parteien genau festlegen, wie die Funktionstests durchgeführt werden. So kann zum Beispiel die Qualität der verwandten Rohstoffe entscheidenden Einfluss auf das Ergebnis haben. Es empfiehlt sich daher für beide Parteien, sich hier sehr genau zu einigen. Auch das Nachweisverfahren und die organisatorische Durchführung der Tests sollten vorher so genau wie möglich festgelegt werden. Schließlich hilft es dem Auftraggeber nicht, wenn die Testresultate nur mit Personal des Auftragnehmers erreicht werden. Es empfiehlt sich deshalb, diese mit Personal des Auftraggebers von ihm selbst unter Assistenz bzw. Anleitung des Auftragnehmers durchzuführen.

4.3.2 Orgalime-Standardvertrag

Eine Alternative zum FIDIC Silver Book kann der „Orgalime Turnkey Contract for Industrial Works" darstellen: Auch dieser Standardvertrag betrifft Verträge über die schlüsselfertige Erstellung einer Anlage zu einem Pauschalfestpreis. Die Autoren dieser Vertragsbedingungen waren bemüht, die Projektrisiken ausgewogener auf Auftraggeber und Auftragnehmer zu verteilen, als dies das FIDIC Silver Book tut. Das zeigt etwa die Verteilung des Baugrundrisikos: Bei unvorhersehbaren Bodenverhältnissen hat der Auftragnehmer nach dem Orgalime-Vertrag einen Anspruch auf Bauzeitverlängerung und Kostenanpassung, nach dem Silver Book nicht. Auch legt der Orgalime-Standardvertrag die Planungsverantwortung nicht allein dem Auftragnehmer auf mit der Folge, dass dieser nicht für Planungsfehler des Auftraggebers haftet. Nach dem Silver Book ist der Auftragnehmer sogar für solche Fehler verantwortlich.

Schließlich stellt das Silver Book deutlich strengere Abforderungen für einen Fall von Force Majeure als der Orgalime-Standardvertrag auf: Eine Besetzung der Baustelle durch den Auftraggeber würde etwa nach dem Orgalime-Standardvertrag nicht unter die Force Majeure Klausel fallen.[777] Diese Beispiele zeigen, dass der Orgalime-Standardvertrag die Risikoverteilung zwischen Auftragnehmer und Auftraggeber ausgewogener vornimmt als das Silver Book. Zu beachten ist jedoch, dass an Anlagenbauprojekten nicht nur die Parteien des Bauvertrages, sondern auch die das Projekt finanzierenden Banken beteiligt sind. Diese Kreditgeber haben kein Interesse an der Überschreitung von Bauzeit und Pauschalfestpreis.

4.4 BOT-Projekte

Das Silver Book wird vor allem bei Build-Operate-Transfer-Verträgen (BOT-Verträgen)[778] eingesetzt: Eine Anlage wird errichtet, der Auftraggeber – etwa die öffentliche Hand – muss

---

[777] Vgl. vergleichende Darstellung bei Hök, § 18 Rz. 178.

[778] Neben den BOT – Verträgen hat die Praxis mittlerweile weitere Vertragsarten entwickelt, so etwa BOO (build, own, operate), BOOT (build, own, operate, transfer), BOTT (build, own, operate, train, transfer) und BLOT (build, lease, operate, transfer)-Verträge .

sie aber nicht finanzieren. Das große BOT-Modell der vergangenen Jahre in Europa war der Bau des Kanaltunnels, das – grob umrissen – so ablief: Die britische Regierung und der französische Staat erlaubten im April 1986 mit dem „The Channel Fixed Link"-Vertrag zwei Konsortien, einen Tunnel unter dem Kanal zu errichten und diesen 55 Jahre (ab Vertragsschluss) zu betreiben. Nach Ablauf dieses Zeitraums soll der Tunnel und seine Benutzungsrechte an die Franz. Republik und das Vereinigte Königreich fallen. Die Konsortien waren die britische „The Channel Tunnel Group Limited" und die französische „France-Manche S.A.". Sie schrieben den Bau des Tunnels aus, ließen ihn errichten und übernahmen die Finanzierung. Der Vorteil für die Konsortien sollte darin liegen, diesen Tunnel 55 Jahre betreiben zu dürfen. Durch den unternehmerischen Erfolg des Kanaltunnels – so war es zumindest gedacht – sollten die Konsortien die Finanzierungskosten für den Tunnel decken und dann Gewinne erzielen. Ein solches Projekt bietet aber auch Vorteile für die „Konzessionsgeber" Großbritannien und Frankreich: Sie tragen nicht das Investitionsrisiko. Dieses verlagern sie auf Private, indem sie diesen erlauben, den Tunnel zu bauen und zu betreiben (build & operate) und nach einer gewissen Zeit an den Konzessionsgeber zu übertragen (transfer).

4.4.1 Beteiligte

Beteiligt an BOT-Verträgen sind üblicherweise der Konzessionsgeber, typischerweise ein Staat – beim Kanaltunnelprojekt Frankreich und Großbritannien – die Projektgesellschaft, der Konzessionsnehmer, der als Bauherr und damit als Auftraggeber für den Bau der Anlage auftritt. Beim Kanaltunnelprojekt waren dies die beiden Konsortien, die britische „The Channel Tunnel Group Limited" und die französische „France-Manche S.A.". Neben diesen notwendigen Beteiligten des BOT-Modells gibt es oft noch weitere für das Projekt relevante Beteiligte, wie etwa die verschiedenen Anlagenbauer und Zulieferer. Wenn es sich um einen „Turnkey-Lump-Sum"-Vertrag handelt gibt es hier nur einen Partner. Daneben gibt es oft noch den Betreiber der Anlage für den Fall, dass die Projektgesellschaft einen Dritten damit beauftragt. Dieser Dritte kann auch Teil des Konsortiums sein. Schließlich gibt es noch die Nutzer der Anlage. Dies sind beim Kanaltunnelprojekt die Reisenden, die mit dem Betreiber Beförderungsverträge abschließen.

4.4.2 Vertragsverhältnisse

Dem BOT-Modell liegen der Konzessionsvertrag, der Gesellschaftsvertrag der Projektgesellschaft, die Kreditverträge und der Anlagenbauvertrag zugrunde.

4.4.2.1 Konzessionsvertrag

Der Konzessionsvertrag, das „concession agreement" zwischen Konzessionsgeber und Projektgesellschaft, wird als „project implementation agreement"(PIA) oder auch als „master agreement" bezeichnet. Es bildet den Rahmen des gesamten Projekts. Der Vertrag regelt die Verpflichtung, die Anlage zu bauen, die Erlaubnis, sie zu betreiben und die Pflicht, sie wieder zu übertragen.[779] In diesem Vertrag wird die zu errichtende Anlage zwar nicht in allen Details, aber schon relativ genau beschrieben. Mit Abschluss des Konzessionsvertrages gibt der staatliche Konzessionsgeber das Geschehen aus seinen Händen, es sei denn, es wird eine nachträgliche Genehmigung der Baupläne durch den Konzessionsgeber vereinbart. Der Konzessionsgeber muss deshalb im Konzessionsvertrag sicherstellen, dass die Anlage seinen Wünschen entsprechend errichtet wird. Beim Kanaltunnel sieht der Konzessionsvertrag etwa vor, wo der Tunnel verläuft und wie viele Röhren der Tunnel hat. Auch ist geregelt, inwieweit staatliche Organisationen Bau und Planung beeinflussen können. Der Konzessionsvertrag wird oft schon vor Entstehung der Projektgesellschaft von den einzelnen Mitgliedern der Projektgesellschaft unterschrieben und dann durch ein „novation agreement" auf die Projektgesellschaft übertragen. Bei Anlagen, die von der Öffentlichkeit genutzt werden sollen, wie etwa Tunneln und Brücken, legt der Konzessionsvertrag oft auch die Nutzungs- und Gebrauchstarife fest. So kann der Konzessionsgeber sicherstellen, dass er seine öffentlich-rechtlichen Pflichten erfüllt. Im Kanaltunnelvertrag ist etwa vorgesehen, dass die Betreiber Informationsstände und Reklamationsstellen für die Benutzer einrichten sollen und dass sie Kontrolleuren die Überwachung des Tunnels gestatten müssen. Dafür erhalten sie Exklusivrechte.

Wichtig ist in Fällen, in denen der Konzessionsgeber ein Staat ist, die Vereinbarung sogenannter Stabilisierungsklauseln. In diesen Klauseln vereinbaren die Beteiligten, dass der Konzessionsgeber den Konzessionsvertrag nicht durch Gesetzesänderungen unterlaufen darf. Sonst könnte er durch gesetzliche Regelungen Ansprüche der Projektgesellschaft aufheben. Verletzungen der Stabilisierungsklausel kann die Projektgesellschaft dann vor dem – im Regelfall vereinbarten – Schiedsgericht einklagen und so dafür Schadensersatz verlangen. Üblicherweise sehen Konzessionsverträge auch Bestimmungen für Vertragstörungen vor. Ähnlich wie bei „Turnkey-Lump-Sum"-Verträgen ist festgelegt, wer die Risiken für Leistungsstörungen wie Force Majeure-Fälle trägt. So finden sich im Kanaltunnelvertrag Vorschriften zu nationalen Verteidigungsfällen oder schwerwiegenden Vertragsverletzungen sowie Schadensersatzregelungen für diese Fälle. Auch enthalten Konzessionsverträge Regelungen darüber, dass die Konzessionsgeber die notwendigen Genehmigungen erteilen, wie investiertes Kapital insbesondere gegen Enteignung durch den Konzessionsgeber gesichert wird. Auch werden meistens Devisenklauseln vereinbart. Sie sehen vor, dass die Regierung oder Staatsbank des Staates, in dem die Anlage errichtet wird, die von der Projektgesellschaft erzielten Einnahmen in Devisen umtauschen muss. Bestimmungen zur Liquidität der Projektgesellschaft sind ebenfalls im Konzessionsvertrag festzuschreiben: Die Projektgesellschaft ist meist nur für das eine BOT-Projekt gegründet worden und hat kaum finanzielle Reserven. Für Fälle, in denen der Betreiber entweder vom Staat für seine Leistungen nicht bezahlt wird oder seine Leistungen nicht erbringen kann, weil der Konzessionsgeber nicht die erforderlichen Voraussetzungen schafft, müssen Ausgleichsansprüche bestehen. Schließlich ist es auch notwendig, in solchen Verträgen eine Schiedsklausel zu vereinbaren. Andernfalls muss die Projektgesellschaft unter Umständen den Staat als Konzessionsgeber vor einem seiner eigenen Gerichte verklagen. In solchen Fällen ist bei weitem nicht in allen Län-

---

[779] Joussen, Der Industrieanlagen-Vertrag, 2. Aufl. Heidelberg 1997, § 7 Rz. 65.

dern mit einem rechtstaatlichen Verfahren zu rechnen, in dem das nationale Gericht unbefangen den Interessen der Projektgesellschaft gegenübersteht.

4.4.2.2 Gesellschaftsvertrag der Projektgesellschaft

In ihren „Articles of Association" und dem „Shareholder Agreement" regelt die Projektgesellschaft die Rechte und Pflichten der einzelnen Mitglieder. Gegründet wird die Projektgesellschaft meistens nur, um ein einzelnes Projekt durchzuführen. Daraus folgt, dass für fast jeden BOT-Vertrag sich andere Gesellschafter zu einer Projektgesellschaft zusammenfinden. Nach Übergabe der Anlage an den Abnehmer endet die Projektgesellschaft wegen Zweckerreichung und geht in Liquidation. Deshalb gibt es unter den Beteiligten auch vertragliche Vereinbarungen, die sogenannten „Articles of Association" und das „Shareholder Agreement". Es handelt sich hier nach deutsch-rechtlichen Maßstäben um Gesellschaftsverträge und sie bestimmen die Organe der Projektgesellschaft, die Personalbesetzung, die Art und Weise der Kapitalbeschaffung, die Beteiligungsquote der einzelnen Gesellschafter, die Kündigung und Aufhebung der Gesellschaft und die Projektdurchführung durch die Gesellschafter. Der Vertrag bestimmt allein das „Innenrecht" der Gesellschaft. Dritte können sich grundsätzlich nicht auf dessen Inhalt berufen. Die Vereinbarung gilt damit grundsätzlich nur zwischen den Mitgliedern der Projektgesellschaft. Vor allem wird hier geregelt, wer für was bei der Errichtung der Anlage zuständig ist und wie viel Kapital die an der Projektgesellschaft beteiligten Sponsoren einbringen. Meist handelt es sich um Standardvertragswerke nach dem Gesellschaftsrecht des Investitionslandes für eine Kapitalgesellschaft.

Größtenteils setzen sich die Projektgesellschaften aus verschiedenen an der Errichtung der Anlage beteiligten Unternehmen zusammen. So sind die Anlagenbauer, die mit der Projektgesellschaft den „Turnkey-Lump-Sum"-Vertrag schließen, teilweise an der Projektgesellschaft und damit an der Finanzierung des Gesamtprojekts beteiligt. Die Entscheidung des Anlagenbauers, sich an der Projektgesellschaft zu beteiligen, ist meist sehr kritisch: Eigentlich ist er nur liefer- und leistungsorientiert. Ihm fehlen teilweise die Kapazitäten, die Durchführung und Finanzierung des Gesamtprojektes überblicken zu können. In der Praxis wird sich der Anlagenbauer an finanzschwächeren Projekten beteiligen müssen, um deren Durchführung zu sichern. Bei finanzkräftigen Projekten, die aus Investorsicht durchaus interessant sind, ist die Finanzierung dagegen häufig schon vor der Ausschreibung sichergestellt. Auch die Kreditgeber – also Banken – beteiligen sich oftmals an der Projektgesellschaft, um so die Durchführung des Projekts beeinflussen zu können. Vorteilhaft ist für den Anlagenbauer die Mitarbeit in der Projektgesellschaft aber vor allem während der Entwicklungsphase: Hier kann er seine Liefer- und Leistungsinteressen am besten einbringen, während er später oft vor vollendete Tatsachen gestellt wird. Als Ausgleich dafür muss er sich allerdings regelmäßig an den Projektentwicklungskosten beteiligen. Ein Anlagenbauer muss nach alledem sorgfältig abwägen, ob er sich im Einzelfall an der Finanzierung eines Projektes – mit seinem Eigenkapital – beteiligen will. Dies ist eine unternehmerische Entscheidung. Der Jurist kann nur bei der Vertragsgestaltung helfen und dabei möglichst viele vertragliche Risiken ausschließen. Der Vertragspartner wird einem Anlagenbauer nur gegen einen geminderten Pauschalpreis Risiken nachlassen.

4.4.2.3 Kreditverträge

Bei den Kreditverträgen ist meistens eher die kaufmännische Kalkulation und weniger der rechtliche Rahmen schwierig: Banken arbeiten hier meistens mit einem sogenannten „worst case scenario". Bei der Ertragskraft der Anlage werden die pessimistischsten Erwartungen zugrunde gelegt und auf dieser Basis die Kreditkalkulation vorgenommen. Sehr wichtig ist für den Kreditgeber aber auch die in Konzessions- und Anlagenbauvertrag vorgenommene Risikoverteilung und ob Garantien bestehen. Für den Kreditgeber ist es gut, wenn die Gesellschafter der Projektgesellschaft eine Rückzahlungsgarantie für die eventuelle Aufgabe des Projekts vor Fertigstellung geben. Die Kreditgeber können sich dann direkt an diese Unternehmen wenden. Ansprüche gegen die Projektgesellschaft nützen den Banken wirtschaftlich nicht viel, da die Projektgesellschaft selbst schnell zahlungsunfähig ist. Sie ist schließlich reiner Zweckzusammenschluss und stellt kein richtiges Unternehmen – mit entsprechender Kapitaldecke – dar. Ähnlich erstrebenswert für den Kreditgeber ist eine Fertigstellungsgarantie der Gesellschafter der Projektgesellschaft. Diese kommt letztlich der Rückzahlungsgarantie gleich, wenn der Kreditgeber bei Verletzung dieser Pflicht Schadensersatz verlangen kann. Möglich ist statt Garantien auch ein sog. „Pool-of-Funds". Durch eine vorherige massive Überfinanzierung kann die Fertigstellung des Projektes gesichert werden. In den Kreditverträgen finden sich natürlich regelmäßig Klauseln zur Verfügbarkeit des Kredits, zu Kreditmargen und zu den zu leistenden Sicherheiten, zum Rückzahlungsrhythmus und zum sog. „event of default" zur Gesamtfälligstellung aus besonderem Anlass.

4.4.2.4 Anlagenbauvertrag

Meistens schließt die Projektgesellschaft einen „Turnkey-Lump-Sum"-Vertrag mit dem Anlagenbauer. Hier bietet sich für die Projektgesellschaft an, das FIDIC-Silver Book mit dem Anlagenbauer zu vereinbaren: Das Silver Book verschafft der Projektgesellschaft größtmögliche Sicherheit in Bezug auf Bauzeit und Pauschalfestpreis und nimmt eine Risikoverteilung vor, die nicht zuletzt auch im Interesse der finanzierenden Banken liegt[780]. Hier zeigt sich, welche Konflikte für den Anlagenbauer entstehen können, wenn er gleichzeitig Gesellschafter der Projektgesellschaft ist: Die Interessen des Anlagenbauers weichen oft von den Interessen ab, die er als Gesellschafter der Projektgesellschaft haben sollte. Das gilt insbesondere im Hinblick darauf, welche Standardvertragsbedingungen vereinbart werden sollen: Als Anlagenbauer dürfte er den Orgalime-Vertrag vorziehen, als Gesellschafter der Projektgesellschaft wird er dagegen auf die Vereinbarung des Silver Book bestehen müssen.

---

[780] Vgl. Kronke/Melis/Schnyder/Nicklisch, C Rz. 351.

5 Niederlassung

Die Unternehmung kann grundsätzlich wählen, ob sie ein rechtlich selbstständiges oder unselbstständiges Engagement im Ausland will: Sie kann eine Tochtergesellschaft, also ein Rechtssubjekt im Ausland gründen, oder sich dazu entscheiden, eine Niederlassung im Ausland zu errichten. Aus unternehmerischer Sicht haben Auslandsniederlassungen im Vergleich zur Tochtergesellschaft Nachteile: Das Auftreten im Rechtsverkehr ist mühsam und umständlich, oft lässt sich kein positives Image bei Geschäftspartnern aufbauen, wenn man keine rechtlich selbstständige Firma hat und für manche Engagements – etwa im Bank- oder Versicherungsbereich – verlangen rechtliche Regelungen, Tochtergesellschaften zu etablieren.[781] Rechtlich ist der Begriff der Niederlassung durchaus bedeutsam: Schließt eine Niederlassung im Ausland einen Vertrag, stellt sich die Frage, welches Recht auf diesen Vertrag Anwendung finden soll.

5.1 Internationales Schuldrecht

Haben die Parteien im Vertrag keine Rechtswahl getroffen, stellen die Regelanknüpfungen in Art. 4 Rom I-VO sowie die Anknüpfungen in den Artt. 5 f. Rom I-VO jeweils auf den gewöhnlichen Aufenthalt einer Partei ab. Allgemein ist nach Art. 19 Abs. 1 Rom I-VO der Ort des gewöhnlichen Aufenthalts von Gesellschaften, Vereinen und juristischen Personen der Ort ihrer Hauptverwaltung. Der gewöhnliche Aufenthalt einer natürlichen Person, die im Rahmen der Ausübung ihrer beruflichen Tätigkeit handelt, ist der Ort ihrer Hauptniederlassung. Für die Niederlassung ist Art. 19 Abs. 2 Rom I-VO beachtlich: Wird danach der Vertrag im Rahmen des Betriebs einer Zweigniederlassung, Agentur oder sonstigen Niederlassung geschlossen oder ist für die Erfüllung gemäß dem Vertrag eine solche Zweigniederlassung, Agentur oder sonstige Niederlassung verantwortlich, so steht der Ort des gewöhnlichen Aufenthalts dem Ort gleich, an dem sich die Zweigniederlassung, Agentur oder sonstige Niederlassung befindet. Die Regelung soll – wie schon die Vorgängerregelung in Art. 28 Abs. 2 Satz 2 EGBGB – vermeiden, dass Verträge dem Recht der Hauptniederlassung unterworfen werden, obwohl die geschäftliche Aktivität an einem anderen Ort erfolgt.[782] Erfolgt die Steuerung der vertraglichen Leistung – nach dem Vertrag – nicht durch die Haupt-

---

[781] Kutschker/Schmid, 878.

[782] Noch zu Art. 28 Abs. 2 satz 2 EGBGB eine interessante Fallstudie von Berger, Der praktische Fall – Internationales Privatrecht: Eine Düngemittelanlage in China, JuS 1999, 1091, 1093.

niederlassung, sondern von einer davon unterscheidbaren Untergliederung des Unternehmens (Zweigniederlassung), soll dann nicht das Recht der Haupt-, sondern das der Zweigniederlassung gelten.[783] Voraussetzung für die Annahme einer solchen Untergliederung sind zunächst ein räumliches und persönliches Substrat (Geschäftsräume, Personal) und eine gewisse Dauer der Einrichtung. Weiter ist eine gewisse geschäftliche Selbstständigkeit erforderlich: Die Niederlassung muß so organisiert sein, dass sie befugt ist, Entscheidungen bezüglich der Erfüllung zu treffen. Diese Entscheidungsbefugnis darf sich weder auf vorbereitende und Hilfsgeschäfte noch auf bloße Erfüllungsmodalitäten beschränken.[784]

Ob eine Niederlassung vorliegt, ist in der Praxis mitunter schwierig zu beurteilen, so etwa bei Baubüros oder Dauerbaustellen: In der Regel wird hier verlangt, dass die Einrichtung mehr als ein Jahr bestehen soll.[785] Dann wird es massgeblich darauf ankommen, inwieweit der Einrichtung selbstständige Entscheidungsbefugnis bei der Erledigung ihrer Geschäfte vom Stammhaus eingeräumt worden ist. Nicht als Niederlassungen zu qualifizieren sind Handelsmakler oder -vertreter: Zum einen sind sie nicht an der Abwicklung und Ausführung der Geschäfte beteiligt, zum anderen sind diese beiden Berufsbilder durch ihre Selbstständigkeit und Weisungsgebundenheit charakterisiert.[786]

5.2 Internationales Arbeitsrecht

Setzt die Unternehmung Mitarbeiter in ihrer Auslandsniederlassung ein, ist fraglich, welches Recht auf diese Verträge Anwendung findet. Wie bei anderen Vertragsverhältnissen auch unterliegt der Arbeitsvertrag dem Grundsatz der Parteiautonomie: Die Parteien können wählen, welchem Recht sie den Arbeitsvertrag unterstellen wollen. Fehlt eine Rechtswahl, gilt grundsätzlich das Recht des Staates, in dem oder von dem aus der Arbeitnehmer seine Arbeit verrichtet.

5.2.1 Rechtswahl

Nach Art. 8 Abs. 1 Satz 2 Rom I-VO darf bei Arbeitsverträgen und Arbeitsverhältnissen die Rechtswahl der Parteien nicht dazu führen, dass dem Arbeitnehmer der Schutz entzogen wird, der ihm durch die zwingenden Bestimmungen des Rechts gewährt wird, das nach Absatz 2 mangels einer Rechtswahl anzuwenden wäre. Der Gesetzgeber will verhindern, dass die aufgrund objektiver Anknüpfung maßgeblichen zwingenden, arbeitsrechtlichen Vorschriften ausgeschaltet oder umgangen werden. Zwingende Vorschriften in diesem Sinne

---

[783] Soergel/von Hoffmann, Art. 28 Rz. 67.
[784] Soergel/von Hoffmann, Art. 28 Rz. 67.
[785] Berger, Der praktische Fall – Internationales Privatrecht: Eine Düngemittelanlage in China, JuS 1999,1091, 1094.
[786] Soergel/von Hoffmann, Art. 28 Rz. 69.

sind Normen, die zu Gunsten des Beschäftigten wirken und vertraglich nicht abdingbar sind – so etwa die §§ 1 f. KSchG. Anzuwenden ist die für den Arbeitnehmer günstige Norm, wobei für den Günstigkeitsvergleich nach überwiegender Auffassung zusammengehörige Regelungskomplexe zu vergleichen sind.[787] Deshalb kann in diesen Fällen teilweise deutsches und teilweise ausländisches Recht Anwendung finden.[788]

5.2.2 Fehlen der Rechtswahl

Fehlt eine Rechtswahl, richtet sich das auf den Arbeitsvertrag anwendbare Recht nach Art. 8 Abs. 2 Rom I-VO: Dann unterliegt der Arbeitsvertrag dem Recht des Staates, in dem oder andernfalls von dem aus der Arbeitnehmer in Erfüllung des Vertrages gewöhnlich seine Arbeit verrichtet. An diesen Ort knüpft das Internationale Privatrecht an, weil hierzu die engste Beziehung besteht bzw. hier der Schwerpunkt des Arbeitsverhältnisses liegt.[789] Dabei wechselt der Staat, in dem die Arbeit gewöhnlich verrichtet wird, nicht, wenn der Arbeitnehmer seine Arbeit nur vorübergehend in einem anderen Staat verrichtet. Verrichtet der Arbeitnehmer also in Erfüllung des Vertrages gewöhnlich seine Arbeit in nur einem Staat, unterliegt der Arbeitsvertrag dem Recht dieses Staates. Bei Arbeitnehmern, die ihre Arbeit zwar gewöhnlich nicht in ein und demselben Staat verrichten, aber über eine Basis in einem Staat verfügen, von dem aus sie ihre Arbeitseinsätze im Ausland antreten (z.B. Flugpersonal oder Reisebegleiter), knüpft Art. 8 Abs. 2 Satz 1 2. Alt. Rom I-VO an den Ort der Einsatzbasis an.[790]

Pendelt dagegen der Arbeitnehmer zwischen verschiedenen Arbeitsstellen, soll nach Art. 8 Abs. 3 Rom I-VO das Recht der Niederlassung des Arbeitgebers gelten, der ihn eingestellt hat. Ergibt sich aber aus der Gesamtheit der Umstände, dass der Arbeitsvertrag oder das Arbeitsverhältnis engere Verbindungen zu einem anderen Staat aufweist, soll gemäß Art. 8 Abs. 3 Rom I-VO das Recht dieses anderen Staates gelten.

---

[787] Vgl. auch Eser, Kollisionsrechtliche Probleme bei grenzüberschreitenden Arbeitsverhältnissen, RIW 1992, 1, 3.
[788] Vgl. Gotthardt, Einsatz von Arbeitnehmern im Ausland, MDR 2001, 961, 962.
[789] BAG NZA 2002, 734.
[790] Palandt/Thorn, Rom I 8 Rz. 10

6 Unternehmenskooperation

6.1 Joint Ventures

6.1.1 Begriff und Arten

Während die internationale Wirtschaft in den 70er und 80er Jahren des vergangenen Jahrhunderts von einer Diversifikationseuphorie und von Unternehmensübernahmen geprägt war, ist seit über zehn Jahren auch ein starker Trend zu kooperativen Wettbewerbsstrategien erkennbar.[791] Der Ausdruck „Joint Venture" bezeichnet im allgemeinen Sprachgebrauch ein gemeinschaftliches unternehmerisches Wagnis mit geteilten Risiken und gemeinsamen Chancen und wird in seinem Ursprungsland USA wie in anderen Ländern für alle Arten unternehmerischer Kooperation verwendet, für Arbeitsgemeinschaften des Bauwesens wie für Konsortialgeschäfte im internationalen Kapitalverkehr, für den Anlagenbau in der Entwicklungshilfe wie für stille Beteiligungen an Produktions- oder Handelsgesellschaften.[792] Das bedeutet, dass sich bei einem Joint Venture mindestens zwei Personen oder Unternehmen gemeinschaftlich und gleichgerichtet bemühen, ein bestimmtes unternehmerisches Ziel auf der Grundlage von vertraglichen Absprachen zu erreichen, wobei sich diese Zusammenarbeit der Partner auf die bloße Kooperation im Rahmen einer BGB-Gesellschaft beschränken kann.[793]

Zu unterscheiden sind einerseits das „Contractual Joint Venture" und andererseits das „Equity Joint Venture". Im Rahmen eines Contractual Joint Ventures werden zwischen verschiedenen Partnern schuldrechtliche Vereinbarungen getroffen, ohne dass eine gesellschaftsrechtliche Plattform, d.h. ein organisatorisch selbstständiges Gebilde in Form eines Unternehmens angestrebt wird. Dagegen verfolgen Equity Joint Ventures das Ziel, im Rahmen einer durch Gesellschaftsvertrag aufgestellten selbstständigen Unternehmung mit eigener Geschäftsführung und Kapitalausstattung den von den Partnern verfolgten unternehmerischen Zweck selbstständig zu erreichen.[794] Es handelt sich um eine gemeinsam beherrschte Gesellschaft, ein Gemeinschaftsunternehmen, welches auch „Projektgesellschaft" genannt

---

[791] Vgl. Funke, Kooperative Joint Ventures in der Europäischen Union, 1997, S. 1.
[792] Martinek, Moderne Vertragstypen, Bd. III, S. 210.
[793] Vgl. Schulte/Pohl, Rz. 2.
[794] Vgl. MH/Baumanns/Wirbel, § 28 Rz. 2.

wird.[795] Grundlage einer solchen Projektgesellschaft ist der Joint Venture-Vertrag, der die Basis für die Gründung eines Joint Ventures bildet. Trotz der mittlerweile in der EU rechtlich verankerten supranationalen Gesellschaftsrechtsformen erfreuen sich Joint Ventures im nationalen wie im internationalen Rechtsverkehr weiterhin großer Beliebtheit. Typischerweise eignen sich Contractual Joint Ventures mehr zur Durchführung einzelner genau umrissener, wenn auch möglicherweise sehr umfangreicher und langfristiger Projekte, während Equity Joint Ventures in der Regel auf die gemeinsame Bewältigung eines abstrakt umschriebenen Tätigkeitsgebiets, oft ohne zeitliche Begrenzung, gerichtet sind.[796] Abzugrenzen sind Joint Ventures von sog. Konsortien. Ein echtes Joint Venture liegt nur dann vor, wenn die Partner im Außen- wie im Innenverhältnis aus dem Joint Venture berechtigt und verpflichtet sind. Sie müssen auch im Innenverhältnis gemeinsam an den Chancen und Risiken des Projekts teilhaben.[797]

6.1.2 Grundlagenvertrag

Der Joint Venture-Vertrag wird als Grundlagenvertrag bezeichnet. Rechtliche Folge ist, dass sich die Regelungen dieses Vertrags auf das Grundverhältnis der kooperierenden Parteien beziehen.[798] Ein solcher Vertrag wird grds. schriftlich abgeschlossen. Er umschreibt die Rechte und Pflichten der jeweiligen Partner wie Liefer- und Leistungspflichten, interne Führung des Joint Ventures, Vertretung des Joint Ventures im Außenverhältnis, Haftung gegenüber Dritten, Schlichtung von Meinungsverschiedenheiten etc.

Joint Ventures können als operative Joint Ventures, als Holding Joint Ventures aber auch als Mischform beider Joint Venture-Arten gegründet werden. Bei einem operativen Joint Venture führen die Partner Betriebe, Teilbetriebe und/oder einzelne Wirtschaftsgüter in einem operativen, von beiden Partnern beherrschten Gemeinschaftsunternehmen zusammen; die Joint Venture-Gesellschaft kann jedoch auch als Holding fungieren, in die die Joint Venture-Partner Beteiligungen an diversen Gesellschaften einbringen.[799] Üblich sind auch Joint Ventures, in die Beteiligungen bzw. Tochtergesellschaften eingebracht werden und welche außerdem selbstständig im Markt auftreten. Der Joint Venture-Vertrag ist zunächst Vorgründungsvertrag, soweit sich seine Regelungsgegenstände unmittelbar auf die anvisierte Gründung des Gemeinschaftsunternehmens beziehen.[800] Die Vertragspartner eines Joint Ventures sind insbesondere daran interessiert, wie sie im Inland oder grenzüberschreitend gemeinsam ihre wirtschaftlichen Interessen verfolgen können Für ein Equity Joint Venture besteht vor-

---

[795] Vgl. Schulte/Pohl, Rz. 4.
[796] Schaumburg/Stephan, S. 99.
[797] Rosener, Japanische und europäische Standardbedingungen für Konsortien und Joint Ventures, in: Nicklisch (Hrsg.), Konsortien und Joint Ventures bei Infrastrukturprojekten, 1998, S. 55 f.
[798] Vgl. Schaumburg/Stephan, S. 101.
[799] Vgl. Schulte/Pohl, Rz. 12 ff.
[800] Martinek, Moderne Vertragstypen, Bd. III, S. 222.

her zusätzlich die Notwendigkeit, die organisatorische Basis, d.h. das Gemeinschaftsunternehmen zu gründen und den Gesellschaftsvertrag zu errichten.

Beim Joint Venture-Vertrag handelt es sich um eine schuldrechtliche Vereinbarung zwischen zwei oder mehreren Parteien. Mit dieser Vereinbarung begründen die Partner eines Joint Ventures eine BGB-Innengesellschaft,[801] wohingegen die Joint Venture-Gesellschaft mit Außenwirkung gegenüber Dritten üblicherweise aus deutscher Sicht als GmbH oder GmbH & Co. KG gegründet wird. Daraus ergibt sich, dass Equity Joint Ventures nach dem Prinzip der Doppelstöckigkeit zu gründen sind. Gemeint ist damit, dass es neben dem nach außen auftretenden Gemeinschaftsunternehmen in der Rechtsform (zu allermeist) einer Kapitalgesellschaft die davon zu trennende Innengesellschaft („Joint Venture Agreement") gibt; die an der operativen Front agierende Außengesellschaft wird von der Innengesellschaft gesteuert, welche ihrerseits nicht nach außen gerichtet am Rechtsverkehr teilnimmt, vermögenslos ist und weder Organe, noch Bevollmächtigte hat, die sie bzw. die Innengesellschafter verpflichten können. Folge ist, dass bei einem Equity Joint Venture zwei Gesellschaften zu gründen sind: Die Joint Venture-Innengesellschaft sowie das Gemeinschaftsunternehmen als Außengesellschaft, typischerweise in der Rechtsform der AG, der GmbH, der *corporation*, der *Ltd*, der *SA* oder der *SARL*. Werden Joint Ventures nach deutschem Recht gegründet, handelt es sich bei der Innengesellschaft um eine BGB-Gesellschaft; als Rechtsformen für das Gemeinschaftsunternehmen mit Außenwirkung werden i.d.R. die GmbH bzw. die GmbH & Co. KG favorisiert. Beide Gesellschaftsformen bieten den Vorteil einer vergleichsweise großen Gestaltungsfreiheit und können ausgeprägte Mitspracherechte der jeweiligen Gesellschafter garantieren.[802]

Sind sich die Parteien über die Gründung eines Contractual Joint Ventures oder eines Equity Joint Ventures einig, werden sie neben einer Geheimhaltungsvereinbarung über zukünftige Gespräche zur Realisierung des Joint Ventures eine Absichtserklärung, den sog. Letter of Intent (LoI) unterzeichnen. Mit dieser Absichtserklärung verfolgen die zukünftigen Partner des Joint Ventures den Zweck, sich über die spätere Kooperation, ob im Rahmen eines Contractual Joint Ventures oder durch ein Equity Joint Venture, sowie über die Vorgehensweise des Joint Ventures konkret zu verständigen. Daneben können Zusatzverträge bestehen, welche wiederum Rechte und Pflichten einzelner Partner des Joint Ventures kennzeichnen, grundsätzlich aber dazu bestimmt sind, das jeweilige Joint Venture zu fördern.[803]

6.1.2.1 Contractual Joint Ventures

Projektbezogene Joint Ventures werden durch Contractual Joint Ventures übernommen.[804] Derartigen Joint Ventures, insbesondere zur Durchführung von Großprojekten in der Baubranche, sind üblicherweise keine Grenzen gesetzt, es sei denn, diese Joint Ventures versto-

---

[801] Vgl. MH/Baumanns/Wirbel, § 28 Rz. 6.
[802] Schulte/Pohl, Rz. 65.
[803] Vgl. Reithmann/Göthel, Rz. 4681 ff.
[804] Vgl. Schaumburg/Stephan, S. 102.

ßen nach § 138 BGB gegen die guten Sitten bzw. gegen kartellrechtliche Bestimmungen. Handelt es sich um ein projektbezogenes Joint Venture, sind im Innenverhältnis zwischen den Partnern Absprachen zu treffen, welche Leistungspflichten von jedem Partner zu übernehmen sind und welche Rechte dem jeweiligen Partner bei der Außenvertretung des Joint Ventures zustehen. Da beim Contractual Joint Venture nur eine BGB-Innengesellschaft nach §§ 705 ff. BGB von den Partnern gegründet wird, sind alle Partner des Joint Ventures Vertragspartner des Projektpartners; sie haften gesamtschuldnerisch nach § 421 BGB. Partner eines projektbezogenen Joint Ventures können auch verschiedene Konzerngesellschaften, wie z.B. Mutter- und Tochtergesellschaft sein.

6.1.2.2 Equity Joint Ventures

Equity Joint Ventures entstehen, wenn sich Joint Venture-Partner an einer Personen- oder Kapitalgesellschaft, dem sog. Gemeinschaftsunternehmen, mit dem Ziel beteiligen, in diesem langfristig zusammen zu arbeiten.[805] Es handelt sich somit um eine „Doppelgesellschaft", da die Joint Venture-Partner Gesellschafter der BGB-Innengesellschaft und des Gemeinschaftsunternehmens sind.[806]

6.1.3 Rechtswahl

6.1.3.1 Joint Venture-Vertrag

Haben die Partner eines Joint Venture-Vertrags ihren Sitz in demselben Staat, ist davon auszugehen, dass für das Joint Venture die rechtlichen Vorschriften des Heimatlandes gelten. Verfolgen die Partner eines Joint Ventures den gesellschaftlichen Zweck des Joint Ventures überwiegend in einem Drittland, können, sofern sich die beiden Partner des Joint Ventures darüber einig sind, auch die rechtlichen Regelungen des Landes auf das Joint Venture Anwendung finden, in dem die Aktivitäten des Joint Ventures verfolgt werden. Auch die stärkere Position eines der beiden Partner des Joint Ventures kann dazu führen, dass das Recht des Staates für das Joint Venture gilt, in dem der stärkere Partner als Gesellschaft seinen Sitz hat.

Der Joint Venture-Vertrag ist eine rein schuldrechtliche Vereinbarung zwischen den Vertragsparteien. Darauf kann grds. EU-Recht, d.h. die Rom I-VO als internationales Privatrecht der Europäischen Union, angewandt werden.[807] Nach Art. 1 Abs. 2 f) Rom I-VO ist vom Anwendungsbereich dieser EG-Verordnung allerdings u.a. das Gesellschaftsrecht ausgenommen. Das internationale Gesellschaftsrecht ist somit bisher gesetzlich innerhalb der Europäischen Union noch nicht geregelt worden. Fehlt die Rechtswahl der Partner eines Joint Ventures i.S.v. Art. 3 Abs. 1 Rom I-VO, besteht die Vermutung, dass nach Art. 4 Abs. 1 Rom I-VO das Recht des Staates gilt, mit dem der Joint Venture-Vertrag am engsten verbun-

---

[805] MH/Baumanns/Wirbel, § 28 Rz. 2.
[806] MH/Baumanns/Wirbel, § 28 Rz. 2.
[807] Reithmann/Göthel, Rz. 4582.

den ist, d.h. bei einem Equity Joint Venture das Recht, das an dem Ort gilt, wo die Projektgesellschaft ihren Sitz bzw. ihre Hauptverwaltung hat. Lässt sich diese Vermutung nicht erhärten, verweist Art. 4 Abs. 4 Rom I-VO indirekt auf Art. 4 Abs. 1 Rom I-VO, welcher erneut auf die engste rechtliche Verbindung des Joint Venture-Vertrags zu dem Recht eines Staates hinweist. In einer solchen Situation ist der Schwerpunkt des Vertrags zu ermitteln.[808] Ergeben sich aus dem Vertrag klare Hinweise auf das Recht eines Staates, so gilt dieses Recht. Außerdem sind die Interessen der Parteien des Joint Ventures zu prüfen sowie die Interessen gegeneinander abzuwägen und zwar im Hinblick auf eine bestimmte Rechtsordnung ohne Rücksicht auf deren Inhalt.[809]

6.1.3.2 Gemeinschaftsgesellschaft

Auf die Gemeinschaftsgesellschaft ist, insbesondere wenn es sich um ein grenzüberschreitendes Joint Venture handelt, Internationales Gesellschaftsrecht anwendbar. Internationales Gesellschaftsrecht ist aber bisher nicht normiert. Während bis vor einiger Zeit von der Rechtsprechung und der Rechtsliteratur eindeutig die Sitztheorie für die Anwendbarkeit des nationalen Gesellschaftsrechts auf die gegründete Gesellschaft anzuwenden war,[810] geht die herrschende Meinung in der Rechtsliteratur, insbesondere nach den Entscheidungen des EuGH in den Rechtsstreitigkeiten „Centros", „Überseering" und „Inspire Art" von der Gründungstheorie aus.[811] Das betrifft insbesondere den europäischen Gemeinschaftsraum. Ob die Sitztheorie auch für Fälle außerhalb der Europäischen Gemeinschaft zurückgedrängt wird, lässt sich zwar heute noch nicht sagen, ist aber möglich; zurzeit jedenfalls gilt die Sitztheorie weiterhin im Verhältnis zu Drittstaaten, sofern keine staatsvertraglichen Kollisionsnormen entgegenstehen.[812] Insofern haben sich die Partner eines Equity Joint Ventures über die Anwendbarkeit des für die Gemeinschaftsgesellschaft zuständigen Gesellschaftsrechts zu verständigen. Auch wenn der EuGH in seinen oben erörterten Entscheidungen die Sitztheorie als Grundlage für das anzuwendende Gesellschaftsrecht eines Unternehmens verworfen hat und der Gründungstheorie den Vorzug gibt, wenden die Gründer eines Joint Ventures bei der Gemeinschaftsgesellschaft i.d.R. das Gesellschaftsrecht des jeweiligen Staates an, in dem die Gemeinschaftsgesellschaft ihren Sitz hat. Liegt die Gemeinschaftsgesellschaft dagegen in

---

[808] Vgl. Reithmann/Göthel, Rz. 4625; Palandt/Thorn, Art. 4 Rom I-VO Rz. 2.

[809] Vgl. BGH VersR 1976, 832, 833 f.; Weitnauer, Der Vertragsschwerpunkt, 1981, S. 160 f.; Reithmann/Göthel, Rz. 4625.

[810] RG JW 1904, 231; BGHZ 25, 134, 144; BGHZ 51, 27, 28; vgl. dazu Ebke, Die „ausländische Kapitalgesellschaft & Co. KG" und das europäische Gemeinschaftsrecht, ZGR 1987, 245, 246 – Besprechung der Entscheidung BayOblGZ 1986, 61 – veröffentlicht u.a. in NJW 1986, 3029, DB 1986, 1325, IPRax 1986, 386 mit Anm. Großfeld; Staudinger-IntGesR/Großfeld, Rz. 36 ff., Rz. 100.

[811] Vgl. EuGH („Centros") NJW 1999, 2027 ff.; EuGH („Überseering") RIW 2002, 945 ff.; EuGH („Inspire Art") JZ 2004, 37 ff.; dazu grds. zustimmend Merkt, Die Gründungstheorie gewinnt an Einfluss, RIW 2003, 458 ff.; Leible/Hoffmann, „Überseering" und deutsche Gesellschaftskollisionsrecht, ZIP 2003, 925 ff.; Ebke, Überseering: „Die wahre Liberalität ist Anerkennung", JZ 2003, 927 ff.; Zimmer, Nach „Inspire Art": Grenzenlose Gestaltungsfreiheit für deutsche Unternehmen?, NJW 2003, 3585 ff.; a. A. Kindler, „Inspire Art" – Aus Luxemburg nichts Neues zum internationalen Gesellschaftsrecht, NZG 2003, 1086 ff.

[812] Reithmann/Göthel, Rz. 4582.

einem Entwicklungs- oder Schwellenland, können die Parteien des Joint Ventures nach der Gründungstheorie das Recht des Staates zur Anwendung kommen lassen, in dem die Gesellschaft gegründet worden war.[813] Gemäß Art. 3 Abs. 1 S. 1 Rom I-VO können die Partner eines Joint Ventures das anwendbare Recht frei wählen. Die Partner können somit grundsätzlich jedes Recht vereinbaren.[814] Fehlt eine wirksame Rechtswahl der Vertragsparteien, bestimmt sich das anwendbare Recht nach Art. 4 Abs. 1 Rom I-VO. Ansonsten ist das Recht des Staates auf den Joint Venture-Vertrag nach Art. 4 Abs. 4 Rom I-VO anwendbar, mit dem das Joint Venture am engsten verbunden ist.

6.1.4 Zusatzverträge

Neben dem Grundlagenvertrag schließen die Partner eines Joint Ventures i.d.R. sog. Zusatzverträge ab. Diese Zusatzverträge regeln sehr oft Nebenpflichten einer Vertragspartei, welche der Förderung des Joint Ventures dienen. Dabei kann es sich um typische Veräußerungsverträge wie z.B. Kaufvertrag, oder um Gebrauchsüberlassungsverträge wie z.B. Miet- oder Darlehensvertrag handeln. Auch Lizenz- oder Franchisevertrag können den Inhalt von Zusatzverträgen zwischen den Partnern des Joint Ventures bilden.

Die ITC Contractual Joint Venture Model Agreements[815] können die Grundlage für den Mindestinhalt eines Joint Ventures sein. Sofern sich das Joint Venture auf eine schuldrechtliche Vereinbarung beschränkt, d.h. in erster Linie auf die Realisierung eines einmaligen Gemeinschaftsprojekts oder aber auf die Zusammenarbeit in Gebieten wie Forschung und Entwicklung, werden Regelungen zur Kostenteilung und zur Verfügungstellung von Ressourcen reichen.[816]

6.1.5 Form

Grundsätzlich kann ein Joint Venture-Vertrag formlos abgeschlossen werden. Das ist insbesondere bei Contractual Joint Ventures der Fall, in deren Rahmen nur eine BGB-Innengesellschaft gegründet wird. Vereinbaren die Parteien eines Joint Ventures die Gründung einer Projektgesellschaft, insbesondere in der Rechtsform einer GmbH, so ist neben der Projektgesellschaft auch der Joint Venture-Grundlagenvertrag nach § 2 Abs. 1 GmbHG notariell zu beurkunden.[817] Gleiches gilt für die Rechtsformwahl der GmbH & Co. KG.[818] Überträgt im Rahmen einer Joint Venture-Vereinbarung ein Partner auf den anderen Partner Ge-

---

[813] Vgl. Göthel, Joint Ventures im Internationalen Privatrecht – Ein Vergleich der Rechte Deutschlands und der USA, S. 97; Staudinger-IntGesR/Großfeld, Rz. 77 ff.

[814] Reithmann/Göthel, Rz. 4612; Kegel/Schurig, Internationales Privatrecht, 9. Aufl. 2004, S. 570.

[815] Text der Vereinbarung siehe unter http://www.jurisint.org/pub/02/en/doc/src/486.pdf.

[816] Kronke/Opitz, Teil K Rz. 727.

[817] Vgl. Schulte/Pohl, Rz. 102.

[818] Siehe dazu Binz/Mayer, Beurkundungspflichten bei der GmbH & Co. KG, NJW 2002, 3054, 3055.

schäftsanteile an der GmbH, ist ebenfalls die Grundlagenvereinbarung nach § 15 Abs. 4 GmbHG notariell zu beurkunden. Gleiches gilt grds. wiederum für die GmbH & Co. KG. Desweiteren ist der Grundlagenvertrag eines Joint Ventures notariell zu beurkunden, ex arg. § 311b Abs. 1 BGB, wenn eine der Parteien als Kapitaleinlage Grundeigentum in das Joint Venture einbringt. Ist die Grundlagenvereinbarung wegen eines Formerfordernisses notariell zu beurkunden, dann ergibt sich aus § 125 BGB die Verpflichtung, alle Nebenvereinbarungen ebenfalls notariell zu beurkunden. Sollte die notarielle Beurkundung des Grundlagenvertrags eines Joint Ventures trotz oben dargestellter Notwendigkeit unterblieben sein, hat das die Nichtigkeit des Grundlagenvertrags zur Folge.

6.1.6 Organe des Joint Ventures

6.1.6.1 Projektleitung/Geschäftsführung und Kontrollgremium

Bei Contractual Joint Ventures ist es üblich, dass die Leitung der Projektgesellschaft von den Partnern gemeinschaftlich übernommen wird. Je nach Komplexität des Projekts sind mehrere Leitungsebenen erforderlich; einzelne Teilbereiche des Projekts müssen ggfs. von einer übergreifenden Leitungsebene, die die operative Gesamtverantwortung trägt, gesteuert werden.[819] Insbesondere bei größeren Projekten ist es erforderlich, ein zusätzliches Kontrollgremium zu schaffen, dessen Aufgabe es ist, die Projektleitung zu überwachen und Meinungsverschiedenheiten zu schlichten.[820] Rechtliche Vorschriften für die Projektleitung bzw. die Geschäftsführung und das Kontrollgremium eines Contractual Joint Ventures bestehen nicht. Grundlegende Kriterien für die Funktionsfähigkeit eines solchen Joint Ventures müssen sein:[821]

- Klarheit der getroffenen Regelungen, weil Joint Ventures streitanfällige Gebilde sind;
- Vermeidung unnötigen Abstimmungsbedarfs zwischen den Partnern bei gleichzeitiger Sicherstellung der erforderlichen wechselseitigen Informationen;
- Festlegung inhaltlicher Kriterien für die Besetzung von Leitungspositionen;
- Festlegung von Abstimmungsregeln, Mehrheitserfordernissen und Vetorechten.

Bei Equity Joint Ventures bestimmt die Rechtsform der Gemeinschaftsgesellschaft die Struktur der Gesellschaftsorgane. Handelt es sich bei der Gesellschaft um eine GmbH, sind Geschäftsführung und Gesellschafterversammlung zwingende Gesellschaftsorgane; die Bildung eines Aufsichtsrats als Kontrollinstanz ist im Gegensatz zur AG nach §§ 95 ff. AktG nicht notwendig. Allerdings kann sich die Notwendigkeit eines Aufsichtsrats bei der GmbH aus dem MitbestG, dem BetrVerfG oder dem MontanMitbestG ergeben.[822]

---

[819] Schaumburg/Stephan, S. 111.

[820] So z.B. Kalenda, Bildung und Führung von Konsortien im internationalen Projektgeschäft, in: Nicklisch, (Hrsg.) Konsortien und Joint Ventures bei Infrastrukturprojekten, 1998, S. 10, 12.

[821] Vgl. dazu ausführlich Schaumburg/Stephan, S. 111 f.

[822] Vgl. Schade, § 22 Rz. 570.

Während bei der Gründung einer Joint Venture-Gesellschaft durch Konzerngesellschaften oft die überragende Gesellschaft prozentual höher beteiligt ist und somit die Entscheidungen der Gesellschaft maßgeblich beeinflusst, handelt es sich bei einem Joint Venture, welches von verschiedenen Unternehmen gegründet wird, sehr oft um ein Gemeinschaftsunternehmen mit einem Gesellschaftsanteilsverhältnis von jeweils 50 %. Üblich ist dann eine paritätische Besetzung der Geschäftsführung mit der Verpflichtung, Beschlüsse einstimmig zu fassen. Denn das besondere Charakteristikum einer paritätisch ausgestalteten Joint Venture-Gesellschaft ist der Zwang zur gemeinsamen Willensbildung.[823] Um die Gefahr einer Blockade wichtiger Entscheidungen der Geschäftsführung zu vermeiden, insbesondere bei Personalstreitigkeiten innerhalb der Geschäftsführung, sind im Grundlagenvertrag des Joint Ventures detaillierte Vereinbarungen zu treffen, nach denen z.B. ein Kontrollgremium derartige Meinungsverschiedenheiten bis zur Vorbereitung eines Gesellschafterbeschlusses zur Abberufung eines Geschäftsführers klären kann. Ist die Geschäftsführung des Gemeinschaftsunternehmens paritätisch zu besetzen, hat jeder Partner des Joint Ventures das Recht, ein oder mehrere Mitglieder in die Geschäftsführung der Gesellschaft zu entsenden. Unproblematisch ist das bei der GmbH, weil bei der GmbH die Geschäftsführer durch die Gesellschafterversammlung bestimmt werden. Anders verhält es sich bei der AG, da nach § 84 AktG der Aufsichtsrat die Vorstandsmitglieder einer AG bestellt und abberuft. Entsteht eine Pattsituation bei der Beschlussfassung einer paritätisch besetzten Geschäftsführung, sollten sich aus dem Gesellschaftsvertrag des Joint Ventures Regelungen ergeben, die diese Blockade auflösen: z.B. kann neben der Gesellschafterversammlung auch das Kontrollgremium befugt sein, die Entscheidungsfähigkeit der Geschäftsführung wieder herzustellen.

6.1.6.2 Gesellschafterversammlung

Wurde die Joint Venture-Gesellschaft als GmbH gegründet, gelten für die Gesellschafterversammlung die §§ 45 ff. GmbHG sowie zusätzliche Regelungen des Gesellschaftsvertrags. Sollte die Gesellschaft als Personengesellschaft gegründet worden sein, gelten die Vorschriften nach §§ 705 ff. BGB, §§ 1 ff. HGB.[824] Die Gesellschafterversammlung ist oberstes Willensbildungsorgan der GmbH. Ihr steht gegenüber der Geschäftsführung nach §§ 37, 45 f. GmbHG ein umfangreiches Weisungsrecht zu. Um das Risiko einer Blockade bei Gesellschaftsbeschlüssen innerhalb der Gesellschafterversammlung zu vermeiden, können vor Aufnahme der Geschäftstätigkeit der Gemeinschaftsgesellschaft sog. Stimmbindungsvereinbarungen für Grundsatzentscheidungen des Joint Ventures getroffen werden. Dabei kann es sich um Probleme der Finanzierung der Gesellschaft, Voraussetzungen für die Berufung von Geschäftsführern oder um die Auflösung der Gesellschaft handeln. Nach § 47 Abs. 4 GmbHG sind Stimmbindungsvereinbarungen grundsätzlich zulässig.[825] Handelt es

---

[823] Vgl. Schulte/Pohl, Rz. 525.

[824] Vgl. Schade, § 22 Rz. 513 ff.; Schulte/Pohl, Rz. 522.

[825] Vgl. dazu MH/Baumanns/Wirbel, § 28 Rz. 47; dazu Hoffmann-Becking, Der Einfluß schuldrechtlicher Gesellschaftervereinbarungen auf die Rechtsbeziehungen in der Kapitalgesellschaft, ZGR 1994, 442 ff.

sich bei der Joint Venture-Gesellschaft um eine Personengesellschaft, bilden die rechtlichen Grenzen §§ 138, 826 BGB sowie zusätzlich die innergesellschaftliche Treuepflicht.[826]

Zur Auflösung einer Pattsituation bei einem 50/50-Joint Venture ist ein Mechanismus vorzusehen: Hier kommt zunächst die Einschaltung eines besonderen Gremiums (etwa vorab bestimmte einzelne Vorstands- und/oder Aufsichtsratsmitglieder der Joint Venture-Partner) in Frage; sollte auch dies zu keiner Lösung führen, kann ein externes Expertengremium bestimmt werden, das eine Mediationsfunktion ausüben und letztlich eine Schiedskompetenz haben kann.[827] Kann die Pattsituation bei einem paritätischen Joint Venture nicht gelöst werden, sieht die Satzung der Gesellschaft oft eine Kündigung bzw. die Möglichkeit der Kauf- bzw. Andienung einer Verkaufoption für den einzelnen Partner des Joint Ventures vor. Eine weitere Möglichkeit zur Beendigung der Pattsituation wird als „russisches Roulette" bezeichnet.[828] Danach kann einer der Joint Venture-Partner dem anderen Partner seine Gesellschaftsanteile an der Joint Venture-Gesellschaft zum Kauf anbieten. Der andere Partner des Joint Ventures kann das Kaufangebot annehmen oder ablehnen. Lehnt der Partner das Kaufangebot ab, ist nun wiederum er selbst verpflichtet, dem anderen Joint Venture-Partner seine Anteile zu demselben Kaufpreis anzudienen, wobei der dieses Angebot ebenfalls annehmen oder ablehnen kann. Es ist also insbesondere innerhalb eines paritätischen Joint Ventures darauf zu achten, dass exakte Regelungen dahingehend gefunden werden, wie die Partner des Joint Ventures eine Blockadesituation, ob bei Geschäftsführer- oder bei Gesellschafterbeschlüssen, zu lösen haben.

6.1.7 Beendigung des Joint Ventures

Die Beendigung eines Joint Ventures erfolgt, je nachdem, ob es sich um ein Contractual Joint Venture oder ein Equity Joint Venture handelt, unterschiedlich.

6.1.7.1 Beendigung des Contractual Joint Ventures

Ist der Zweck des Contractual Joint Ventures erfüllt, endet das Joint Venture, sobald das Projekt vollständig bearbeitet worden ist. Voraussetzung ist, dass zwischen den Partnern des Joint Ventures keinerlei Ansprüche mehr bestehen. Ein Joint Venture endet auch dann, wenn der Zweck nicht erfüllt werden kann, so z.B. nach der fehlgeschlagenen gemeinsamen Teilnahme an einem Bietungsverfahren zum Bau einer Maschine oder der Errichtung eines Gebäudes. Außerdem besteht für jeden Partner des Contractual Joint Ventures ein außerordentliches Kündigungsrecht. Solange es sich beim Joint Venture um eine BGB-Innengesellschaft handelt, kann § 723 Abs. 1 S. 1 BGB anwendbar sein. Zwar wird grundsätzlich davon ausgegangen, dass § 723 Abs. 1 S. 1 BGB für eine Vielzahl von Fällen nicht anwendbar ist, die

---

[826] Vgl. Schulte/Pohl, Rz. 530 f.
[827] Vgl. Kronke/Opitz, Teil K Rz. 739.
[828] Vgl. dazu ausführlich Kronke/Opitz, Teil K Rz. 741; Hewitt, Joint Ventures, 1999, S. 247 f.

keine kalendermäßige Befristung enthalten;[829] die Rechtsliteratur hat die fristlose Kündigung nach § 723 Abs. 1 S. 1 BGB auf Gesellschaften aber für anwendbar angesehen, wenn

- die im Gesellschaftsvertrag enthaltene Beendigungsregelung an ein bestimmtes Ereignis anknüpft;
- sich aus dem Gesellschaftszweck eine zeitliche Befristung, insbesondere bei sog. Gelegenheitsgesellschaften, ergibt;
- eine Mindestdauer zur Verwirklichung des Gesellschaftsziels konkludent vereinbart wurde;
- eine Kündigung rechtsmissbräuchlich ist.[830]

Die Beendigung eines Joint Ventures vor Zeitablauf kann damit nur eintreten, wenn im Gesellschaftsvertrag ausdrücklich wichtige Kündigungsgründe detailliert formuliert wurden, so z.B. mehrfache Verstöße gegen den Gesellschaftsvertrag, Insolvenzantrag des Joint Venture-Partners etc. Die Kündigung des Joint Venture-Vertrags belastet die Durchführung des Projekts nicht primär. Der verbliebene Joint Venture-Partner kann das Projekt, sofern er die finanziellen und technischen Mittel sowie die Kompetenz dazu hat, eigenständig zu Ende führen.

6.1.7.2 Beendigung des Equity Joint Ventures

Beim Equity Joint Venture ist zu beachten, dass im Rahmen der Doppelstufigkeit neben der Beendigung des Joint Ventures auch die Projektgesellschaft zu beenden ist und beide Beendigungsabläufe ineinander zu greifen haben. Zuerst ist die Grundlagenvereinbarung zu beenden. Während Contractual Joint Ventures für eine bestimmte Dauer abgeschlossen worden sind, sind Equity Joint Ventures grds. für unbestimmte Zeit vereinbart worden. Außerdem entspricht es grds. dem Verhalten der Partner eines Joint Ventures, dass ein fremder Dritter nur mit einem mindestens qualifizierten Gesellschafterbeschluss in das Joint Venture eintreten kann. Somit ist zu unterscheiden, ob das Joint Venture insgesamt beendet wird, oder ob ein Partner das Joint Venture für sich selbst beenden möchte. Einigen sich die Partner des Joint Ventures auf die Beendigung der gemeinschaftlichen Tätigkeit, werden sie in der Gesellschafterversammlung die Liquidation der Gemeinschaftsgesellschaft beschließen. Für diesen Fall müssen Regelungen im Gesellschaftsvertrag getroffen werden, wie die in das Gemeinschaftsunternehmen eingebrachten Vermögenswerte unter den Parteien aufgeteilt werden. Denkbar ist auch der Verkauf des Gemeinschaftsunternehmens an einen Dritten.

Häufig führt einer der beiden Partner des Joint Ventures die Gesellschaft fort, evtl. auch mit einem neuen Partner. In diesem Fall ist es erforderlich, dass im Gesellschaftsvertrag des Gemeinschaftsunternehmens Beendigungsklauseln für eine Partei festgelegt werden. Denn gerade bei einem Equity Joint Venture, welches für eine unbestimmte Dauer eingegangen worden ist, besteht für den Partner des Joint Ventures, der seine Tätigkeit beenden will, die

---

[829] Vgl. Schaumburg/Stephan, S. 121.
[830] Siehe dazu ausführlich MK-BGB/Ulmer/Schäfer, Vorb. § 723 Rz. 14 ff., 32 ff.; vgl. Schaumburg/Stephan, S. 121.

Möglichkeit der Kündigung der BGB-Innengesellschaft nach § 723 Abs. 1 S. 1 BGB. Deshalb sollten detaillierte Regelungen zur Beendigung des Equity Joint Ventures, einerseits durch alle Parteien mit der Folge der Liquidation, andererseits durch die Beendigung einer Partei mit der Möglichkeit der Fortführung durch die andere Partei bzw. durch Aufnahme neuer Gesellschafter genau geregelt werden.[831] Für den Beendigungsfall eines Joint Ventures ist wichtig, dass die Existenz der Gemeinschaftsgesellschaft nicht gefährdet wird; daher sind Übernahmerechte und/oder Pflichten im Rahmen des Gesellschaftsvertrags festzulegen, um eine Liquidation des Unternehmens außer in den Fällen, in denen sich die Joint Venture-Partner darauf einigen, zu vermeiden.[832]

Im Gesellschaftsvertrag der Gemeinschaftsgesellschaft sind Regelungen aufzunehmen, nach welchen Kriterien die Gesellschaftsanteile einer auszuscheidenden Partei zu übertragen sind. Möglichkeiten sind:[833]

- Kauf- und Verkaufoptionen, welche vom jeweiligen Partner des Joint Ventures bei Eintritt eines bestimmten Ereignisses ausgeübt werden können;
- Vorkaufsrechte bzw. Andienungspflichten. Ist die Veräußerung des Gesellschaftsanteils an einem Joint Venture grds. ohne Einschränkung möglich, können die Partner eine sog. Andienungspflicht vereinbart haben mit dem Zweck, dass der Partner, der das Joint Venture für sich beenden will, seinen Anteil am Joint Venture zuerst dem verbleibenden Gesellschafter anzubieten hat, bzw. für den verbleibenden Gesellschafter des Joint Ventures eine Kaufoption für den Anteil des Partners besteht, oder nach vorheriger Absprache ein Dritter die Möglichkeit erhält, in das Joint Venture und die dazugehörige Projektgesellschaft für den ausscheidenden Partner einzutreten.
- Drag along- und Tag along-Klauseln. Diese sind in Gesellschaftsverträgen der Projektgesellschaft eines Equity Joint Ventures vereinbart, wenn an dem Gemeinschaftsunternehmen auch ein Minderheitsgesellschafter beteiligt ist. Während bei einer Drag along-Klausel der veräußerungswillige Mehrheitsgesellschafter das Recht hat, die Anteile des Minderheitsgesellschafters zu demselben Preis zu verkaufen wie seine eigenen Anteile, gewährt die Tag along-Klausel dem Minderheitsgesellschafter das Recht, dem Übernehmer der Gesellschaftsanteile des Mehrheitsgesellschafters die eigenen Gesellschaftsanteile zu denselben Vertragsbedingungen anzudienen.

6.1.7.3 Besondere Exitklauseln

Zuletzt ist auf spezielle Exitklauseln hinzuweisen, welche für die Beendigung eines Joint Ventures nicht unüblich sind:[834]

---

[831] Vgl. dazu Schulte/Pohl, Rz. 715 ff.; MH/Baumanns/Wirbel, § 28 Rz. 63 ff.
[832] Kronke/Opitz, Teil K Rz. 742.
[833] Vgl. zu den Möglichkeiten der Anteilsübertragung einer Joint Venture-Gesellschaft: MH/Baumanns/Wirbel, § 28 Rz. 53 ff.; Kronke/Opitz, Teil K Rz. 743 ff.
[834] Vgl. zu den aufgeführten speziellen Exitklauseln ausführlich Schulte/Pohl, Rz. 766 ff. sowie Kronke/Opitz, Teil K Rz. 741 ff.

- Russian Roulette: Eine Beendigung des Joint Ventures kann auch durch die gesellschaftsvertragliche Vereinbarung des sog. „Russischen Roulettes" vorgenommen werden. Hierfür existieren verschiedene Varianten. Das Basismodell besagt, dass ein Gesellschafter der anderen Partei seine Anteile zu einem bestimmten Preis anbieten kann, wenn im Gesellschaftsvertrag für diese Möglichkeit z.B. ein Ereignis festgelegt wurde, welches eingetreten ist, woraufhin der andere Gesellschafter das Angebot annehmen oder ablehnen kann; im Fall der Ablehnung ist dieser dann aber verpflichtet, seinerseits seine Anteile zu dem angebotenen Preis an den anbietenden Gesellschafter zu verkaufen.
- Texan Shoot Out: Ein Partner des Joint Ventures möchte dem anderen Partner seine Anteile zu einem festgelegten Preis innerhalb einer vorher festgelegten Frist verkaufen. Sollte der andere Partner des Joint Ventures die zum Verkauf stehenden Anteile zu dem angegebenen Preis kaufen, ist der potenzielle Käufer verpflichtet, seine eigenen Anteile der anderen Partei zum Kauf anzubieten, es sei denn, er bietet einen höheren Preis für die zum Verkauf stehenden Gesellschaftsanteile am Joint Venture als im ersten Angebot vorgesehen. Sind nunmehr beide Partner des Joint Ventures daran interessiert, die Anteile der jeweils anderen Partei aufzukaufen, findet ein Bietungsverfahren statt, das eine neutrale dritte Person durchführt. In diesem Bietungsverfahren haben beide Partner des Joint Ventures ein neues Angebot zum Kauf der Anteile der jeweils anderen Partei abzugeben. Der Partner des Joint Ventures mit dem höheren Angebot erlangt schließlich alle Gesellschaftsanteile des Joint Ventures.
- Change of Control bei einem Partner des Joint Ventures: Innerhalb des Gesellschaftsvertrags der Gemeinschaftsgesellschaft bzw. im Grundlagenvertrag des Joint Ventures sollten Vereinbarungen für den Fall getroffen werden, dass bei einem Partner des Joint Ventures ein Gesellschafterwechsel stattfindet und durch einen solchen Gesellschafterwechsel maßgeblich Einfluss auf diesen Partner des Joint Ventures genommen wird, insbesondere im Rahmen einer Mehrheitsbeteiligung. Denn durch eine solche Mehrheitsbeteiligung ändert sich die Gesellschafterstruktur des Joint Ventures mit evtl. schwerwiegenden Folgen. Sollte ein Kontrollwechsel bei einem Partner des Joint Venture eintreten, sind für diesen Fall ebenfalls Regelungen zur einseitigen Beendigung des Joint Venture-Vertrags nach den vorher aufgezeigten Möglichkeiten festzulegen.

6.1.8 Wettbewerbsverbot

Im Grundlagenvertrag eines Joint Ventures wie auch im Gesellschaftsvertrag einer Gemeinschaftsgesellschaft können die Partner eines Joint Ventures Klauseln aufnehmen, die neben allgemeingültigen Wettbewerbsverboten spezielle, auf das Joint Venture bezogene Wettbewerbsverbote regeln. Denn für die Partner eines Joint Ventures, insbesondere des Equity Joint Ventures, stellt sich die Frage, ob ihnen und ihren verbundenen Unternehmen auf dem Geschäftsfeld der Joint Venture-Gesellschaft eine wirtschaftliche Betätigung weiterhin grundsätzlich offen steht, oder ob allein die Joint Venture-Gesellschaft auf dem betreffenden Geschäftsfeld tätig werden soll.[835] Insofern ist es die Pflicht der Vertragspartner eines Joint

---

[835] Vgl. Schulte/Pohl, Rz. 619.

Ventures, den Unternehmensgegenstand der gemeinsamen Gesellschaft klar und deutlich zu formulieren. Zum einen gilt als Grundprinzip des Wettbewerbsverbots die Treuepflicht der Gesellschafter auch der Joint Venture-Gesellschaft gegenüber. Zum anderen normiert § 112 HGB für persönlich haftende Gesellschafter einer Personengesellschaft, ob in der Form der OHG oder der KG, das Wettbewerbsverbot, folglich auch für die GmbH & Co. KG. Sollte die Gemeinschaftsgesellschaft nach einer Rechtsform des Personengesellschaftsrechts gegründet worden sein, kommt das Wettbewerbsverbot nach § 112 HGB zur Anwendung. Im GmbH-Gesetz ist ein Wettbewerbsverbot ausdrücklich nicht normiert. Die Rechtsliteratur geht allerdings davon aus, dass entweder § 88 AktG analog bzw. § 112 HGB analog auf den GmbH-Gesellschafter anzuwenden sind und sich daraus eine Treuepflicht der Gesellschafter gegenüber der GmbH ableiten lässt.[836]

Da nach deutschem Recht Gemeinschaftsgesellschaften eines Joint Ventures überwiegend in der Rechtsform der GmbH gegründet sind, ist es ratsam, dass der Gesellschaftsvertrag detaillierte Regelungen für Wettbewerbsverbote enthält. Die Grenzen solcher Wettbewerbsverbotsregelungen bilden Art. 101 AEUV, § 1 GWB sowie § 138 BGB.

6.1.9 Kartellrecht

Auch Joint Ventures werden durch das Kartellrecht erheblich berührt. Einerseits darf ein Joint Venture nicht gegen europäisches Wettbewerbsrecht verstoßen, andererseits gilt daneben das allgemeine Kartellverbot nach § 1 GWB.

6.1.9.1 Europäisches Kartellrecht

6.1.9.1.1 EG-Fusionskontrollverordnung

Die EG-Fusionskontrollverordnung (FKVO)[837] unterscheidet zwischen formeller und materieller Fusionskontrolle. Formell ist zu prüfen, ob die FKVO auf den vorliegenden Sachverhalt überhaupt anwendbar ist; die materielle Prüfung entscheidet darüber, ob das Gemeinschaftsunternehmen – hier das Joint Venture – mit den Artikeln der FKVO nicht in Widerspruch steht.

Nach Art. 1 FKVO ist die EG-Fusionskontrollverordnung auf Gemeinschaftsunternehmen anwendbar, wenn es sich um ein sog. Vollfunktionsgemeinschaftsunternehmen handelt, folglich bei einem Equity Joint Venture um eine Gemeinschaftsgesellschaft. Die am Joint Venture beteiligten Unternehmen haben die Schwellenwerte des Art. 1 FKVO zu erreichen. Ist das Gemeinschaftsunternehmen wirtschaftlich selbstständig, was i. d. R. durch die Partner des Joint Ventures für die Projektgesellschaft angestrebt wird, handelt es sich nach

---

[836] Vgl. BGHZ 80, 69, 70; Baumbach/Hueck/Fastrich, GmbH-Gesetz, 19. Aufl. 2010, § 13 Rz. 21; Lutter, Theorie der Mitgliedschaft – Prolegomena zu einem Allgemeinen Teil des Kooperationsrecht –, AcP 180 (1980), 84, 110.

[837] EG-VO Nr. 139/2004 v. 20.1.2004, ABl. 2004, L 24/1.

Art. 3 Abs. 2 b) FKVO um einen gesellschaftsrechtlichen Zusammenschluss. Ein Joint Venture ist im Sinne der FKVO allerdings nur dann anzumelden, wenn dieser Zusammenschluss zu dem Joint Venture eine gemeinschaftsweite Bedeutung hat. Art. 1 Abs. 2, 3 FKVO stellen Grenzen auf, nach denen ein Joint Venture gemeinschaftsweite Bedeutung hat.

Die Partner eines Joint Ventures sind nach Art. 1 Abs. 2 FKVO verpflichtet, das Joint Venture unter folgenden Voraussetzungen anzumelden:

- Es besteht ein weltweiter Gesamtumsatz aller beteiligten Unternehmen zusammen von mehr als 5 Mrd. € und
- ein gemeinschaftsweiter Umsatz von mindestens zwei beteiligten Unternehmen von jeweils mehr als 250 Mio. €.

Diese Voraussetzungen gelten nicht, wenn die beteiligten Unternehmen jeweils mehr als zwei Drittel ihres gemeinschaftsweiten Umsatzes in ein und demselben Mitgliedstaat der EU erzielen.

Werden die Voraussetzungen nach Art. 1 Abs. 2 FKVO durch die Unternehmen, welche ein Joint Venture gründen, nicht erfüllt, ist nach Art. 1 Abs. 3 FKVO weiterhin ein Zusammenschluss unter den folgenden Voraussetzungen anzumelden:

- Der weltweite Gesamtumsatz aller am Zusammenschluss beteiligten Unternehmen beträgt mehr als 2,5 Mrd. € und
- der Gesamtumsatz aller am Zusammenschluss beteiligten Unternehmen in mindestens drei Mitgliedstaaten übersteigt jeweils 100 Mio. € und
- in jedem von mindestens drei Mitgliedstaaten beträgt der Gesamtumsatz von mindestens zwei beteiligten Unternehmen jeweils mehr als 25 Mio. € und
- der gemeinschaftsweite Gesamtumsatz von mindestens zwei beteiligten Unternehmen übersteigt jeweils 100 Mio. €.

Dies gilt nicht, wenn die beteiligten Unternehmen jeweils mehr als zwei Drittel ihres gemeinschaftsweiten Gesamtumsatzes in ein und demselben Mitgliedstaat erzielen.

Nach Art. 2 Abs. 1 FKVO erfolgt die materielle Fusionskontrolle durch die EU-Kommission. Zum einen prüft die EU-Kommission nach Art. 2 Abs. 2, 3 FKVO, ob der Zusammenschluss eine beherrschende Stellung des Gemeinschaftsunternehmens zu begründen oder zu verstärken droht, durch die wirksamer Wettbewerb im Gemeinsamen Markt oder einem wesentlichen Teil desselben erheblich behindert würde.[838] Außerdem obliegt der EU-Kommission nach Art. 2 Abs. 4 FKVO die Prüfungspflicht, ob das Gemeinschaftsunternehmen die Koordinierung des Wettbewerbsverhaltens der Muttergesellschaften bezweckt oder bewirkt.[839] Die Prüfung der EU-Kommission richtet sich demzufolge danach, ob zwei oder mehrere Gründerunternehmen neben dem Gemeinschaftsunternehmen weiter auf dessen Markt oder auf vor-, nachgelagerten oder benachbarten Märkten tätig sind und, ob die aus der Gründung

---

[838] Vgl. Schulte/Pohl, Rz. 498.
[839] Vgl. Schulte/Pohl, Rz. 490.

erwachsene Koordinierung es den Gesellschaften ermöglicht, für einen wesentlichen Teil von Waren und Dienstleistungen den Wettbewerb auszuschalten.[840]

6.1.9.1.2 Vertrag über die Arbeitsweise der Europäischen Union (AEUV)

Ist die FKVO auf Gemeinschaftsunternehmen nicht anwendbar, kann Art. 101 AEUV einschlägig sein. Danach sind mit dem Gemeinsamen Markt unvereinbar und verboten alle Vereinbarungen zwischen Unternehmen, Beschlüsse von Unternehmensvereinigungen und aufeinander abgestimmte Verhaltensweisen, welche den Handel zwischen den Mitgliedstaaten zu beeinträchtigen geeignet sind und eine Verhinderung, Einschränkung oder Verfälschung des Wettbewerbs innerhalb des Gemeinsamen Marktes bezwecken oder bewirken. Allerdings kann Unternehmen, welche unter die Regelung des Art. 101 AEUV fallen, im Rahmen einer Gruppenfreistellungsverordnung bzw. durch eine nach Art. 101 Abs. 3 AEUV beantragte Einzelfreistellung die wirtschaftliche Tätigkeit gestattet werden.

6.1.9.2 Deutsches Kartellrecht

Das Gesetz gegen Wettbewerbsbeschränkungen (GWB) gilt nur dann, wenn die FKVO auf das Gemeinschaftsunternehmen nicht anwendbar ist. Nach §§ 35 ff. GWB prüft das Bundeskartellamt im Rahmen der formellen und materiellen Fusionskontrolle die Rechtmäßigkeit der Gründung des Gemeinschaftsunternehmens. Nach § 35 Abs. 1 GWB führt das Bundeskartellamt eine Fusionskontrolle unter folgenden Voraussetzungen durch:

- wenn die beteiligten Unternehmen im letzten Geschäftsjahr vor dem Zusammenschluss weltweit Umsatzerlöse von mehr als 500 Mio. € erzielt haben und
- mindestens ein beteiligtes Unternehmen im Inland Umsatzerlöse von mehr als 25 Mio. € erzielt hat.

Nach § 35 Abs. 2 GWB gilt allerdings die Anmeldepflicht zur Fusionskontrolle, selbst wenn die Schwellenwerte nach § 35 Abs. 1 GWB erreicht sind, nicht,

- soweit sich ein Unternehmen, das nicht i.S.d. § 36 Abs. 2 GWB abhängig ist und im letzten Geschäftsjahr weltweit Umsatzerlöse von weniger als 10 Mio. € erzielt hat, mit einem anderen Unternehmen zusammenschließt oder
- soweit ein Markt betroffen ist, auf dem seit mindestens fünf Jahren Waren oder gewerbliche Leistungen angeboten werden und auf dem im letzten Kalenderjahr weniger als 15 Mio. € umgesetzt wurden.

Im Gegensatz zur EG-Fusionskontrolle findet im deutschen Verfahren jedoch innerhalb der Fristen der formellen Fusionskontrolle keine abschließende Prüfung etwaiger kooperativer Auswirkungen des Gemeinschaftsunternehmens im Verhältnis zu den Muttergesellschaften

---

[840] Vgl. Schulte/Pohl, Rz. 490.

statt.⁸⁴¹ Somit besteht für das Gemeinschaftsunternehmen das Risiko, dass auch nach der Genehmigung der Fusion das Verbot nach § 1 GWB ausgesprochen werden kann. Folge ist dann die Beendigung und Liquidierung des Joint Ventures.

6.2 Strategische Allianzen

6.2.1 Begriff und Rechtsnatur

Der Ausdruck „Strategische Allianz", insbesondere die englische Bezeichnung „strategic alliance", hat sich in den letzten Jahren als Bezeichnung für die Zusammenarbeit von Unternehmen etabliert.⁸⁴² Strategische Allianzen und damit meist losere Unternehmenskooperationen wurden in den letzten Jahren im internationalen Wettbewerb immer beliebter, nicht zuletzt, um den Schwierigkeiten langwierig vorzubereitender und umzusetzender sowie kostenintensiver „Mergers and Acquisitions" auszuweichen.⁸⁴³ Bedeutender Vorteil einer strategischen Allianz gegenüber anderen Kooperationen ist, dass Unternehmen trotz einer gewollten intensiven Zusammenarbeit weder ihre wirtschaftliche Selbstständigkeit verlieren, noch ihre freien Entscheidungsmöglichkeiten.

Das Bundeskartellamt hat in seinem Tätigkeitsbericht 1989/90 zum ersten Mal den Begriff „Strategische Allianz" als Art und Weise der Zusammenarbeit unterschiedlicher Unternehmen verwendet.⁸⁴⁴ Definiert hat das Bundeskartellamt den Begriff „Strategische Allianz" in einer Arbeitsunterlage für die Sitzung des Arbeitskreises „Kartellrecht" vom 7. und 8. Oktober 1991: „Multinationale Unternehmen, die in demselben Wirtschaftszweig oder auf verwandten Technologiefeldern tätig und damit aktuelle oder potenzielle Wettbewerber sind, gehen Kooperationen ein, um ihre Wettbewerbsposition zu stärken oder abzusichern. Die Formen solcher Kooperationen können sehr vielfältig sein. Die Zusammenarbeit kann sich auf Teilaktivitäten wie Forschung und Entwicklung, auf einzelne Projekte oder auf ganze Geschäftszweige beziehen, sie kann entweder eher kurzfristigen Zielen dienen oder langfristig angelegt sein.⁸⁴⁵ Der ehemalige Präsident des Bundeskartellamts, Wolfgang Kartte, geht von folgenden Merkmalen zur Verwirklichung strategischer Allianzen aus:

- Rechtliche Selbstständigkeit der Partnerunternehmen;
- Größe der Allianzpartner;
- Internationale Dimension;
- Der Platz der Strategie zwischen „Markt und Hierarchie".⁸⁴⁶

---

[841] Vgl. Schulte/Pohl, Rz. 506.

[842] Götz, Strategische Allianzen, 1996, S. 20.

[843] Priemayer, S. 9.

[844] Vgl. Bundeskartellamt, Tätigkeitsbericht (1991a), S. 30 ff.

[845] Vgl. Priemayer, S. 11.

[846] Vgl. Kartte, Eröffnungsrede zur 6. Internationalen Kartellrechtskonferenz, Berlin, 1992, in: Bundeskartellamt und Hansen (1993), Dokumentation, S. 11 f.

6.2 Strategische Allianzen

Abzugrenzen ist die strategische Allianz von der Kooperation, wobei Letztere durch die Zusammenlegung einzelner Unternehmensfunktionen zu dem Zweck gebildet wird, die Leistung der beteiligten Unternehmen zu steigern und dadurch deren Wettbewerbsfähigkeit zu verbessern.[847] Die Abgrenzung zwischen strategischer Allianz und Kooperation ist nicht immer leicht zu treffen. Bei einer strategischen Allianz handelt es sich um horizontale Geschäftsverbindungen. Charakteristisch für die an einer strategischen Allianz beteiligten Unternehmen sind deren wirtschaftliche Selbstständigkeit, eine bestimmte Größe – die h.M. in der Literatur geht von einem Umsatz von mindestens 500 Mio. € aus[848] – sowie die in der überwiegenden Anzahl der Fälle bestehende Multinationalität. Schon der Arbeitskreis „Kartellrecht" beim Bundeskartellamt hatte in seiner Definition für „Strategische Allianzen" die Meinung vertreten, dass die Unternehmen, welche strategische Allianzen bilden, multinational sind.[849] Unter multinationalen Unternehmen werden solche Unternehmen verstanden, die in mehreren Staaten wettbewerbsrelevante Aktivitäten entfalten und deren Unternehmensteile einem Mindestmaß an zentralistischer Kontrolle unterliegen.[850] Zusammenfassend können folgende Merkmale aufgezeigt werden, welche eine strategische Allianz auszeichnen:[851]

- Bei einer strategischen Allianz handelt es sich meist um eine Zusammenarbeit von Groß- und Größtunternehmen;
- Die Kooperation ist meistens auf bestimmte Geschäftsfelder bzw. Projekte ausgerichtet;
- Typischerweise handelt es sich um horizontale Geschäftsverbindungen, d.h. Geschäftsverbindungen zwischen Unternehmen gleicher oder verwandter Geschäftsfelder;
- Die Partner einer strategischen Allianz sind rechtlich und wirtschaftlich selbstständig, und zwar auch während der Zusammenarbeit;
- Die strategische Zielsetzung macht sich meist durch eine grenzüberschreitende Zusammenarbeit multinationaler Konzerne bemerkbar;
- Die strategische Ausrichtung zielt oft auf zukünftige Märkte ab, d.h. expansionspolitische Motive spielen eine übergeordnete Rolle;
- Üblicherweise sind strategische Allianzen projektbezogen, d.h. zeitlich begrenzt;
- Die Begründung einer strategischen Allianz dient insbesondere der Bildung von oft globalen Netzwerken, die eine erhebliche Wirkung auf die Marktstrukturen und auf künftiges Marktverhalten von Wettbewerbern ganzer Branchen haben können.

Strategische Allianzen können rechtlich unterschiedlich begründet werden. Üblicherweise schließen Unternehmen, welche strategische Allianzen eingehen, horizontale Geschäftsverträge ab, welche in der Rechtsliteratur z. T. auch als Kooperationsverträge bezeichnet wer-

---

[847] Vgl. Benisch, Kooperationsfibel, 4. Aufl. 1973, S. 403.
[848] Vgl. dazu § 35 Abs. 1 Nr. 1 GWB („Zusammenschlusskontrolle"); vgl. früher für viele Immenga/Mestmaker, Gesetz gegen Wettbewerbsbeschränkungen, 3. Aufl. 2001, § 23 GWB Rz. 24; (§ 23 GWB ist mittlerweile nach der 7. GWB-Novelle im Jahr 2005 entfallen.).
[849] Vgl. Bundeskartellamt, Tätigkeitsbericht (1991b), S. 1.
[850] Hölzer, Die Wettbewerbsproblematik multinationaler Unternehmen – zur Frage des Geltungsbereichs des GWB, in: Cox/Jens/Markert, Handbuch des Wettbewerbs, 1981, S. 460.
[851] Vgl. dazu ausführlich Priemayer, S. 16 ff.

den.[852] Im Rahmen einer strategischen Allianz können die beteiligten Unternehmen auch ein Gemeinschaftsunternehmen gründen, üblicherweise als Kapitalgesellschaft. Selten kommt es zu Kapitalverflechtungen zwischen den an der strategischen Allianz teilnehmenden Unternehmen, ob ein- oder wechselseitig.[853] Als strukturveränderndes Rechtsgeschäft wird in diesem Zusammenhang jede Begründung oder Veränderung gesellschaftsrechtlicher Beteiligungsverhältnisse verstanden, z.B. die Gründung eines Gemeinschaftsunternehmens, der wechselseitige Erwerb von Minderheitsbeteiligungen oder der Erwerb von Kapitalanteilen – und zwar nicht nur von Minderheitsbeteiligungen – an einem dritten Unternehmen.[854] Dagegen können strategische Allianzen auch durch rein schuldrechtliche Verpflichtungen entstehen, ob durch Kooperationsverträge oder sogar durch Lizenz- bzw. Franchiseverträge.

Abzugrenzen ist die strategische Allianz vom Kartell. Bei Kartellen handelt es sich um vertragliche, auf Gegenseitigkeit beruhende Verhaltensabstimmungen zwischen rechtlich selbstständigen Wirtschaftssubjekten, wobei die Zusammenarbeit mit den Kartellen freiwillig erfolgt und die Kartellmitglieder in Bezug auf bestimmte Aktionsparameter zusammenarbeiten; sie haben das Ziel, die wirtschaftlichen Erfolge ihrer Mitglieder zu erhöhen.[855] Die Unterscheidung zwischen einer strategischen Allianz und einem Kartell ist deshalb nicht immer einfach, weil beide Arten von Zusammenschlüssen Gemeinsamkeiten aufweisen. So sind z.B. sowohl Kartelle als auch strategische Allianzen Ergebnisse rechtsgeschäftlicher Einigungen, wobei bei Letzteren diese Abstimmungen vager und allgemeiner gehalten sind; beiden ist – zumindest definitionsgemäß – das Prinzip der Selbstständigkeit und Freiwilligkeit inhärent, beide charakterisiert im Übrigen das Streben nach der Steigerung des wirtschaftlichen Erfolgs.[856] Bedeutende Unterschiede zwischen einer strategischen Allianz und einem Kartell sind zum einen, dass Kartelle grundsätzlich für eine unbestimmte Dauer gegründet werden und nicht nur zur Erreichung eines bestimmten Zwecks, zum anderen, dass zwischen den an einer strategischen Allianz beteiligten Unternehmen außerhalb des vereinbarten Projekts diese weiterhin zueinander in einem wirtschaftlichen Konkurrenzverhältnis stehen. Bedeutendster Unterschied zwischen einem Kartell und einer strategischen Allianz ist, dass Kartelle definitionsgemäß auf eine Wettbewerbsbeschränkung gerichtet sind, während strategische Allianzen zwar diesbezüglich äußerst bedenklich erscheinen, aber nicht darauf ausgerichtet sind, bestehende Marktstrukturen zu zementieren, sondern in dynamischer Weise bestehende Verhältnisse zerstören und neue Märkte schaffen.[857]

---

[852] Vgl. Basedow/Jung, Strategische Allianzen, 1993, S. 17.

[853] Vgl. Hollmann, Strategische Allianzen, WuW 1992, 293, 297.

[854] Vgl. Basedow/Jung, Strategische Allianzen, 1993, S. 17.

[855] Vgl. Cox, in: Cox/Jens/Markert, Kartelle – Strukturanalyse, Wettbewerbsbedingungen und wettbewerbspolitische Behandlung, 1987, S. 251.

[856] Vgl. Priemayer, S. 13.

[857] Dazu ausführlich Fox, Das Ende des wettbewerbsrechtlichen Isolationismus – Die Vision einer gemeinsamen Welt, in: Bundeskartellamt und Hansen (1991), Dokumentation, S. 56 ff.; vgl. Priemayer, S. 14.

6.2.2 Kartellrecht

6.2.2.1 Europäisches Kartellrecht

Die rechtliche Grundlage des Wettbewerbsrechts in der EU für strategische Allianzen bildet Art. 101 AEUV. Danach sind mit dem Gemeinsamen Markt unvereinbar und verboten alle Vereinbarungen zwischen Unternehmen, Beschlüsse von Unternehmensvereinigungen und aufeinander abgestimmte Verhaltensweisen, welche den Handel zwischen Mitgliedstaaten zu beeinträchtigen geeignet sind und eine Verhinderung, Einschränkung oder Verfälschung des Wettbewerbs innerhalb des Gemeinsamen Marktes bezwecken oder bewirken. Zum einen regelt Art. 3 Abs. 1 b) AEUV, dass die EU ein System zu schaffen hat, welches die erforderlichen Wettbewerbsregeln für das Funktionieren des Binnenmarkts festlegt. Anderseits fußt die weite Auslegung des Art. 101 AEUV durch den EuGH und die EU-Kommission auf dem Ziel, den vom früheren EG-Vertrag geschaffenen, auf Wettbewerb ausgerichteten Binnenmarkt und die dadurch eröffneten Handlungsmöglichkeiten auch durch den Vertrag über die Arbeitsweise der Europäischen Union in größtmöglichem Umfang zu schützen.[858] Zusätzlich fallen strategische Allianzen im weitesten Sinne auch unter die EG-Fusionskontrollverordnung (FKVO), welche zumindest analog auf strategische Allianzen anzuwenden ist. Denn ein Zusammenschluss von gemeinschaftsweiter Bedeutung kann auch dadurch entstehen, dass durch einen Kooperationsvertrag erhebliche wettbewerbsbeschränkende Verhaltensweisen auf dem Gemeinsamen Markt stattfinden; gründen die an der strategischen Allianz beteiligten Unternehmen sogar ein eigenes Unternehmen, ist die FKVO grds. anwendbar, sofern die Unternehmen unter den Anwendungsbereich von Art. 1 FKVO fallen.

Eine strategische Allianz kann auch außerhalb des EU-Binnenmarktes eingegangen werden. Führt die strategische Allianz dazu, dass die wettbewerbsbeschränkende Vereinbarung im Gemeinsamen Markt durchgeführt wird, ist Art. 101 AEUV i.V.m. Art. 1 ff. FVKO auf die Tätigkeit der strategischen Allianz anwendbar. Zwar hat die EG-VO 1/2003 ein System der Legalausnahme geschaffen: Wettbewerbsbeschränkende Vereinbarungen, Beschlüsse und aufeinander abgestimmte Verhaltensweisen i.S.d. Art. 101 Abs. 1 AEUV, die die Voraussetzungen des Art. 101 Abs. 3 AEUV erfüllen, sind nunmehr ex lege erlaubt, ohne dass dies einer vorherigen Entscheidung bedarf.[859] Das bedeutet, dass es Unternehmen durch die unmittelbare Anwendung des Art. 101 AEUV nunmehr selbst obliegt, die Rechtmäßigkeit ihrer Vereinbarungen und Praktiken zu prüfen.[860] Folge ist, dass derartige Vereinbarungen nicht mehr bei der EU-Kommission angemeldet werden müssen und grds. keine Zustimmung der EU-Kommission mehr für die Wirksamkeit der Vereinbarung erforderlich ist. Nach Art. 105 AEUV kann die EU-Kommission aber auf Antrag eines Mitgliedstaates oder von Amts wegen in Verbindung mit den zuständigen Behörden der Mitgliedstaaten derartige Vereinba-

---

[858] Vgl. Priemayer, S. 21.

[859] Vgl. EG-VO Nr. 1/2003 v. 16.12.2002, ABl. 2003, L 1/1, zuletzt geändert durch EG-VO Nr. 1419/2006 v. 25.09.2006, ABl. 2006, L 269/1, zur Durchführung der in den Artt. 101, 102 AEUV (vormals Artt. 81, 82 EGV) niedergelegten Wettbewerbsregeln; vgl. dazu Priemayer, S. 21 f.

[860] Vgl. Kronke/Merkt, Teil K Rz. 876; dazu auch Weitbrecht, Das neue EG-Kartellverfahrensrecht, EuZW 2003, 69 ff.

rungen im Nachhinein einer Überprüfung unterziehen, wenn durch diese Vereinbarungen Zuwiderhandlungen gegen die Grundsätze des freien Wettbewerbs innerhalb des Gemeinsamen Marktes vermutet werden.

6.2.2.2 Deutsches Kartellrecht

Maßgebliche Kollisionsnormen des deutschen Kartellrechts für eine strategische Allianz bilden §§ 1, 130 Abs. 2 GWB. Dabei kommt es darauf an, ob eine strategische Allianz im Rahmen einer Kooperationsvereinbarung entstanden ist – dann ist insbesondere § 1 GWB einschlägig –, oder ob es sich um eine Unternehmensgründung meist multinationaler Großunternehmen handelt – dann kommt unter der Voraussetzung der Inlandsberührung insbesondere die zentrale Kollisionsnorm des § 130 Abs. 2 GWB in Betracht. § 1 GWB normiert das Verbot wettbewerbsbeschränkender Vereinbarungen, wozu Kooperationsverträge bei strategischen Allianzen führen können. Danach sind Vereinbarungen zwischen Unternehmen, Beschlüsse von Unternehmensvereinigungen und aufeinander abgestimmte Verhaltensweisen, die eine Verhinderung, Einschränkung oder Verfälschung des Wettbewerbs bezwecken oder bewirken, verboten. Dasselbe gilt für die Gründung von Gemeinschaftsunternehmen zur Verwirklichung einer strategischen Allianz. Im Rahmen des Auswirkungsprinzips schreibt § 130 Abs. 2 GWB vor, dass das Gesetz gegen Wettbewerbsbeschränkungen auf alle Wettbewerbsbeschränkungen Anwendung findet, die sich im Geltungsbereich dieses Gesetzes auswirken, auch wenn sie außerhalb des Geltungsbereichs dieses Gesetzes veranlasst werden.

Nach § 37 Abs. 1 Nr. 4 GWB liegt ein Zusammenschluss auch bei jeder sonstigen Verbindung von Unternehmen vor, aufgrund deren ein oder mehrere Unternehmen unmittelbar einen wettbewerblich erheblichen Einfluss auf ein anderes Unternehmen ausüben können. Somit reicht ein Kooperationsvertrag zweier Unternehmen zur Bildung einer strategischen Allianz nach dem GWB grundsätzlich aus, wettbewerbsbeschränkend tätig zu werden. Nach § 36 Abs. 1 GWB ist ein Zusammenschluss, von dem zu erwarten ist, dass er eine marktbeherrschende Stellung begründet oder verstärkt, vom Bundeskartellamt zu untersagen, es sei denn, die beteiligten Unternehmen weisen nach, dass durch den Zusammenschluss auch Verbesserungen der Wettbewerbsbedingungen eintreten und dass diese Verbesserungen die Nachteile der Marktbeherrschung überwiegen. Freigestellte Vereinbarungen vom Verbot wettbewerbsbeschränkender Absprachen ergeben sich aus § 2 GWB. Wirkt sich eine strategische Allianz unmittelbar auf die Wettbewerbsverhältnisse in Deutschland aus, besteht für die an der strategischen Allianz beteiligten Unternehmen eine Anmelde- und Anzeigepflicht nach § 39 GWB.

7 Unternehmensgründung

7.1 Internationales Gesellschaftsrecht

7.1.1 Überblick

In früherer Zeit beschränkte sich die Tätigkeit von Unternehmen üblicherweise auf das Land, in dem sie gegründet worden waren. Eine Auslandsberührung fand, wenn überhaupt, nur durch Verträge mit ausländischen Geschäftspartnern statt. Mehr denn je – durch die Internationalisierung der Märkte und die Globalisierung – finden heutzutage neben den vertragsrechtlichen Rechtsbeziehungen zum Ausland auch gesellschaftsrechtliche Rechtsbeziehungen statt. Das hat zur Folge, dass zu klären ist, welches nationale materielle Recht anwendbar ist.

Die Beantwortung der Frage nach dem anwendbaren Sachrecht ist die Aufgabe des Kollisionsrechts, welches in Deutschland klassischer Weise als Internationales Privatrecht (IPR) bezeichnet wird.[861] Für Deutschland gilt zum einen das Einführungsgesetz zum Bürgerlichen Gesetzbuch, das EGBGB, zum anderen das supranationale IPR der Europäischen Union, welches allerdings in den beiden Rom-Verordnungen[862] nur das IPR der EU-Mitgliedstaaten auf den Gebieten der vertraglichen und außervertraglichen Schuldverhältnisse regelt.

Auch wenn es sich beim Kollisionsrecht in vielen Fällen um nationales Recht handelt, kann dieses durch Staatsverträge beeinflusst werden. Ist ein deutsches Gericht damit beschäftigt, einen Sachverhalt mit Auslandsbeziehung zu beurteilen, wendet es entweder deutsches Kollisionsrecht oder die Rom-Verordnungen, somit entweder deutsches IPR oder EU-IPR an. Nach Art. 4 Abs. 1 S. 1 EGBGB kann zusätzlich auch anderes ausländisches IPR in Frage kommen. Darin spiegelt sich die Maxime des IPR wider, wonach die kollisionsrechtliche Norm bestimmt, welches in- oder ausländische Sachrecht auf den Sachverhalt anzuwenden ist. Eine solche Norm wird auch Anknüpfungsnorm genannt. Während Art. 4 Abs. 1 S. 1 EGBGB ausdrücklich auf ausländisches internationales Recht verweist, ist es genau so gut möglich, dass das ausländische IPR auf deutsches Recht verweist. Eine solche Verweisung wird Rückverweisung genannt. Wird auf das Recht eines dritten Staates verwiesen, findet eine Weiterverweisung statt. Führt eine Verweisung bzw. Weiterverweisung dazu, dass ein Recht angewendet werden müsste, welches im Widerspruch zum nationalen Recht steht, besagt Art. 6 EGBGB, dass dann die Rechtsnorm eines ausländischen Staates innerhalb des

---

[861] Spahlinger/Wegen/Spahlinger, Teil B Rz. 9.
[862] Siehe dazu ausführlich Kapitel 8.1.2, S. ; insbesondere auch Kapitel 8.2.2.2, S. .

nationalen Rechts nicht anzuwenden ist, insbesondere, wenn die Anwendung mit den Grundrechten unvereinbar ist.

7.1.2 Gesellschaftsstatut

Nach h.M. in der deutschen Rechtsprechung und Rechtsliteratur sind die gesellschaftsrechtlichen Rechtsbeziehungen eines Unternehmens einheitlich nach einem Recht zu beurteilen.[863] Nach der in Deutschland herrschenden Einheitslehre werden unter dem Gesellschaftsstatut diejenigen Regelungen verstanden, die das Innen- und Außenverhältnis einer Gesellschaft bestimmen.[864] Das Gesellschaftsstatut („lex societatis") besteht bis zur Beendigung der Gesellschaft fort. Es umfasst somit u.a. Fragen der Gründung, der Rechtsfähigkeit, des Namens, der körperlichen Verfassung, der Mitbestimmung, der Geschäftsführung und Vertretungsmacht, der Organhaftung, der Kapitalausstattung, des Gesellschafterwechsels, der Umstrukturierung und der Liquidation.[865] Im deutschen Recht gibt es keine rechtlichen Normen, nach denen das Gesellschaftsstatut zu bestimmen ist. Art. 1 Abs. 2 f) Rom I-VO regelt, dass das supranationale IPR der Europäischen Union, d.h. Vorschriften des internationalen Vertragsrechts in Bezug auf das Gesellschaftsrecht, das Vereinsrecht und das Recht der juristischen Personen nicht anwendbar sind. Auch die höchste deutsche Rechtsprechung vertritt die sog. Einheitslehre. So hat der BGH klargestellt, „dass ein differenzierter Lösungsansatz zu Rechtsunsicherheit führt, weil sich Regelungsbereiche, die verschiedenen Rechtsordnungen unterstellt werden sollen, nicht eindeutig voneinander abgrenzen lassen. Er vernachlässigt den sachlichen Zusammenhang zwischen diesen Regelungsbereichen. Die Regeln zum ‚Innen'- und zum ‚Außenverhältnis' ergeben erst im Zusammenspiel ein sinnvolles Ganzes; die Bedeutung etwa des Gesellschaftskapitals hängt u.a. von den Anforderungen ab, die an einen Haftungsdurchgriff auf die Gesellschafter gestellt werden. Schließlich führt die Mischung von Normen aus unterschiedlichen Rechtsordnungen zu unlösbaren Anpassungsproblemen. Beispielsweise ist nicht erkennbar, wie die unternehmerische Mitbestimmung des deutschen Rechts in einer ausländischen Gesellschaft verwirklicht werden soll, die keinen Aufsichtsrat hat."[866] Die Meinung des BGH unterstreicht die These, dass das Gesellschaftsstatut bis zur Löschung der Gesellschaft anwendbar ist. Da Art. 1 Abs. 2 f) Rom I-VO normiert, dass die schuldvertraglichen Kollisionsregeln des supranationalen IPR der Europäischen Union auf das Gesellschaftsrecht nicht anwendbar sind, ist es in Streitfällen grundsätzlich die Rechtsprechung, welche die Anknüpfung des Gesellschaftsstatuts eines Unternehmens letztendlich feststellt. Mögliche Anknüpfungspunkte können die von Rechtsprechung und Rechtsliteratur aufgestellte Sitztheorie oder die Gründungstheorie sein.

---

[863] Vgl. RGZ 83, 367, 369; RGZ 153, 200, 204; BGH EuZW 2000, 412, 413; OLG Düsseldorf WM 1995, 868, 870; Staudinger-IntGesR/Großfeld, Rz. 16; Palandt/Thorn, Anh zu EGBGB 12 Rz. 2.

[864] Mellert/Verfürth, Teil I. Rz. 2; vgl. Staudinger-IntGesR/Großfeld, Rz. 16.

[865] Vgl. Palandt/Thorn, Anh zu EGBGB 12 Rz. 6 ff.; Mellert/Verfürth, Teil I. Rz. 2.

[866] BGH EuZW 2000, 412, 413.

7.1.2.1 Sitztheorie

Die Sitztheorie geht davon aus, dass jene rechtlichen Regelungen eines Staates auf die Unternehmung anwendbar sind, in dem die Gesellschaft ihren Verwaltungssitz unterhält. Die Sitztheorie beruht auf der Vermutung, dass der Schwerpunkt der tatsächlichen geschäftlichen Aktivitäten einer Gesellschaft im Staat ihres tatsächlichen Sitzes liegt, woraus folgt, dass die Gesellschaft damit ihre engste Verbindung zum Staat ihres tatsächlichen Sitzes hat, und dass daher über die Sitztheorie das Sachrecht desjenigen Staates zur Anwendung kommt, zu dem die Gesellschaft die engste Verbindung hat.[867] Die Sitztheorie ist insbesondere in den kontinentaleuropäischen Ländern anerkannt. Danach soll das Recht des Sitzstaates anzuwenden sein, wenn sich die Haupttätigkeit des Unternehmens in einem Land abspielt, in dem es seinen Verwaltungssitz hat.[868] Dadurch soll auch der Gefahr vorgebeugt werden, dass Unternehmungen regelungsärmeres Recht für anwendbar erklären. Demzufolge gilt für eine ausländische Gesellschaft, welche nach dem Recht das ausländischen Staates X gegründet wurde, ihren Verwaltungssitz aber im ausländischen Staat Y hat, nach deutschem Kollisionsrecht das Recht des Verwaltungssitzstaates Y. Gilt allerdings im Staat Y die Gründungstheorie, wonach das Recht Anwendung findet auf die Unternehmung, nach welchem sie gegründet ist, und kennt das nationale Kollisionsrecht des ausländischen Staates Y das Prinzip der Weiterverweisung auf das Recht des Gründungsstaates, erkennt auch die Bundesrepublik Deutschland eine derartige Weiterverweisung auf das Gründungsrecht des Staates Y an.[869]

7.1.2.1.1 Gesellschaftsgründung im Ausland mit deutschem Verwaltungssitz

Bis zur Entscheidung des BGH vom 1.07.2002[870] wurden Gesellschaften, welche nach ausländischem Recht gegründet worden waren, ihren Verwaltungssitz aber in Deutschland hatten, als Scheinauslandsgesellschaften angesehen. Rechtsprechung und Rechtsliteratur billigten derartigen Gesellschaften keine Rechtsfähigkeit zu.[871] Die Änderung der Rechtsprechung hat dafür gesorgt, dass derartige Scheinauslandsgesellschaften als Personengesellschaften in der Rechtsform der OHG oder als Gesellschaft bürgerlichen Rechts anzuerkennen sind. Dadurch erhalten sie, was früher abgelehnt wurde, die Rechts- und Parteifähigkeit. Die für die Scheingesellschaft handelnden Personen haften persönlich und gesamtschuldnerisch.[872]

---

[867] Vgl. Spahlinger/Wegen/Spahlinger, Teil B Rz. 34; Staudinger-IntGesR/Großfeld, Rz. 20.

[868] So erneut auch durch den BGH bestätigt: Siehe BGHZ 178, 192, 197 = BB, 2009, 14 = DB 2008, 2825; dazu Gottschalk, Beschränkungen für Aktiengesellschaften mit Sitz in Deutschland gelten fort, ZIP 2009, 948; 949 f.; Kindler, Internationales Gesellschaftsrecht 2009: MoMiG, Trabrennbahn, Cartesio und die Folgen, IPRax 2009, 189, 191 f.

[869] Vgl. Reithmann/Hausmann, Rz. 5128.

[870] BGHZ 151, 204, 206 f.

[871] Vgl. MK-IntGesR/Kindler, Rz. 368; Staudinger-IntGesR/Großfeld, Rz. 85.

[872] Vgl. Spahlinger/Wegen/Spahlinger, Teil B Rz. 57; zur Haftung kritisch Heidenhain, Ausländische Kapitalgesellschaften mit Verwaltungssitz in Deutschland, NZG 2002, 1141, 1143, der behauptet, dass „eine tödliche Abschreckung gegen den Zuzug von Kapitalgesellschaften aus anderen Mitgliedstaaten kaum denkbar ist. Die

7.1.2.1.2 Gesellschaftsgründung im Inland mit ausländischem Verwaltungssitz

Der umgekehrte Fall – Unternehmensgründung nach deutschem Recht, aber Verwaltungssitz im Ausland – wird im Ausland als Scheingesellschaft angesehen, welche entweder eingeschränkt oder gar nicht anerkannt wird, sofern im ausländischen Staat ebenfalls die Sitztheorie angewandt wird. Nach deutschem Recht handelt es sich um eine ausländische Gesellschaft. Vertritt der ausländische Staat die Gründungstheorie, mag eine Rückverweisung durch ausländisches Kollisionsrecht auf deutsches Recht denkbar sein. Das gilt allerdings nur für Personengesellschaften, für welche im Wege der Rückverweisung deutsches Recht zur Anwendung kommen kann. Für Kapitalgesellschaften kann deutsches Recht trotz Rückverweisung nicht anwendbar sein, weil sie ohne Satzungssitz im Inland nicht ins deutsche Handelsregister eingetragen werden können.[873]

7.1.2.1.3 Gesellschaftsgründung im Inland und Verwaltungssitzverlegung ins Ausland

Gilt im ausländischen Staat die Sitztheorie, handelt es sich bei der Gesellschaft solange um eine Scheingesellschaft, solange die Gesellschaft nach dem Recht des Sitzstaates dort nicht neu gegründet wurde. Nach deutschem Recht liegt nach der Sitzverlegung eine Unternehmung ausländischen Rechts vor, was zur Folge hat, dass die erfolgte Eintragung in das Handelsregister zu löschen ist. Bezieht sich der ausländische Staat allerdings auf die Gründungstheorie, findet in der Regel durch das ausländische Kollisionsrecht eine Rückverweisung auf deutsches Recht statt. Eine Neugründung der Unternehmung nach ausländischem Recht ist dann nicht erforderlich.

7.1.2.1.4 Gesellschaftsgründung im Ausland und Verwaltungssitzverlegung ins Inland

Bis zum Urteil des BGH vom 1.07.2002 wurden ausländische Gesellschaften, die ihren Verwaltungssitz nach Deutschland verlegten, als sog. Scheinauslandsgesellschaften behandelt.[874] Genau gleich verhält es sich mit der Haftung der handelnden Personen einer solchen Scheinauslandsgesellschaft wie bei der ausländischen Gesellschaft mit bestehendem Verwaltungssitz in Deutschland. Die persönliche Haftung der Gesellschafter ist, sofern es sich um eine Personengesellschaft handelt, unbeschränkt und gesamtschuldnerisch. Außerdem haften die handelnden Personen persönlich analog § 41 Abs. 1 S. 2 AktG, § 11 Abs. 2 GmbHG bis zur Neugründung und Eintragung der Kapitalgesellschaft nach deutschem Recht.

Entscheidung des BGH vom 1.07.2002 war daher nicht nur ein untauglicher Rettungsversuch, sondern ein schlichter Irrweg.".

[873] Vgl. Staudinger-IntGesR/Großfeld, Rz. 427 ff.; MK-IntGesR/Kindler, Rz. 420.

[874] BGHZ 151, 204, 206 f.

7.1.2.2 Gründungstheorie

Die Gründungstheorie besagt, dass sich das Gesellschaftsstatut eines Unternehmens nach dem Recht des Staates richtet, in dem die Gesellschaft gegründet wurde. Es besteht somit Rechtswahlfreiheit bezüglich des Gesellschaftsrechts, nach dem die Unternehmung gegründet werden soll. Großer Vorteil der Gründungstheorie ist, dass das Gesellschaftsstatut einer Unternehmung eindeutig bestimmbar ist. Ist die Gesellschaft an ihrem Gründungsort rechtskräftig errichtet worden, bleibt sie so lange rechtsfähig, bis ihr die Rechtsfähigkeit von ihrem Gründungsstaat wieder entzogen wird.[875] Nachteilig bei der Anwendung der Gründungstheorie ist, dass eine Unternehmung nach dem Recht eines Staates gegründet werden kann, zu dem sie nach der formal-juristischen Gründung nicht in Beziehung steht, weil sich ihre handelnde Tätigkeit in einem anderen ausländischen Staat vollzieht. Die Gründer einer Gesellschaft haben somit die Möglichkeit, nationale Schutz- und Ordnungsvorschriften, insbesondere Vorschriften zur Sicherung der Kapitalaufbringung und Kapitalerhaltung und sonstige Vorschriften zum Schutz von Gläubigern oder Minderheitsgesellschaftern sowie die deutschen Vorschriften über die unternehmerische Mitbestimmung zu umgehen.[876] Insbesondere im anglo-amerikanischen Rechtsraum sowie in Liechtenstein, der Schweiz, den Niederlanden und in den skandinavischen Ländern wird die Gründungstheorie mit Einschränkungen vertreten.[877]

7.2 Europäisches Gesellschaftsrecht

Insbesondere der Vertrag über die Arbeitsweise der Europäischen Union bestimmt mit seinen Artt. 49, 54 AEUV die Niederlassungsfreiheit und in Artt. 63, 65 AEUV die Kapitalverkehrsfreiheit für gesellschaftliches Handeln als Primärrecht der Europäischen Union. Daneben nimmt die Rechtsvereinheitlichung des Gesellschaftsrechts in den Mitgliedstaaten der Europäischen Union Gestalt an. Folge könnte sein, dass die nationalen Gesellschaftskollisionsrechte nach einer gesellschaftsrechtlichen Angleichung der Rechtsnormen in der EU keine rechtliche Bedeutung mehr hätten. Die nationale Angleichung des Gesellschaftsrechts wird durch vier unterschiedliche Regelungsebenen betrieben:[878]

- Erlass von EU-Richtlinien nach Art. 50 Abs. 1, 2 AEUV;
- Gründung von supranationalen Gesellschaften nach EU-Recht;
- Anwendung von EU-Grundfreiheiten auf mitgliedstaatliches Internationales Gesellschaftsrecht.

---

[875] Vgl. Dautzenberg, Neuere Entwicklungen im Europäischen Gesellschaftsrecht, StuB 1999, 541, 542.
[876] Vgl. Spahlinger/Wegen/Spahlinger, Teil B Rz. 60.
[877] Vgl. Mellert/Verfürth, Teil I. Rz. 4 m. w. N.
[878] Dazu ausführlich Kronke/Mazza, Teil K Rz. 5 bis 45.

7.2.1 Vertrag über die Arbeitsweise der Europäischen Union (AEUV)

Die Beschränkung der freien Niederlassung von Staatsangehörigen eines Mitgliedstaates im Hoheitsgebiet eines anderen Mitgliedstaates gemäß Art. 49 AEUV ist grds. verboten. Das Gleiche gilt für Beschränkungen der Gründung von Agenturen, Zweigniederlassungen oder Tochtergesellschaften durch Angehörige eines Mitgliedstaates, die im Hoheitsgebiet eines anderen Mitgliedstaates ansässig sind. Vorbehaltlich des Kapitels über den Kapitalverkehr umfasst die Niederlassungsfreiheit die Aufnahme und Ausübung selbstständiger Erwerbstätigkeiten sowie die Gründung und Leitung von Unternehmen, insbesondere von Gesellschaften i.S.d. Art. 54 Abs. 2 AEUV nach den Bestimmungen des Aufnahmestaates für seine eigenen Staatsangehörigen. Gemäß Art. 54 AEUV stehen die nach den Rechtsvorschriften eines Mitgliedstaates gegründeten Gesellschaften, die ihren satzungsmäßigen Sitz, ihre Hauptverwaltung oder ihre Hauptniederlassung innerhalb der Gemeinschaft haben, den natürlichen Personen gleich, die Angehörige der Mitgliedstaaten sind. Als Gesellschaften gelten die Gesellschaften des bürgerlichen Rechts und des Handelsrechts einschließlich der Genossenschaften und die sonstigen juristischen Personen des öffentlichen und privaten Rechts mit Ausnahme derjenigen, die keinen Erwerbszweck verfolgen.

Gemäß Art. 63 AEUV sind alle Beschränkungen des Kapitalverkehrs zwischen den Mitgliedstaaten sowie zwischen den Mitgliedstaaten und Drittländern verboten. Außerdem sind alle Beschränkungen des Zahlungsverkehrs zwischen den Mitgliedstaaten sowie zwischen den Mitgliedstaaten und Drittländern verboten. Nach Art. 65 AEUV berührt Art. 63 AEUV nicht das Recht der Mitgliedstaaten, die einschlägigen Vorschriften ihres Steuerrechts anzuwenden, die Steuerpflichtige mit unterschiedlichem Wohnort oder Kapitalanlageort unterschiedlich behandeln, sowie die unerlässlichen Maßnahmen zu treffen, um Zuwiderhandlungen gegen innerstaatliche Rechts- und Verwaltungsvorschriften, insbesondere auf dem Gebiet des Steuerrechts und der Aufsicht über Finanzinstitute, zu verhindern, sowie Meldeverfahren für den Kapitalverkehr zwecks administrativer oder statistischer Information vorzusehen oder Maßnahmen zu ergreifen, die aus Gründen der öffentlichen Ordnung oder Sicherheit gerechtfertigt sind. Die Anwendbarkeit von Beschränkungen des Niederlassungsrechts, die mit diesem Vertrag vereinbar sind, wird nicht berührt. Die in Art. 65 Abs. 1, 2 AEUV genannten Maßnahmen und Verfahren dürfen weder ein Mittel zur willkürlichen Diskriminierung, noch eine verschleierte Beschränkung des freien Kapital- und Zahlungsverkehrs i.S.d. Art. 63 AEUV darstellen.

Artt. 49, 54, 63, 65 AEUV gewähren die Freiheit der Niederlassung einer Gesellschaft, welche ihren Sitz, ihre Hauptverwaltung oder ihre Hauptniederlassung in einem EU-Mitgliedstaat hat, sowie das Recht, Agenturen, Zweigniederlassungen oder Tochtergesellschaften zu gründen. Die Kapitalverkehrsfreiheit ermöglicht es Investoren, sich innerhalb der EU grenzüberschreitend an Kapital- und Personengesellschaften zu beteiligen. Der Europäische Gerichtshof hat in seinem Urteil vom 4.06.2002 festgestellt, dass ein Investor sich auch im Rahmen der Kapitalverkehrsfreiheit an der Verwaltung einer Gesellschaft beteiligen und dadurch die Kontrolle ausüben kann.[879] Beschränkungen gegenüber der Niederlassungs- und der Kapitalverkehrsfreiheit sind nur dann rechtmäßig, wenn Rechtfertigungsgründe dafür bestehen.[880] Die Rechtfertigungsgründe für eine derartige Beschränkung sind entsprechend der Beschränkung der Warenverkehrsfreiheit anzuwenden.[881]

7.2.2 Richtlinien

Nach Art. 50 Abs. 2 g) AEUV haben die EU-Mitgliedstaaten bisher elf Richtlinien zur Angleichung des mitgliedstaatlichen Gesellschaftsrechts erlassen, welche von jedem EU-Mitgliedstaat in innerstaatliches Recht transformiert wurden[882].

7.2.2.1 Erste Gesellschaftsrechtliche Richtlinie Nr. 151/1968/EWG[883]

Diese Richtlinie vom 9.03.1968, auch „Publizitätsrichtlinie" genannt, betraf die Veröffentlichung von Urkunden und deren Wirkung, insbesondere der Publizität von Pflichtangaben auf Geschäftsbriefen, der Vertretungsmacht von handelnden Personen bei Personen- und Kapitalgesellschaften sowie die Nichtigkeit von Gesellschaften. Nach einer Änderungsrichtlinie zur Publizitätsrichtlinie Nr.58/2003[884] waren die EU-Mitgliedstaaten verpflichtet, im Rahmen der SLIM-Initiative[885] substantielle Vereinfachungen des Register- und Offenlegungsverfahrens in ihr Recht zu übernehmen, so z.B. seit dem 1.01.2007 die Möglichkeit der elektronischen Speicherung und Veröffentlichung von Unternehmensdaten in einem europäischen Unternehmensregister zu schaffen sowie bestimmte Pflichtangaben auf der Internetseite der Gesellschaften zu verlangen.[886]

7.2.2.2 Zweite Gesellschaftsrechtliche Richtlinie Nr. 91/1977/EWG[887]

Die sog. „Kapitalschutzrichtlinie" vom 13.12.1976 sorgt vor dem Hintergrund des Mitglieder- und Gläubigerschutzes dafür, dass im Rahmen des Gründungsvorgangs einer Gesellschaft in der EU einheitlich die Höhe des Mindestkapitals sowie des Kapitalschutzes festgelegt wurden. Die Kapitalschutzrichtlinie bezieht sich auch auf die Erfüllung von Sacheinlagen bzw. den Erwerb eigener Aktien. Ein solcher Erwerb wurde durch die Änderungsrichtli-

---

[879] EuGH v. 4.6.2002 – Rs. C-367/98, C-483/99, C-503/99, NZG 2002, 624, 628, 632.
[880] Vgl. Kronke/Mazza, Teil K Rz. 9.
[881] Vgl. Habersack, Europäisches Gesellschaftsrecht, 3. Aufl. 2006, § 3 Rz. 5.
[882] Siehe zu den gesellschaftsrechtlichen Richtlinien ausführlich MK-IntGesR/Kindler, Rz. 33 bis 51; vgl. ebenfalls Habersack, a.a.O., Zweiter Teil, Die gesellschaftsrechtlichen Richtlinien, §§ 5 ff.
[883] ABl. 1968, L 65/8.
[884] ABl. 2003, L 221/13.
[885] Vgl. ZIP-Dokumentation, SLIM-Schlankheitskur für EU-Gesellschaftsrecht, ZIP 1999, 1944 ff.
[886] Aufgehoben durch EG-RL Nr. 101/2009 v. 16.9.2009, ABl. 2009, L 258/11.
[887] ABl. 1977, L 26/1.

nie zur Kapitalschutzrichtlinie Nr. 101/1992[888] am 23.11.1992 dann erheblich eingeschränkt, wenn es um den Erwerb oder Besitz eigener Aktien der Muttergesellschaft durch die Tochtergesellschaft geht.

7.2.2.3 Dritte Gesellschaftsrechtliche Richtlinie Nr. 855/1978/EWG[889]

Die sog. „Verschmelzungs- bzw. Fusionsrichtlinie" vom 9.10.1978 regelte innerhalb der Mitgliedstaaten der EU die Möglichkeit, Aktiengesellschaften innerstaatlich zu verschmelzen. Gemäß Art. 19 der EWG-Richtlinie erfolgte die Verschmelzung durch Übertragung des gesamten Vermögens einer Gesellschaft auf eine andere Gesellschaft gegen Ausgabe von Aktien der übernehmenden Gesellschaft an die Aktionäre der übertragenden Gesellschaft und die Auflösung der übertragenden Gesellschaft ohne Liquidation. Artt. 3, 4 der EWG-Richtlinie regelten die Verschmelzung durch Aufnahme bzw. durch Neugründung.[890]

7.2.2.4 Vierte Gesellschaftsrechtliche Richtlinie Nr. 660/1978/EWG[891]

Die sog. „Jahresabschlussrichtlinie" vom 25.07.1978 hat das Ziel, die Rechnungslegung von Kapitalgesellschaften innerhalb der Mitgliedstaaten der EU vergleichbar zu machen. In Deutschland wurde die Jahresabschlussrichtlinie durch das Bilanzrichtliniengesetz vom 1.01.1986 in deutsches Recht transformiert.[892]

7.2.2.5 Sechste Gesellschaftsrechtliche Richtlinie Nr. 891/1982/EWG[893]

Die sog. „Spaltungsrichtlinie" ist als Ergänzungsrichtlinie zur Verschmelzungsrichtlinie anzusehen. Nach §§ 123 ff. UmwG können die Unternehmen drei Arten der Spaltung vornehmen: die Abspaltung, die Aufspaltung und die Ausgliederung.

7.2.2.6 Siebente Gesellschaftsrechtliche Richtlinie Nr. 349/1983/EWG[894]

Die sog. „Konzernabschlussrichtlinie" ergänzt die vierte gesellschaftsrechtliche Richtlinie. Sie normiert den konsolidierten Abschluss im Rahmen der Konzernrechnungslegung für Kapitalgesellschaften.

---

[888] ABl. 1992, L 347/64.
[889] ABl. 1978, L 295/36.
[890] Aufgehoben durch EU-RL Nr. 35/2011 v. 5.4.2011, ABl. 2011, L 110/1.
[891] ABl. 1978, L 222/11.
[892] Gesetz v. 19.12.1985, BGBl. I, S. 2355 ff.
[893] ABl.1982, L 378/47.
[894] ABl. 1983, L 193/1.

7.2.2.7 Achte Gesellschaftsrechtliche Richtlinie Nr. 253/1984/EWG[895]

Die sog. „Prüferbefähigungsrichtlinie" normiert die Gleichwertigkeit der Ausbildung und Prüfungsvoraussetzungen für die mit der Pflichtprüfung der Rechnungslegung zugelassenen Personen wie Wirtschaftsprüfer oder vereidigte Buchprüfer.

7.2.2.8 Zehnte Gesellschaftsrechtliche Richtlinie Nr. 56/2005/EG[896]

Die sog. „Verschmelzungsrichtlinie über die Verschmelzung von Kapitalgesellschaften aus verschiedenen Mitgliedstaaten der EU" trat am 26.10.2005 in Kraft. Sie soll die Kooperation und grenzüberschreitende Umstrukturierung von europäischen Kapitalgesellschaften im EU-Raum vereinfachen.

7.2.2.9 Elfte Gesellschaftsrechtliche Richtlinie Nr. 666/1989/EWG[897]

Die sog. „Zweigniederlassungsrichtlinie" vom 22.12.1989 verpflichtete die Kapitalgesellschaften zur Offenlegung ihrer Zweigniederlassungen, welche in einem Mitgliedstaat der EU errichtet und somit dem Recht eines anderen Staates unterliegen. Zweck der Richtlinie war es, derartige Zweigniederlassungen den Tochtergesellschaften ausländischer Gesellschaften rechtlich gleich zu stellen.[898]

7.2.2.10 Zwölfte Gesellschaftsrechtliche Richtlinie Nr. 667/1989/EWG[899]

Die sog. „Einpersonengesellschaftsrichtlinie" vom 22.12.1989 regelte die Zulässigkeit von Gesellschaften mit beschränkter Haftung mit einem einzigen Gesellschafter, insbesondere die Publizitätspflicht, wenn ein einziger Gesellschafter alle GmbH-Anteile hält. Die Bundesrepublik Deutschland hatte durch Änderungen der §§ 2, 36 Abs. 2 S. 2, 42 AktG diese Richtlinie auch für Aktiengesellschaften erweitert, so dass die Gründung und Fortführung von Aktiengesellschaften durch eine einzelne Person zulässig sind.[900]

---

[895] ABl. 1984, L 126/20.
[896] ABl. 2005, L 310/1.
[897] ABl. 1989, L 395/36.
[898] Aufgehoben durch EU-RL Nr. 35/2011 v. 5.4.2011, ABl. 2011, L 110/1.
[899] ABl. 1989, L 395/40.
[900] Aufgehoben durch EG-RL Nr. 102/2009 v. 16.9.2009, ABl. 2009, L 258/20.

7.2.2.11 Dreizehnte Gesellschaftsrechtliche Richtlinie Nr. 25/2004/EG[901]

Die sog. „Übernahmerichtlinie" hat Voraussetzungen geschaffen, nach denen bei börsennotierten Unternehmen an mindestens einer Börse eines Mitgliedstaates die Art und Weise sowie der Umfang öffentlicher Übernahmeangebote geregelt sind.

Weitere Vorentwürfe und Vorschläge der EU-Kommission für zu erlassende Richtlinien sowie weitere Initiativen zur Harmonisierung des Gesellschaftsrechts sind bisher noch nicht umgesetzt worden. Eine von der EU-Kommission eingesetzte Expertengruppe zur Harmonisierung des Gesellschaftsrechts in den Mitgliedstaaten veröffentlichte im Jahr 2002 ihren Abschlussbericht mit Modernisierungsvorschlägen; Folge ist ein Aktionsplan der EU-Kommission für das Gesellschaftsrecht und Corporate Governance, der festlegt, mit welchen Schwerpunkten sich die Rechtssetzungsverfahren befassen sollen.[902]

7.2.2.12 Vierzehnte Gesellschaftsrechtliche Richtlinie (geplant)

Die sog. „Sitzverlegungsrichtlinie" wird seit mehr als zehn Jahren innerhalb des Europaparlaments und des Europäischen Rates diskutiert. Diese Richtlinie, die bisher nur geplant ist, soll regeln, dass Gesellschaften i.S.v. Art. 54 AEUV innerhalb der Europäischen Union ihren Satzungssitz in einen anderen Mitgliedstaat verlegen können, ohne dass die Gesellschaft vorher aufgelöst werden muss.

7.2.2.13 Weitere Gesellschaftsrechtliche Richtlinien

Die neuerdings vom Europäischen Parlament und vom Rat der Europäischen Union erlassenen Gesellschaftsrechtlichen Richtlinien werden nicht mehr mit aufsteigenden Ziffern versehen.

7.2.2.13.1 Richtlinie Nr. 101/2009/EG[903]

Die Richtlinie kodifiziert die sog. „Publizitätsrichtlinie" von 1968, die zahlreiche Veränderungen erfahren hat, insgesamt neu. Damit werden die Vorschriften zur Offenlegung von Informationen von Aktiengesellschaften, Kommanditgesellschaften auf Aktien sowie Gesellschaften mit beschränkter Haftung neu geregelt. Nach Art. 16 dieser Richtlinie wird die Erste Gesellschaftliche Richtlinie aufgehoben.[904]

---

[901] ABl. 2004, L 142/12.
[902] Vgl. Kronke/Mazza, Teil K Rz. 14.
[903] EG-RL Nr. 101/2009 v. 16.9.2009, ABl. 2009, L 258/11.
[904] Siehe 7.2.2.1.

7.2.2.13.2 Richtlinie Nr. 102/2009/EG[905]

Die Richtlinie auf dem Gebiet des Gesellschaftsrechts dient der Neukodifizierung von EU-Recht auf dem Gebiet der Gesellschaften mit beschränkter Haftung mit einem einzigen Gesellschafter. Nach Art. 9 dieser Richtlinie wird die zwölfte Gesellschaftsrechtliche Richtlinie aufgehoben.[906]

7.2.2.13.3 Richtlinie Nr. 35/2011/EU[907]

Die Richtlinie regelt die Verschmelzung von Aktiengesellschaften im Rahmen des EU-Gesellschaftsrechts neu. Nach Art. 32 dieser Richtlinie wird die Dritte Gesellschaftsrechtliche Richtlinie aufgehoben.[908]

7.3 Internationales Unternehmens- und Kapitalmarktrecht

7.3.1 Internationales Unternehmensrecht

In der Rechtsliteratur wird seit vielen Jahren darüber diskutiert, das Gesellschaftsrecht zu einem Unternehmensrecht fortzuentwickeln. Die Meinungen dazu sind vielfältig.[909] Unterschiedlich sind die Auffassungen, welche Rechtsgebiete unter den Begriff „Unternehmensrecht" zu subsumieren sind. So sollen zum Unternehmensrecht die Sachgebiete Gesellschaftsrecht im engeren Sinne, die Anerkennung von Gesellschaften ausländischen Rechts, das Niederlassungsrecht des Vertrags zur Arbeitsweise der Europäischen Union (AEUV), die supranationalen Gesellschaftsformen, Arbeitnehmerbelange und Mitbestimmung, Sicherung des Wettbewerbs – insbesondere durch Fusionskontrolle –, Sonderfragen der Kreditinstitute, u.a. Finanzinstitute, Börse und Börsenzulassung, sowie die Besteuerung von Unternehmen gehören.[910] Nach einer anderen Meinung sollen darunter zusätzlich völkerrechtliche Fragen, Probleme der Unternehmensbewertung, das individuelle und kollektive Arbeitsrecht, das Verfahrensrecht, sämtliche Eingriffsnormen, Marktregelungen, das Währungsrecht, das Insolvenzrecht, das Enteignungsrecht und Grundrechtsschutz, das Recht der Auslandsinvestiti-

---

[905] EG-RL Nr. 102/2009 v. 16.9.2009, ABl. 2009, L 258/20.

[906] Siehe 7.2.2.10.

[907] EU-RL Nr. 35/2011 v. 5.4.2011, ABl. 2011, L 110/1.

[908] Siehe 7.2.2.3.

[909] Vgl. für viele Großfeld, Vom Internationalen Gesellschaftsrecht zum Internationalen Unternehmensrecht, FS Kühne, 1984, S. 267 ff.; Raiser, Recht der Kapitalgesellschaften, 5. Aufl. 2010, § 6; MK-IntGesR/Kindler, Rz. 15 ff.

[910] Vgl. Lutter, Europäisches Unternehmensrecht, 4. Aufl. 1996, S. 4.

onen und internationale Standards fallen.[911] Der Bezug zum Internationalen Privatrecht kann sich allerdings nur aus dem Unternehmen und seinen rechtlichen Verhältnissen selbst ergeben. So führt der BGH aus, dass sich das anwendbare Recht nach dem internationalen Gesellschaftsrecht bestimmt, wenn die Vereinbarungen der Parteien gesellschaftsrechtlich zu qualifizieren sind.[912] Da bisher keine einheitliche Kollisionsnorm für das Unternehmensrecht besteht, hat sich ein eigenständiges „Internationales Unternehmensrecht" bisher nicht gebildet. Auch für international tätige Unternehmen mit rechtlichen Gebilden in unterschiedlichen Staaten sind bis heute keine rechtlichen Regelungen durch ein sog. Internationales Unternehmensrecht normiert worden; auf sie findet das jeweilige Gesellschaftsrecht und das spezielle Internationale Privatrecht Anwendung.

7.3.2 Internationales Kapitalmarktrecht

Das Kapitalmarktrecht ist in Deutschland insbesondere im Börsengesetz und Wertpapierhandelsgesetz geregelt. Außerdem hat die EU-Richtlinie Nr. 39/2004 („Markets in Financial Directive", „MiFID"[913]), die am 31.01.2007 in Kraft trat und deren Regelungen seit dem 1.11.2007 auch in Deutschland rechtsverbindlich sind, großen Einfluss auf das deutsche Kapitalmarktrecht. Zweck dieser EG-Richtlinie ist die Verpflichtung der in der EU ansässigen Finanzdienstleister zu erhöhten Berichts- und Warnpflichten gegenüber ihren Kunden.

In der Rechtsanwendung knüpft das Kapitelmarktrecht häufig an gesellschaftsrechtliche Voraustatbestände an, z.B., wenn für die Mitteilungspflichten nach §§ 21 ff. WpHG auf die gesellschaftsrechtlichen Beteiligungsverhältnisse abgestellt wird oder wenn die EG-Übernahmerichtlinie gem. Art. 5 ÜR das Pflichtangebot an den gesellschaftsrechtlichen „Kontrollerwerb" bindet.[914] Bedeutsam ist der Sachverhalt, wenn börsennotierte Gesellschaften an einer Auslandsbörse notiert sind und demzufolge das Kapitalmarktrecht des ausländischen Staates das Gesellschaftsstatut aufhebt.[915] Ein internationales Kapitalmarktrecht zur Lösung einer derartigen Kollision besteht bisher nicht. Ein Teil der Rechtsliteratur befürwortet das sog. Auswirkungsprinzip.[916] Danach soll inländisches Kapitalmarktrecht zur Anwendung kommen, wenn grenzüberschreitende Vorgänge inländisches Recht berühren; ausländisches Recht soll den Vorrang haben, wenn der Vorgang am ausländischen Börsenplatz stattgefunden hat und nach dortigem Recht zu beurteilen ist. Eine andere Meinung in der Rechtsliteratur vertritt das Prinzip der Marktortanknüpfung.[917] Nach diesem Prinzip soll das jewei-

---

[911] Vgl. Großfeld, § 2 II.

[912] Vgl. BGH NJW 1996, 54, 55.

[913] EG-RL Nr. 39/2004 v. 21.4.2004, ABl. 2004, L 145/1.

[914] MK-IntGesR/Kindler, Rz. 43.

[915] Vgl. dazu OLG Celle WM 1992, 1703, 1706 = WuB II A. § 124 AktG, Nr. 1.93 m. Anm. Werner.

[916] Vgl Mülbert, Aktiengesellschaft, Unternehmensgruppe und Kapitalmarkt, 2. Aufl. 1996, S. 152; Hopt, Der Anlegerschutz im Recht der Banken, 1975, S. 52, 334 ff.

[917] Vgl. Kiel, Internationales Kapitalanlegerschutzrecht, 1994, S. 223; Kronke, Capital Markets And Conflict Of Laws, Rec. des Cours 286 (2000), 249, 300 ff.

lige Kapitalmarktrecht des ausländischen Staates gelten, dessen Markt durch das Unternehmen in Anspruch genommen wurde.

Auswirkungsprinzip wie Marktortanknüpfung sind bisher von der deutschen Rechtsprechung nicht aufgegriffen worden. Der BGH vertritt die Meinung, dass es für das Internationale Privatrecht nicht um die „Verortung von Marktvorgängen" geht, sondern um die Anknüpfung vertraglicher, deliktischer und gesellschaftsrechtlicher Anspruchsgrundlagen und sonstiger Rechtsinstitute in Sachverhalten mit Bezug zu einem Kapitalmarkt.[918] Nach Artt. 28 Abs. 5, 40 der Dreizehnten Gesellschaftsrechtlichen Richtlinie[919] besteht die Möglichkeit, das Recht des Kapitalmarkts anzuwenden, an dem das Unternehmen börsennotiert ist.

7.4 Europäisches Recht und EuGH-Entscheidungen

7.4.1 EuGH-Entscheidung „Daily Mail and General Trust *PLC*"[920]

Daily Mail wollte 1984 ihren Geschäftsleitungssitz von Großbritannien in die Niederlande verlegen. Notwendig war eine Zustimmung des Finanzministeriums, welche nicht erteilt wurde. 1986 klagte Daily Mail vor dem High Court of Justice, der die Rechtssache als Vorlageverfahren an den EuGH weiterleitete. Zu klären war, ob die damaligen Regelungen der Artt. 52 und 58 EGV (jetzt Artt. 49, 54 AEUV) Mitgliedstaaten der EU eine vorherige Zustimmung zur Sitzverlegung der Geschäftsleitung eines Unternehmens in einen anderen Mitgliedstaat verweigern und ob die EWG-Richtlinie Nr. 148/1973[921] einem Unternehmen die Möglichkeit verschafft, seinen Geschäftsleitungssitz in einen anderen Mitgliedstaat der EU zu verlegen.

Der EuGH stellte fest, dass zum einen Gesellschaften im Rahmen ihrer nationalen Rechtsordnungen gegründet werden und somit folglich auch eine vorherige Zustimmung – hier des englischen Finanzministeriums – grds. rechtmäßig ist. Denn jenseits der jeweiligen nationalen Rechtsordnung, die ihre Gründung und ihre Existenz regelt, haben Gesellschaften keine Realität.[922] Der EuGH macht allerdings zum anderen auch deutlich, dass Mitgliedstaaten keinen Einfluss darauf nehmen können, wenn Unternehmen Niederlassungen in einem anderen Mitgliedstaat gründen oder an der Gründung einer Gesellschaft in einem anderen Mit-

---

[918] Vgl. BGH NJW 1996, 2569, 2570; MK-IntGesR/Kindler, Rz. 51.

[919] Siehe 7.2.2.8.

[920] The Queen/H.M. Treasury and Commissioners of Inland Revenue, ex parte Daily Mail and General Trust Plc, EuGH Rs. C-81/87, Slg. 1988, I-5483 = NJW 1989, 2186.

[921] ABl. 1973, L 172/14.

[922] Vgl. EuGH Rs. C-81/87, Slg. 1988, I-5483 Rz. 19.

gliedstaat beteiligt sind.[923] Der EuGH hat weiterhin entschieden, dass die EWG-RL Nr. 148/1973 nur auf den Aufenthalt und Reisemöglichkeiten von natürlichen Personen Anwendung findet und eine analoge Anwendung auf Gesellschaften nicht möglich ist.[924]

Ebenso ist eine alleinige Verlegung des Satzungssitzes ohne gleichzeitige Verlegung des Verwaltungssitzes nicht möglich. Ein Antrag auf Eintragung der Änderung des Satzungssitzes in das Handelsregister ist durch die Rechtsprechung vielfach abgelehnt worden.[925] Die deutsche Rechtsprechung sieht eine Gesellschaft nach Sitzverlegung innerstaatlich als aufgelöst an, im Gegensatz zu Mitgliedstaaten, welche die Gründungstheorie befürworten.[926] Diese Gesellschaften können ihren Verwaltungssitz grds. aus ihrem Land nach Deutschland und von dort auch wieder zurück oder in einen anderen Mitgliedstaat verlegen, ohne zwangsaufgelöst zu werden; vielmehr bleiben sie z.B. irische, niederländische oder britische Gesellschaften.[927] Vor diesem Hintergrund entsteht für deutsche Gesellschaften, welche sich zu einer Sitzverlegung entschließen, ein großer Wettbewerbsnachteil, weil die deutschen Gesellschaften ab der Sitzverlegung nach deutschem Recht als aufgelöst gelten.

7.4.2 EuGH-Entscheidung „Centros *Ltd.*"[928]

Die von dänischen Gesellschaftern in England gegründete und mit Satzungssitz bestehende Centros *Ltd.* klagte gegen die Zentralverwaltung für Handel und Gesellschaften beim dänischen Handelsministerium auf Eintragung einer Zweigniederlassung, um in Dänemark die vollständige Geschäftstätigkeit der Centros *Ltd.* zu betreiben, auch wenn Centros *Ltd.* in England bisher keine Geschäftstätigkeit wahrnahm.

Der EuGH stellte klar, dass ein Verstoß gegen die Artt. 52, 58 EGV (jetzt Artt. 49, 54 AEUV) vorliegt, wenn ein Mitgliedstaat einer in einem anderen Mitgliedstaat rechtmäßig gegründeten Gesellschaft die Eintragung einer Zweigniederlassung verweigert, obwohl – wie im Fall der Centros *Ltd.* – bisher im Sitzstaat keine Geschäftstätigkeit begründet wurde, sondern diese in dem Staat ausgeübt wird, in dem die Zweigniederlassung errichtet werden soll. Das Argument der dänischen Zentralverwaltung für Handel und Gesellschaften beim dänischen Handelsministerium, Centros *Ltd.* verfolge eine faktische Umgehung der Kapitalaufbringungsvorschriften, was zu einer Gefährdung insbesondere dänischer Geschäftspartner der Centros *Ltd.* führen könnte, hatte der EuGH verneint. Der EuGH vertrat die Meinung, dass die Centros *Ltd.* nach außen erkennbar als Gesellschaft englischen Rechts auftritt und sich Gläubiger im Rahmen ihrer Geschäftstätigkeit mit Centros *Ltd.* Sicherheiten durch die

---

[923] Vgl. EuGH Rs. C-81/87, Slg. 1988, I-5483 Rz. 23.

[924] Vgl. EuGH Rs. C-81/87, Slg. 1988, I-5483 Rz. 28.

[925] Vgl. BayObLG GmbHR 2004, 490 f. m. Anm. Stieb; AG Heidelberg, NZG 2000, 927, 928; OLG Düsseldorf NZG 2001, 506, 507; OLG Hamm, ZIP 2001, 790, 792.

[926] Vgl. BayObLG GmbHR 1992, 529, 530; OLG Hamm GmbHR 1997, 848 f.; OLG Düsseldorf BB 2001, 901.

[927] Vgl Mellert/Verfürth, Teil I. Rz. 20; vgl. Lutter, „Überseering" und die Folgen, BB 2003, 7 ff.

[928] Centros Ltd./ Erhvervs- og Selskabsstyrelsen, EuGH Rs. C-212/97, Slg. 1999, I-1459 = NZG 1999, 298 ff. mit Anm. Leible.

Gesellschaft einräumen lassen können.[929] Das Urteil des EuGH bedeutete, dass die Gründung einer Zweigniederlassung eines Unternehmens aus einem Mitgliedstaat durch einen anderen Mitgliedstaat der EU nicht verweigert werden kann, selbst wenn die gesamte Geschäftstätigkeit in dem Mitgliedstaat ausgeübt wird, wo die Gesellschaft ihre Zweigniederlassung unterhält. Diese Entscheidung des EuGH wird von der Rechtsliteratur als Aufgabe der Sitztheorie verstanden,[930] allerdings nur insoweit, als es sich um Unternehmen aus EU-Mitgliedstaaten handelt bzw. um Unternehmen, denen nach dem Vertrag über die Arbeitsweise der Europäischen Union bzw. bilateralen Abkommen die Niederlassungsfreiheit gestattet ist.[931]

7.4.3 EuGH-Entscheidung „Überseering BV"[932]

Die beiden deutschen Gesellschafter der Überseering BV, welche in den Niederlanden im Handelsregister eingetragen war, führten diese Gesellschaft mit Verwaltungssitz in Düsseldorf. Land- wie Oberlandesgericht Düsseldorf wiesen Klagen von Überseering BV ab, weil die Gesellschaft nach ihrer Ansicht in Deutschland weder partei- noch rechtsfähig sei.[933] Der BGH als Revisionsinstanz wandte sich zur Vorabentscheidung an den EuGH. Der EuGH stellte fest, dass Unternehmen, welche die in Art. 48 EGV (jetzt Art. 54 AEUV) bestehenden Voraussetzungen erfüllen, von der Niederlassungsfreiheit Gebrauch machen können, welche ihnen unmittelbar durch Artt. 43, 48 EGV (jetzt Artt. 49,54 AEUV) zugestanden wird, und somit eine zwischenstaatliche Vereinbarung über die gegenseitige Anerkennung von Gesellschaften des durch den AEUV inzwischen aufgehobenen Art. 293 EGV zwischen EU-Mitgliedstaaten nicht erforderlich war.[934] Bei Art. 293 EGV handelte es sich daher nicht um einen Rechtssetzungsvorbehalt der EU-Mitgliedstaaten. Außerdem vertrat der EuGH die Ansicht, dass eine Gesellschaft, die nach dem Recht des Mitgliedstaates gegründet worden ist, in dessen Hoheitsgebiet sie ihren satzungsmäßigen Sitz hat, in einem Mitgliedstaat von ihrer Niederlassungsfreiheit Gebrauch machen kann und dieser andere Mitgliedstaat nach Artt. 43, 48 EGV (jetzt Artt. 49, 54 AEUV) verpflichtet ist, die Rechtsfähigkeit und damit die Parteifähigkeit zu beachten, die diese Gesellschaft nach dem Recht ihres Gründungsstaates besitzt.[935]

---

[929] Vgl. EuGH Rs. C-212/97, Slg. 1999, I-1459 Rz. 35 ff.; vgl. Mellert/Verfürth, Teil I. Rz. 23.

[930] Für viele vgl. Cascante, Niederlassungsfreiheit contra Sitztheorie – Goodbye „Daily Mail"?, RIW 1999, 447, 450 f.; Dautzenberg, Neuere Entwicklungen im Europäischen Gesellschaftsrecht, StuB 1999, 541, 543; Freitag, Der Wettbewerb der Rechtsordnungen im Internationalen Gesellschaftsrecht, EuZW 1999, 267, 269; Göttsche, Das Centros-Urteil des EuGH und seine Auswirkungen, DStR 1999, 1403, 1405.

[931] Vgl. Mellert/Verfürth, Teil I. Rz. 24; Sandrock, Centros: ein Etappensieg für die Überlagerungstheorie, BB 1999, 1337, 1341.

[932] Überseering BV/Nordic Construction Company Baumanagement GmbH, EuGH Rs. C-208/00, Slg. I-2002, 9919 = DB 2002, 2425.

[933] OLG Düsseldorf JZ 2000, 203 m. Anm. Ebke.

[934] Vgl. Mellert/Verfürth, Teil I. Rz. 27.

[935] Vgl. EuGH Rs. C-208/00, Slg. 2002, I-9919 Rz. 60.

Folglich ist eine Gesellschaft, gegründet in einem EU-Mitgliedstaat, in einem anderen EU-Mitgliedstaat partei- und rechtsfähig nach den Rechtsnormen des Gründungsstaates. Damit verstärkt der EuGH die Ansicht, dass die Sitztheorie keine Anwendung mehr findet bei der Sitzverlegung der Gesellschaft aus einem EU-Mitgliedstaat in einen anderen EU-Mitgliedstaat. Insofern geht die Rechtsliteratur davon aus, dass die Niederlassungsfreiheit eine Freiheit der Rechtswahl auch für Sachverhalte vorsieht, in denen Satzungssitz und Verwaltungssitz in verschiedenen EU-Mitgliedstaaten liegen bzw. Scheinauslandsgesellschaften, welche in EU-Mitgliedstaaten unter leichteren rechtlichen Voraussetzungen gegründet worden sind, in anderen EU-Mitgliedstaaten partei- und prozessfähig sind.[936]

7.4.4 EuGH-Entscheidung „Inspire Art *Ltd.*"[937]

Die Inspire Art *Ltd.* betrieb eine Niederlassung in den Niederlanden, welche im Handelsregister in Amsterdam eingetragen war, allerdings ohne den Hinweis auf ihre ausländische Rechtsbeziehung. Die Handelskammer in Amsterdam hielt einen solchen Hinweis als Gläubigerschutz für erforderlich, der sich aus Art. 1 WFBV[938] ergäbe. Das WFBV fände nach Art. 1 WFBV Anwendung auf nach ausländischem Recht gegründete Kapitalgesellschaften, welche ihre Geschäftstätigkeit nahezu ausschließlich bzw. vollständig in den Niederlanden ausüben. Somit unterstehen derartige Gesellschaften den Artt. 2 bis 5 WFBV, welche die ausländischen Gesellschaften u.a. verpflichten, auf die Eigenschaft als formal ausländische Gesellschaft hinzuweisen. Das Kantongericht Amsterdam setzte das Verfahren aus und rief den EuGH zur Vorabentscheidung an, ob die Artt. 2 bis 5 WFBV mit EU-Recht vereinbar sind. Mit der Verabschiedung des WFBV verfolgte der niederländische Gesetzgeber den Zweck, Gläubiger vor unseriösen Geschäftstätigkeiten durch sog. Scheinauslandsgesellschaften mit einer Niederlassung in den Niederlanden zu schützen, von der die vollständige Geschäftstätigkeit ausgeht.

Der EuGH überprüfte die Rechtmäßigkeit des WFBV insbesondere im Hinblick auf die durch die EG-Kommission erlassene Zweigniederlassungsrichtlinie 666/1989 EWG.[939] Der EuGH stellte fest, dass einzelne Artikel des WFBV vor dem Hintergrund der EWG-Zweigniederlassungsrichtlinie mit EU-Gemeinschaftsrecht unvereinbar sind, so z.B. Art. 1 WFBV, wonach ausländische Gesellschaften verpflichtet sind, als „formal ausländische Gesellschaften" im niederländischen Rechtsverkehr aufzutreten. Der EuGH wies noch einmal deutlich daraufhin, dass er keinen Missbrauch der Niederlassungsfreiheit von Gesellschaften aus EU-Mitgliedstaaten sieht, wenn diese im Rahmen einer Niederlassung in einem anderen EU-Mitgliedstaat nahezu ausschließlich oder vollständig tätig werden, „um dort in

---

[936] Vgl. Ebke, Die Würfel sind gefallen: Die Sanktionen der Sitztheorie sind europarechtswidrig!, BB 2003, I; Paefgen, Gezeitenwechsel im Gesellschaftskollisionsrecht, WM 2003, 561, 565.

[937] Kamer van Koophandel en Fabrieken voor Amsterdam/Inspire Art Ltd., EuGH Rs. C-167/01, Slg. 2003, I-10155 = NJW 2003, 3331.

[938] WFBV = Wet op de formeel buitenlandse vennootschappen; zu deutsch: Gesetz über formal ausländische Gesellschaften.

[939] Siehe dazu 7.2.2.8.

den Genuss vorteilhafterer Rechtsvorschriften zu kommen."⁹⁴⁰ Nach ständiger Rechtsprechung des EuGH können Regelungen von einzelnen EU-Mitgliedstaaten aus Gründen des Gläubigerschutzes oder zur Bekämpfung einer missbräuchlichen Ausnutzung der Niederlassungsfreiheit nur dann aufgestellt werden, wenn die Maßnahmen nicht diskriminierend, aus zwingenden Gründen des Allgemeininteresses gerechtfertigt sowie zur Erreichung eines verfolgten Ziels erforderlich und geeignet sind.⁹⁴¹ Vor diesem Hintergrund stellte der EuGH fest, dass die EWG-Zweigniederlassungsrichtlinie nicht durch nationale Gesetze von EU-Mitgliedstaaten unterwandert werden kann, insbesondere im Hinblick auf Offenlegungsverpflichtungen bei Niederlassungen bzw. im Rahmen der Kapitalaufbringungspflicht in einem EU-Mitgliedstaat, in dem sich die Niederlassung einer ausländischen Gesellschaft befindet.⁹⁴² Folge des EuGH-Urteils ist, dass nationale Gerichte noch stärker ausländisches Gesellschaftsrecht beachten müssen. Nur unter strengen Voraussetzungen erkennt der EuGH an, dass der Gläubigerschutz i.S.d. Allgemeininteresses durch nationales Recht verteidigt wird, wenn ansonsten eine Regelungslücke besteht.⁹⁴³

7.4.5 EuGH-Entscheidung „CARTESIO Oktató és Szolgátató bt"⁹⁴⁴

Dem EuGH lag im Jahr 2008 eine Vorlage zur Entscheidung vor, in der ein in Ungarn ansässiges ungarisches Unternehmen in der Rechtsform einer Kommanditgesellschaft (bt = béteti társaság) die Verlegung seines Sitzes nach Italien unter Änderung der Sitzangabe im ungarischen Handelsregister anstrebte. Dieser Fall weist Parallelen auf zur EuGH-Entscheidung „Daily Mail and General Trust PLC".⁹⁴⁵

In Ungarn wurde in einer Entscheidung vom 24.1.2006 dieser Antrag verworfen. Die Begründung lautete, dass eine in Ungarn gegründete Gesellschaft nach ungarischem Recht ihren Sitz nicht unter Beibehaltung des ungarischen Personalstatuts ins Ausland verlegen kann.⁹⁴⁶ Aus Sicht des ungarischen Rechts war es nicht möglich, eine ungarische Gesellschaft im Ausland fortzuführen. Erforderlich sei es, die Gesellschaft in Ungarn aufzulösen und in Italien neu zu gründen,⁹⁴⁷ weil aufgrund der in Ungarn angewendeten Sitztheorie eine ungarische Gesellschaft ihren rechtlichen Status nicht beibehalten kann, wenn sie ihren Sitz in einen anderen Staat verlegt.

---

⁹⁴⁰ Vgl. EuGH Rs. C-167/01, Slg. 2003, I-10155 Rz. 95 f., 139.
⁹⁴¹ Vgl. EuGH Rs. C-167/01, Slg. 2003, I-10155 Rz. 133.
⁹⁴² Vgl. Mellert/Verfürth, Teil I. Rz. 34.
⁹⁴³ Vgl. EuGH Rs. C-212/97, Slg. 1999, I-1459 Rz. 35; EuGH Rs. C-208/00, Slg. 2002, I-9919 Rz. 92; EuGH Rs. C-167/01, Slg. 2003, I-10155 Rz. 132.
⁹⁴⁴ Vgl. EuGH, Rs. C-210/06 = NZG 2009, 61.
⁹⁴⁵ Siehe unter 7.4.1.
⁹⁴⁶ Siehe dazu ausführlich EuGH, Rs. C-210/06 = NZG 2009, 61, 62.
⁹⁴⁷ Siehe Merkt/Göthel, § 6 Rz. 32.

Der EuGH hat im Ergebnis - wie schon in der „Überseering"-Entscheidung[948] angedeutet - an der in der „Daily Mail"-Entscheidung vertretenen Rechtsauffassung festgehalten, dass eine aufgrund der nationalen Rechtsordnung gegründeten Gesellschaft jenseits der nationalen Rechtsordnung, die ihre Gründung und Existenz regelt, keine Realität hat.[949] In Ermangelung einer einheitlichen gemeinschaftrechtlichen Definition der Gesellschaften, denen die Niederlassungsfreiheit zugute kommt, anhand einer einheitlichen Anknüpfung, nach der sich das auf eine Gesellschaft anwendbare Recht bestimmt, ist die Frage, ob Art. 43 EGV (jetzt Art. 63 AEUV) auf eine Gesellschaft anwendbar ist, die sich auf die dort verankerte Niederlassungsfreiheit beruft, ebenso wie im Übrigen die Frage, ob eine natürliche Person ein Staatsangehöriger eines Mitgliedstaates ist und sich aus diesem Grund auf diese Freiheit berufen kann, daher gem. Art. 48 EGV (jetzt Art. 68 AEUV) eine Vorfrage, die beim gegenwärtigen Stand des Gemeinschaftsrechts nur nach dem geltenden nationalen Recht beantwortet werden kann.[950] Nur wenn die Prüfung ergibt, dass dieser Gesellschaft in Anbetracht der in Art. 48 EGV (jetzt Art. 68 AEUV) genannten Voraussetzungen tatsächlich die Niederlassungsfreiheit zugute kommt, stellt sich die Frage, ob sich die Gesellschaft einer Beschränkung dieser Freiheit i.S.d. Art. 43 EGV (jetzt 63 AEUV) gegenübersieht.[951]

Aktuell sind die Artt. 43, 48 EGV (jetzt Artt. 63, 68 AEUV) beim gegenwärtigen Stand des Gemeinschaftsrechts dahingehend auszulegen, dass sie den Rechtsvorschriften eines Mitgliedstaates nicht entgegenstehen, die es einer nach dem nationalen Recht dieses Mitgliedstaates gegründeten Gesellschaft verwehren, ihren Sitz in einen anderen Mitgliedstaat zu verlegen und dabei ihre Eigenschaft als Gesellschaft des nationalen Rechts des Mitgliedstaates, nach dessen Recht sie gegründet wurde, zu behalten.[952] Folglich galt nach ungarischem Recht, dass CARTESIO bei einer Sitzverlegung nach Italien in Ungarn aufgelöst werden musste.

Nach deutschem Recht gilt die Auflösung bei der Sitzverlegung in einen anderen Staat für Personengesellschaften. Nach bisherigem materiellen Recht kann eine deutsche Personengesellschaft keinen ausländischen Verwaltungssitz haben.[953] Dagegen ist es deutschen Kapitalgesellschaften nach § 4a GmbHG für die GmbH oder nach § 5 AktG für die Aktiengesellschaft aufgrund der Änderungen durch das MoMiG gestattet, einen ausländischen Verwaltungssitz zu unterhalten.

Für die supranationalen EU-Gesellschaftsrechtsformen EWIV und SE gilt: Diese können zwar ihren Satzungs- und Verwaltungssitz in einen anderen Mitgliedstaat verlegen, ohne zur

---

[948] Siehe 7.4.3.

[949] Reithmann/Hausmann, Rz. 5057.

[950] EuGH, Rs. C-210/06 = NZG 2009, 61, 67.

[951] EuGH, a.a.O.

[952] EuGH, Rs. C-210/06 = NZG 2009, 61, 68; dazu auch die Ausführungen zur Vierzehnten Gesellschaftsrechtlichen Richtlinie unter 7.2.2.12.

[953] Vgl. Merkt/Göthel, § 6 Rz. 36.

Liquidation und Neugründung gezwungen zu sein; jedoch ändert sich durch die Sitzverlegung zwangsläufig das auf sie anwendbare Recht (vgl. Art. 7-9 Abs. 1 (c) (ii) SE-VO).[954]

7.5 Internationale Kapitalgesellschaften

7.5.1 Englische Gesellschaften

Herausragende Gesellschaftsrechtsformen im englischen Recht sind die Private Limited Company und die Public Limited Company. Im Gegensatz zum deutschen Recht, in dem die Aktiengesellschaft und die GmbH zwei unterschiedliche Gesellschaftsrechtsformen darstellen, sind die Private Limited Company und die Public Limited Company eigentlich nur verschiedene Ausprägungen einer einheitlichen Rechtsform.[955] Das englische Gesellschaftsrecht wird beeinflusst durch das sog. „case law", das für den anglo-amerikanischen Rechtsraum typische Fallrecht, sowie durch Gesetzesrecht, insbesondere den Companies Act von 2006.[956]

7.5.1.1 Private Limited Company (*Ltd.*)

7.5.1.1.1 Gründung und Satzung

Nach Sec. 3(1-4), 7(1), (2) CA ist die Gründung einer *Ltd.* durch eine oder mehrere natürliche bzw. juristische Personen möglich. Zur Gründung einer *Ltd.* sind verschiedene Dokumente an das zuständige Unternehmensregister für England und Wales oder Schottland bzw. Nord Irland nach Sec. 9(6) CA, in England an das sog. Companies House einzureichen, haben die Gründer eine Satzung aufzustellen, welche aus zwei verschiedenen Dokumenten besteht, einerseits aus dem „memorandum of association", welches die auf die Gesellschaft anzuwendenden grundsätzlichen Regelungen enthält[957] und insbesondere das Außenverhältnis der Gesellschaft zu Dritten regelt. Anderseits haben die Gründer in der Satzung sog. „articles of association" festzulegen, welche das Innenverhältnis der Gesellschaft bestimmen. Des Weiteren haben die Gründer in einer schriftlichen Erklärung mitzuteilen, welche Person die Geschäftsführung übernimmt. Außerdem haben die Gründer den Firmennamen bekannt zu geben, welcher den Zusatz „*Limited*" bzw. die Abkürzung „*Ltd.*" gem. Sec. 59(1), 65(1)(a) CA enthalten muss. Zusätzlich hat das „memorandum of association" den Sitz des Unternehmens („registered office") nach Sec. 9(2)(b) CA und den Gegenstand der Geschäftstätigkeit nach Sec. 9(1) CA darzustellen. Des Weiteren schreibt der Companies Act in Sec. 9(2)(c), (4)(a) CA eine Angabe der Gründer über ihre beschränkte Haftung vor, die Höhe des Stammkapitals („share capital") sowie den Nennbetrag der einzelnen shares. Im

---

[954] Reithmann/Hausmann, Rz. 5058.

[955] Vgl. Mellert/Verfürth, Teil II. Rz. 50; Michalsky, Vergleichbarer Überblick über das Recht der Kapitalgesellschaften in Großbritannien, DStR 1991, 1660 ff.

[956] Im folgenden abgekürzt als CA.

[957] Vgl. Hohloch (Hrsg.)/Papenheim, EU-Handbuch, Gesellschaftsrecht, Vereinigtes Königreich, 1997, Rz. 127.

Gegensatz zu anderen Ländern kennt England keine nennwertlosen Gesellschaftsanteile.[958] Dazu verlangt das Unternehmensregister gem. Sec. 10-13 CA Erklärungen darüber, dass z.B. die Gründungsvorschriften bzw. sämtliche Eintragungsvoraussetzungen eingehalten wurden. Eine solche Erklärung kann entweder von dem zukünftigen Geschäftsführer oder dem mit der Gesellschaftsgründung beauftragten Rechtsanwalt abgegeben werden. Dem Unternehmensregister obliegt dann die Prüfung der Gründungsunterlagen, welche durch eine Online-Registrierung erfolgen. Das memorandum of association ist von jedem Gründungsgesellschafter nach Sec. 8(2) CA zu unterzeichnen. In den articles of association, die das Innenverhältnis der Gesellschafter zur *Ltd.* regeln, wird generell festgelegt, wie die *Ltd.* geführt werden soll und welche Funktionen die Gesellschafter auf die „directors" übertragen.[959] Nach Sec. 19 CA gelten die Standardartikel („model articles") für das Innenverhältnis einer *Ltd.*, wenn die Gründer auf eigene Vorschriften zur Regelung des Innenverhältnisses verzichten bzw. es gelten die model articles dann, wenn sie von den Gründern bei der Aufstellung der articles of association nicht verändert wurden.

7.5.1.1.2 Mindestkapital

Für die *Ltd.* gibt es keine Mindestkapitalvorschriften. Sie kann demzufolge theoretisch ohne jeden Kapitaleinsatz gegründet werden bzw. mit einem Minimalkapitaleinsatz von z. B. 1,00 £. In der Praxis stellen die Gesellschafter der *Ltd.* im Wege der Bar- oder Sacheinlage Kapital zur Verfügung. Dabei handelt es sich um „authorized capital". Diese Bezugsgröße stellt den Nennwert der Kapitaleinlage dar, die für die Zeichnung der Gesellschaftsanteile durch die Gründer gilt. Das „authorized capital" bildet die absolute Obergrenze, bis zu der neue Aktien ausgegeben werden dürfen, ohne dass es dafür zeitliche oder umfangmäßige Schranken gibt.[960] Nach Sec. 580 CA können die Geschäftsanteile einer *Ltd.* zum Nennwert bzw. mit einem Aufgeld erworben werden. Eine Ausgabe der Geschäftsanteile unter dem Nennwert ist ausgeschlossen. Nach Sec. 617 CA ist es der *Ltd.* möglich, ihr „authorized capital" im Wege einer Kapitalerhöhung („increasing share capital") zu erhöhen. Nach Sec. 619 CA ist der Kapitalerhöhungsbeschluss dem Companies House innerhalb von 15 Tagen vorzulegen. Sec. 617 (2)(b) CA sieht in Einzelfällen auch eine Kapitalreduzierung vor, wenn z.B. einzelne Geschäftsanteile nicht gezeichnet werden.

Neben dem „authorized capital" besteht zusätzlich das „issued capital", das ausgegebene Kapital. Dabei handelt es sich um das Kapital der Gesellschaft, welches von den Gesellschaftern einzuzahlen ist, um Geschäftsanteile zu erwerben. Nach Sec. 558 CA werden den Gesellschaftern die Geschäftsanteile zugeteilt. Nach der Zuteilung („allottment") hat ein Gesellschafter ein unwiderrufliches Recht erworben, als Gesellschafter der *Ltd.* ins Handelsregister eingetragen zu werden. Gem. Sec. 112(2) CA ist der Geschäftsanteil nach Eintragung zuge-

---

[958] Vgl. Fleischer, Gläubigerschutz in der kleinen Kapitalgesellschaft: Deutsche GmbH versus englische private limited company, DStR 2000, 1015, 1016; Kallmeyer, Vor- und Nachteile der englischen Limited im Vergleich zur GmbH & Co. KG, DB 2004, 636 f.

[959] Vgl. Hirte/Kasolowsky/Schall, § 4 Rz. 19.

[960] Vgl. Hirte/Kasolowsky/Schall, § 4 Rz. 81; dazu auch Hirte, Großkommentar zum Aktiengesetz, 5. Aufl. 2006, § 202 AktG Rz. 75.

teilt („issued"). Auch das „issued capital" kann erhöht werden, allerdings gem. Sec. 549, 551 CA nur dann, wenn noch „unausgegebenes" Kapital der *Ltd.* besteht und die Gesellschafter die Geschäftsführung zu dieser Kapitalerhöhung bevollmächtigt haben. Nach Sec. 551 CA ist eine derartige Erhöhung im Gesellschaftsvertrag, den articles of association geregelt; andererseits können die Gesellschafter durch einen Gesellschafterbeschluss („ordinary resolution") die Geschäftsführung zur Kapitalerhöhung bevollmächtigen.

In der Gründungsurkunde der *Ltd.*, dem memorandum of association, können unterschiedliche Arten von Gesellschaftsanteilen („classes of shares") bestimmt werden. Dabei handelt es sich, vergleichbar zum deutschen Aktienrecht, um Stammaktien („ordinary shares") bzw. Vorzugsaktien („preferred shares"). Gem. Sec. 684 CA können auch „redeemable shares", sog. rückkaufbare Anteile, von der *Ltd.* ausgegeben werden, welche vereinbarungsgemäß nach einem gewissen Zeitraum zurückgegeben werden müssen. Gem. Sec. 552, 553, 580 CA müssen die Geschäftsanteile gegen Zahlung des Nominalwertes ausgegeben werden; 25 % des Nominalwertes müssen durch die Gesellschafter eingezahlt worden sein. Nach Sec. 113(1) CA hat eine *Ltd.* ein eigenes Gesellschafterregister aufzustellen. Sollen Geschäftsanteile einer *Ltd.* an einen neuen Gesellschafter übertragen werden, ist eine notarielle Beurkundung, im Gegensatz zur Übertragung von deutschen GmbH-Anteilen, nicht notwendig.[961]

7.5.1.1.3 Gesellschaftsorgane

Das „board of directors" übernimmt die Geschäftsführung einer *Ltd.* Entscheidungen werden üblicherweise durch sog. „board resolutions" gefällt, welche nach Sec. 248(1), 355 CA in einem Protokoll schriftlich niedergelegt werden müssen. Üblich ist es, einzelne directors für eine bestimmte Art von Geschäften zu bevollmächtigen. Nach Sec. 154(1) CA hat eine *Ltd* mindestens einen director. Nach Sec. 16(6) CA werden die ersten directors im Rahmen der Gründung bestellt. Eine Abberufung erfolgt mit einfacher Mehrheit der Gesellschafter nach Sec. 168 CA. Das board of directors bildet die gesetzliche Vertretung der *Ltd.* Zwar kennt das englische Recht keine organschaftliche Einzelvertretung der directors; eine solche ist nach Erteilung einer rechtsgeschäftlichen Vollmacht aber möglich.[962]

Die Gesellschafterversammlung ist für die *Ltd.* das oberste Organ. Die Gesellschafterversammlung bestimmt die Satzung und hat die Befugnis, in besonderen Situationen die Geschäftsführung an sich zu ziehen bzw. der Geschäftsführung Weisung zu erteilen.[963] Neben dem „annual general meeting", welches nach Sec. 336(1) CA einmal jährlich stattzufinden hat, können „extra ordinary general meetings" nach Sec. 303(1), (3) CA durch die directors, bzw. von Gesellschaftern mit einem Mindestkapitalanteil von 10 % einberufen werden. In den Gesellschafterversammlungen werden Beschlüsse üblicherweise mit einfacher Mehrheit („ordinary resolutions") gefasst. Bei besonderen Gesellschafterbeschlüssen, z.B. Satzungsänderungen, ist die qualifizierte Mehrheit von 75 % der Stimmen notwendig. Gem. Sec. 288

---

[961] Vgl. Hirte/Kasolowsky/Schall, § 4 Rz. 91.
[962] Vgl. Mellert/Verfürth, Teil II. Rz. 69.
[963] Vgl. Rickford, Fundamentals, Developments and Trends in British Company Law – Some Wider Reflections, ECFR 2004, 391, 402 ff.; Hirte/Kasolowsky/Schall, § 4 Rz. 57.

CA können bei einer *Ltd.* Beschlüsse im schriftlichen Umlaufverfahren durch schriftliche Beteiligung aller Gesellschafter gefasst werden, dagegen bei einer *PLC* nur im Rahmen von Gesellschafterversammlungen.[964]

7.5.1.1.4   Haftung

In seinem Urteil Salomon v. Salomon hatte das House of Lords im Jahr 1897 ein wegweisendes Urteil gesprochen.[965] Es stellte fest, dass die Gesellschafter einer juristischen Person grundsätzlich nur mit ihrer Einlage haften. Ausnahmefall bildet die Durchgriffshaftung, das sog. „piercing of the corporate veil"[966], nach der Gesellschafter über ihre Einlage hinaus mit ihrem Vermögen haften müssen, wenn sie rechtsmissbräuchlich gehandelt haben.[967] Auch die Geschäftsführer der *Ltd.*, die directors, haften grundsätzlich nicht. Die im deutschen Recht bestehenden Prinzipien für die Geschäftsführung, z.B. die Treuepflicht bzw. die allgemeine Sorgfaltspflicht, gelten nach englischem Recht auch für die directors.[968] Soweit ein director die Grenzen des Unternehmensgegenstandes überschreitet, kann er der Gesellschaft gegenüber für etwaige Schäden haften.[969]

In Betracht kommt desweiteren die Haftung des director bei der Insolvenz der Gesellschaft. Sec. 213 f. CA sehen vor, dass ein director zum einen für Schäden haftet, welche durch sein „wrongful trading" entstanden sind. Dabei handelt es sich um Handlungen des director, welche er für die Gesellschaft noch vornimmt, obwohl er davon Kenntnis hat bzw. Kenntnis haben könnte, dass die Gesellschaft bereits insolvent ist und daraus ein Schaden entsteht.[970] Gleiches gilt für das „fraudulent trading", das Handeln in betrügerischer Absicht. Nach der „wrongful trading rule" haftet ein director persönlich, wenn er eine insolvente Gesellschaft in betrügerischer Absicht entgegen den Interessen der Gläubiger weiterführt und sich daraus Schadensersatzansprüche ergeben.[971]

7.5.1.2   Public Limited Company (*PLC*)

Während in Deutschland die Aktiengesellschaft die typische Publikumsgesellschaft darstellt, ist die Public Limited Company die typische Publikumsgesellschaft im englischen Recht.

---

[964] Vgl. Mellert/Verfürth, Teil II. Rz. 67.

[965] Salomon v. Solomon (1897) AC 22, 31.

[966] Vgl. dazu Mellert/Verfürth, Teil II. Rz. 73.

[967] Vgl. Hohloch (Hrsg.)/Papenheim, EU-Handbuch, Vereinigtes Königreich, 1997, Rz. 300; Güthoff, S. 28; lesenswerte Urteile: Gilford Motor Co. Ltd v. Horne (1933) All ER 109; Jones v. Lipman (1962) 1 WLR, 832.

[968] Vgl. Ebert/Levedag, Die zugezogene „private company limited by shares (Ltd.)" nach dem Recht von England und Wales als Rechtsformalternative für in- und ausländische Investoren in Deutschland, GmbHR 2003, 1337, 1342.

[969] Vgl. Mellert/Verfürth, Teil II. Rz. 76.

[970] Vgl. Davies, Legal Capital in Private Companies in Great Britain, AG 1998, 346, 350 f.

[971] Vgl. Güthoff, S. 28; Mellert/Verfürth, Teil II. Rz. 76.

Wie bereits erwähnt, haben *Ltd.* und *PLC* eine gemeinsame rechtliche Grundlage, wobei für die *Plc* im Companies Act gewisse Besonderheiten gelten. Deutlichster Unterschied zwischen *Ltd.* und *PLC* ist, dass üblicherweise die Gesellschaftsanteile der *Plc* den zukünftigen Aktionären entweder direkt oder über eine Wertpapierbörse zur Zeichnung angeboten werden. Durch die Ausgabe von Aktien an ein allgemeines Publikum und Zulassung an der London Stock Exchange kommen kapitalmarktrechtliche Vorschriften des Financial Services and Markets Act 2000, insbesondere des Teils VI, zur Anwendung.[972] Außerdem haben börsennotierte Gesellschaften die sog. „listing rules"[973] sowie den Combined Code on Corporate Governance[974] zu beachten. Nicht börsennotierte *Plcs* sind verpflichtet, die sog. „prospectus rules" einzuhalten.[975]

7.5.1.2.1 Gründung und Satzung

Die Gründung einer *PLC* verläuft sehr ähnlich wie bei einer *Ltd.* Nach Sec. 7(1) CA ist eine *PLC* durch mindestens eine Person zu gründen. In der Geschäftsführung sind zwei directors nach Sec. 154(2) CA vertreten. Basis für die *PLC* bildet wiederum ein memorandum of association. Dazu kommen die articles of association, der Gesellschaftsvertrag, der von den Gesellschaftern aufzustellen ist.

7.5.1.2.2 Mindestkapital

Das Mindestkapital, das sog. „allocated share capital", beträgt nach Sec. 763(1)(a) CA mindestens 50.000 GBP bzw. „the prescribed euro equivalent" nach Sec. 763(1)(b) CA. Wie bei der *Ltd.* ist eine Mindesteinzahlung von 25 % des Nennwertes nach Sec. 586(1) CA erforderlich. Sec. 586(1) CA fordert darüber hinaus, dass Aufgelder vollständig eingezahlt werden müssen. Vor Beginn der Geschäftsaufnahme müssen die directors einer *PLC* dem Companies House einen ausgefüllten Formularantrag sowie eine schriftliche Erklärung nach Sec. 762(1)(a-d) CA mit folgendem Inhalt vorlegen:[976]

- Der Nennwert des zugeteilten Kapitals („allocated share capital") beträgt nicht weniger als das Mindestkapital;
- Der Wert oder geschätzten Wert der Start-up-Kosten und an wen die Start-up-Kosten gezahlt worden sind;
- Der Wert des tatsächlich eingezahlten Kapitals („paid-up-capital");
- Der Betrag aller Leistungen und Zahlungen, der unter Umständen an die Gründer („promoters") der PLC von der PLC zu zahlen ist oder zu zahlen sein wird.

---

[972] Hirte/Kasolowsky/Schall, § 5 Rz. 3.
[973] Siehe dazu http://www.fsahandbook.info/FSA/html/handbook/LR.
[974] Siehe dazu http://www.fsa.gov.uk/pubs/ukla/lr_comcode2003.pdf.
[975] Siehe dazu http://www.fsahandbook.info/FSA/html/handbook/PR.
[976] Vgl. Hirte/Kasolowsky/Schall, § 5 Rz. 13.

Nach Sec. 761(1) CA ist die *PLC* berechtigt, im Geschäftsverkehr tätig zu werden, wenn alle Gründungsvoraussetzungen erfüllt sind und das Mindestkapital eingezahlt ist. Ansonsten machen sich *PLC* wie directors nach Sec. 767 CA strafbar.

Auch Sacheinlagen können als Kapitaleinlage bei der *PLC* möglich sein. Die Bewertung von Sacheinlagen ist gem. Sec. 580 ff. CA erheblich strenger als bei der *Ltd*. Sec. 561 ff. CA regeln die Ausgabe von Bezugsrechten für Aktien bzw. deren Ausschluss für *PLC* und *Ltd*. Sec. 829 ff. CA regelt für die *PLC* wie für die *Ltd*. die Zahlung von Dividenden.

Die Übertragung von nicht börsennotierten shares einer *PLC* erfolgt wie bei einer *Ltd*. durch Eintragung in das Aktionärsregister der Gesellschaft sowie die Übergabe der Aktienanteile. Die Übertragung von Aktien an börsennotierten Unternehmen erfolgt über die London Stock Exchange. Eine notarielle Beurkundung ist nicht notwendig. Es genügt das schriftliche Ausfüllen des Formblatts „share transfer form" und die Übergabe der Aktienzertifikate an die Gesellschaft, welche für den Erwerber neue „share certificates" nach Sec. 775 CA ausstellt.

7.5.1.2.3 Gesellschaftsorgane

Für die *PLC* gelten grds. dieselben Vorschriften des Companies Act wie für die *Ltd*. Nach Sec. 271 ff. CA muss aber jede *PLC* zusätzlich einen „secretary" haben. Der secretary ist der oberste Verwaltungsangestellte der *PLC*, welcher u.a. die Unterzeichnung des Jahresabschlusses („annual return"), die Protokollierung von Gesellschafterbeschlüssen sowie bestimmte Tätigkeiten bei der Ausgabe von Anteilen vorzunehmen hat.[977]

7.5.1.2.4 Haftung

Für die *PLC* und ihre Organe gelten grds. dieselben Haftungsgrundsätze wie bei der *Ltd*. Bei der *PLC* kann aber eventuell der secretary für Pflichtverletzungen haften. Da es sich bei der Tätigkeit des secretary grds. um interne Verwaltungstätigkeiten handelt, wird das Risiko einer Haftung aber als gering angesehen.[978]

7.5.2 Französische Kapitalgesellschaften

Die in Frankreich bei der Gründung am meisten gewählten Gesellschaftsformen sind diejenigen der Kapitalgesellschaften, bei denen eine persönliche Haftung ausgeschlossen ist. Es handelt sich entweder um eine „Société à Responsabilité Limitée", eine „Société Anonyme" oder eine „Société par Action Simplifiée ". Der Code Civil (C.Civ.) bildet die Grundlage für das französische Gesellschaftsrecht; daneben sind die Rechtsnormen des Code de Commerce (C. Com.) anwendbar.

---

[977] Vgl. Mellert/Verfürth, Teil II. Rz. 71.

[978] Vgl. Happ/Holler, „Limited" statt GmbH? Risiken und Kosten werden gern verschwiegen, DStR 2004, 730, 735.

7.5.2.1 Société à Responsabilité Limitée (*SARL*)

Die *SARL* ist mit der deutschen GmbH vergleichbar. Die gesetzliche Grundlage für das Entstehen französischer Gesellschaften bilden die Artt. 1832 ff. des Code Civil in der aktuellen Fassung vom 18.6.2011 sowie der Code Commerce in der aktuellen Fassung vom 22.6.2011. Nach Art. 1832 C.Civ. schließen zwei oder mehrere Personen einen Vertrag zur Gründung einer Gesellschaft, die darauf abzielt, Güter oder ihre Arbeitsleistungen in ein gemeinsames Unternehmen einzubringen und den sich daraus ergebenden Gewinn zu teilen oder sich die Ersparnisse zunutze zu machen. Art. 1832-2 C.Civ. erlaubt die Gründung von Einpersonengesellschaften.

7.5.2.1.1 Gründung und Satzung

Nach Art. L. 223-1 C.Com. können eine oder mehrere Personen die *SARL* gründen. Dabei kann es sich bei den Gründern auch um andere Gesellschaften handeln. Nach Art. L. 223-5 I C.Com. kann allerdings eine Einpersonen-*SARL* nicht durch eine andere Einpersonen-*SARL* gegründet werden. Die Anzahl der Gesellschafter beträgt nach Art. L. 223-3 C.Com. höchstens 100. Eine Einpersonen-*SARL* wird auch Entreprise Unipersonelle à Responsabilité Limitée (EURL) genannt.[979]

Nach Art. 223-6 C.Com. sind die Gründer verpflichtet, eine Satzung aufzustellen. Nach Art. 223-7 C.Com. gilt Schriftformerfordernis, wonach alle Gründungsgesellschafter die Satzung im Rahmen eines „acte sous seing privé" eigenhändig zu unterschreiben haben. Eine notarielle Beurkundung ist nicht erforderlich, es sei denn, ein Gesellschafter bringt eine Immobilie als Sacheinlage in die Gesellschaft ein, ex arg. Art. 1844-2 C.Civ., Art. L. 210-2 C.Com. stellt Mindestregelungen für eine Satzung der *SARL* auf. Dabei handelt es sich u.a. um die Gesellschaftsrechtsform, die Dauer der Gesellschaft, die Firma, den Sitz des Unternehmens, den Unternehmensgegenstand, die Höhe des einzubringenden Kapitals, die Angaben über die Hinterlegung der Einlagen sowie die Aufteilung der Geschäftsanteile unter den Gründern.

Art. L.210-2 C.Com. beschränkt die Dauer der *SARL* auf 99 Jahre; eine Verlängerung ist möglich. Art. L. 223-1-3 C.Com. sieht vor, dass der Firmenname mit dem Zusatz „Société à Responsabilité Limitée" oder mit der Abkürzung „*SARL*" und der Höhe des Gesellschaftskapitals zu ergänzen ist. Möglich sind zum einen die Bargründung als sog. „apports en numéraire" sowie die Sachgründung als sog. „apports en nature" nach Art. L. 223-7 C.Com. Seit Verabschiedung des NRE-Gesetzes vom 15.05.2001 können auch Dienstleistungen, sog. „apports en industrie", als Einlagen erbracht werden.[980] Art. L. 223-7 II C.Com. regelt, dass Dienstleistungen keine Anteile am Stammkapital bilden können; die Einbringung erwirkt lediglich eine Teilnahme am Gewinn bzw. Verlust nach Art. 1843-2 C.Civ.

---

[979] Vgl. Mellert/Verfürth, Teil II. Rz. 92.

[980] Vgl. Loi sur les nouvelles régulations économiques No. 2001-420 v. 15.5.2001, J.O. 2001, 7776.

7.5.2.1.2 Mindestkapital

Für die *SARL* besteht keine Mindestkapitalbestimmung. Voraussetzung für die Gründung der *SARL* ist aber, dass ein Geschäftsanteil übernommen werden muss. Daraus wird geschlussfolgert, dass ein Mindeststammkapital bestehen muss, welches allerdings im Minimum 1 Cent oder 1,00 € betragen kann.[981] Nach Art. L. 223-7 C.Com. verfügen alle Gesellschaftsanteile über denselben Nennbetrag. Bei Gründung der Gesellschaft kann ein Gründer auch mehrere oder alle Gesellschaftsanteile übernehmen.

Wird eine Sacheinlage eingebracht, ist diese durch einen vereidigten Sachverständigen im Rahmen eines „rapport d'un commissaire aux apports" nach Art. L. 223-9 III C.Com. zu bewerten. Ist der Wert der Sacheinlage geringer als 7.500,00 €, kann anstelle des Sachverständigenberichts ein einstimmiger Beschluss der Gründer zur Festsetzung des Wertes der Sacheinlage rechtswirksam sein, sofern der Wert der Sacheinlagen insgesamt niedriger ist als die Hälfte der gesamten Stammeinlage.[982] Ansonsten sieht Art. L. 223-9 C.Com. vor, dass die Gründer gegenüber Gläubigern der Gesellschaft im Rahmen einer gesamtschuldnerischen Differenzhaftung verpflichtet sind, wenn die Bewertung der Sacheinlage durch Beschluss der Gesellschafter zu hoch angesetzt worden war.

Gem. Art. L. 223-7 I C.Com. genügt es, wenn bei Gründung der *SARL* die Bareinlage zu 20 % von den Gründern erbracht worden war. Innerhalb von fünf Jahren nach Eintragung der Gesellschaft ins Handelsregister ist die Restzahlung der Stammeinlage fällig.

7.5.2.1.3 Gesellschaftsorgane

Die Organe der *SARL* sind die Geschäftsführung und die Gesellschafterversammlung. Für die *SARL* handeln ein oder mehrere Geschäftsführer, sog. „gérants", welche natürliche Personen sein müssen. Die Namen der Geschäftsführer können in der Satzung selbst oder in einer gesonderten Erklärung, dem sog. „acte de nomination de gérants" benannt werden.

Die Geschäftsführung wird durch die Gesellschafterversammlung bestimmt und vertritt die *SARL* nach außen. Die Gesellschafterversammlung, die sog. „assemblée d'associés", beschließt über alle Angelegenheiten der Gesellschaft. Ein Aufsichtsrat ist nicht zwingend vorgeschrieben. In der Satzung der *SARL* kann ein Beirat oder ein Aufsichtsrat („concier de survelliance") aber vorgesehen sein.

7.5.2.1.4 Veröffentlichungspflicht

Nach Gründung und Einsetzung der Geschäftsführung der *SARL* hat die Geschäftsführung die Gesellschaft beim Centre de Formalité des Entreprises (CFE) anzumelden. Für die Anmeldung und Eintragung der Gesellschaft in das Handelsregister sind eine von den Gründern unterzeichnete Satzung, ein Beschluss über die Bestellung der Geschäftsführer, eine eides-

---

[981] Vgl. Lutter, Zur Entwicklung der GmbH in Europa und in der Welt, GmbHR 2005, 1, 3.
[982] Vgl. Mellert/Verfürth, Teil II. Rz. 97.

stattliche Erklärung der Geschäftsführer über ihre Unbescholtenheit sowie der Nachweis des Gesellschaftssitzes erforderlich. Eine notarielle Beglaubigung der Unterschrift des Geschäftsführers ist in Frankreich nicht notwendig. Das CFE leitet die erhaltenen Unterlagen nach Prüfung an die zuständigen Behörden, z.B. das Handelsgericht gem. Art. 6 des Décret No. 2002-375[983] weiter. Zwar kann die *SARL* nunmehr ihre Geschäftstätigkeit schon beginnen; die beschränkte Haftung besteht wie bei der deutschen GmbH allerdings erst mit Eintragung in das Handelsregister beim zuständigen Handelsgericht, dem „registre du commerce et des sociétés" sowie der Erteilung eines Handelsregisterauszugs. Seit dem 1.01.2007 gilt verpflichtend für alle EU-Mitgliedstaaten die Möglichkeit der elektronischen Übermittlung von Anmeldung und Handelsregistereintragung, so auch für das CFE.

7.5.2.1.5 Übertragung von Gesellschaftsanteilen

Gesellschaftsanteile der *SARL* können nach Artt. L. 223-36, 225-115 C.Com. durch einen schriftlichen Vertrag zwischen Käufer und Verkäufer übertragen werden. Der Verkauf von Gesellschaftsanteilen ist der *SARL* anzuzeigen und im Handelsregister einzutragen.

7.5.2.1.6 Haftung

Grundsätzlich haften die Gesellschafter einer *SARL* nicht für die Verbindlichkeiten der Gesellschaft, sondern nur bis zur Höhe ihrer zu erbringenden Einlage. Eine Durchgriffshaftung kann sich gegenüber Gesellschaftern allerdings dann ergeben, wenn sie im Außenverhältnis wie Geschäftsführer auftreten, als sog. „gérants de fait" bzw. wenn die Gesellschaft i.S.v. Artt. L. 225-249 I, 235-1 ff. C.Com. wegen ihres nur fiktiven Charakters als nichtig angesehen wird. Die Mitglieder der Geschäftsführung haften bei Verstößen gegen gesetzliche Bestimmungen, gegen Regelungen des Gesellschaftsvertrags sowie bei sonstiger fehlerhafter Geschäftsführung.[984] Ein etwaiger Aufsichtsrat haftet nur für eigene Pflichtverletzungen nach Art. L. 223-37 I C.Com.

7.5.2.2 Société Anonyme (*SA*)

Die *SA* ist die französische Aktiengesellschaft und als Publikumsgesellschaft mit der deutschen Aktiengesellschaft zu vergleichen.

7.5.2.2.1 Gründung und Satzung

Nach Art. L. 225-1 C.Com benötigt eine *SA* sieben Gründer, die sog. „associés". Eine maximale Anzahl von Gesellschaftern gibt es bei der *SA* im Gegensatz zur *SARL* nicht. Allerdings kann das Handelsregister die Löschung der *SA* beantragen, sobald nur noch weniger als sieben Aktionäre der *SA* angehören. Im Gegensatz zur *SARL* stellt das Handelsregister keine

---

[983] Décret No. 2002-375 v. 19.3.2002, J.O. 2002, S. 5016
[984] Vgl. Mellert/Verfürth, Teil II. Rz. 119.

Gründungsbescheinigung aus. Daher ist es für die gegründete *SA* grds. nicht möglich, ihren Geschäftsbetrieb vor Eintragung ins Handelsregister zu beginnen.

Der Satzungsinhalt umfasst bei der *SA* wie bei der *SARL* die Gesellschaftsrechtsform, die Dauer der Gesellschaft, die Firma, den Sitz des Unternehmens, den Unternehmensgegenstand, die Höhe des einzuzahlenden Kapitals, die Angaben über die Hinterlegung der Kapitaleinlage sowie die Aufteilung der Geschäftsanteile – somit die Aktien – an die Gründer. Nach Art. L. 228-8 C.Com. sind die Gründer der *SA* verpflichtet, in der Satzung zusätzlich die Anzahl der emittierten Aktien und die Art der Aktien – ob Inhaber- oder Namensaktien – anzugeben; außerdem ist ein Hinweis erforderlich, ob es sich um Nennwert- oder um nennwertlose Aktien handelt.[985] Nach Art. 55 des Décret No. 67-236[986], zuletzt geändert durch Décret No. 2006-1566[987], sind in die Satzung zusätzlich Regelungen zur Bestellung der Geschäftsführung aufzunehmen, i.d.R. ein von einem Aufsichtsrat überwachter Vorstand, der sog. „Directoire", dessen Überwachung einem Verwaltungsrat, dem. sog. „Conseil d'adminstration" mit einem Vorsitzendem obliegt.[988]

7.5.2.2.2 Mindestkapital

Sofern die *SA* börsennotiert ist, ist nach Art. L. 225-2 ff. C.Com. ein Mindestgrundkapital von 225.000,00 € erforderlich, bei *SA*, die nicht börsennotiert sind, nach Art. L. 225-12 ff. C.Com. ein Betrag von 37.000,00 €. Die Gründer haben das Grundkapital in voller Höhe zu zeichnen und mindestens die Hälfte des Nennwerts als Bar- und/oder Sacheinlage ab Beginn der Geschäftstätigkeit der *SA* einzuzahlen. Innerhalb von fünf Jahren haben die Aktionäre dann das Grundkapital der *SA* vollständig einzuzahlen.

7.5.2.2.3 Gesellschaftsorgane

Die *SA* kann entweder in der klassischen Form einer monistisch verwalteten *SA* („*SA classique*") mit einem Verwaltungsrat oder als dualistisch verwaltete *SA* („*SA dualiste*") mit Vorstand und Aufsichtsrat gegründet werden.[989] Handelt es sich um eine monistische *SA*, besteht neben der Hauptversammlung nach Art. L. 225-17 I C.Com. ein Verwaltungsrat mit mindestens drei und höchstens 18 Mitgliedern. Hauptversammlung oder Satzung bestimmen die Mitglieder des Verwaltungsrats. Nach Art. L. 225-51-1 I C.Com. sind bei der *SA* Generaldirektoren zu ernennen, welche das Tagesgeschäft ausführen.

Sieht die Satzung bei der *SA* eine dualistische Struktur der Gesellschaftsorgane vor, ist nach Art. L. 255-69 C.Com. von der Hauptversammlung ein Aufsichtsrat als Kontrollorgan für den Vorstand zu wählen, dem mindestens drei, höchstens 18 Mitglieder angehören. Art. L.

---

[985] Siehe dazu Loi No. 98-546 v. 2.7.1998, J.O. 1998, S. 1127.

[986] Décret No. 67-237 v. 23.3.1967, J.O. 1967, S. 1843.

[987] Décret No. 2006-1566 v. 11.12.2006, J.O. 2006, S. 18762.

[988] Vgl. Spahlinger/Wegen, Teil E Rz. 1158.

[989] Vgl. Mellert/Verfürth, Teil II. Rz. 111.

225-72 C.Com. regelt, dass die Aufsichtsratsmitglieder Aktionäre der *SA* sein müssen. Der Aufsichtsrat beruft gem. Art. L. 225-59 C.Com. die Mitglieder des Vorstands und den Vorstandsvorsitzenden. Mindestens zwei Vorstandsmitglieder sind zu bestellen, bei nicht börsennotierten *SA* maximal fünf Vorstandsmitglieder, bei Publikums-*SA* maximal sieben Vorstandsmitglieder.

In Frankreich überwiegt bis heute allerdings die *SA* mit monistischer Verwaltungsstruktur. Sollte die *SA* monistisch von einem Verwaltungsrat mit einem Vorsitzenden geleitet werden, ist nach Art. L. 225-25 I C.Com. erforderlich, dass jedes Mitglied des Verwaltungsrats Inhaber von Aktien der *SA* sein muss.

7.5.2.2.4 Veröffentlichungspflicht

Die Eintragung der *SA* ins Handelsregister hat konstitutive Wirkung. Sie ist beim zuständigen Handelsgericht zur Eintragung anzumelden.

7.5.2.2.5 Übertragung von Gesellschaftsanteilen

Bei der *SA* werden an die Übertragung von Inhaberaktien keine restriktiven Anforderungen gestellt. Bei Namensaktien, welche in einem Aktienbuch der *SA* eingetragen sind,[990] kann die Zustimmung der Gesellschaft erforderlich sein. Art. L. 228-24 C.Com. weist allerdings daraufhin, dass ein Aktienverkauf grundsätzlich möglich sein muss.

7.5.2.2.6 Haftung

Die Haftung der Gesellschafter, des Verwaltungsrats bzw. Vorstands und des Aufsichtsrats einer *SA* erfolgt grds. nach denselben Regelungen des Code Commerce wie bei der *SARL*.

7.5.2.3 Société par Actions Simplifiée (*SAS*)

Die *SAS* ist eine Mischform aus den Gesellschaftsrechtsformen der *SARL* und der *SA*. Die *SAS* ist keine Publikumsgesellschaft; sie ist nicht börsennotiert. Art. L. 244-3 C.Com. verbietet ausdrücklich, dass die Aktien an einer Börse notiert und gehandelt werden. Für die *SAS* gelten dieselben Gründungsvoraussetzungen und derselbe Satzungsmindestinhalt wie bei der *SA*. Allerdings ist es nach Art. L. 227-1 C.Com. möglich, die Gründung der *SAS* durch eine natürliche bzw. juristische Person zu vollziehen. Das Mindestkapital bei der *SAS* beträgt 37.000,00 €. Die Geschäftsführung obliegt bei der *SAS* nach Art. L. 227-6 C.Com. einem Präsidenten mit umfangreichen Vollmachten zur Vertretung der Gesellschaft nach außen. Die Satzung der *SAS* kann auch ein Geschäftsleitungsgremium, d.h. mehrere Geschäftsführer, vorsehen. Als weiteres Organ neben dem Präsidenten besteht die Hauptversammlung der Aktionäre. Ein Aufsichtsrat kann gebildet werden.

---

[990] Vgl. Michalsky, Vergleichbarer Überblick über das Recht der Kapitalgesellschaften in Frankreich, DStR 1991, 1563, 1566.

Die Übertragung von Gesellschaftsanteilen bei der *SAS* erfolgt grundsätzlich nach denselben Regeln wie bei der *SA*. Der Gesellschaftsvertrag der *SAS* kann zusätzliche Regelungen, z.B. Einschränkungen für einen frühzeitigen Verkauf von Aktien nach Art. L. 227-13 C.Com. vorsehen, maximal bis zu zehn Jahren. Eine zweite Möglichkeit kann nach Art. L. 227-14 C.Com. auch die notwendige Zustimmung der Gesellschafter zur Veräußerung von Aktien der *SAS* sein. Die Haftung der Organe einer *SAS* erfolgt grds. nach denselben Regelungen des Code Commerce wie bei den Rechtsformen *SARL* und *SA*.

7.5.3 Niederländische Gesellschaften

In den Niederlanden können als Kapitalgesellschaften eine „Besloten vennootschap met beperkte aansprakelijkheid" (*BV*) oder eine „Naamloze vennootschap" (*NV*) gegründet werden. Die *NV* ist mit der deutschen Aktiengesellschaft vergleichbar; die *BV* entspricht der deutschen GmbH. In der niederländischen Rechtsliteratur werden die *BV* und die *NV* üblicherweise gemeinsam behandelt, so dass auch bei der folgenden Darstellung auf eine getrennte Erläuterung verzichtet wird. Rechtsgrundlage bildet das zweite Buch des Burgerlijk Wetboek (BW2). Eine gemeinsame Abhandlung beider Gesellschaftsrechtsformen erscheint vor dem Hintergrund sinnvoll, dass die *BV* erst 1971 rechtlich in das BW aufgenommen wurde. Die Parallele zwischen der *NV* und der *BV* lässt sich weiterhin aus der gesetzlichen Struktur von Titel 4 bzw. 5 BW2 entnehmen: Manche der auf die *NV* anzuwenden gesetzlichen Bestimmungen sind für die *BV* mehr oder weniger „kopiert" worden.[991]

Während es sich bei der *BV* um eine Gesellschaft handelt, bei der wenige Gesellschafter beteiligt sind und eine Übertragbarkeit von Gesellschaftsanteilen nach Art. 195 Abs. 2 BW2 durch eine sog. „blokkeringsregeling" eingeschränkt werden kann, handelt es sich bei der *NV* um eine Aktiengesellschaft, die auch börsennotiert sein und deren Anzahl von Gesellschaftern nicht eingeschränkt werden kann.[992] Gesellschafter einer *BV* wie einer *NV* können private bzw. juristische Personen sein. Denn Art. 195 Abs. 4 BW2 sieht bei der *BV* vor, dass ein Gesellschaftsbeschluss bzw. eine vorherige Andienung der zur Übertragung anstehenden Gesellschaftsanteile an die bisherigen Gesellschafter erfolgen muss. Insbesondere bei wenigen Gesellschaftern führt eine solche rechtliche Regelung oft zu Streitigkeiten. Vor diesem Hintergrund kann nach Art. 336 BW2 ein Gericht die Entscheidung treffen, ob eine Anteilsübertragung der *BV*-Anteile möglich ist, insbesondere, wenn ein Gesellschafter die Übertragung aus persönlichen Motiven verhindert und dadurch der *BV* ein Schaden zugefügt wird.

7.5.3.1 Gründung und Satzung

Die Gründung von Kapitalgesellschaften in den Niederlanden erfolgt nach Art. 64 Abs. 2 BW2 für die *NV*, nach Art. 175 Abs. 2 BW2 für die *BV*. *BV* wie *NV* können durch einen oder

---

[991] Vgl. Hirte/Bücker/de Kluiver/Rammeloo, § 6 Rz. 9.
[992] Vgl. Mellert/Verfürth, Teil II. Rz. 136; Meinema, Mandatory and Non-Mandatory Rules, in: Dutch Corporate Law, Vol. 6.4, EJCL 2002, 2 ff.

7.5 Internationale Kapitalgesellschaften

mehrere Gesellschafter gegründet werden. Erster Schritt ist die Aufstellung einer Satzung mit folgendem Inhalt:[993]

- Name der Gesellschaft: Die Firma muss die Bezeichnung „Naamloze vennootschap" oder „Besloten vennootschap met beperkte aansprakelijkheid" bzw. die Abkürzungen *NV* oder *BV* enthalten, und es darf keine Verwechslungsgefahr mit anderen Unternehmen oder Unklarheit über den Charakter der Gesellschaft bestehen;
- Sitz der Gesellschaft: Der Sitz der zu gründenden Gesellschaft kann sich nach Artt. 66 Abs. 3 bzw. 177 Abs. 3 BW2 an jedem Ort in den Niederlanden befinden. Der Verwaltungssitz der Gesellschaft kann sich auch im Ausland befinden;
- Gesellschaftszweck: Der Gesellschaftszweck kann allgemein gehalten werden, soweit die wichtigsten Tätigkeitsbereiche der Gesellschaft genannt sind und sein Inhalt nicht gegen geltendes Recht verstößt;
- Gesellschaftskapital: Angabe des Gesellschaftskapitals in Euro;
- Anzahl und Nennbetrag der Gesellschaftsanteile: Im Gegensatz zur GmbH oder zur AG gibt es weder bei der *BV* noch bei der *NV* einen Mindestnennbetrag für die Anteile. Die Nennbeträge der Anteile können von den Gründern somit in der Satzung frei bestimmt werden;
- Bei der *NV* ist es nach Art. 82 Abs. 1 BW2 notwendig festzulegen, ob Namens- oder Inhaberanteile ausgegeben werden. Während bei der *BV* die Anteile automatisch Namensanteile sind, kann bei der *NV* die Satzung darüber hinaus auch bestimmen, dass Inhaberaktien ausgegeben werden;
- Gattung der Anteile: Es können verschiedene Gattungen von Anteilen ausgegeben werden. Diese kann aufgrund unterschiedlicher Nennbeträge erfolgen. Darüber hinaus gibt es auch Vorzugsaktien, sog. „preferente aandelen", die mit einem Gewinnvorzug ausgestattet sind, sowie Prioritätsanteile, die bestimmte, in der Satzung festgelegte Sonderrechte beinhalten;
- Beschränkungen bei der Übertragbarkeit von Gesellschaftsanteilen: Nur bei der *BV* bestehen Beschränkungen im Hinblick auf die Übertragbarkeit der Anteile („blokkeringsregeling"). Bei der *NV* können solche Beschränkungen zwar in die Satzung aufgenommen werden; eine rechtliche Pflicht wie bei der *BV* besteht allerdings nicht;
- Exakte Beschreibung der Einlagen: Notwendig ist eine detaillierte Beschreibung des Einlagegegenstands, soweit Sacheinlagen erbracht werden. Dienstleistungen können nicht Sacheinlagegegenstand sein.

Der Mindestinhalt einer Satzung wird ergänzt durch weitere Regelungen, die in Gesellschafterversammlungen beschlossen werden, oder durch die Umsetzung gefasster Gesellschafterbeschlüsse von der Geschäftsführung. Die gesetzlichen Bestimmungen in Artt. 66 bzw. 177 BW2 für den Inhalt und Umsetzung der Satzung sind grundsätzlich unabdingbar; Abweichungsmöglichkeiten regeln einzelne Artikel der BW2. Im niederländischen Gesellschaftsrecht kommt es häufig vor, dass die Gesellschafter einen Stimmbindungsvertrag abschließen,

---

[993] Vgl. dazu ausführlich Mellert/Verfürth, Teil II. Rz. 138; Kuiper/Vossestein, S. 161.

um ihre Stimmrechte gemeinsam auszuüben.[994] Diese Möglichkeit besteht, sofern der Stimmbindungsvertrag nicht gegen gesetzliche Regelungen bzw. die Satzung der Gesellschaft verstößt.

Haben die Gründer die Satzung aufgestellt, sind sie verpflichtet, den Entwurf dem niederländischen Justizministerium vorzulegen. Nach Prüfung erstellt das Justizministerium bei einem positiven Bescheid eine Unbedenklichkeitserklärung, die sog. „Verklaring van geen bezwaar". Das Justizministerium überprüft insbesondere die Personen der Gesellschafter im Hinblick auf ihre Unbedenklichkeit, d.h., ob die Gründer vorbestraft sind, bereits ein Insolvenzverfahren durchlaufen haben oder ob ein Missbrauch der Rechtsform zu befürchten ist.[995] Nach positiver Prüfung wird die Unbedenklichkeitsbescheinigung erteilt. Daran schließt sich die notarielle Beurkundung der Satzung an, welche innerhalb von drei Monaten nach Erteilung der Unbedenklichkeitsbescheinigung erfolgen muss. Außerdem ist die Bestellung des Geschäftsführers bei der *BV* bzw. des Vorstands bei der *NV* ebenfalls notariell zu beurkunden. Die Überprüfung durch das Justizministerium ist in Art. 68 BW2 für die *NV* und Art. 179 BW2 für die *BV* geregelt. Die Unbedenklichkeitserklärung darf nach Artt. 68 Abs. 2 bzw. 179 Abs. 2 BW2 nur aus dem Grund verweigert werden, dass unter Beachtung der Vorhaben oder der Vergangenheit der Personen, die die Führung der Gesellschaft bestimmen oder mitbestimmen werden, die Gefahr besteht, dass die Gesellschaft zu unerlaubten Zwecken missbraucht oder dass ihre Tätigkeit zur Benachteiligung ihrer Gläubiger führen wird.

Im Gegensatz zum deutschen Recht entsteht eine juristische Person in den Niederlanden nicht erst mit der Eintragung ins Handelsregister; die notarielle Beurkundung des Gründungsakts entfaltet schon die konstitutive Wirkung für die *BV* bzw. *NV*. Nach Artt. 69 bzw. 180 BW2 ist der Vorstand bzw. der Geschäftsführer verpflichtet, nach der notariellen Beurkundung des Gründungsakts die Gesellschaft zur Eintragung in das Handelsregister anzumelden. Dem zuständigen Registergericht sind eine beglaubigte Kopie der Gründungsurkunde, ein Nachweis über die Einzahlung der Kapitaleinlagen sowie weitere Informationen, z.B. über die Bewertung von Sacheinlagen, einzureichen. Zwar hat die Eintragung ins Handelsregister nur noch deklaratorischen Charakter; zu beachten ist aber, dass erst die Einzahlung des in der Satzung vorgesehenen Mindestkapitals und die Eintragung ins Handelsregister zur Beschränkung der Haftung für die Gesellschafter der *BV* bzw. der *NV* führen. Wird die Gesellschaft schon vor Eintragung in das Handelsregister am Markt tätig, haften zumindest der Vorstand bzw. die Geschäftsführung nach Artt. 69 Abs. 2a bzw. 180 Abs. 2a BW2, welche in der Regel die Gründer der Gesellschaft sind, persönlich mit ihrem privaten Vermögen für die vor der Eintragung getätigten Geschäfte neben der Gesellschaft. Im Gegensatz zum deutschen Recht können *NV* und *BV* nach Artt. 93 Abs. 2 bzw. 203 Abs. 2 BW2 nachträglich die vor Eintragung der Gesellschaft in das Handelsregister durchgeführten Geschäfte bestätigen, d.h. genehmigen und dadurch die Haftung für diese Geschäfte vollständig übernehmen. Das Handelsregister wird bei der „Kamer van Koophandel" geführt; die Bekanntmachung der

---

[994] Vgl. van Schilfgaarde/Winter, Van de BV en de NV, 13. Aufl. 2003, S. 187 ff.

[995] Vgl. Mellert/Verfürth, Teil II. Rz. 137; Mehring, Die GmbH im niederländischen Recht, GmbHR 1991, 297, 298.

Eintragung erfolgt im Staatsblatt, dem „Nederlandse Staatscourant"[996], vergleichbar mit dem deutschen Bundesanzeiger.

7.5.3.2 Mindestkapital

Das Mindestkapital für die *NV* beträgt 45.000,00 €; für die *BV* ist ein Mindestkapital von 18.000,00 € erforderlich. Das Kapital kann durch Bar- bzw. Sacheinlage geleistet werden. Der Vermögenswert der Sacheinlage ist durch die Bewertung eines Wirtschaftsprüfers vorzunehmen. Bar- und Sacheinlage sind dem beurkundenden Notar glaubhaft darzulegen. Bei Barvermögen durch eine Bankbestätigung, dass sich die Bareinlage auf einem zum Zweck der Gesellschaftsgründung gesperrten Konto befindet, bei der Sacheinlage durch das Bestätigungsschreiben eines Wirtschaftsprüfers, dass die Sacheinlage den erforderlichen Vermögenswert hat und diese der Gesellschaft unbeschränkt zur Verfügung steht.[997] Auch werthaltige Forderungen können als Vermögenswert bei der Gründung der Gesellschaft als Kapitaleinlage eingebracht werden.

Aufgrund der Bestimmungen in der Satzung oder durch Gesellschafterbeschluss kann bei der *NV* oder der *BV* eine Kapitalerhöhung durchgeführt werden. Während bei der *NV* die Genehmigung zur Kapitalerhöhung, ob durch Satzung oder durch Gesellschafterbeschluss, innerhalb einer Frist von fünf Jahren umgesetzt werden muss, kann die Kapitalerhöhung nach Beschluss bei der *BV* zeitlich unbegrenzt durchgeführt werden.

Bei der *BV* und der *NV* können drei Arten von Kapital unterschieden werden: Das eingezahlte Kapital, „gestort kapitaal", das Stammkapital, „maatschappelijk kapitaal", sowie das gezeichnete Kapital, „geplaatst kapitaal". Während in der Satzung nur die Höhe des Stammkapitals aufgeführt ist, haben die Gründer der Gesellschaft das gezeichnete und das eingezahlte Kapital bei der notariellen Beurkundung der Satzung anzugeben. Beim Stammkapital handelt es sich um autorisiertes Kapital, ähnlich dem „authorized capital" bei britischen und US-Kapitalgesellschaften; es gibt den Höchstbetrag an, bis zu dem Anteile an der Gesellschaft durch die Verwaltung ausgegeben werden dürfen.[998] Das eingezahlte Kapital entspricht dem Umfang, in welchem die Gründer der Gesellschaft ihre Einlage ganz oder zum Teil erbracht haben. Letztlich gibt das gezeichnete Kapital den Betrag an, der als Stammkapital prozentual auf die einzelnen Gesellschafter verteilt wird. Beschließt die Gesellschafterversammlung eine Kapitalerhöhung, steht den Gesellschaftern der *BV* bzw. der *NV* ein Bezugsrecht im Verhältnis ihrer Gesellschaftsanteile zu, nach dem sie neue Aktien zeichnen können, soweit die Satzung keine andere Regelung vorsieht. Gemäß Artt. 96a bzw. 206a BW2 haben Vorzugsaktionäre keinen Anspruch auf ein Bezugsrecht, es sei denn, die Satzung der Gesellschaft enthält eine anderslautende Regelung.

---

[996] Vgl. dazu Mehring, a.a.O., GmbHR 1991, 297, 298; heute auch online unter www.staatscourant.nl.
[997] Vgl. Kuiper/Vossestein, S. 163.
[998] Vgl. Mellert/Verfürth, Teil II. Rz. 140; siehe auch Efferink/Ebert/Levedag, Die zugezogene niederländische BV als Rechtsformalternative zur deutschen GmbH für in- und ausländische Investoren in Deutschland, GmbHR 2004, 880, 881.

Eine Besonderheit im niederländischen Recht bildet die sog. Zertifizierung von Gesellschaftsanteilen, welche für die *BV* wie auch für die *NV* zulässig ist. Die Zertifizierung von Gesellschaftsanteilen ermöglicht durch die rechtliche Trennung von Stimmrecht und Vermögensrecht eine zusätzliche Finanzierungsmöglichkeit. Sie dient u.a. dazu, den Einfluss von Anteilseignern, welche beabsichtigen, nur über einen begrenzten Zeitraum Gesellschafter der *NV* bzw. der *BV* zu sein, einzuschränken oder feindliche Übernahmen zu erschweren.[999] Voraussetzung ist, dass die Gesellschaftsanteile bzw. die Aktien einer *NV* oder *BV* an eine selbstständige juristische Person, ein sog. „administratiekantoor", übertragen werden.[1000] Oft handelt es sich bei dieser selbstständigen juristischen Person um eine Stiftung. Die Stiftung selbst hat die Möglichkeit, auf Basis der Gesellschaftsanteile an einen Anlegerkreis die sog. „certificaten" zu übertragen. Rechtlich bleibt die Stiftung Eigentümer der Gesellschaftsanteile; die Käufer der Zertifikate üben die sich aus den Gesellschaftsanteilen ergebende Rechte als Zertifikateinhaber aus. Das Rechtsverhältnis zwischen der Stiftung als Gesellschaftsanteilseignerin und den Zertifikateinhabern wird als treuhänderisches Verhältnis angesehen.[1001] Die Dividenden- bzw. Gewinnausschüttungsberechtigung ist zwischen der Stiftung und dem Zertifikateinhaber vertraglich festzulegen. Die Ausschüttung erfolgt durch die Stiftung. Die Rechtsliteratur geht davon aus, dass der Inhaber von Zertifikaten wie ein Anteilseigner von Vorzugsaktien zu behandeln ist, da er nach Artt. 102 bzw. 212 BW2 über die typischen Rechte eines Vorzugsaktionärs, z.B. das Recht zum Besuch der Haupt- bzw. Gesellschafterversammlung oder zur Einsichtsmöglichkeit des Jahresabschlusses verfügt.

7.5.3.3 Gesellschaftsorgane

Gesellschaftsorgane von *NV* bzw. *BV* sind die Gesellschafterversammlung („AVA: algemene vergadering van aandeelhouders"), der Vorstand („bestuur")[1002] sowie ein Aufsichtsrat („RvC: raad van commissarissen").

7.5.3.3.1 Gesellschafterversammlung

Nach Artt. 107 bzw. 217 BW2 verfügt die Gesellschafterversammlung innerhalb der Grenzen des Gesetzes und der Satzung über alle Rechte, die nicht dem Vorstand oder der Geschäftsführung obliegen. Folgende Befugnisse stehen der Gesellschafterversammlung nach dem BW2 ausdrücklich zu:[1003]

- Satzungsänderungen nach Artt. 121 bzw. 231 BW2;
- Auflösung der Gesellschaft nach Art. 19 BW2;

---

[999] Vgl. Mehring, a.a.O., GmbHR 1991, 297, 299.

[1000] Vgl. ausführlich Hirte/Bücker/de Kluiver/Rammeloo, § 6 Rz. 35.

[1001] Vgl. van Schilfgaarde/Winter, Van de BV en de NV, S. 182 ff.

[1002] Im niederländischen Recht kann das Geschäftsleitungsorgan auch bei der *BV* wie bei der *NV* als Vorstand bezeichnet werden.

[1003] Dazu ausführlich Hirte/Bücker/de Kluiver/Rammeloo, § 6 Rz. 32.

- Verschmelzung nach Art. 317 BW2;
- Spaltung nach Art. 334 m BW2;
- Umwandlung in eine andere Gesellschaftsrechtsform nach Art. 18 BW2;
- Feststellung des Jahresabschlusses nach Artt. 101 bzw. 210 BW2;
- Bestellung und Entlassung von Mitgliedern des Vorstands bzw. des Aufsichtsrats nach Artt. 132 bzw. 242, 134 bzw. 244 BW2, es sei denn, es handelt sich um eine Strukturgesellschaft[1004];
- Beschlüsse zur Ausgabe neuer Gesellschaftsanteile nach Artt. 96 bzw. 206 BW2, es sei denn, die Satzung sieht etwas anderes vor.

Über die Beschlüsse der Gesellschafterversammlung ist ein schriftliches Protokoll anzufertigen. Bei der *NV* muss die Gesellschafterversammlung wesentlichen Geschäftsführungsmaßnahmen zustimmen, so z.B. der Veräußerung bzw. dem Erwerb von Beteiligungen, welche einen Wert von mindestens einem Drittel des Gesellschaftsvermögens erreichen, oder z.B. der Veräußerung des gesamten oder nahezu gesamten Geschäftsbetriebs der Gesellschaft.[1005]

7.5.3.3.2 Vorstand

Nach Artt. 129 bzw. 239 BW2 ist der Vorstand einer *BV* bzw. *NV* verpflichtet, die Gesellschaft vorbehaltlich den Einschränkungen, welche die Gesellschaftssatzung vorsieht, zu führen („besturen van de vennootschap"). Dabei können nach Artt. 132, 134 bzw. 242, 244 BW2 ein oder mehrere Vorstandsmitglieder die Gesellschaft vertreten. Die einzelnen Mitglieder des Vorstands werden von der Gesellschafterversammlung bestellt oder entlassen; bei großen Aktiengesellschaften, den sog. Strukturgesellschaften, liegt die Zuständigkeit der Berufung bzw. Entlassung von Mitgliedern des Vorstands beim Aufsichtsrat. Grundsätzlich besteht für den Vorstand Einzelvertretungsbefugnis.[1006] Die Gesellschaftssatzung kann allerdings auch vorsehen, dass einzelne Vorstandsmitglieder die Gesellschaft nur gemeinschaftlich nach außen vertreten dürfen bzw. im Gegensatz zum deutschen Recht eine Vertretungsmacht vollkommen ausgeschlossen wird. Der Ausschluss der Vertretungsmacht eines einzelnen Vorstandsmitglieds ist dem Geschäftsverkehr bekannt zu machen, damit sich Dritte nicht gutgläubig auf die nicht bestehende Vertretungsmacht von Geschäftsführungsmitgliedern der Gesellschaft berufen können.[1007]

Nach Artt. 129 Abs. 4 bzw. 239 Abs. 4 BW2 kann die Satzung bestimmen, dass einzelne Vorstandsmitglieder bzw. der Vorstand insgesamt allgemeine Weisungen der Gesellschafterversammlung bzw. eines Aufsichtsrats, soweit in der Satzung festgelegt, zu befolgen haben. Andererseits gilt im niederländischen Recht der Grundsatz der „bestuurszelfstandigheid",

---

[1004] Als Strukturgesellschaften werden im niederländischen Recht große Aktiengesellschaften angesehen; vgl. ausführlich Hirte/Bücker/de Kluiver/Rammeloo, § 6 Rz. 48.

[1005] Vgl. Mellert/Verfürth, Teil II. Rz. 149; Kuiper/Vossestein, S. 169.

[1006] Vgl. Efferink/Ebert/Levedag, Die zugezogene niederländische B.V. als Rechtsformalternative zur deutschen GmbH für in- und ausländische Investoren in Deutschland, GmbHR 2004, 880, 883.

[1007] Vgl. Kuiper/Vossestein, S. 166.

d.h. der Autonomie der Geschäftsführung.[1008] Grundsätzlich steht es der Gesellschafterversammlung nicht zu, sich in die Geschäftsführung der Gesellschaft einzumischen. Der Grundsatz der Teilrechtsordnung im niederländischen Gesellschaftsrecht („deelrechtsorde") sieht die institutionelle Unabhängigkeit jedes Gesellschaftsorgans mit den ihm obliegenden Aufgaben vor. Insbesondere die niederländische Rechtsprechung hat in ihrem Urteil „Forumbank" 1955 zum Ausdruck gebracht, dass die einzelnen Gesellschaftsorgane ihre vom Gesetz und der Satzung eingeräumten Befugnisse ausüben dürfen und diese Befugnisse durch andere Gesellschaftsorgane nicht eingeschränkt werden können.[1009]

Die Bestellung der Geschäftsführer erfolgt nach Artt. 132, 133 bzw. 243, 244 BW2 durch notariell beurkundeten Gründungsakt. Für große Kapitalgesellschaften, die sog. Strukturgesellschaften („Struktur vennootschap") können im Rahmen von Sonderregelungen, den „Sonderregime", für die Bestellung der Mitglieder des Vorstands andere Regelungen gelten. Auch juristische Personen können als Geschäftsleitung eingesetzt werden. Artt. 134 bzw. 244 BW2 sehen vor, dass ein Vorstand jederzeit entlassen werden kann. Eine Klage des entlassenen Geschäftsleitungsmitglieds auf Wiederherstellung der organschaftlichen Stellung ist nach Artt. 134 Abs. 3 bzw. 244 Abs. 3 BW2 nicht möglich. Die Arbeitnehmerrechte des entlassenen Vorstandsmitglieds werden durch die Entlassung aber nicht ausgelöscht.[1010]

7.5.3.3.3 Aufsichtsrat

BV und *NV* haben nicht notwendigerweise einen Aufsichtsrat, es sei denn, es handelt sich um eine Strukturgesellschaft. Bei den großen Kapitalgesellschaften ist die Bildung eines Aufsichtsrats Pflicht. Er wird von der Gesellschafterversammlung bestimmt und abberufen. Nach Artt. 140, 142 bzw. 250, 252 BW2 kann in der Satzung die Regelung aufgenommen werden, dass bis zu einem Drittel der Mitglieder des Aufsichtsrats auch von außen bestimmt werden können. Artt. 140 Abs. 2 bzw. 250 Abs. 2 BW2 bestimmen die Rechte und Pflichten des Aufsichtsrats. Nach Artt. 158 bzw. 268 BW2 werden die Mitglieder des Aufsichtsrats von der Gesellschafterversammlung gewählt. Danach hat der Aufsichtsrat die Geschäftsführung zu beraten, zu überwachen und im Interesse der Gesellschaft zu handeln. Die Anzahl der Aufsichtsratsmitglieder bei der *BV* bzw. der *NV* beträgt eine oder mehrere Personen, bei der Strukturgesellschaft mindestens drei Personen.

Artt. 164 Abs. 1 a-l bzw. 274 Abs. 1 a-l BW2 sehen vor, dass bedeutende Beschlüsse der Geschäftsleitung der Zustimmung des Aufsichtsrats bedürfen. Folgende Beschlüsse sind durch den Aufsichtsrat zustimmungsbedürftig:

- Änderung der Satzung;
- Ausgabe und Erwerb von Gesellschaftsanteilen und von Schuldverschreibungen;
- Ausgabe von Zertifikaten;
- Abbruch einer dauerhaften Geschäftsbeziehung zu einer anderen Gesellschaft;

[1008] Vgl. Hirte/Bücker/de Kluiver/Rammeloo, § 6 Rz. 22.

[1009] Vgl. HR 21.1.1955, NJ 1955, 43 ff.

[1010] Vgl. HR 13.11.1992, NJ 1993, 265 ff.

- Beteiligung in Höhe von 25 % des gezeichneten Kapitals an einer fremden Gesellschaft;
- Verminderung des gezeichneten Kapitals;
- Beantragung oder Rücknahme der Börsennotierung;
- Erwerb oder Veräußerung von Beteiligungen;
- Auflösung der Gesellschaft;
- Beantragung des Insolvenzverfahrens;
- Beendigung einer erheblichen Anzahl von Arbeitsverhältnissen;
- Erhebliche Änderungen der Arbeitsbedingungen.

Weitere Aufgaben und Rechte des Aufsichtsrats können in der Gesellschaftssatzung verankert sein. Nach Artt. 147 bzw. 257 BW2 ist der Aufsichtsrat berechtigt, Vorstandsmitglieder zu suspendieren. Eine solche Suspendierung kann durch die Gesellschafterversammlung nach Artt. 147 Abs. 2 bzw. 257 Abs. 2 BW2 aufgehoben werden, es sei denn, dass das Recht zur Bestellung von Vorstandsmitgliedern beim Aufsichtsrat liegt. Artt. 144 bzw. 254 BW2 regeln die Suspendierung sowie die Entlassung von Aufsichtsratsmitgliedern.

7.5.3.4 Haftung

Mitglieder des Vorstands haften wie folgt:

- Nach Art. 9 BW2 gegenüber der Gesellschaft bei Vermögensschäden, welche im Rahmen einer Pflichtverletzung durch fehlerhaftes Verhalten entstanden sind;
- nach Artt. 138 bzw. 248 BW2 gegenüber Dritten bei Insolvenzverschleppung;
- nach Artt. 10 Abs. 2 bzw. 394 BW2 bei Verstößen gegen Publikations- und Aufbewahrungspflichten;
- nach Artt. 139 bzw. 249 BW2 für Steuerschulden bzw. nicht abgeführte Sozialversicherungsbeiträge;
- nach Art. 162 BW6[1011] für unerlaubte Handlungen bei schuldhaftem Fehlverhalten.

Der Aufsichtsrat haftet der Gesellschaft oder Dritten gegenüber wie folgt:

- Nach Artt. 9, 138 i.V.m. Artt. 149 bzw. 259 BW2 für die rechtmäßige Erfüllung der dem Aufsichtsrat obliegenden Aufgaben;
- nach Artt. 151 bzw. 261 BW2, sofern einem Aufsichtsratsmitglied Geschäftsleitungsbefugnisse durch Gesellschafterbeschluss eingeräumt worden sind;
- nach Artt. 150 bzw. 260 BW2 gegenüber Dritten bei der Veröffentlichung falscher Tatsachen über die Finanzsituation der Gesellschaft im Jahresabschluss;
- nach Art. 162 BW6 für unerlaubte Handlungen bei schuldhaftem Fehlverhalten.

Die Gesellschafter können haften:

- Nach Artt. 64, 90 bzw. 175, 199 BW2 für die vollständige Einzahlung des Kapitalbetrag für den Gesellschaftsanteil;

[1011] Sechstes Buch des Burgerlijk Wetboek (BW6).

- nach Art. 105 Abs. 8 BW2 für verbotswidrige Ausschüttungen;
- nach Art. 162 BW6 für unerlaubte Handlungen bei schuldhaftem Fehlverhalten.

7.5.3.5 Unterschiede zwischen *NV* und *BV*

Für die börsennotierte NV sind gegenüber der *BV* und der nichtbörsennotierten *NV* nur wenige Unterschiede bedeutsam. Die wichtigsten Unterschiede sind:[1012]

- Freie Übertragung der Gesellschaftsanteile (Aktien) ohne Übertragungsbeschränkungen;
- Zustimmung der Hauptversammlung nach Art. 107a BW2 für alle Geschäfte der börsennotierten *NV*, denen eine bedeutsame Änderung der Identität oder des Charakters der Gesellschaft zugrunde liegen;
- Beschluss der Hauptversammlung für die Vergütung von Vorstandsmitgliedern nach Art. 135 BW2;
- Zustimmung der Hauptversammlung zu geplanten Vergütungsbestandteilen in Form von Aktienoptionen bzw. Aktien für Vorstandsmitglieder nach Art. 135 Abs. 4 BW2;
- Stimmrechtsausübung von Zertifikateinhabern nach Art. 118 a BW2, sofern eine feindliche Übernahme angekündigt ist, bzw. ein Zertifikateinhaber mindestens 25 % des Eigenkapitals kontrolliert;
- Beachtung des niederländischen Kapitalmarktrechts, insbesondere des niederländischen Wertpapiergesetzes,[1013] der Durchführungsbestimmungen zum Wertpapiergesetz sowie der Mitteilungspflichten über erhebliche Beteiligungen an börsennotierten Gesellschaften („Wet melding zeggenschap", WMZ);
- Recht zur Ergänzung der Tagesordnung anlässlich der Hauptversammlung bei einem Aktienanteil bzw. Zertifikateanteil, der das Gesellschaftskapital kontrolliert oder in Höhe von mindestens 1 % des Gesellschaftskapitals, wenn die Beteiligung einen Wert von mindestens 50 Mio. € hat.

7.5.4 US-amerikanische Gesellschaften

Das Gesellschaftsrecht der Vereinigten Staaten von Amerika ist zersplittert. Jeder einzelne Bundesstaat der USA hat eigene gesellschaftsrechtliche Normen erlassen. Zwar ist eine Vereinheitlichung der gesellschaftsrechtlichen Regelungen in den 52 Bundesstaaten bisher gescheitert; im Detail stimmen aber viele gesellschaftsrechtliche Regelungen der jeweiligen Bundesstaaten überein.[1014] Für die weitgehende Rechtseinheit, insbesondere beim Gesellschaftsrecht für *corporations*, trägt in erster Linie bei, dass der Gesetzgebung und Rechtsprechung im Bundesstaat Delaware in weiten Bereichen des Gesellschaftsrechts in den USA eine Vorbildfunktion zukommt, da andere Bundesstaaten sich an den Gesetzesänderungen

---

[1012] Vgl. ausführlich Hirte/Bücker/de Kluiver/Rammeloo, § 7 Rz. 5-17.

[1013] „Wet toezicht effectenverkeer (Wte)".

[1014] Vgl. Spahlinger/Wegen, Teil E Rz. 1296.

von Delaware orientieren und diese zum Teil wortgleich übernehmen.[1015] Ein weiterer maßgeblicher Grund besteht durch die auf langjährige Rechtsprechung basierende Rechtssicherheit für Gesellschaften, die nach dem Gesellschaftsrecht des Staates Delaware gegründet worden sind.[1016] Bis heute werden in den USA, insbesondere auch von ausländischen Investoren, Neugründungen von Gesellschaften überwiegend nach den gesellschaftsrechtlichen Regelungen des Bundesstaates Delaware vorgenommen. Daher beschränkt sich der Verfasser auf die Darstellung der Gesellschaftsgründung nach Delaware General Corporation Law (DGCL) sowie den gesellschaftsrechtlichen Urteilen („case law") der Gerichte des Bundesstaates von Delaware. Daneben gilt das US-amerikanisch bundeseinheitliche Kapitalmarkt-, Kartell-, Insolvenz- und Steuerrecht.[1017]

7.5.4.1 Gründung und Satzung

Das Delaware General Corporation Law unterscheidet bei der Gründung nicht zwischen unterschiedlichen Kapitalgesellschaften. Maßstab für die Gründung bilden die gesetzlichen Regelungen für die *corporation*, welche als *public corporation*, vergleichbar mit der deutschen Aktiengesellschaft, für eine Vielzahl von Anteilseignern gegründet und deren Geschäftsanteile über die Börse gehandelt werden können. Daneben steht die *close corporation*, das Pendant zur deutschen GmbH, welche mit einer beschränkten Zahl von Anteilseignern gegründet wird und die sich in der Satzung Beschränkungen zur Anteilsübertragung von Gesellschaftsanteilen auferlegt. Die *public corporation* hat zusätzlich die vom Kapitalmarktrecht aufgestellten Regelungen über Berichts- und Offenlegungspflichten und zusätzlich Börsenregelungen zu beachten. Wie die deutschen Kapitalgesellschaften ist auch die *corporation* eine juristische Person mit eigener Rechtspersönlichkeit. Sie ist daher Träger von Rechten und Pflichten im Rechtsverkehr. Vergleichbar zum deutschen Recht ist die *corporation* verpflichtet, ihrer Namensbezeichnung zumindest ein Kürzel beizufügen, welches auf die beschränkte Haftung hinweist.[1018] Folglich haftet für die Verbindlichkeiten nur die *corporation*.

Die Gründung einer *corporation* erfolgt durch eine oder mehrere Personen. Neben natürlichen Personen kann auch eine juristische Person Gründer einer *corporation* sein. Zuerst haben die Gründer eine Satzung, die „articles of incorporation" aufzustellen, welche nach § 101 (a) DGCL bei der „Division of Corporations in the Department of State" einzureichen und gemäß § 103 (a) DGCL vom „Secretary of State" des Staates Delaware zu prüfen ist. Zusätzlich sind Gründungsgebühren zu entrichten. Nach Anerkennung der Gründungssatzung stellt das Secretary of State einen Bescheid in Form eines „certificate of incorporation" aus. Vergleichbar mit dem deutschen Handelsregister ist im Bundesstaat Delaware das „Delaware Corporation Information System", bei dem die neu gegründete *corporation* registriert

---

[1015] Spahlinger/Wegen, Teil E Rz. 1297.

[1016] Vgl. Mellert/Verfürth, Teil II. Rz. 167; Papmehl, Deleware Corporation Law: Entstehungsgeschichte und Gründe für den Führungsanspruch im US-Gesellschaftsrecht, ZVglRWiss 101 (2002), 200, 214 ff.

[1017] Vgl. Hirte/Bücker/von Bonin, § 10 Rz. 4; Merkt/Göthel/GR, 2. Teil Rz. 182 ff.

[1018] Als Hinweis auf die beschränkte Haftung der *corporation* sind möglich: „Co.", „Corp.", „Inc." sowie „Ltd.".

wird. Die Registrierung hat konstitutive Wirkung; nach Eintragung erlangt die *corporation* gemäß § 106 DGCL eine eigene Rechtspersönlichkeit und ihre beschränkte Haftung.

Der Mindestinhalt der Satzung einer im Bundesstaat Delaware errichteten *corporation* besteht aus:[1019]

- Firmenbezeichnung der *corporation*;
- Anzahl der Aktien („authorized shares");
- Nennwert bei Nennwertaktien bzw. eine Bestimmung, nach der nennwertlose Aktien ausgegeben werden oder etwaige Vorzugsrechte bestimmter Aktien bzw. Aktiengattungen;
- Eingetragener Gesellschaftssitz („registered office");
- Name des Zustellungsbevollmächtigten („registered agent");
- Namen und Adressen der Gründer;
- Angabe des Gesellschaftszwecks („corporate purpose").

Dazu kommen bei der *close corporation* noch folgende Pflichtangaben:[1020]

- Schriftliche Versicherung, dass die shares von nicht mehr als 30 Personen gehalten werden;
- schriftliche Versicherung, dass ausgegebene shares bestimmten Übertragungsbeschränkungen nach § 202 DGCL unterliegen;
- schriftliche Versicherung, dass keine shares im Wege eines „public offering" nach den Bestimmungen des Securities Act[1021] angeboten werden.

Wie bereits erwähnt, muss die Firma einen Zusatz erhalten, der auf eine Haftungsbeschränkung hinweist. Nach § 102 (a)(1)(i) DGCL sind neben den aufgezählten Abkürzungen auch Abkürzungen von Haftungsbeschränkungen anderer US-Bundesstaaten sowie ausländische Abkürzungen möglich. Denkbar ist somit eine im Bundesstaat Delaware gegründete *corporation* mit dem Haftungszusatz GmbH.[1022]

Das DGCL sieht weitere fakultative Satzungsbestandteile vor:[1023]

- Nach § 102 (b)(1) DGCL Regelungen über Art und Weise der Unternehmensführung durch die directors;
- nach § 102 (b)(2) DGCL eine Regelung über eine vom Gericht anzuordnende Gläubiger- bzw. Gesellschafterversammlung;
- nach § 102 (b)(3) DGCL Regelungen für die Ausgabe von Vorkaufs- bzw. Bezugsrechten;

[1019] Vgl. ausführlich Mellert/Verfürth, Teil II. Rz. 171.

[1020] Vgl. Hirte/Bücker/von Bonin, § 10 Rz. 21a.

[1021] Federal Securities Act von 1933; abgekürzt SA.

[1022] Vgl. Hirte/Bücker/von Bonin, § 10 Rz. 22.

[1023] Vgl. dazu ausführlich Hirte/Bücker/von Bonin, § 10 Rz. 25.

7.5 Internationale Kapitalgesellschaften

- nach § 102 (b)(4) DGCL abweichende Mehrheiten bei Gesellschafterbeschlüssen;
- nach § 102 (b)(5) DGCL eine zeitliche Beschränkung der Existenz der *corporation*;
- nach § 102 (b)(6) DGCL eine zusätzliche persönliche Haftung der Gesellschafter für Verbindlichkeiten der *corporation*;
- nach § 102 (b)(7) DGCL eine Beschränkung der Haftung von directors bzw. Gesellschaftern für Sorgfaltspflichtverletzungen;
- nach § 141 (d) DGCL ein board of directors mit unterschiedlichen Amtszeitverträgen für die jeweiligen directors, auch „staggered board" genannt.

Neben dem „certificate of incorporation" haben die Gründer in den meisten Fällen auch sog. „bylaws" und „shareholder agreements" formuliert. Bei den bylaws handelt es sich um die Geschäftsordnung der *corporation*, mit der die internen Angelegenheiten und Verfahren der Gesellschaft sowie die Aufgaben und Pflichten der Beteiligten gegenüber der Gesellschaft und untereinander geregelt werden.[1024] Gesellschaftervereinbarungen, sog. „shareholder agreements", werden von den Gesellschaftern vereinbart, um eine gemeinsame Verhaltensweise vorzugeben. Diese festgelegten Verhaltensweisen sind nur rechtmäßig, wenn sie nicht im Widerspruch zur Satzung der *corporation* stehen. Eine solche vereinbarte rechtmäßige Verhaltensweise kann nach § 218 (c) DGCL in einer Stimmrechtsbindung zu sehen sein. Im Rahmen einer solchen Stimmrechtsbindungsvereinbarung legen die Gesellschafter Prinzipien fest, nach denen z.B. die Wahl von directors zu erfolgen hat.[1025] Auch Stimmrechtsübertragungen auf einen Treuhänder nach § 218 (a) DGCL, insbesondere im Rahmen eines Insolvenzverfahrens, sind möglich; für ein derartiges „voting trust agreement" besteht Publizitätspflicht gegenüber dem Secretary of State nach § 218 (a) DGCL. § 218 (d) DGCL weist ausdrücklich daraufhin, dass shareholder agreements neben den Regelungen der Satzung Gültigkeit haben, solange sie nicht gegen gesellschaftsrechtliche Bestimmungen des DGCL verstoßen.

Diese für die *public corporation* geltenden rechtlichen Regelungen des DGCL gelten grundsätzlich auch für die *close corporation*. Folgende Ausnahmen sind bei der Gründung einer *close corporation* zu beachten:

- Nach § 343 (1) DGCL muss in der Gründungssatzung erkennbar sein, dass es sich um eine sog. ‚*close corporation*' handelt;
- nach § 342 (a)(1) DGCL dürfen der *close corporation* nicht mehr als 30 Gesellschafter angehören;
- Verbot des Börsenhandels der Aktien einer *close corporation* nach den rechtlichen Bestimmungen des Securities Act.

[1024] Hirte/Bücker/von Bonin, § 10 Rz. 27.

[1025] Vgl. Rosenmiller v. Bordes (Del. 1991) 607 A.2d, 465 ff.

7.5.4.2 Mindestkapital

In den meisten US-Bundesstaaten bestehen für Gründer von *corporations* keine Vorgaben zur Aufbringung eines Mindestkapitals, so auch nicht im US-Bundesstaat Delaware. Deshalb haben die Gründungsgesellschafter in der Satzung festzulegen, wie viele Gesellschaftsanteile durch die Gründungsgesellschafter zu zeichnen sind und mit welchem Nennbetrag („par value") die Gesellschaftsanteile an die Gründungsgesellschafter ausgegeben werden. Allerdings ist es nach §§ 102 (a)(4), 151 (a) DGCL möglich, nennwertlose Aktien („no par value shares") auszugeben. Die festgelegte Anzahl von Anteilen („authorized shares") entspricht einer Art genehmigtem Kapital, zu dessen Ausgabe die *corporation* höchstens berechtigt ist; die Summe der Nennwerte aller im certificate of incorporation autorisierten Anteile ist das „authorized capital" oder „capital stock".[1026] Sollen die Aktien einem breiten Publikum angeboten werden, ist nach § 5 SA die Registrierung der Aktien bei der SEC erforderlich.

Haben die Gesellschafter in der Satzung die Höhe der zu erbringenden Einlagen in Relation zu den Gesellschaftsanteilen festgelegt, steht nach § 162 DGCL der *corporation* ein Anspruch auf Zahlung der Einlage gegenüber den Gesellschaftern zu. Das board of directors ist verpflichtet, die Zahlung der Einlagen jedes Gesellschafters zu überwachen und notfalls einzufordern. Kommen Gesellschafter der Forderung auf Zahlung ihrer Einlage nicht nach, kann das board of directors nach § 163 DGCL die Gesellschaftsanteile, für die bisher keine Einlage geleistet wurde, an Dritte veräußern. Besteht von dritter Seite kein Interesse an der Zeichnung der bisher nicht eingezahlten Gesellschaftsanteile, wird die *corporation* Anteilseigner ihrer eigenen Gesellschaftsanteile.

Neben der Bareinlage der Gesellschafter kann nach § 152 DGCL auch eine Sacheinlage in die Gesellschaft eingebracht werden, wobei sogar nichtkörperliche Sacheinlagen im Rahmen zukünftiger Dienstleistungen möglich sind.[1027] Die Bewertung der Sacheinlage erfolgt nach § 152 DGCL durch das board of directors im Gegensatz zu externen Prüfern, z.B. in Deutschland. Dieses Vertrauen in den richtigen Bewertungsansatz der Sacheinlage durch das board of directors einer *corporation* spiegelt sich in § 152 DGCL wider. Darin kommt zum Ausdruck, dass sich das board of directors bei einer Überbewertung der Sacheinlage des Betrugs strafbar macht und dafür schadensersatzpflichtig ist. § 156 DGCL sieht vor, dass Gesellschaftsanteile auch ohne vollständige Einzahlung der Einlage ausgegeben werden dürfen („partially paid shares"). §§ 152, 162 DGCL verpflichten den Gesellschafter aber zur Nachschusspflicht, wenn er seine vollständige Einlage noch nicht geleistet hat.

Das board of directors entscheidet über eine evtl. Kapitalerhöhung. Diese ist zum einen möglich, wenn für die Zeichnung eine genügende Anzahl von authorized shares besteht; nach § 242 (a) (3) DGCL kann die Anzahl von authorized shares auch erhöht werden. Das board of directors ist verpflichtet, das gezeichnete und aufgebrachte Gesellschaftskapital einzufordern. Demzufolge hat das board of directors der *corporation* die Pflicht, Gesellschafts- und

---

[1026] Vgl. Hirte/Bücker/von Bonin, § 10 Rz. 74.

[1027] Erst seit dem Jahr 2004 ist es durch die Neufassung des § 152 DGCL möglich, auch „any tangible or intangible property or any benefit to the *corporation* or any combination thereof" neben Barkapital als Einlage einzubringen.

Gläubigerinteressen vor Gesellschafterinteressen zu stellen. Nach § 170 (a) DGCL darf an die Gesellschafter nur dann eine Dividende ausgeschüttet werden, wenn die Gesellschaft einen Jahresüberschuss erzielt hat und das freie Vermögen der *corporation* größer ist als das eingezahlte Mindestkapitel der Gesellschaft. Nach § 170 i.V.m. § 154 DGCL kann auch der sog. „surplus" zur Dividendenausschüttung genutzt werden. Beim surplus handelt es sich um den Betrag, den das Reinvermögen („net assets") der Gesellschaft, d.h. das Anlagevermögen abzüglich aller Verbindlichkeiten, („the amount by which total assets exceed total liabilities") das „capital" übersteigt.[1028]

Das DGCL sieht in §§ 151 ff. unterschiedliche Arten von Gesellschaftsanteilen bei der *corporation* vor:

- „Common shares" gewähren dem Anteilseigner Stimm- und Vermögensrechte;
- „Private shares" und „dividend preferred shares" bzw. „liquidation preferred shares": Derartige Vorzugsaktien gewähren ihren Anteilseignern bevorzugt Dividenden bzw. Liquidationserlöse;
- „Redeemable stocks", welche den Anteilseignern gem. § 151 (2)(b) DGCL ein Rückerwerbs- bzw. Amortisationsrecht zubilligen;
- „Convertible stocks" nach § 151 (2)(e) DGCL, welche der *corporation* das Recht auf Wandlung bzw. Umtausch einräumen.

Nach § 170 DGCL hat das board of directors die alleinige Entscheidungsbefugnis, ob die *corporation* eine Dividende bezahlt oder nicht. Die „business attachment rule" sieht einen Schutz des gezeichneten Kapitals vor. Vor dem Hintergrund eines nicht notwendigen oder geringen Mindestkapitals ist der Gläubigerschutz nach US-Recht äußerst gering.[1029]

Die Übertragung der Aktienanteile („transfer of shares") richtet sich zum einen nach den in der Gesellschaftssatzung festgelegten Regeln, zum anderen nach dem im Jahr 2011 überarbeiteten bundesstaatlichen Uniform Commercial Code (UCC), den auch der US-Bundesstaat Delaware anerkennt. Beachtenswert ist, ob es sich um üblicherweise verbriefte Anteile handelt oder um die seltenere Gattung unverbriefter Anteile. Während bei verbrieften Anteilen die Übertragung durch Einigung und Übergabe erfolgt, ist bei unverbrieften Anteilen für eine rechtswirksame Übertragung nach Ch. 8, § 313 (1)(b) UCC zusätzlich die Registrierung des neuen Gesellschafters durch Eintragung in das Anteilsbuch der Gesellschaft gem. Ch. 8, § 308 (4) UCC erforderlich. Die *corporation* hat diese Registrierung dem Erwerber wie dem Veräußerer der Gesellschaftsanteile nach Ch. 8, § 408 UCC anzuzeigen. Nach § 202 (b) DGCL ist es möglich, die Übertragung von Gesellschaftsanteilen einzuschränken. Insbesondere bei einer *close corporation* dient die Einschränkung der Übertragbarkeit von Geschäftsanteilen dazu, den begrenzten Gesellschafterkreis von 30 Personen nicht durch den Eintritt unbekannter Personen gegen den Willen der Altgesellschafter zu verändern.

[1028] Vgl. Mellert/Verfürth, Teil II. Rz. 179.

[1029] Vgl. Hirte/Bücker/von Bonin, § 10 Rz. 85; vgl. Klein/Coffee, Business Organization and Finance: Legal and Economic Principles, 9. Aufl. 2004, S. 228.

7.5.4.3 Gesellschaftsorgane

Gesellschaftsorgane der *corporation* sind das board of directors und die Gesellschafterversammlung. Nach § 141 (a) DGCL obliegen dem board of directors die Geschäftsführung sowie die Außenvertretung der *corporation*. § 142 (a) DGCL gestattet es dem board of directors, Geschäftsführungsaufgaben auf andere Personen, sog. „officers", zu delegieren. Da das DGCL keine Mindestanzahl von directors für die *corporation* vorschreibt, kann auch ein einzelner director nach § 141 (b) S. 1 DGCL die Geschäftsführung übernehmen. Üblicherweise wird die Anzahl der directors von den Gründern im certificate of incorporation geregelt. § 141 (b) S. 3, 4 DGCL legt fest, dass die Gründer in der Gesellschaftssatzung auch Eigenschaften und Voraussetzungen für die Übernahme des Amtes eines directors bestimmen können. Oft kommt es vor, dass bei *corporations* der Präsident bzw. der Chief Executive Officer im board of directors vertreten ist. Daneben sitzen in den größeren *corporations*, insbesondere in den an der NYSE notierten Publikumsgesellschaften, unabhängige directors, sog. „independent officers", z.B. directors anderer *corporations*, Wissenschaftler oder Politiker. Dieses Gremium unabhängiger directors bildet die Grundlage für die Anwendung der „business judgement rule", welche über die ordnungsgemäße Geschäftsführung wacht. Das board of directors nimmt, im Vergleich zum deutschen Recht, auch Aufgaben eines Aufsichtsrats wahr.

Das board of directors fällt seine Entscheidungen üblicherweise auf monatlichen Sitzungen, wobei ihm nach § 141 (c) DGCL das Recht eingeräumt wird, Aufgaben an sog. „committees" zu übertragen. Die übliche Geschäftsführung obliegt den officers. Neben dem Präsidenten („president") vertreten ein Chief Executive Officer (CEO) und/oder mehrere „vice presidents" die *corporation*. Vergleichbar zum deutschen Recht haben die directors gegenüber der *corporation* Sorgfalts- und Treuepflichten, die sog. „duty of care" und „duty of loyalty" zu erfüllen. Während die duty of care verlangt, dass directors bei ihren Handlungen diejenige Sorgfalt zu beachten haben, welche eine durchschnittlich sorgfältige und umsichtige Person unter vergleichbaren Umständen in eigenen Angelegenheiten anwenden würde, verlangt die duty of loyalty, dass Entscheidungen der directors unabhängig und frei von Eigeninteressen getroffen werden müssen.[1030]

Zweites Organ der *corporation* bildet die Gesellschafterversammlung. Nach dem DGCL hat die Gesellschafterversammlung u.a. folgende Rechte:

- Bestimmung der directors nach § 211 (b) DGCL;
- Abberufung der directors nach § 141 (k) DGCL;
- Veränderung des certificate of incorporation nach § 242 (b) DGCL;
- Veränderung der Gesellschaftsstruktur nach § 251 (c) DGCL;
- Sitzverlegung der *corporation* nach § 390 DGCL;
- Veräußerung der *corporation* nach § 271 (a) DGCL;
- Liquidation der *corporation* nach § 275 DGCL;

[1030] Vgl. Hirte/Bücker/von Bonin, § 10 Rz. 47; siehe dazu auch McMullin v. Beran, A. 2d 910, 916 (Del. 2000).

- Einsicht in die Liste der Anteilseigner sowie der Geschäftsbücher und Aufzeichnungen der *corporation* und möglicher Tochtergesellschaften nach § 220 (a), (b) DGCL.

§ 211 (b) DGCL schreibt vor, dass jährlich eine Gesellschafterversammlung der *corporation* stattzufinden hat; daneben kann nach § 211 (c) DGCL auch eine außerordentliche Gesellschafterversammlung anberaumt werden, insbesondere dann, wenn Gründe für die Einberufung einer derartigen Gesellschafterversammlung in der Satzung bestimmt sind. Grundsätzlich ist die Gesellschafterversammlung beschlussfähig, wenn mindestens 50 % der Gesellschaftsanteile direkt oder per Vollmacht vertreten sind. Eine schriftliche oder elektronische Stimmrechtsvertretung ist nach § 212 (c) DGCL möglich. Nicht unüblich bei *close corporations* ist es, dass die Gesellschafter die Geschäfte der *corporation* als sog. „managing shareholders" selbst führen und die Gesellschaft nach außen vertreten.[1031]

7.5.4.4 Haftung

Directors und officers haften grundsätzlich auf Schadensersatz nach dem Common Law, wenn sie die *corporation*, Geschäftspartner bzw. sonstige Dritte geschädigt haben, insbesondere bei Verstößen gegen gesetzliche Verbote bzw. bei Pflichtverletzungen gegenüber der *corporation*. Allerdings verschafft § 102 (b) (7) DGCL den Gründern der Gesellschaft die Möglichkeit, directors trotz ihres Fehlverhaltens von Schadensersatzforderungen der Gesellschaft bzw. Dritter freizustellen und etwaige Kosten zu übernehmen. Diese sog. „indemnification", d.h. die Haftungs- und Kostenfreistellung, ist gem. § 145 (a), (b) DGCL nur dann möglich, wenn der director bzw. officer weder kollusiv gegenüber der *corporation* noch rechtswidrig gehandelt, sondern bei seiner Tätigkeit den Grundsatz des interessengemäßen Handelns gegenüber der Gesellschaft oder Dritten verfolgt hat. § 145 (d) DGCL sieht vor, dass entweder die von der Schadenshandlung nicht betroffenen directors, ein Ausschuss unabhängiger directors, die Gesellschafter oder ein unabhängiger Rechtsanwalt prüfen, ob die Schadensersatzvoraussetzungen des Anspruchstellers gegeben sind. Üblich ist es, bei einem etwaigen Schadensfall für jeden einzelnen director bzw. officer oder für das gesamte board eine sog. „D&O liability insurance" abzuschließen. Der Haftungsausschluss gilt dann nicht, wenn directors bzw. officers ihre Treue- und Loyalitätspflichten verletzen oder den in der Satzung der *corporation* festgelegten Rahmen der Vertretungsmacht überschreiten. Dazu kommen Schadensersatzverpflichtungen bei Verstößen gegen das Common Law, gegen Gesetze des US-Bundesstaates Delaware oder gegen Bundesgesetze.[1032]

Für die Gesellschafter der *corporation* besteht grundsätzlich keine Haftung für Verbindlichkeiten der Gesellschaft, weil die *corporation* als juristische Person mit eigener Rechtspersönlichkeit ausgestattet ist und somit für die Verbindlichkeiten grds. ausschließlich haftet. Wie im deutschen Recht ist allerdings auch gegenüber den Gesellschaftern einer *corporation* eine Durchgriffshaftung denkbar. Dieses sog. „piercing of the corporate veil" (Durchgriffs-

---

[1031] Vgl. Mellert/Verfürth, Teil II. Rz. 183.

[1032] Vgl. Bungert, Gesellschaftsrecht in den USA, 1999, S. 42.

haftung) ist bei vertraglichen wie bei deliktischen Ansprüchen möglich.[1033] Die Gesellschafter haften dann persönlich, wenn sie in betrügerischer Absicht oder durch eine unerlaubte Handlung tätig geworden sind; in Betracht kommt auch die Durchgriffshaftung, wenn die Gesellschafter eine *corporation* gegründet haben, um Gesetze zu umgehen.[1034]

Die Rechtsprechung hat bisher keinen Fall entschieden, bei dem es zur Durchgriffshaftung gegenüber Gesellschaftern einer *public corporation* gekommen ist. Ein Grund mag sein, dass die Gesellschafter bei einer *public corporation* nicht aktiv in das Management eingreifen und somit eine Durchgriffshaftung verursachen. So hat die Rechtsprechung bisher nur die Durchgriffshaftung gegenüber Gesellschaftern bei *close corporations* zugelassen, bei denen die Gesellschafter auch Aufgaben von directors bzw. officers übernommen hatten.[1035] Auch im Verhältnis zwischen Mutter- und Tochtergesellschaften kann es in seltenen Fällen zur Durchgriffshaftung gegenüber den Gesellschaftern, welche auch juristische Personen sein können, kommen.[1036] Außerdem können das Nichteinhalten gesellschaftsrechtlicher Formalia, z.B. keine ordnungsgemäße Buchführung bzw. keine Protokollierung von Gesellschafterbeschlüssen, oder eine Unterkapitalisierung der Tochtergesellschaft eine persönliche Haftung der Gesellschafter begründen.[1037]

Eine besondere Verhaltensweise haben Mehrheitsgesellschafter bei einer *corporation* zu beachten. Zwar muss es für jeden Gesellschafter möglich sein, in der Gesellschafterversammlung seine eigenen Interessen grds. ohne die Rücksichtnahme auf andere Gesellschafter zu vertreten. Nach ständiger Rechtsprechung treffen einen Mehrheitsgesellschafter allerdings dieselben Sorgfalts- und Treuepflichten („fiduciary duties") wie die directors.[1038] Typisches Beispiel dafür sind sog. „selfdealing transactions", nach denen sich ein Mehrheitsgesellschafter gegenüber Minderheitsgesellschaftern Vorteile verschafft. Bei einem Beschluss der Gesellschafterversammlung, der durch den Mehrheitsgesellschafter geprägt ist, ist oberstes Gebot, dass auch die Minderheitsgesellschafter fair behandelt werden. Selbst wenn die Sorgfalts- und Treuepflichten der directors auf Mehrheitsgesellschafter anzuwenden sind – „duty of care" und „duty of loyalty" –, stellt die Rechtsprechung fest, dass ein Mehrheitsgesellschafter im Umkehrschluss nicht dazu verpflichtet ist, gegen seine eigenen Interessen zu handeln und den Interessen von Minderheitsgesellschaftern den Vorzug zu geben.[1039]

[1033] Vgl. Depenbrock, „Piercing the corporate veil": Durchgriffshaftung im US-amerikanischen Recht, WiB 1996, 66 ff.

[1034] Vgl. Merkt/Göthel/GR, 2. Teil Rz. 394 ff.

[1035] Vgl. Hirte/Bücker/von Bonin, § 10 Rz. 70.

[1036] Vgl. Merkt/Göthel/GR, 2. Teil Rz. 397.

[1037] Vgl. dazu mit vielen Beispielen Hirte/Bücker/von Bonin, § 10 Rz. 69, 71.

[1038] Vgl. Sinclair Oil Corp. v. Levien (Del. 1971) 280 A.2d, 717; Kahn v. Lynch Com. Sys. Inc. (Del. 1994) 638 A.2d, 1110; Kahn v. Tremont Corp. (Del. 1997) 649 A.2d, 422.

[1039] Vgl. Getty Oil v. Skelly Oil Co. (Del. 1970) 267 A.2d, 883; Sinclair Oil Corp. v. Levien (Del. 1971) 280 A.2d, 717.

7.5.5 Supranationale Gesellschaften in der EU

Die EU hat zur Vereinheitlichung des Gesellschaftsrechts im Gemeinsamen Markt supranationale Gesellschaftsformen entwickelt. Sie bilden einen ersten Schritt zur Vereinheitlichung der gesellschaftsrechtlichen Rahmenbedingungen innerhalb aller Mitgliedstaaten. Diese supranationalen Gesellschaftsformen beinhalten einen unschätzbaren Vorteil: Die Standortwahl einer nach EU-Recht gegründeten Gesellschaft in einem der EU-Mitgliedstaaten kann ohne das Rechtsproblem eines etwaigen Aufeinandertreffens unterschiedlicher gesellschaftsrechtlicher und kollisionsrechtlicher Regelungen vorgenommen werden. Die bedeutendsten supranationalen Gesellschaftsrechtsformen in der EU sind die Europäische Wirtschaftliche Interessenvereinigung und die Europäische Aktiengesellschaft.

7.5.5.1 Europäische Wirtschaftliche Interessenvereinigung (*EWIV*)

Die *EWIV* ist als erste grenzüberschreitende Gesellschaft innerhalb der Europäischen Union durch eine EWG-Verordnung im Jahr 1985 geschaffen worden.[1040] Art. 3 Abs. 1 EWIV-VO regelt, dass die Möglichkeit zur Gründung einer *EWIV* die Erleichterung bzw. die Entwicklung wirtschaftlicher Tätigkeiten innerhalb der Mitgliedstaaten und den Ausbau der wirtschaftlichen Tätigkeiten auf Unternehmensebene in der Europäischen Union zum Zweck hat. Bei der *EWIV* handelt es sich, wenn sie ihren Sitz in Deutschland hat, gem. § 1 EWIV-AG um eine Personengesellschaft, auf die die rechtlichen Regelungen des HGB für eine deutsche OHG analog anzuwenden sind, allerdings mit der Möglichkeit der Fremdgeschäftsführung.[1041] Art. 3 Abs. 1 EWIV-VO legt fest, dass der Gesellschaftsrechtsform der *EWIV* unterstützende Funktion zukommen soll, um innerhalb der EU z.B. grenzüberschreitende Unternehmens-, Forschungs- und Vertriebstätigkeit zu fördern. Art. 3 Abs. 2 EWIV-VO untersagt folgende Tätigkeiten für die *EWIV*:

- Leitungs- oder Kontrollmacht über die eigenen Tätigkeiten ihrer Mitglieder oder die Tätigkeiten eines anderen Unternehmens nach Art. 3 Abs. 2 a) EWIV-VO;
- Halten von Aktien oder Gesellschaftsanteilen nach Art. 3 Abs. 2 b), 1. HS EWIV-VO an Unternehmen, welche die *EWIV* gegründet haben;
- Maximale Beschäftigungsanzahl von 500 Arbeitnehmern bei der *EWIV* nach Art. 3 Abs. 2 c) EWIV-VO;
- Keine Darlehensvergabe der *EWIV* an leitende Persönlichkeiten von Mitgliedsunternehmen nach Art. 3 Abs. 2 d) S. 1, 3 EWIV-VO;
- Keine Mitgliedschaft der *EWIV* an einer anderen EWIV nach Art. 3 Abs. 2 e) EWIV-VO;
- Keine Teilnahme bzw. Nutzung von Kapitalmärkten nach Art. 23 EWIV-VO.

[1040] EWIV-VO (EWG) Nr. 2137/1985 v. 25.7.1985, ABl. 1985, L 199/1; vgl. dazu Schade, § 22 Rz. 550.

[1041] Vgl. MH/Salger, § 94 Rz. 21.

7.5.5.1.1 Gründung und Satzung

Nach Art. 1 Abs. 1 S. 2 EWIV-VO haben die Mitglieder der *EWIV* einen Gründungsvertrag abzuschließen, welcher nach Art. 7 S. 1 EWIV-VO beim zuständigen Handelsregister zu hinterlegen ist. Der Gründungsvertrag hat nach Art. 5 EWIV-VO folgenden Mindestinhalt:

- Name der Interessenvereinigung nach Art. 5 a) EWIV-VO;
- Sitz der Interessenvereinigung nach Art. 5 b) EWIV-VO, welcher nach den Regelungen des Art. 12 EWIV-VO zu bestimmen ist. Möglich ist zum einen der Ort der Hauptverwaltung der *EWIV* oder der Hauptverwaltungssitz eines Mitglieds der *EWIV*. Ist der Sitz der Interessenvereinigung festgelegt, hat sie dort ihre Tätigkeit auszuüben;
- Angabe des Unternehmensgegenstands nach Art. 5 c) EWIV-VO;
- Detaillierte Angaben zu jedem Mitglied der *EWIV*, so z.B. Firma, Rechtsform, Sitz, Registernummer und Ort des Registers nach Art. 5 d) EWIV-VO;
- Dauer der Interessenvereinigung nach Art. 5 e) EWIV-VO.

Art. 4 Abs. 1 EWIV-VO regelt, dass Mitglieder der *EWIV* natürliche oder juristische Personen sein können. Nach Art. 48 Abs. 2 EGV kann es sich dabei um Personen- oder Kapitalgesellschaften handeln. Auch Gesellschaften des öffentlichen Rechts können Mitglieder einer *EWIV* sein. Ebenfalls können Privatpersonen, welche gewerblich oder freiberuflich tätig sind, nach Art. 4 Abs. 1 b) EWIV-VO Mitglieder einer *EWIV* sein. Voraussetzung ist, dass mindestens zwei Personen aus verschiedenen EU-Mitgliedstaaten die *EWIV* gründen. Bei Privatpersonen ist davon auszugehen, dass ihr Sitz in dem Land der EU besteht, indem sie schwerpunktmäßig beruflich tätig sind; bei Gesellschaften kommt das Land innerhalb der EU in Betracht, in dem die Gesellschaft ihren Verwaltungssitz hat.[1042] Nach Art. 3 Abs. 1 EWIV-VO darf die *EWIV* keine Gewinnerzielungsabsicht verfolgen. Anfallende Gewinne stehen nach Art. 21 Abs. 1 EWIV-VO den einzelnen Mitgliedern zu.

Art. 6 EWIV-VO normiert, dass die *EWIV* einzutragen ist, und zwar gemäß Art. 39 EWIV-VO in das Handelsregister nach den Modalitäten des Sitzstaates. Aus Art. 1 Abs. 2 EWIV-VO ist abzuleiten, dass der Eintragung konstitutive Wirkung zukommt. Erst nach Eintragung erwirbt die *EWIV* eine eigene Rechtspersönlichkeit; sie wird Träger von Rechten und Pflichten. Für eine in Deutschland ansässige *EWIV* gilt nach Art. 3 Abs. 1 EWIV-AG[1043], dass die Geschäftsführer die *EWIV* im zuständigen Handelsregister anzumelden haben. Der Anmeldung ist der Gründungsvertrag beizufügen. Eine Veröffentlichung der zwingend in Art. 5 EWIV-VO vorgeschriebenen Angaben im Gründungsvertrag sowie der Nummer, dem Tag und dem Ort der Eintragung der *EWIV* hat gem. Art. 8 EWIV-VO in dem für jedes Mitgliedsland bestehenden amtlichen Mitteilungsblatt, in Deutschland im Bundesanzeiger zu erfolgen. Das gilt nach Art. 11 EWIV-VO auch für das Amtsblatt der Europäischen Gemeinschaften.

[1042] Vgl. Schade, § 22 Rz. 550; Müller/Hoffmann/Bärwaldt, Beck'sches Handbuch der Personengesellschaften, 3. Aufl. 2009, § 19 Rz. 25.

[1043] EWIV-Ausführungsgesetz v. 14.4.1988, BGBl. 1988 I, S. 514 ff.

7.5.5.1.2 Mindestkapital

Die EWIV-VO schreibt kein Mindestkapital vor. Einlage- bzw. Beitragsverpflichtungen sind i.d.R. im Gesellschaftsvertrag geregelt. Diese Förderpflichten ergeben sich aber immanent aus der Struktur der *EWIV* als Personengesellschaft. Haben die Mitglieder der *EWIV* im Gesellschaftsvertrag Einlagen bzw. Beiträge beschlossen, können die Mitglieder nur einstimmig nach Art. 17 Abs. 2 e) EWIV-VO Änderungen über die Höhe der Einlagen bzw. der Beiträge – evtl. auch laufend zu erbringende Beiträge – beschließen. Erzielt die *EWIV* Verluste, haben die Mitglieder nach Art. 21 Abs. 2 EWIV-VO die Verbindlichkeiten der Gesellschaft auszugleichen.

7.5.5.1.3 Gesellschaftsorgane

Nach Art. 16 Abs. 1 S. 1 EWIV-VO sind Gesellschaftsorgane der *EWIV* zum einen die gemeinschaftlich handelnden Mitglieder, die auch die Gesellschafterversammlung bilden, sowie der oder die Geschäftsführer. Möglich ist nach Art. 16 Abs. 1 S. 2 EWIV-VO die Berufung anderer Organe, z.B. eines Aufsichtsrats. Die Mitgliederversammlung fasst ihre Entscheidungen durch Beschlüsse. Normen über die Art und Weise der Beschlussfassung sieht die EWIV-VO nicht vor, mit Ausnahme des Art. 17 Abs. 4 EWIV-VO wünscht eines der Mitglieder der *EWIV* eine Anhörung aller Mitglieder, um eine gemeinsame Entscheidung fällen zu können, hat eine solche Anhörung stattzufinden. Nach Art. 19 EWIV-VO obliegt die Geschäftsführung bzw. die Außenvertretung der Geschäftsleitung. Fremdgeschäftsführung ist bei der *EWIV* möglich. Da die Mitgliederversammlung nach Art. 16 Abs. 2 EWIV-VO Beschlüsse zur Zweckerreichung der *EWIV* treffen kann, ist es ihr somit indirekt auch möglich, Aufgaben der Geschäftsführung wahrzunehmen bzw. der Geschäftsführung direkte Weisungen zu erteilen.[1044]

7.5.5.1.4 Haftung

Nach Art. 1 Abs. 2 EWIV-VO verfügt die *EWIV* über eine eigene Rechtspersönlichkeit; sie ist Träger von Rechten und Pflichten und haftet somit grundsätzlich ausschließlich für die in ihrem Namen eingegangenen Verbindlichkeiten unbeschränkt mit ihrem Gesellschaftsvermögen. Außerdem sieht Art. 24 Abs. 1 S. 1 EWIV-VO vor, dass alle Mitglieder der *EWIV* für die Verbindlichkeiten der Gesellschaft unbeschränkt und gesamtschuldnerisch haften. Vergleichbar zur Haftung von OHG-Gesellschaftern nach HGB haften ausgeschiedene Mitglieder einer *EWIV* nach Artt. 34, 24 EWIV-VO i.V.m. § 160 HGB nach Ausscheiden noch für einen Zeitraum von fünf Jahren für Verbindlichkeiten, die während ihrer Mitgliedschaft entstanden sind. Neu aufgenommene Mitglieder einer *EWIV* haften nach Art. 26 EWIV-VO grundsätzlich für Verbindlichkeiten, die vor der Begründung der Mitgliedschaft entstanden sind, es sei denn, dem neuen Mitglied wird eine Haftungsbegrenzung zugebilligt, welche nach Art. 8 EWIV-VO bekannt zu machen ist. Eine Haftung der Geschäftsführung kann sich

---

[1044] Vgl. Spahlinger/Wegen/Wendt, Teil D Rz. 917.

aus der Verletzung von Sorgfaltspflichten ergeben, insbesondere, wenn sie die in § 5 Abs. 1 EWIV-AG verankerten Pflichten außer Acht lässt.

7.5.5.1.5 Gesellschafterwechsel

Der Kreis der Mitglieder einer *EWIV* kann sich im Laufe der Zeit ändern. So bleibt es einem Mitglied unbenommen, seine Mitgliedschaft nach den im Gründungsvertrag aufgestellten Regeln in der *EWIV* zu beenden, seinen Gesellschaftsanteil, wenn möglich, abzutreten bzw. einem neuen Mitglied den Eintritt in die *EWIV* zu ermöglichen. Nach Art. 26 EWIV-VO hat die Mitgliederversammlung einstimmig über die Neuaufnahme oder das Ausscheiden eines Mitglieds zu beschließen. Stirbt eine natürliche Person als Mitglied einer *EWIV*, werden die Erben nach Art. 28 Abs. 2 EWIV-VO nicht automatisch Mitglieder der *EWIV*. Voraussetzung dafür ist, dass der Gründungsvertrag eine erbliche Nachfolgeregelung vorsieht bzw. die übrigen Mitglieder der *EWIV* durch einstimmigen Beschluss den Erben als Mitglied aufnehmen. Außerdem sieht Art. 28 Abs. 1 S. 2 EWIV-VO vor, dass juristische Personen als Mitglieder der *EWIV*, z.B. bei Auflösung der Gesellschaft oder bei Insolvenz, aus der *EWIV* ausscheiden müssen. Das Ausscheiden kann nach Art. 27 Abs. 1 EWIV-VO durch ordentliche oder fristlose Kündigung, verbunden mit einstimmiger Zustimmung der übrigen Mitglieder der *EWIV*, erfolgen. Weitere Ausschlussgründe bzw. Ausscheidungsmöglichkeiten ohne Zustimmung der *EWIV*-Mitglieder sind im Gesellschaftsvertrag zu regeln.

7.5.5.2 Europäische Aktiengesellschaft (*SE*)

Grundlagen für die Rechtsform der Europäischen Aktiengesellschaft (*SE*) bilden insbesondere die EG-VO Nr. 2157/2001 über das Statut der *SE* sowie die ergänzende EG-RL Nr. 86/2001 über die Beteiligung der Arbeitnehmer,[1045] transformiert in deutsches Recht durch das Seit Ende 2004 in Deutschland geltende Gesetz zur Einführung der Europäischen Gesellschaft, SEEG,[1046] sowie durch das SE-Beteiligungsgesetz, SEBG.[1047] Die *SE* ist insbesondere für Unternehmen interessant, welche schon in mehreren Mitgliedstaaten der EU unternehmerisch tätig sind bzw. tätig werden wollen. Im deutschen Recht wird die *SE* nach § 3 SEEG als Aktiengesellschaft angesehen, auf die das deutsche Aktiengesetz in bedeutendem Umfang anwendbar ist.

[1045] Siehe EG-VO Nr. 2157/2001 v. 8.10.2001, ABl. 2001, L 294/1 geändert durch EG-VO Nr. 885/2004 v. 26.4.2004, ABl. 2004, L 168/1, geändert durch EG-VO Nr. 1791/2006 v. 20.11.2006, ABl. 2006, L 362/67 sowie EG-RL Nr. 86/2001 v. 8.10.2001, ABl. 2001, L 294/22; vgl. dazu Schade, § 22 Rz. 583.

[1046] SE-Einführungsgesetz v. 22.12.2004, BGBl. 2004 I, S. 3686 ff.

[1047] SE-Beteiligungsgesetz v. 22.12.2004, BGBl. 2004 I, S. 3675 ff.

7.5.5.2.1 Gründung und Satzung

Die SE kann nicht - wie (Kapital-)Gesellschaften sonst - von natürlichen Personen gegründet werden; vielmehr entsteht sie allein aus feststehenden Formen von Strukturmaßnahmen bestehender Gesellschaften.[1048]

Die Gründung der *SE* kann somit nur nach folgenden Möglichkeiten erfolgen:

- Verschmelzung von verschiedenen Aktiengesellschaften nach Artt. 2 Abs. 1, 17 ff. SE-VO;
- Gründung einer *Holding-SE* nach Artt. 2 Abs. 2, 32 ff. SE-VO von Kapitalgesellschaften aus mindestens zwei verschiedenen EU-Mitgliedstaaten bzw. durch eine Kapitalgesellschaft in einem EU-Mitgliedstaat und einer Tochtergesellschaft oder einer Zweigniederlassung in einem anderen EU-Mitgliedstaat;
- Gründung einer *Tochter-SE* nach Artt. 2 Abs. 3, 35 f. SE-VO;
- Gründung einer *SE* durch Umwandlung einer nationalen Aktiengesellschaft nach Artt. 2 Abs. 4, 37 SE-VO, wenn die AG seit mindestens zwei Jahren eine dem Recht eines anderen EU-Mitgliedstaates unterlegene Tochtergesellschaft hat;
- Gründung einer Tochtergesellschaft in der Rechtsform einer *SE* durch eine bereits bestehende *SE* nach Art. 3 Abs. 2 SE-VO.

Grundvoraussetzung ist, dass die Gründungsgesellschaften bzw. notwendigen Tochtergesellschaften oder Zweigniederlassungen ihren jeweiligen Sitz in unterschiedlichen EU-Mitgliedstaaten haben. Die *SE* unterliegt dem sog. Mehrstaatlichkeitsprinzip.[1049]

Bis heute ist die Verschmelzung von Aktiengesellschaften aus mehreren EU-Ländern die häufigste Form einer *SE*-Gründung. Anhang I SE-VO regelt, dass nur Aktiengesellschaften zu einer *SE* verschmolzen werden können, bzw. eine Aktiengesellschaft mit einer bereits existierenden *SE* in einem EU-Mitgliedstaat verschmolzen werden kann. Besteht z.B. bei einer großen GmbH mit Tochtergesellschaften in EU-Mitgliedstaaten die Absicht, die Rechtsform der *SE* anzustreben, ist demzufolge vor Gründung der *SE* ein Rechtsformwechsel von der GmbH in die AG notwendig. Dagegen können an der Gründung einer *Holding-SE* nach Artt. 2 Abs. 2, 32 ff. SE-VO Aktiengesellschaften und GmbHs teilnehmen, welche länderspezifisch in Anhang II SE-VO aufgezählt sind. Wiederum ist das Mehrstaatlichkeitsprinzip zu beachten: Die Kapitalgesellschaften stammen aus mindestens zwei verschiedenen EU-Staaten, wobei die jeweiligen vollständigen Gesellschaftsanteile in die *Holding-SE* überführt werden müssen.[1050]

Nach Artt. 2 Abs. 3, 35 f. SE-VO erfolgt die Gründung einer *Tochter-SE* von Personengesellschaften, Genossenschaften oder juristischen Personen des privaten oder öffentlichen Rechts, welche gewerblich tätig sein müssen, und zwar durch Übernahme der Gesellschafts-

---

[1048] Vgl. Grundmann, 5. Teil Rz. 1047.

[1049] Vgl. Herzig/Griemla, Steuerliche Aspekte der Europäischen Aktiengesellschaft / Societas Europea (SE), StuW 2002, 55, 57; Schade, § 22 Rz. 583.

[1050] Siehe dazu ausführlich Grundmann, 5. Teil Rz. 1056.

anteile der *SE*. Mindestens zwei Gesellschaften aus unterschiedlichen EU-Staaten bzw. eine Gesellschaft mit einer Tochtergesellschaft, welche sich in verschiedenen EU-Mitgliedstaaten befinden, können eine derartige *Tochter-SE* gründen. Wenn eine deutsche Gesellschaft eine *Tochter-SE* gründen möchte, kommt deutsches Aktienrecht zur Anwendung. Nach Art. 3 Abs. 2 SE-VO kann eine *SE* auch eine *Tochter-SE* gründen.[1051]

Letzte, aber zunehmend häufiger gewählte Möglichkeit zur Gründung einer *SE* ist die Umwandlung einer bestehenden Aktiengesellschaft in diese europäische Gesellschaftsrechtsform. Artt. 2 Abs. 4, 37 SE-VO setzen voraus, dass eine Aktiengesellschaft nach dem Recht eines Mitgliedstaates gegründet wurde und ihre Hauptverwaltung in diesem Mitgliedstaat hat; außerdem ist erforderlich, dass sie seit mindestens zwei Jahren eine Tochtergesellschaft in einem anderen EU-Mitgliedstaat unterhält. Bei dieser Art der *SE*-Gründung handelt es sich um einen Rechtsformwechsel, welcher vergleichbar ist mit einem Rechtsformwechsel nach deutschem Umwandlungsrecht.

Grundsätzlich kann eine *SE* nur durch Gesellschaften gegründet werden, die ihren Sitz in unterschiedlichen EU-Mitgliedstaaten haben. Art. 2 Abs. 5 SE-VO lässt aber folgende Ausnahme zu: Einzelne Mitgliedstaaten können einer Gesellschaft, die ihre Hauptverwaltung nicht in der EU hat, die Gründung einer *SE* gestatten, wenn diese Gesellschaft nach dem Recht eines Mitgliedstaates gegründet wurde und mit der Wirtschaft eines EU-Mitgliedstaates in tatsächlicher und dauerhafter Verbindung steht, z.B. durch eine bedeutende Betriebsstätte.

Nach Art. 7 S. 1 SE-VO muss die *SE* ihren Sitz und ihre Hauptverwaltung in einem EU-Mitgliedstaat haben. Nach Art. 8 Abs. 1 SE-VO ist die Sitzverlegung der *SE* in einen anderen EU-Mitgliedstaat unproblematisch möglich. Art. 8 Abs. 14 SE-VO gibt den einzelnen Mitgliedstaaten allerdings die Möglichkeit, durch nationale Rechtsvorschriften eine derartige Sitzverlegung abzulehnen, wenn die Sitzverlegung einen Wechsel des maßgeblichen Rechts zur Folge hat.[1052] Für *SE*, die in Deutschland ihren Sitz haben, gilt nach § 12 Abs. 2 SEEG, dass Aktionäre, welche der Sitzverlegung aus Deutschland in ein anderes EU-Mitgliedsland widersprechen, das Recht zur Barabfindung gegen Aktienabgabe zusteht. Darüber hinaus normiert § 13 SEEG auch den Schutz der Gläubiger einer *SE*, wenn diese ihren Sitz verlegen will. Danach können die Gläubiger Sicherheiten von der *SE* verlangen, wenn sie glaubhaft darlegen können, dass eine Sitzverlegung die Erfüllung ihrer Forderungen gefährdet.

7.5.5.2.2 Mindestkapital

Das Mindestkapital einer *SE* beträgt nach Art. 4 Abs. 2 SE-VO 120.000,00 €. Das Gesellschaftskapital der *SE* ist nach Art. 1 Abs. 2 S. 1 SE-VO in Aktien zerlegt. Nach Art. 4 Abs. 3 SE-VO können einzelne EU-Mitgliedstaaten ein höheres Gesellschaftskapital für eine *SE* bestimmen, wenn das nationale Recht für bestimmte Tätigkeiten – in Deutschland z.B.

[1051] Vgl. Neye/Teichmann, Der Entwurf für das Ausführungsgesetz zur Europäischen Aktiengesellschaft, AG 2003, 169, 170.

[1052] Vgl. Nagel, Ist die Europäische Aktiengesellschaft (SE) attraktiv?, DB 2004, 1299, 1303.

für das Bank- und Versicherungswesen – ein höheres Mindestkapital vorsieht.[1053] Artt. 5, 15 Abs. 1 SE-VO sehen vor, dass Kapitaleinlage und -erhalt nach dem nationalen Recht erfolgen, in dem die *SE* ihren Sitz hat, in Deutschland nach dem Aktiengesetz. Nach Art. 12 SE-VO ist die *SE* im Handelsregister am Sitz des Mitgliedstaates einzutragen, an dem sie ihren Hauptsitz hat.

7.5.5.2.3 Gesellschaftsorgane

Die *SE* kann nach dem monistischen oder nach dem dualistischen System gegründet werden. Das dualistische System sieht für die *SE* drei Gesellschaftsorgane vor, die Hauptversammlung, das Leitungsorgan (z.B. den Vorstand) und den Aufsichtsrat. Das dualistische System ist somit vergleichbar mit dem deutschen Aktienrecht, nach dem exakt diese drei Gesellschaftsorgane zu bilden sind. Dagegen bestehen bei einer monistisch gegründeten *SE* nur zwei Gesellschaftsorgane, die Hauptversammlung und der Verwaltungsrat. Nach Art. 38 a) SE-VO ist für jede *SE* – ob dualistisch oder monistisch gegründet – eine Hauptversammlung verpflichtend. Rechte und Pflichten der Hauptversammlung sowie deren Ablauf sind in den Artt. 52 ff. SE-VO geregelt. Art. 52 f) SE-VO legt ausdrücklich fest, dass das Recht des EU-Mitgliedstaates zur Anwendung kommen soll, in der die *SE* ihren Sitz hat. Für in Deutschland tätige *SE* kommen somit die §§ 118-147 AktG in Betracht, welche die Rechte der Hauptversammlung, ihre Einberufung sowie ihre Durchführung regeln.

Nach dem dualistischen System sind die bereits erwähnten drei Gesellschaftsorgane zu bilden: Die Hauptversammlung, ein Leitungsorgan und ein Aufsichtsrat. Das Leitungsorgan führt nach Art. 39 Abs. 1 SE-VO die Geschäfte der *SE* in eigener Verantwortung. In der SE-VO finden sich keine Regelungen über die Mindestanzahl von Mitgliedern des Leitungsorgans einer *SE*. Somit kann die Leitung einer *SE* auch aus einer Person bestehen. Die EU-Mitgliedstaaten können eigene Regelungen im Hinblick auf die Mindestanzahl von Personen des Leitungsorgans einer *SE* treffen. Für Deutschland legt § 16 SEEG fest, dass eine *SE* mit einem Grundkapital von 3,0 Mio. € über mindestens zwei Mitglieder innerhalb des Leitungsorgans verfügen muss, wenn die Satzung der *SE* keine andere Regelung enthält. Grundsätzlich wird die Leitung einer *SE* in Deutschland vom Aufsichtsrat berufen. Art. 39 Abs. 2 S. 2 SE-VO ermöglicht die Wahl der Mitglieder des Leitungsorgans durch die Hauptversammlung. Nach Art. 40 Abs. 1 SE-VO obliegt dem Aufsichtsrat die Überwachungspflicht des Leitungsorgans. Auch beim Aufsichtsrat schreibt die SE-VO keine Mindestanzahl von Mitgliedern im Aufsichtsorgan vor. Für in Deutschland tätige *SE* regelt § 17 Abs. 1 SEEG, dass mindestens drei natürliche Personen dem Aufsichtsorgan angehören müssen, bis zu einer Höchstzahl von maximal 21 Personen. Nach Art. 40 Abs. 2 S. 1 SE-VO sind die Mitglieder des Aufsichtsrats von der Hauptversammlung zu wählen.

Ist die *SE* nach dem monistischen System verfasst, besteht neben der Hauptversammlung als weiteres Gesellschaftsorgan nur noch der Verwaltungsrat, welcher gem. Art. 43 Abs. 1 SE-

---

[1053] Vgl. Hüffer, Aktiengesetz, 9. Aufl. 2010, § 7 Rz. 9.

VO neben der Geschäftsführung auch Aufsichtspflichten übernimmt.[1054] Art. 43 Abs. 1 SE-VO verschafft den einzelnen EU-Mitgliedstaaten die Möglichkeiten, die Aufsichtspflicht des Verwaltungsrats dahingehend zu stärken, dass das Verwaltungsorgan mit geschäftsführenden und nicht geschäftsführenden Direktoren besetzt wird, wobei letztere hauptsächlich Kontrollfunktionen ausüben.[1055] Die SE-VO legt die Mindestanzahl für Mitglieder des Verwaltungsrats nicht fest; in Deutschland bestimmt § 17 SEEG, dass grundsätzlich mindestens drei Personen den Verwaltungsrat einer *SE* mit Sitz in Deutschland zu bilden haben, es sei denn, die Satzung sieht eine geringere Anzahl an Leitungspersonen vor. § 23 Abs. 1 SEEG schreibt allerdings eine Mindestanzahl von drei Personen im Verwaltungsrat ab einem Grundkapital von 3,0 Mio. € vor, welche bei einer weiteren Erhöhung des Grundkapitals zunimmt. Die Amtszeit des Leitungsorgans einer *SE* beträgt nach Art. 46 Abs. 1 SE-VO höchstens sechs Jahre. Nach § 40 Abs. 1 SEEG bestellt der Verwaltungsrat einen oder mehrere geschäftsführende Direktoren, welche dem Verwaltungsrat angehören dürfen. Dann ist allerdings erforderlich, dass Mitglieder des Verwaltungsrats keine geschäftsführende Tätigkeit für die *SE* wahrnehmen.[1056] Es wird sogar als sinnvoll betrachtet, den Vorsitzenden des Verwaltungsrats zum geschäftsführenden Direktor zu bestellen.[1057] Nach Art. 47 Abs. 1 SE-VO können auch andere Gesellschaften Mitglieder des Leitungs-, Aufsichts- oder Verwaltungsorgans sein. Erforderlich allerdings ist, dass das nationale Recht des EU-Mitgliedstaates, in dem die *SE* ihren Sitz hat, Gesellschaften dieses Recht einräumt. §§ 76 Abs. 3 S. 1, 100 Abs. 1 S. 1 AktG, § 3 SEEG schreiben für deutsches Recht zwingend vor, dass Mitglieder des Vorstands bzw. Aufsichtsrats einer deutschen AG bzw. einer in Deutschland gegründeten *SE* nur natürliche Personen sein können.

7.5.5.2.4   Haftung

Nach Art. 1 Abs. 2 SE-VO haftet jeder Aktionär für die Verbindlichkeiten der *SE* nur mit dem von ihm gezeichneten Kapitalanteil. Ist die *SE* noch nicht im zuständigen Handelsregister des jeweiligen EU-Mitgliedstaates eingetragen, haften die für die *SE* bereits tätig gewordenen Personen nach Art. 16 Abs. 2 SE-VO für die bis zur Eintragung erfolgten Verbindlichkeiten der sog. *Vor-SE* persönlich und unbeschränkt, es sei denn, die *SE* übernimmt nach Eintragung die sich aus diesen Rechtshandlungen ergebenden Verpflichtungen. Die SE-VO enthält ansonsten keine Bestimmungen über die Haftung der Gesellschaftsorgane der *SE*. Art. 51 SE-VO verweist auf die nationalen Haftungsregelungen des EU-Mitgliedstaates, in dem die *SE* ihren Sitz hat. Demzufolge ist für die Gesellschaftsorgane einer *SE* mit Sitz in Deutschland das Aktienrecht anwendbar, hier insbesondere §§ 93, 116 AktG für Mitglieder des Leitungsorgans und des Aufsichtsrats bei einer *SE* mit einer dualistischen Verfassung. Das SEEG sieht keine eigene Haftungsregelung für den Verwaltungsrat bei einer monistisch

---

[1054] Siehe dazu ausführlich Waclawik, Der Referentenentwurf des Gesetzes zur Einführung der Europäischen (Aktien-)Gesellschaft, DB 2004, 1191, 1195; vgl. Grundmann, 5. Teil Rz. 1068 ff.

[1055] Vgl. Spahlinger/Wegen/Wendt, Teil D Rz. 971.

[1056] Vgl. Henssler, Unternehmerische Mitbestimmung in der Societas Europaea, FS Ulmer, 2003, 193, 207.

[1057] Vgl. Eder, Die monistisch verfasste Societas Europaea – Überlegungen zur Umsetzung eines CEO-Modells, NZG 2004, 544, 546.

verfassten *SE* vor. Demzufolge gelten für dieses Gesellschaftsorgan ebenfalls die §§ 93, 116 AktG, sofern die monistische *SE* ihren Sitz in Deutschland hat.

7.5.5.2.5 Gesellschafterwechsel

Die Übertragung von Gesellschaftsanteilen an einer *SE* sind in der SE-VO nicht geregelt. Art. 5 SE-VO verweist auf die nationalen Vorschriften, welche für Aktiengesellschaften in den jeweiligen EU-Mitgliedstaaten gelten.

7.5.5.2.6 Besondere Mitbestimmungsregelungen

Große Bedeutung für die *SE* hat die Mitbestimmung der Arbeitnehmer, welcher durch die EG-RL Nr. 86/2001[1058] zur Ergänzung des Statuts der *SE* für die Beteiligung der Arbeitnehmer Rechnung getragen wird, die in Deutschland durch das SEBG in nationales Recht transformiert wurde. Nach Art. 3 Abs. 3 SE-RL legen das Leitungsorgan einer *SE* und die Verhandlungsvertretung der Arbeitnehmer den Grad der Mitbestimmung innerhalb der *SE* fest. Wird eine *SE* neu gegründet, besteht die Verhandlungsvertretung der Arbeitnehmer nach Art. 3 Abs. 2 a) i) SE-RL durch gewählte oder bestellte Vertreter entsprechend der Zahl der in jedem Mitgliedstaat beschäftigten Arbeitnehmer der beteiligten Gesellschaften, welche an der Gründung der *SE* mitwirken. Nach § 5 Abs. 1 S. 2 SEBG ist für jeden Anteil der in einem Mitgliedstaat beschäftigen Arbeitnehmer, der 10 % der Gesamtzahl der in allen Mitgliedstaaten beschäftigten Arbeitnehmer der beteiligten Gesellschaften und der betroffenen Tochtergesellschaften oder betroffenen Betriebe oder ein Bruchteil davon beträgt, ein Mitglied aus diesem Mitgliedstaat in das besondere Verhandlungsgremium zu wählen oder zu bestellen. Liegt die Gesamtanzahl von Arbeitnehmern einer Gesellschaft unter 10 % der Gesamtzahl der zukünftigen Arbeitnehmer einer *SE*, steht den Arbeitnehmern dieses Unternehmens ebenfalls ein Sitz in der Arbeitnehmervertretung der *SE* zu. Wird die *SE* durch Verschmelzung gegründet, steht jeder an der Verschmelzung zur *SE* beteiligten Gesellschaft ein Sitz in der Arbeitnehmervertretung zu. Nach Art. 3 Abs. 2 a) ii) SE-RL darf dadurch aber die Anzahl der Vertreter in der Arbeitnehmervertretung das Verhältnis nicht mehr als 20 % übertreffen, und zwar im Vergleich zur zukünftigen Gesamtarbeitnehmeranzahl der *SE*.

Grundsätzlich ist das vom Leitungsorgan und von den Arbeitnehmervertretern zu bildende Verhandlungsgremium frei, den Umfang der Mitbestimmung festzulegen. Ausnahme bildet der Rechtsformwechsel durch Umwandlung. Nach Art. 4 Abs. 4 SE-RL ist der Grad der Mitbestimmung bei der *SE* beizubehalten, der vorher für die umzuwandelnde Gesellschaft für die Arbeitnehmer bestand. Art. 3 Abs. 4 SE-RL sieht vor, dass Beschlüsse des Verhandlungsgremiums mit absoluter Mehrheit zu fällen sind. Ausnahmsweise ist nach Art. 3 Abs. 4 SE-RL eine Zweidrittelmehrheit erforderlich, wenn die Mitbestimmungsrechte in der zukünftigen *SE* im Verhältnis zu den bisher bestehenden Gesellschaften verringert werden sollen. Kann sich das Verhandlungsgremium nicht innerhalb von sechs Monaten

---

[1058] SE-RL (EG) Nr. 86/2001 v. 8.10.2001, ABl. 2001, L 294/22; zur Arbeitnehmermitbestimmung in der SE detailliert Grundmann, 5. Teil Rz. 1081 ff.

gem. Artt. 5 Abs. 1, 7 Abs. 2 b) SE-RL auf betriebliche Mitbestimmungsregelungen einigen, verpflichtet die SE-RL die einzelnen EU-Mitgliedstaaten, eine Auffangregelung für die Mitbestimmung festzusetzen. Diese Auffangregelung ist in drei Teile gegliedert und umfasst:

- Bildung eines SE-Betriebsrats;
- Grenzüberschreitende Anhörungs- und Unterrichtungsrechte;
- Umfang der Mitbestimmung der Arbeitnehmer im Aufsichts- oder im Verwaltungsorgan.[1059]

Handelt es sich bei der umzuwandelnden Gesellschaft um eine mitbestimmte Gesellschaft, gilt dieser Grad der Mitbestimmung auch für die zukünftige *SE*. Bei einer Verschmelzung von Gesellschaften zu einer *SE* gilt nach Art. 7 Abs. 2 b) SE-RL bzw. § 34 Abs. 1 Nr. 2 a) SEBG der Grad der Mitbestimmung einer Gesellschaft vor Verschmelzung, bei der mindestens 25 % der Gesamtzahl der Arbeitnehmer beschäftigt sind. Bei der Gründung einer *SE* oder bei der Errichtung einer Holding-SE gilt nach Art. 7 Abs. 2 c) SE-RL bzw. § 34 Abs. 1 Nr. 3 a) SEBG die Auffangregelung nur dann, wenn in mindestens einer ehemaligen Gesellschaft Mitbestimmung bestand und mindestens 50 % der Arbeitnehmer der zukünftigen *SE* bzw. *Holding-SE* in dem ehemaligen mitbestimmten Unternehmen tätig waren. Unterhält eine *SE* einen oder mehrere Betriebe in Deutschland, gilt insoweit das Territorialitätsprinzip; auf derartige Betriebe ist das Betriebsverfassungsgesetz von 1972 (BetrVG) uneingeschränkt anwendbar.[1060]

7.5.5.3 Europäische Privatgesellschaft (SPE)

Seit langer Zeit planen EU-Kommission, Europaparlament und Europäischer Rat die Einführung einer weiteren supranationalen Gesellschaftsform, der Europäischen Privatgesellschaft (SPE). Die SPE soll speziell auf kleine und mittelständische Unternehmen (KMU) zugeschnitten werden, um deren Zugang zum Binnenmarkt zu verbessern, ihr Wachstum zu erleichtern und ihr Geschäftspotential zu entfalten.[1061] Die EU-Kommission hat am 25.6.2008 einen Entwurf für eine Verordnung über das Statut der Europäischen Privatgesellschaft (SPE-VO-E) vorgelegt. Das Europäische Parlament hat diesen Entwurf mit bedeutenden Änderungen am 10.3.2009 gebilligt. Die doch wesentlichen Änderungen führten zu einem Alternativvorschlag des EU-Parlaments. Bis heute ist keine endgültige Verabschiedung einer SPE-VO durch die Europäische Union erfolgt.

Nach Art. 1 der SPE-VO-E soll die Gründung als Gesellschaft mit beschränkter Haftung möglich sein. Die SPE ist Trägerin von Rechten und Pflichten und verfügt über eine eigene Rechtspersönlichkeit.[1062] Nach Art. 3 SPE-VO-E soll die Haftung auf das Gesellschaftsver-

---

[1059] Vgl. Spahlinger/Wegen/Wendt, Teil D Rz. 986.

[1060] Vgl. Mellert/Verfürth, Teil III. Rz. 30.

[1061] Merkt/Göthel, § 17 Rz. 1; Bormann/König, Der Weg zur Europäischen Privatgesellschaft, RIW 2010, 111, 112.

[1062] Vgl. zu den verwandten Regelungen der deutschen GmbH: Schade, § 22 Rz. 564.

mögen beschränkt sein, so dass die Gesellschafter nach Art. 3 Abs. 1 b) SPE-VO-E nur mit ihrer jeweiligen Einlage haften.

Im Gegensatz zur SE soll die Gründung der SPE nach dem Kommissionsvorschlag als Neugründung „ex nihilo" möglich sein.[1063] Nach Art. 8 Abs. 2 SPE-VO-E ist keine Beurkundung des Gesellschaftsvertrags vorgesehen; einfache Schriftform soll genügen. Außerdem wird im Rahmen eines Gründungsprozesses keine Mehrstaatlichkeit vorausgesetzt.[1064] Folglich können entweder eine Einzelperson oder mehrere Personen, ob private oder juristische, aus einem EU-Mitgliedstaat eine SPE gründen. Erforderlich soll aber ein grenzüberschreitender Bezug sein, der durch eines der folgenden Kriterien nach gewiesen werden kann:

- eine grenzüberschreitende Geschäftsabsicht oder ein grenzüberschreitender Gesellschaftszweck;
- die Zielvorgabe, in mehr als einem Mitgliedstaat in erheblichem Umfang tätig zu sein;
- Niederlassungen in verschiedenen Mitgliedstaaten oder
- eine in einem anderen Mitgliedstaat eingetragene Muttergesellschaft.[1065]

Wie die deutsche GmbH soll auch die SPE gem. Art. 9 Abs. 2 SPE-VO-E die Rechtsfähigkeit durch Eintragung in das für den Mitgliedstaat übliche Register, in Deutschland das Handelsregister, erwerben. Im Gegensatz zur SE soll es bei der SPE möglich sein, dass sich der Sitz der Hauptverwaltung der SPE und der Registersitz, d.h. das Registergericht, bei dem die SPE eingetragen ist, in unterschiedlichen Mitgliedstaaten, befinden können. Nach Art. 19 Abs. 4 SPE-VO-E soll das Mindestkapital der SPE 1 € betragen.

Während bei der EWIV wie auch bei der SE zusätzlich in großem Umfang das Gesellschaftsrecht des jeweiligen Mitgliedstaates neben den EG-Verordnungen gilt, soll nach dem Vorschlag der EU-Kommission gem. Art. 4 Abs. 1 SPE-VO-E die SPE-VO sowie die Satzung der SPE Basis für alle rechtlichen Regelungen der SPE sein.[1066] Die zukünftige SPE-VO und die SPE-Satzung sollen somit ein Vollstatut bewirken, welches nur in Ausnahmefällen durch das Recht eines Mitgliedstaates, in Deutschland durch das GmbHG, ergänzt werden soll und zwar durch die in der SPE-VO explizit aufgeführten Fälle.

Nach Art. 16 SPE-VO-E sollen Gesellschaftsanteile ohne Einschränkungen übertragbar sein. Zu beachten sollen allerdings die Regelungen der SPE-VO sowie der Satzung der SPE sein. Schriftform soll für die Übertragung erforderlich sein. Die schuldrechtliche Verpflichtung aus einem Anteilskaufvertrag unterliegen den Regelungen der Rom I-VO als IPR der Europäischen Union.

[1063] Vgl. Merkt/Göthel, § 17 Rz. 4.

[1064] So Hügel, Zur Europäischen Privatgesellschaft: Internationale Aspekte, Sitzverlegung, Satzungsgestaltung und Satzungslücken, ZHR (173) 2009, 309, 310 f.

[1065] So ausführlich Reithmann/Hausmann, Rz. 5243.

[1066] Vgl. Hommelhoff/Teichmann, Arbeitnehmer-Beteiligung in der Europäischen Privatgesellschaft (SPE) nach dem Verordnungsvorschlag, GmbHR 2008, 1193, 1195.

Nach Art. 26 Abs. 2 SPE-VO-E können die Gesellschafter die Organisation der Gesellschaft im Gesellschaftsvertrag selbst festlegen; allerdings erlegt der Entwurf der SPE-VO den Gesellschaftern in Form von zwingenden Regelungsaufträgen die Pflicht auf, vorbehaltliche der in Artt. 27, 29 SPE-VO-E getroffenen Teilregelungen das Verfahren der Beschlussfassung einschließlich der Beschlussgegenstände und -mehrheiten in der Satzung zu regeln.[1067]

Wie bei der SE kann auch bei der SPE die Unternehmensleitung dualistisch oder monistisch bestimmt werden. Bei der dualistischen Unternehmensleitung sollen nach Art. 2 Abs. 1 d) SPE-VO-E eine oder mehrere Personen die Geschäftsführung bilden. Zusätzlich ist ein Aufsichtsgremium als Kontrollorgan nach Art. 2 Abs. 1 e) SPE-VO-E zu installieren. Bei einer monistischen Unternehmensleitung soll ein Verwaltungsrat nach Art. 2 Abs. 1 d) SPE-VO-E gebildet werden, der für die Geschäftsführung der SPE Verantwortung trägt. Ein Kontrollorgan existiert nicht.

Art. 34 Abs. 1 SPE-VO-E sieht vor, dass die Regelungen der Arbeitnehmermitbestimmung auf die SPE anwendbar sein sollen, die in dem Mitgliedstaat gelten, in dem die SPE ins zuständige Register eingetragen ist.

[1067] Reithmann/Hausmann, Rz. 5244.

8 Internationaler Unternehmenskauf

8.1 Anwendbares Recht

Die wirtschaftliche Betätigung von Unternehmen im Ausland kann nicht nur durch die Errichtung von Niederlassungen, Gründung von Tochterunternehmen, der Vereinbarung von Joint Ventures oder durch strategische Allianzen erfolgen. Eine interessante Möglichkeit, die heutzutage immer bedeutender wird, bildet im internationalen Rechtsverkehr inzwischen auch der Kauf von Unternehmen im Ausland. Berührt der Unternehmenskauf aufgrund seiner Internationalität das Recht verschiedener Staaten, ist zu prüfen, welches Recht zur Anwendung kommt.

8.1.1 Völkerrecht und Europäisches Recht

Das Völkerrecht hat nur einen geringen Einfluss auf die Auswirkungen des internationalen Unternehmenskaufs. Zum einen bestehen zwischen verschiedenen Ländern bi- oder multilaterale Wirtschaftsverträge bzw. -abkommen; zum anderen haben sich die Mitgliedstaaten der WTO auf sog. „World Trade Agreements" geeinigt, die den Mitgliedstaaten erlauben, am freien Welthandel teilzunehmen.[1068] Erwähnenswert ist überdies das Völkergewohnheitsrecht zum Schutz vor Enteignungen, welches jedoch nur einen sehr begrenzten Schutz des Kapitaleinsatzes im fremden Land gewährleistet und daher nur eine geringe Sicherheit bei der Planung des Unternehmenserwerbs bietet.[1069]

Aus europäischer Sicht ist beim internationalen Unternehmenskauf die am 20.05.2004 in Kraft getretene EU-Übernahmerichtlinie (ÜR) zu beachten.[1070] Ihren sachlichen Anwendungsbereich umschreibt Art. 1 Abs. 1 ÜR als Koordinierung von Rechts- und Verwaltungsvorschriften, Verhaltenskodizes und sonstigen Regelungen für Übernahmeangebote für Wertpapiere einer dem Recht eines Mitgliedstaates unterliegenden Gesellschaft, sofern alle oder ein Teil dieser Wertpapiere zum Handel auf einem geregelten Markt in einem oder mehreren Mitgliedstaaten zugelassen sind.[1071] Außerdem hat das Europäische Wettbewerbs-

---

[1068] Vgl. Kronke/Merkt, Teil K Rz. 774.

[1069] Vgl. Herdegen, Internationales Wirtschaftsrecht, 13. Aufl., 2011 Rz. 1.

[1070] EG-RL Nr. 25/2004 v. 30.4.2004, ABl. 2004, L 142/12.

[1071] Kronke/Kronke/Haubold, Teil L Rz. 398.

recht großen Einfluss auf den internationalen Unternehmenskauf. Neben Art. 101 f. AEUV kommt die EG-Fusionskontrollverordnung (FKVO) zur Anwendung.[1072] Die FKVO regelt im Detail die Überprüfung von Unternehmenszusammenschlüssen in der Europäischen Union.

8.1.2 Internationales Privatrecht

Die Frage, welches nationale Privatrecht für einen bestimmten Unternehmenskauf maßgeblich ist, beantwortet sich nach den Bestimmungen des Internationalen Privatrechts (IPR), wegen des durch diese Bestimmungen gelösten Problems der Kollision von Privatrechtsnormen auch Kollisionsrecht genannt.[1073] In diesem Zusammenhang ist allerdings zu beachten, dass es sich bei dem IPR entweder um nationales Recht, mittlerweile aber auch um supranationales Recht handeln kann. Hatte früher z.B. auch in der Europäischen Union jeder Staat sein eigenes Internationales Privatrecht kodifiziert, Deutschland z.B. im Einführungsgesetz zum BGB (EGBGB), gilt nunmehr für alle EU-Mitgliedstaaten die Rom I-VO seit dem 17. Dezember 2009 über das auf vertragliche Schuldverhältnisse anzuwendende Recht.[1074] Für außervertragliche Schuldverhältnisse gilt seit dem 11. Januar 2009 umfassend für die EU-Mitgliedstaaten die Rom II-VO.[1075]

Ansonsten verfügt jedes nationale Recht weiterhin über sein eigenes IPR. Deshalb stellt sich bei der Frage nach dem anzuwendenden Recht zwangsläufig die vorgeschaltete Frage, nach welchem IPR das maßgebliche materielle Recht bestimmt werden muss, mit anderen Worten, ob z.B. für einen deutsch-indischen Unternehmenskauf das maßgebliche materielle Recht nach der Rom I-VO oder indischem IPR (oder einem dritten IPR) zu bestimmen ist.[1076] Einfach fällt die Antwort im Rahmen der „lex fori". Danach wendet jedes Gericht das nationale IPR an seinem Sitz an. Auf das Beispiel eines deutsch-indischen Unternehmenskaufs bezogen bedeutet dies, dass in Indien die Gerichte das indische IPR, in Deutschland die Gerichte die Rom I-VO, somit z.B. die Artt. 1 bis 4 Rom I-VO anwenden. Bei der Transaktion eines internationalen Unternehmenskaufs fehlt üblicherweise der Bezug zu einem nationalen Gericht und demzufolge auch der Direktbezug zur Anwendung eines bestimmten IPR. Üblich ist in einem solchen Fall bei rein beratenden Transaktionen die Anwendbarkeit des nationalen IPR eines Staates bzw. der Europäischen Union, in welchem bei auftretenden Problemen ein Rechtsstreit angestrengt würde.

[1072] EG-VO Nr. 139/2004 v. 20.1.2004, ABl. 2004, L 24/1.

[1073] Merkt/Göthel, § 4 Rz. 3.

[1074] EG-VO Nr. 593/2008 v. 17.6.2008, ABl. 2008, L 177/6.

[1075] EG-VO Nr. 864/2007 v. 11.7.2007, ABl. 2007, L 199/40.

[1076] Vgl. Merkt/Göthel, § 4 Rz. 6.

8.2 Arten des internationalen Unternehmenskaufs

Im Rahmen des internationalen Unternehmenskaufs stehen für den Erwerb eines Unternehmens verschiedene Arten zur Verfügung. Zum einen kann der Rechtsträger des Unternehmens gekauft werden, im deutschen Recht etwa durch Kauf der Anteile (z.B. bei AG und GmbH) oder der Beteiligungen (bei Personengesellschaften); international wird dafür der Begriff „share deal" verwendet.[1077] Die zweite Möglichkeit bildet der sog. „asset deal". Beim asset deal erwirbt der Übernehmer des Unternehmens alle Wirtschaftsgüter einer Gesellschaft. Dabei kann es sich um materielle wie immaterielle Wirtschaftsgüter handeln, so z.B. Grundstücke, Waren oder Forderungen, Kundenadressen und Geschäftsbeziehungen, Markenrechte, Know-how oder Goodwill etc. Die Übertragung der einzelnen Wirtschaftsgüter erfolgt beim asset deal nach dem Prinzip der Einzelrechtsnachfolge: Jeder Bestandteil des Unternehmens wird nach den für ihn maßgeblichen Vorschriften übertragen, wenn das anwendbare Recht – wie z.B. das deutsche – eine Übertragung des Unternehmens als Ganzes nicht gestattet.[1078] Denkbar ist außerdem eine Mischung von share deal und asset deal beim Unternehmenskauf.[1079]

8.2.1 Anteilskauf (share deal)

Der Anteilskauf stellt im Rahmen eines internationalen Unternehmenskaufs einen äußerst komplexen Vorgang dar. Neben der Frage der Anwendbarkeit des richtigen Kaufrechts spielen das Vertragsstatut, das Gesellschaftsstatut, das Formstatut sowie die Haftung des Anteilsübernehmers eine bedeutende Rolle.

8.2.1.1 UN-Kaufrecht/IPR

UN-Kaufrecht (CISG) ist anwendbar auf internationale Kaufverträge über Waren, bei denen es sich um bewegliche körperliche Gegenstände handelt. Nicht vom UN-Kaufrecht umfasst wird der Kauf von Rechten, z.B. Forderungen oder Urheberrechten. Aus dem Wortlaut des UN-Kaufrechts ist diese Unterscheidung nicht konkret abzuleiten; im Wege der Auslegung ist diese Unterscheidung zu treffen.[1080] Bei Gesellschafteranteilen an einem Unternehmen handelt es sich um sog. Mitgliedschafts- oder Beteiligungsrechte. Diese Rechte fallen ebenfalls nicht unter den Anwendungsbereich des UN-Kaufrechts. Demzufolge ist aus deutscher Sicht mittlerweile das IPR der Europäischen Union auf den Kaufvertrag des internationalen Unternehmenskaufs anwendbar, in Deutschland somit die Rom I-VO.

[1077] Vgl. Beisel/Beisel, Der Unternehmenskauf, 6. Aufl. 2009, Teil 1 Rz. 27.

[1078] Merkt, Internationaler Unternehmenskauf durch Beteiligungskauf, FG Sandrock, 1995, S. 136 f.

[1079] Dazu Rädler/Pöllath, Handbuch der Unternehmensakquisition, 1982, S. 261.

[1080] Vgl. Soergel/Lüderitz/Fenge, Bürgerliches Gesetzbuch, Bd. 13, Übereinkommen der Vereinten Nationen über Verträge über den internationalen Warenkauf (CISG), 13. Aufl. 2000, Art. 1 UN-KaufR Rz. 16.

8.2.1.2 Vertragsstatut

Der Kauf von Beteiligungen bzw. Mitgliedschaftsrechten an Gesellschaften hat in der Rom I-VO keine spezielle Regelung erfahren, sondern folgt den allgemeinen Kollisionsnormen.[1081] Daher bestimmt sich das Vertragsstatut nach Artt. 3 ff. Rom I-VO.[1082] Da über Art. 4 Abs. 1 Rom I-VO deutsches Kaufrecht zur Anwendbarkeit kommt, gilt auch für den internationalen Unternehmenskauf, sofern deutsches Recht zu beachten ist, das Abstraktionsprinzip, d.h. die Unterscheidung zwischen dem Verpflichtungsgeschäft und dem Verfügungsgeschäft.[1083]

Art. 4 Rom I-VO weist sinngemäß daraufhin, dass im Rahmen eines share deal das Recht des Staates anwendbar ist, zu dem der Unternehmenskauf die engste Beziehung aufweist. Dabei geht die h.M. in der Rechtsliteratur davon aus, dass die engste Verbindung zu jenem Staat besteht, in dem die Gesellschaft, die ganz oder teilweise zum Verkauf steht, gem. Art. 4 Abs. 2 Rom I-VO ihren Sitz bzw. in dem der Verkäufer der Gesellschaftsanteile seinen Sitz hat; haben die Parteien keine Rechtswahl vereinbart, gilt das Recht des Staates, in dem der Verkäufer seinen Sitz hat.[1084]

Die Vertragsparteien eines internationalen Unternehmenskaufs können innerhalb des Vertrags auch eine Vereinbarung über die Wahl des Rechts treffen, das dem Kaufvertrag zugrunde liegen soll. Dafür gilt z.B. beim IPR der Europäischen Union Art. 3 Abs. 1 Rom I-VO. Vorteilhaft bei der persönlichen Wahl des Vertragsstatuts ist, wenn die Vertragsparteien das Recht eines Staates als Grundlage für den Kaufvertrag wählen, dessen Rechtsordnung ihnen vertraut ist. In seltenen Fällen mag es denkbar sein, dass sich die Parteien auf neutrales Recht einigen. Das Bedürfnis für eine solche Wahl ergibt sich vielfach dort, wo die Parteien aus unterschiedlichen Ländern kommen und jede Partei auf dem ihr vertrauten Recht beharrt.[1085] Die Auswahl eines neutralen Rechts ist für die Vertragsgestaltung grundsätzlich zulässig,[1086] so- dass sich die Parteien auf geeignetes neutrales Recht bei der Vertragsabwicklung verständigen können.

Der Umfang des Vertragsstatuts ergibt sich aus dem europäischen IPR der EU nach Artt. 10, 12 Rom I-VO. Während sich Art. 10 Abs. 1 Rom I-VO auf das Zustandekommen des Vertrags bezieht, d.h. deutsches Recht über Wirksamkeit, schwebende Unwirksamkeit oder generelle Unwirksamkeit bzw. Teilnichtigkeit oder Nichtigkeit zur Anwendung kommt, verweist Art. 12 Abs. 1 a), b), c) Rom I-VO auf die Auslegung von Verträgen oder die Erfüllung bzw. die Nichterfüllung der vertraglich geschuldeten Leistungen. Darunter fallen alle Haupt- und Nebenpflichten der Vertragspartner.

[1081] Siehe auch Reithmann/Merkt/Göthel, Rz. 4403.

[1082] Vgl. dazu auch die früheren Ausführungen von Ebenroth/Wieken, ZVglRWiss 90 (1991), 235, 241 f.

[1083] Siehe dazu Schade, § 5 Rz. 48.

[1084] Vgl. für viele z.B. Palandt/Thorn, Art. 4 Rom I-VO Rz. 23; Hölters (Hrsg.)/Semler, Handbuch des Unternehmens- und Beteiligungskaufs, 7. Aufl. 2010, Teil VI Rz. 85.

[1085] Vgl. Merkt/Göthel, § 4 Rz. 25.

[1086] Vgl. OLG München, IPRax 1986, 178 f.; Palandt/Thorn, Art. 3 Rom I-VO Rz. 4; Göthel, Joint Ventures im Internationalen Privatrecht, 1999, S. 74 f.

8.2.1.3 Gesellschaftsstatut

Außerhalb des Vertragsstatuts kommt dem Gesellschaftsstatut besondere Bedeutung zu, weil eine Vielzahl gesellschaftsrechtlicher Fragen nach dem Gesellschaftsstatut („lex societatis") beurteilt werden.[1087] Im deutschen Recht ist das Gesellschaftsstatut nicht normiert; nach ständiger Rechtsprechung des BGH gilt der gewohnheitsrechtliche Grundsatz, dass das Gesellschaftsstatut das Recht ist, welches am Sitz der Hauptverwaltung der Gesellschaft gilt.[1088] Daran hat auch die sog. Centros-Entscheidung des EuGH bisher aus deutscher Sicht nichts geändert.[1089] Bei dem Gesellschaftsstatut handelt es sich um das Recht, welches zwischen der Gesellschaft und ihren Gesellschaftern sowie den Organen und den Gesellschaftern gilt. Das Gesellschaftsstatut regelt die Erfüllung des Kaufvertrags. Daneben enthält das Gesellschaftsstatut Regelungen über die:

- Fungibilität von Gesellschaftsanteilen bzw. Mitgliedschaftsrechten;
- Voraussetzungen für die Übertragung von Gesellschaftsanteilen bzw. Mitgliedschaftsrechten;
- Frage, ob schriftlich verfasste Gesellschaftsanteile Wertpapiere sind;
- Übertragung von in Gesellschaftsanteilen verbrieften Wertpapieren;
- Möglichkeit der Verfügung über das verbriefte Recht durch Verfügung über das verbriefende Wertpapier (Wertpapierrechtsstatut).[1090]

Dem Gesellschaftsstatut unterliegen allgemeine Übertragungsbeschränkungen oder Verbote, etwa gesellschaftsvertragliche Zustimmungserfordernisse der Gesellschafter sowie Mitteilungs- bzw. Bekanntmachungsverpflichtungen, wobei eine zulässige Umkehrung solcher Beschränkungen durch Wahl eines fremden Vertragsstatuts nicht möglich ist.[1091]

8.2.1.4 Formstatut

Art. 11 Rom I-VO bildet die Rechtsgrundlage für das sog. Formstatut. Das Formstatut regelt zum einen die Form des Kaufvertrags beim Unternehmenskauf, zum anderen finden sich dort Verweise auf Formerfordernisse des Staates, in dem das Rechtsgeschäft durchgeführt wird. Kommt deutsches Recht zur Anwendung, gelten somit die §§ 125 bis 129 BGB bzw. spezialgesetzliche Regelungen.

Zu unterscheiden ist das Geschäftsrecht vom Ortsrecht: Während das Geschäftsrecht, auch Wirkungsstatut genannt, jenes Recht ist, dem die materielle Wirksamkeit des Rechtsgeschäfts unterliegt (somit das Vertragsstatut), handelt es sich beim Ortsrecht um das Recht,

---

[1087] Vgl. Merkt/Göthel, § 6 Rz. 1.
[1088] Vgl. BGHZ 53, 181, 183; BGHZ 78, 318, 334; BGHZ 97, 269, 271; vgl. Staudinger-IntGesR/Großfeld, Rz. 15.
[1089] Siehe dazu S. 199.
[1090] Vgl. Merkt/Göthel, § 6 Rz. 64 ff.; dazu MK-IPR/Wendehorst, Art. 43 EGBGB Rz. 194.
[1091] Vgl. Kronke/Merkt, Teil K Rz. 801.

welches am Ort der Vornahme des Rechtsgeschäfts gilt, auch Ortsstatut genannt.[1092] Sind die Folgen im Orts- und Geschäftsrecht unterschiedlich geregelt, gelten die Folgen des milderen Rechts.[1093] Halten sich die Vertragsparteien während des Vertragsabschlusses an unterschiedlichen Orten auf, ist die jeweilige Ortsform i.S.v. Art. 11 Abs. 1 Rom I-VO anwendbar. Können die Vertragsparteien das Geschäftsrecht frei wählen, haben sie ebenfalls die freie Wahl des Formstatuts. Art. 3 Abs. 1 S. 3 Rom I-VO lässt zu, dass die Vertragsparteien ein drittes Recht als ausschließliches Formstatut berufen oder die alternative Geltung des Orts- oder des Wirkungsstatuts ausschließen.[1094] Haben die Vertragsparteien nach dem Wirkungsstatut oder dem Ortsstatut eine besonders strenge Form zu beachten, sieht Art. 11 Abs. 1 Rom I-VO diese strenge Form bei Anwendbarkeit des deutschen Rechts beim Kaufvertrag im Rahmen eines Verpflichtungsgeschäfts ebenfalls vor, so z.B. beim Verkauf von Geschäftsanteilen an einer GmbH gem. § 15 Abs. 3, 4 GmbHG. Keine eindeutige Meinung herrscht in Rechtsprechung und Rechtsliteratur bei der Formvoraussetzung des Verfügungsgeschäfts.[1095] Einerseits soll das Gesellschaftsstatut maßgeblich sein für die Form der Verfügung.[1096] Andererseits geht die überwiegende Meinung der Rechtsliteratur davon aus, dass auch das Verfügungsgeschäft den strengen Formvorschriften des Ortsstatuts zu unterwerfen ist, wobei bei einer Auslandsbeurkundung Gleichwertigkeit hinsichtlich der ausländischen beurkundenden Person wie auch des Beurkundungsvorgangs besteht.[1097] Allerdings hat die Rechtsprechung für die Wirksamkeit des Verfügungsgeschäfts die Zulässigkeit des Ortsstatuts auch bejaht.[1098]

Zu beachten sind die strengen Formerfordernisse eines Ortsstatuts nicht nur beim Kaufvertrag selbst, sondern auch bei vertraglichen Nebenabreden, den sog. „side letters". Ist die notarielle Beurkundung des Kaufvertrags bei einem internationalen Unternehmenskauf, z.B. nach § 15 Abs. 3, 4 GmbHG erforderlich, bedarf auch der side letter dieser notariellen Form. Bei Nichtbeachtung der Form ist nicht nur der side letter selbst, sondern der gesamte Kaufvertrag nichtig.

[1092] Vgl. Reithmann/Merkt/Göthel, Rz. 4424.

[1093] Vgl. OLG Celle NJW 1963, 2235 f.; Kronke/Merkt, Teil K Rz. 803.

[1094] Vgl. Merkt/Göthel, § 7 Rz. 3 ff.

[1095] Vgl. zum Streitstand Staudinger-IntGesR/Großfeld, Rz. 413 ff.; Palandt/Thorn, Art. 11 Rom I-VO Rz. 16, in der auf die weitere Gültigkeit von Art. 11 IV EGBGB bei dinglichen Verfügungen hingewiesen wird. Dazu auch Palandt/Thorn, Art. 11 EGBGB Rz. 20 sowie MK-IPR/Spellenberg, Art. 11 EGBGB Rz. 163.

[1096] Vgl. BGHZ 80, 76, 78; BGH WM 1969, 291, 292; BayObLG NJW 1978, 500, 501; Bredthauer, Zur Wirksamkeit gesellschaftsrechtlicher Beurkundungen im Kanton Zürich, BB 1986, 1864, 1866; Lutter/Hommelhoff, GmbH-Gesetz, 17. Aufl., 2009, § 15 Rz. 17.

[1097] So z.B. Merkt/Göthel, § 7 Rz. 27; Beisel/Beisel, Der Unternehmenskauf, 6. Aufl. 2009, Teil 1 Rz. 93; Hölters (Hrsg.)/Semler, Handbuch des Unternehmenskauf, 7. Aufl. 2010, Teil VI Rz. 85.

[1098] Vgl. RGZ 160, 225, 229; BGHZ 80, 76, 78.

8.2.1.5 Haftung

Eine Haftung des Käufers kann sich entweder aus der Firmenfortführung oder aus der Vermögensübernahme ergeben. So gilt für das deutsche Recht § 25 HGB als Haftungsmaßstab für die Fortführung von Personengesellschaften. Beim share deal ist das Gesellschaftsstatut maßgeblich. Üblicherweise finden sich im Gesellschaftsstatut Regelungen zur Übertragung oder Abtretung von Unternehmensanteilen. Dadurch entsteht ein gesetzliches Schuldverhältnis zwischen dem Verkäufer des Unternehmens und dem neuen Anteilseigner, welcher grundsätzlich für die Verbindlichkeiten vor seinem Eintritt in die Gesellschaft haftet.

8.2.2 Wirtschaftsgüterkauf (asset deal)

Der Kauf eines internationalen Unternehmens kann auch im Rahmen eines sog. asset deal erfolgen. Beim asset deal werden alle Wirtschaftsgüter auf den Erwerber durch Verkauf übertragen.

8.2.2.1 UN-Kaufrecht/IPR

UN-Kaufrecht ist dann anzuwenden, wenn ein Kaufvertrag über bewegliche Gegenstände abgeschlossen wird. Insofern könnte ein UN-Kaufvertrag bei einem asset deal zur Anwendung kommen, da u.a. auch Waren in Form von beweglichen Gegenständen an den Käufer veräußert werden. Andererseits bezieht sich der asset deal auch auf immaterielle Gegenstände wie z.B. Forderungen, Warenrechte, Lizenzen etc. Die h.M. geht bei einem einheitlichen Unternehmenskaufvertrag davon aus, dass UN-Kaufrecht dann nicht zur Anwendung kommt, wenn der Wert immaterieller Rechte den Wert an Waren überwiegt.[1099] Zur Klarstellung können die Vertragsparteien beim internationalen Unternehmenskauf im Rahmen des asset deal das UN-Kaufrecht von vornherein ausschließen. Andererseits können die Vertragsparteien UN-Kaufrecht auch ausdrücklich anerkennen. Allerdings muss das anwendbare Kollisionsrecht den Parteien die Berufung auf das UN-Kaufrecht erlauben.[1100] Aus deutscher Sicht ist auch beim asset deal grds. das IPR der Europäischen Union, d.h. die Rom I-VO auf einen derartigen internationalen Unternehmenskaufvertrag anwendbar. Das UN-Kaufrecht kann somit nur als Bestandteil des eigenen Vertragsstatuts gelten, dessen zwingende Normen beachtlich bleiben.[1101]

[1099] Vgl. für viele Merkt/Göthel, § 4 Rz. 18.

[1100] Kronke/Merkt, Teil K Rz. 830.

[1101] So Reinhart, UN-Kaufrecht, 1991, Art. 6 Rz. 9; v. Caemmerer/Schlechtriem/Ferrari, Kommentar zum Einheitlichen UN-Kaufrecht, 2. Aufl. 1994, Art. 6 Rz. 41; Schlechtriem, Internationales UN-Kaufrecht, 4. Aufl. 2007 Rz. 13, 16; Kronke/Merkt, Teil K Rz. 830.

8.2.2.2 Vertragsstatut

Auch beim asset deal ist ohne eine ausdrückliche oder stillschweigende Rechtswahl von dem Grundsatz nach Art. 4 Abs. 2 Rom I-VO auszugehen, dass der Vertrag dem Recht des Staates unterliegt, mit dem er die engste Verbindung aufweist. Dabei wird erneut vermutet, dass der Vertrag nach Art. 4 Abs. 1 a) Rom I-VO die engste Verbindung zu dem Staat aufweist, in dem der Verkäufer als Veräußerer des Unternehmens im Zeitpunkt des Vertragsschlusses seinen gewöhnlichen Aufenthalt oder, wenn es sich um eine Gesellschaft oder eine juristische Person handelt, diese dort den Sitz ihrer Hauptverwaltung hat.[1102] Im Gegensatz zum share deal ist beim asset deal das jeweilige Recht zur Erfüllung des Kaufvertrags auf den jeweiligen Bestandteil des Unternehmensvermögens abzustellen. Zu beachten ist, dass das Kollisionsrecht die Privatautonomie bei Verfügungen nicht kennt, so dass eine freie Rechtswahl nicht möglich ist. Dies dient allerdings der Rechtssicherheit, so dass das Recht des Staates anwendbar ist, in dem die Vermögenswerte verkauft werden.

Nach der Rom I-VO gelten für <u>Verpflichtungen</u> aus vertraglichen Schuldverhältnissen mangels Rechtswahl folgende Regelungen bei:

- Kaufverträgen über beweglichen körperlichen Gegenständen: Art. 4 Abs. 1 a);
- Dienstleistungsverträgen: Art. 4 Abs. 1 b);
- Verträgen, die ein dingliches Recht an unbeweglichen Sachen haben: Art. 4 Abs. 1 c);
- Franchiseverträgen: Art. 4 Abs. 1 e);
- Vertriebsverträgen: Art. 4 Abs. 1 f);
- Beförderungsverträgen: Art. 5;
- Verbraucherverträgen: Art. 6;
- Versicherungsverträgen: Art. 7;
- Individualarbeitsverträgen: Art. 8;
- Rechte: Art. 14 Abs. 2.

Weiterhin gelten aber nach deutschem IPR für Vermögensübertragungen durch <u>Verfügungen</u> folgende Regelungen:[1103]

- bewegliche körperliche Gegenstände nach Art. 43 Abs. 1 EGBGB;
- Wertpapiere nach Art. 43 Abs. 1 EGBGB;
- Immobilien nach Ortsrecht;
- Immaterialgüterrechte nach dem Recht des jeweiligen Schutzlandes;
- Firma nach Personal- bzw. Gesellschaftsstatut des Firmenträgers.

Bei einem asset deal besteht die Möglichkeit, einzelne Gegenstände im Rahmen der Universalsukzession, d.h. durch Gesamtrechtsnachfolge, oder Gegenstände und Rechte jeweils einzeln im Wege der Singularsukzession auf den Erwerber zu übertragen.

[1102] Vgl. Merkt/Göthel, § 4 Rz. 22.

[1103] Vgl. dazu ausführlich Kronke/Merkt, Teil K Rz. 838 ff. m.w.N.

8.2.2.3 Formstatut

Auch auf einen asset deal findet Art. 11 Rom I-VO Anwendung. Möglich ist, für die Form des Verpflichtungsgeschäfts von den Vertragsparteien ein Recht zu wählen, welches eine ein-fachere Form, als durch das Vertragsstatut geboten, vorsieht.[1104]

Für Verfügungsgeschäfte gilt aber weiterhin Art. 11 EGBGB. Danach ist es erforderlich, dass z.B. im deutschen Recht die Form bei Grundstückskäufen nach § 311 b BGB oder die Beurkundung beim Verkauf von GmbH-Gesellschaftsanteilen nach § 15 Abs. 3, 4 GmbHG zu beachten sind. Außerdem schreibt § 311 b BGB vor, dass eine notarielle Beurkundung des Kaufvertrags von einem Unternehmen nach deutschem Recht notwendig ist, wenn es sich bei dem Unternehmen um das Gesamtvermögen eines Rechtsträgers handelt und dieser nach dem Verkauf nur noch einen Mantel darstellt.[1105] Eine Besonderheit ergibt sich bei der Übertragung von gewerblichen Schutzrechten, z.B. bei Patenten, Geschmacks- oder Gebrauchsmustern oder bei Marken. Die Übertragung derartiger Rechte bedarf nach § 15 Abs. 1 S. 2 PatG, § 3 S. 2 GeschmMG, § 22 GebrMG bzw. § 27 Abs. 1 MarkenG keiner Form. Für den Nachweis des Rechtsübergangs gegenüber dem Patentamt ist aber regelmäßig eine notariell beglaubigte Umschreibungsbewilligung des bisherigen Rechtsinhabers erforderlich, so dass eine besondere Form zur Übertragung der Rechte dennoch notwendig ist.[1106]

8.2.2.4 Haftung

Der Unternehmensverkauf im Wege eines asset deal geschieht durch die bloße Veräußerung aller Wirtschaftsgüter des Unternehmens ohne seinen Rechtsträger.[1107] Daraus ergibt sich, dass die Haftung für die Übernahme der Wirtschaftsgüter des Unternehmens nur die Vermögensübernahme an sich umfassen kann. Regelungen über die Haftung sind folglich die Rechtsnormen, welche maßgeblich an dem Ort gelten, an dem das Vermögen entsteht bzw. übertragen wird. Beim internationalen Unternehmenskauf kommt es allerdings öfter vor, dass sich Vermögensteile des zum Verkauf angebotenen Unternehmens in verschiedenen Ländern befinden. Grundsätzlich ist davon auszugehen, dass für die Haftung die Rechtsnormen Gültigkeit haben, welche in dem jeweiligen Land gelten, wo sich das Vermögen des Unternehmens befindet. Dagegen bestimmt sich die Haftung bei einer Firmenfortführung, welche ebenfalls beim asset deal möglich ist, nach dem Ortsrecht des Landes, in dem das Unternehmen seinen Verwaltungssitz oder seine Betriebsstätte unterhält.[1108] Diese Haftung knüpft somit nicht an die Übertragung des Vermögens, sondern an die Fortführung der auf das Unternehmen als solches bezogenen Firma an; das Vertrauen des Geschäftsverkehrs

---

[1104] Vgl. BGHZ 57, 337, 340; Palandt/Thorn, Art. 11 Rom I-VO Rz. 4.

[1105] Dazu Merkt/Göthel, § 7 Rz. 53 f.

[1051] Vgl. Reithmann/Merkt/Göthel, Rz. 4487; Merkt, Internationaler Unternehmenskauf durch Erwerb der Wirtschaftsgüter, RIW 1995, 533, 536.

[1107] Merkt/Göthel, § 1 Rz. 13.

[1108] Vgl. MK-IPR/Martiny, Art. 15 Rom I-VO Rz. 35.

bezieht sich also nicht auf ein bestimmtes Haftungssubstrat, sondern auf das Unternehmen als Firmenträger.[1109]

8.3 Unternehmenskaufvertrag

Der Kaufvertrag im Rahmen eines internationalen Unternehmenskaufs ist im Grundsatz kaum komplexer als ein Kaufvertrag über ein inländisches Unternehmen. Allerdings ist zusätzlich zu klären, welches Recht Anwendbarkeit findet.

8.3.1 Vertragspartner

Die Vertragspartner – natürliche Personen oder Unternehmen mit eigener Rechtspersönlichkeit – müssen rechtsfähig sein. Diese Rechtsfähigkeit bestimmt sich bei den Parteien nach dem ihnen zuzuordnenden Personalstatut, d.h. nach dem Recht des Staates, in dem die Person ihren bzw. das Unternehmen seinen Sitz hat oder wo das Unternehmen gegründet wurde. Auch die Partei- und Prozessfähigkeit von Käufer und Verkäufer bei einem internationalen Unternehmenskauf hängt vom jeweiligen Personalstatut ab.

Während natürliche Personen als Parteien eines internationalen Unternehmenskaufs bei voller Rechts- und Geschäftsfähigkeit frei handeln können, bedarf es bei Unternehmen, welche als Käufer bzw. Verkäufer auftreten, der gesetzlichen Vertretung durch eine natürliche Person. Das jeweilige Gesellschaftsstatut des Unternehmens gibt Auskunft darüber, welche Person bzw. welches Organ des Unternehmens die notwendige Vertretungsmacht hat, um im Außenverhältnis rechtswirksame Willenserklärungen abgeben zu können. Nach dem Gesellschaftsstatut beurteilt sich ferner der Umfang der Vertretungsmacht, insbesondere auch die Situation, wer im Fall der Vertretung ohne Vertretungsmacht das Geschäft genehmigen kann.[1110] Für einen inländischen Vertragspartner wird nicht immer leicht zu erkennen sein, ob der gesetzliche Vertreter einer ausländischen Unternehmung, das ausländische Organ einer Gesellschaft, insgesamt Vertretungsmacht hat, d.h. handlungsfähig ist. Zum Schutz des Rechtsverkehrs gilt Art. 13 Rom I-VO analog: Bleibt der Umfang der Vertretungsmacht der Organe einer ausländischen Gesellschaft hinter den entsprechenden Grundsätzen des Rechts am Ort der Vornahme des Rechtsgeschäfts (Vornahmestatut) zurück, dann ist die Berufung auf diese Beschränkung nur zulässig, wenn der andere Vertragsteil diese Beschränkung bei Vertragsschluss kannte oder kennen musste.[1111]

[1109] Vgl. Kronke/Merkt, Teil K Rz. 858.

[1110] Vgl. Merkt/Göthel, § 7 Rz. 78.

[1111] Vgl. dazu auch Merkt/Göthel, § 7 Rz. 80; vgl. Staudinger-IntGesR/Großfeld, Rz. 263 ff.

8.3.2 Vorvertragliche Vereinbarungen

Bevor ein Kaufvertrag über einen internationalen Unternehmenskauf abgeschlossen wird, werden zwischen den Vertragsparteien üblicherweise Absichtsbekundungen ausgetauscht, welche schon eine gewisse rechtliche Bindung entfalten. So können Verhandlungszwischenergebnisse niedergelegt werden, die keine vertragliche Bindung auslösen sollen, oder es kann ein Letter of Intent (LoI) vereinbart werden, der bezweckt, das Vertrauen des Vertragspartners zu bekräftigen.[1112] Daneben können schriftliche Ausformulierungen wie z.B. ein Vor- oder ein Rahmenvertrag für die Vertragsparteien rechtliche Wirkungen entfalten. Auch hier besteht wiederum die Frage, welches Recht auf die von den Parteien gefassten vorvertraglichen Regelungen anwendbar ist. Die h.M. in der Rechtsliteratur geht davon aus, dass das Recht des Hauptvertrags auch für die vorvertraglichen Absprachen der Parteien gilt, wenn die vorvertraglichen Regelungen in einem engen Sachzusammenhang zum Vertrag stehen.[1113] Besteht dagegen ein derartiger enger sachlicher Zusammenhang zwischen vorvertraglichen Absprachen die bereits Rechtswirksamkeit und somit Rechtsfolgen auslösen und dem Hauptvertrag nicht, sind Artt. 3 ff. Rom I-VO anwendbar, welche u.a. die freie Rechtswahl der Vertragsparteien regeln.

8.3.3 Due dilligence

Bei Kaufverträgen über sehr komplexe Gebilde, typischerweise beim Unternehmenskauf, einigen sich die Vertragspartner darauf, eine genaue Prüfung der materiellen und immateriellen Vermögenswerte aber auch der Verbindlichkeiten eines Unternehmens durchzuführen. Diese ausführliche Prüfung wird als „due dilligence" bezeichnet. Eine solche due dilligence umfasst u.a. folgende Überprüfungen:

- Die vom Verkäufer angegebenen materiellen und immateriellen Vermögenswerte;
- Die in der Höhe bestehenden Verbindlichkeiten;
- Anhängende Rechtsstreitigkeiten;
- Das Gesellschaftsstatut;
- Eingegangene rechtliche Verbindlichkeiten (z.B. Verträge).

Eine derart intensive Prüfung eines Unternehmens schließt mit dem due dilligence-Report ab. Die due dilligence wird üblicherweise von Wirtschaftsprüfern oder Rechtsanwälten durchgeführt, welche sich, insbesondere bei produzierenden Unternehmen zusätzlich, technischem Sachverstand, z.B. dem Einsatz von Ingenieuren, bedienen. Das LG Frankfurt geht davon aus, dass bei einem Unternehmensverkauf vor Abschluss des Kaufvertrags eine due dilligence durchzuführen ist; diese Pflicht habe sich mittlerweile zu einer Verkehrssitte entwickelt mit der Folge, dass derjenige grob fahrlässig handelt, welcher bei einem Unterneh-

---

[1112] Dazu Merkt/Göthel, § 2 Rz. 22 ff.

[1113] Vgl. Reithmann/Merkt/Göthel, Rz. 4501.

menskauf keine due dilligence vornimmt.[1114] Dem ist deshalb zuzustimmen, weil eine due dilligence den Verkäufer gegenüber dem Käufer zur vollständigen Offenlegung aller Informationen über sein zum Verkauf stehendes Unternehmen verpflichtet. Für unrichtige bzw. fehlende bedeutsame Informationen haftet der Verkäufer dem potentiellen Käufer nach deutschem Recht aus einem vorvertraglichen Schuldverhältnis nach §§ 280 Abs. 1, 311 Abs. 2, 241 Abs. 2 BGB.

8.4 Internationaler Unternehmenskauf von supranationalen Gesellschaften

Supranationale Gesellschaften sind u.a. die Europäische Wirtschaftliche Interessenvereinigung (*EWIV*) und die Europäische Gesellschaft *(SE)*. Beide Gesellschaftsrechtsformen kommen mittlerweile im internationalen Rechtsverkehr häufiger vor; insbesondere die Europäische Gesellschaft erfreut sich zunehmender Beliebtheit. Auch bei supranationalen Gesellschaften ist der Unternehmenskauf bzw. Unternehmensanteilskauf selbstverständlich möglich.

8.4.1 Europäische Wirtschaftliche Interessenvereinigung (*EWIV*)

Während die Gründung einer *EWIV* nach Artt. 1 ff. EWIV-VO[1115] möglich ist, kann sich ein an einer *EWIV* beteiligtes Unternehmen auch dazu entschließen, seinen Unternehmensanteil zu verkaufen. Art. 22 EWIV-VO regelt, wie der Unternehmensteil einer *EWIV* vollständig oder teilweise an einen Käufer abgetreten werden kann. Da es sich bei der *EWIV* um eine Personengesellschaft handelt, die nach deutschem Recht mit der OHG vergleichbar ist, ist es nach Art. 22 Abs. 1 EWIV-VO erforderlich, dass alle Anteilseigner dem Verkauf des Anteils zustimmen müssen. Besondere Formvorgaben für den rechtswirksamen Verkauf bestehen nicht. Nach Art. 7 e) EWIV-VO ist der Verkauf des Unternehmensanteils beim Handelsregister anzumelden.

Art. 2 Abs. 1 EWIV-VO verweist darauf, dass sich die Gründung sowie die Rechts- und Geschäftsfähigkeit der *EWIV* nach den Rechtsnormen richtet, in deren Land die *EWIV* ihren Sitz hat. Diese Verweisung führt ebenfalls zum Sachrecht (materiellen Recht) des Sitzstaates, d.h. unter Ausschluss seines Kollisionsrechts.[1116] Dies hat zur Folge, dass für den Kauf von Anteilen einer *EWIV* das nationale Recht anwendbar ist, in dessen Land die *EWIV* ihren Sitz

---

[1114] LG Frankfurt/Main ZIP 1998, 641, 644; a.A. Werner, Haftungsrisiken bei Unternehmensakquisitionen: die Pflicht des Vorstands zur Due Dilligence, ZIP 2000, 989, 990.

[1115] EWG-VO Nr. 2137/1985 v. 25.7.1985, ABl. 1985, L 199/1; zur Gesellschaftsform der *EWIV* siehe ausführlich 7.5.5.1.

[1116] Vgl. Merkt/Göthel, § 16 Rz. 4; MH/Salger, § 94 Rz. 19.

hat. Daneben ist das Kollisionsrecht anwendbar, aus deutscher Sicht das IPR der Europäischen Union, kodifiziert in den Rom-Verordnungen I und II. Zur Anwendung kommen die Artt. 3 ff. Rom I-VO. Soweit beim Kauf einer EWIV-Beteiligung das Gesellschaftsstatut maßgeblich ist, stellt sich die Frage, welche Vorschriften des nationalen Rechts gelten, denn sämtliche Mitgliedstaaten kennen natürlich unterschiedliche Gesellschaftsformen.[1117] Art. 2 Abs. 1 EWIV-VO verweist auf nationales Recht. Gem. § 1 AG EWIV-VO gilt für die Bundesrepublik Deutschland, dass die Regelungen der OHG auf die *EWIV* anwendbar sind. Damit kommt für eine *EWIV* mit Sitz in Deutschland das Handelsrecht, insbesondere die §§ 105 ff. HGB, bei der Übernahme einer *EWIV* zur Anwendung.

Beteiligt sich ein Unternehmen an einer *EWIV* im Rahmen eines asset deal bzw. handelt es sich bei der *EWIV* um den Käufer eines Unternehmens oder eines Unternehmensanteils, gelten dieselben nationalen Regelungen wie beim asset deal, entweder die nationalen Regelungen des Staates, in dem die *EWIV* ihren Sitz hat oder das Recht des Staates für das Unternehmen, welches von der *EWIV* übernommen werden soll.

8.4.2 Europäische Gesellschaft (*SE*)

Die *SE* ist eine weitere Rechtsformmöglichkeit für Unternehmen, die in mehreren Mitgliedstaaten der EU tätig sind oder zukünftig tätig sein werden.[1118] Geregelt ist die *SE* in der SE-VO,[1119] welche in Deutschland seit Ende 2004 durch das Gesetz zur Einführung der Europäischen Gesellschaft (SEEG) in nationales Recht transformiert wurde. Nach Art. 1 Abs. 1 SE-VO können Handelsgesellschaften im Gebiet der Europäischen Union in der Form einer Europäischen Gesellschaft („Societas Europaea") gegründet werden. Nach Art. 15 Abs. 1 SE-VO findet auf die Gründung der *SE* das für Aktiengesellschaften geltende Recht des Staates Anwendung, in dem die *SE* ihren Sitz begründet. Die *SE* erwirbt die Rechtspersönlichkeit am Tag ihrer Eintragung in das Register des Staates, in dem die *SE* ihren Sitz hat. Eine Gründung kann nach Art. 17 SE-VO auch durch Verschmelzung, als *Holding-SE* nach Art. 32 SE-VO oder als *Tochter-SE* nach Art. 35 SE-VO erfolgen. Voraussetzung ist immer die Beachtung des Mehrstaatlichkeitsprinzips: die *SE* muss von Unternehmen aus unterschiedlichen EU-Mitgliedstaaten gegründet werden.

Als Aktiengesellschaft hat die *SE* ein in Aktien zerstückeltes Grundkapital, das in Deutschland in Inhaber- oder Namensaktien ausgegeben wird. Denn über Art. 5 SE-VO gilt § 10 Abs. 1 AktG, so dass sich die Übertragung von Anteilen an der *SE* bzw. der Verkauf der *SE* insgesamt nach deutschem Aktienrecht vollzieht, wenn die *SE* in Deutschland ihren Sitz hat. Insofern handelt es sich beim Erwerb von Anteilen an einer *SE* um einen share deal. Dagegen ist es der *SE* auch möglich, sich an einer Gesellschaft im Rahmen eines asset deal zu beteiligen.

[1117] Merkt/Göthel, § 16 Rz. 5.

[1118] Schade, § 22 Rz. 583; zur Gesellschaftsform der *SE* siehe ausführlich 7.5.5.2.

[1119] EG-VO Nr. 2157/2001 v. 26.4.2004, ABl. 2004, L 168/1.

8.5 Kartellrecht

Auch beim internationalen Unternehmenskauf spielt das Kartellrecht eine bedeutende Rolle. Zu beachten ist insbesondere das Europäische Kartellrecht, daneben auch das internationale und das deutsche Kartellrecht.

8.5.1 Europäisches und Internationales Kartellrecht

Innerhalb der EU fällt ein internationaler Unternehmenskauf unter die EG-Fusionskontrollverordnung (FKVO). Das betrifft den share deal ebenso wie den asset deal, wenn ein Unternehmen als Käufer beim Unternehmenskauf auftritt. Nach Art. 1 Abs. 2 FKVO ist eine Fusionskontrolle verpflichtend, wenn der weltweite Gesamtumsatz aller am internationalen Unternehmenskauf beteiligten Unternehmen mehr als 5 Mrd. € und der gemeinschaftsweite Umsatz von mindestens zwei beteiligten Unternehmen jeweils mehr als 250 Mio. € beträgt. Das nationale Wettbewerbsrecht kommt dann zur Anwendung, wenn die beteiligten Unternehmen am internationalen Unternehmenskauf jeweils mehr als zwei Drittel ihres gemeinschaftlichen Umsatzes in ein und demselben Mitgliedstaat erzielen. Die Anwendbarkeit der FKVO wird durch die jeweiligen Personal- oder Gesellschaftsstatuten der am internationalen Unternehmenskauf beteiligten Vertragsparteien (Unternehmen) nicht berührt. Werden im Kaufvertrag vertragliche Wettbewerbsverbote vereinbart, ist die FKVO anwendbar. Die Anwendbarkeit der FKVO schließt nationale wettbewerbsrechtliche Regelungen von Mitgliedstaaten aus. Dagegen sind weiter anwendbar die Art. 101, 102 AEUV. Unzulässig sind danach alle wettbewerbsbehindernden Vereinbarungen, die den Handel zwischen Mitgliedstaaten beeinträchtigen können und mit dem Gemeinsamen Markt unvereinbar sind.[1120] Unternehmen innerhalb der EU haben nunmehr selbstständig zu entscheiden, ob ihre Handlungen, z.B. der Kauf eines Unternehmens, innerhalb eines EU-Mitgliedstaates zu Wettbewerbsbeschränkungen führen wird. Art. 105 AEUV gibt der EU-Kommission aber die Kontrollmöglichkeit, im Nachhinein zu prüfen, ob von den am Unternehmenskauf beteiligten Parteien wettbewerbsbeschränkende Abreden getroffen wurden.

Das deutsche internationale Kartellrecht enthält eine einseitige Kollisionsnorm, die allein die internationale Reichweite des materiellen deutschen Rechts, nicht hingegen die Reichweite fremden Kartellrechts, regelt.[1121] Grundsätzlich ist auch ausländisches Kartellrecht für die deutsche Gerichtsbarkeit beachtlich. Völlig offen ist allerdings die Frage nach Art und Umfang einer solchen Beachtung, da einschlägige Entscheidungen fehlen; somit wird sich die Praxis einstweilen mit einer Orientierung an der sonstigen Rechtsprechung zur Berücksichtigung fremder zwingender Bestimmungen behelfen müssen.[1122]

[1120] Vgl. Reithmann/Merkt/Göthel, Rz. 4520.

[1121] Kronke/Merkt, Teil K Rz. 870.

[1122] Vgl. Immenga/Mestmäcker/Rehbinder, Wettbewerbsrecht, Bd. 2, GWB, 4. Aufl. 2007, § 130 Rz. 320 ff.; Kronke/Merkt, Teil K Rz. 871.

8.5.2 Deutsches Kartellrecht

Die maßgeblichen Kollisionsnormen des deutschen Kartellrechts ergeben sich aus dem GWB. Zentrale Kollisionsnorm ist § 130 Abs. 2 GWB.[1123] Zu beachten ist, dass das internationale Kartellrecht eine Parteiautonomie nicht kennt. Insofern ist es nach Ausführungen des Bundeskartellamts in seinem Tätigkeitsbericht von 1978 nicht möglich, dass kartellrechtliche Vereinbarungen nach ausländischem Recht formuliert werden, um eine Anwendung des GWB zu verhindern.[1124] Nach § 130 Abs. 2 GWB unterliegen dem GWB alle Wettbewerbsbeschränkungen, die sich im Geltungsbereich des Gesetzes auswirken, auch wenn sie außerhalb des Geltungsbereichs des GWB veranlasst wurden.[1125]

Nach § 35 GWB kann jeder der materiell-rechtlichen Tatbestände des GWB wettbewerbsbeschränkend sein. Folglich kann auch der internationale Unternehmenskauf durch share deal oder asset deal zu einem Zusammenschluss mehrerer Unternehmen führen, wodurch Wettbewerbsbeschränkungen entstehen können. Das GWB ist allerdings nur noch anwendbar, wenn sich die Wettbewerbsbeschränkung innerhalb der Bundesrepublik Deutschland auswirkt. Zusammenschlüsse mit gemeinschaftsweiter Bedeutung i.S.v. Art. 1 FKVO unterliegen ausschließlich der europäischen Fusionskontrolle; das GWB ist daneben nicht anwendbar (§ 35 Abs. 3 GWB).[1126] Haben die Parteien im Unternehmenskaufvertrag Vereinbarungen über ein Wettbewerbsverbot getroffen, ist grundsätzlich im Rahmen des Vertragsstatuts zu prüfen, ob diese Vereinbarungen in ihrem Umfang zulässig bzw. grundsätzlich zulässig sind. Daneben kann das Wettbewerbsrecht die Einschränkung oder Aufhebung eines derartigen Wettbewerbsverbots vorsehen bzw. sonstiges nationales Recht zur Anwendung kommen, welches, z.B. nach § 138 BGB, die Absprache als sittenwidrig und somit von Anfang an als nichtig ansieht.

Im Rahmen der 7. Kartellrechtsnovelle trat am 1.07.2005 das neue GWB in Kraft. Die Harmonisierung mit dem europäischen Kartellrecht hat zur Folge, dass § 2 GWB die Generalklausel für die Freistellung wettbewerbsbeschränkender Vereinbarungen bildet. Danach besteht nunmehr grds. die Freistellung für wettbewerbsbeschränkende Vereinbarungen. Ein langwieriges Anmelde- und Genehmigungsverfahren bei Unternehmenskäufen, Verschmelzungen etc. ist im Rahmen der Kartellrechtsnovelle abgeschafft worden. Folglich obliegt den deutschen Unternehmen seit dem 1.07.2005 die Selbsteinschätzung, ob sie, insbesondere auch durch einen internationalen Unternehmenskauf, keine marktbeherrschende und somit wettbewerbsbeschränkende Stellung in Deutschland erlangen.

[1123] Kronke/Merkt, Teil K Rz. 863.

[1124] Siehe Bundeskartellamt, Tätigkeitsbericht 1978 (BT-Drucks. 8/2980), S. 100.

[1125] Vgl. BGHZ 74, 322, 326; BGH GRUR 1974, 102, 105; Merkt/Göthel, § 11 Rz. 191.

[1126] Vgl. dazu Immenga/Mestmäcker/Rehbinder, Wettbewerbsrecht, Bd. 2, GWB, 4. Aufl. 2007, § 130 Rz. 251.

9 Corporate Governance

Die Börseneuphorie am Ende des 20. Jahrhunderts und die damit im Zusammenhang stehenden Unternehmensinsolvenzen, z.B. bei Unternehmen wie Enron, Worldcom, Holzmann, Bankgesellschaft Berlin oder Parmalat haben dafür gesorgt, dass sich die Diskussion über „Corporate Governance" weltweit erheblich verstärkt hat. War diese Debatte einst weitgehend auf akademische Diskussionszirkel beschränkt, steht sie aktuell auch weiterhin im Mittelpunkt des rechts- und wirtschaftspolitischen Dialogs.[1127] Insbesondere börsennotierte Unternehmensinsolvenzen haben dazu geführt, dass auf europäischer Ebene sowie national die jeweiligen Gesetzgeber Regelungen zur Corporate Governance für mehr Transparenz bei der Unternehmensführung und Überwachung aufgestellt haben. So wurde im Jahr 2002 der Deutsche Corporate Governance-Kodex (DCGK) für börsennotierte Aktiengesellschaften erlassen,[1128] der eine jährliche Überprüfung und, wenn notwendig, auch eine Aktualisierung erfährt. Für das Jahr 2011 wurde auf eine umfassende Anpassung verzichtet. Deshalb gilt der Deutsche Corporate Governance Kodex in der Fassung vom 26. Mai 2010.

9.1 Begriff

Der aus dem angelsächsischen Raum stammende Begriff „Corporate Governance" hat in Deutschland bisher keine eigenständige Definition erfahren. In der Rechtsliteratur haben sich eine engere und eine weitere Begriffsbestimmung herausgebildet. Die engere Definition sieht Corporate Governance rein gesellschaftsrechtlich und versteht darunter die „materielle Unternehmensverfassung" als System der Kompetenzen der Organe Vorstand, Aufsichtsrat und Hauptversammlung sowie ihr Verhältnis zueinander.[1129] In einer weitergehenden Auslegung des Begriffs „Corporate Governance" vertritt das Institut der Deutschen Wirtschaftsprüfer (IDW) folgende Meinung: „Corporate Governance umfasst die Rechte, Aufgaben und Pflichten der gesellschaftsrechtlichen Organe und ihre Koordination, Zusammenarbeit und Kontrolle unter Berücksichtigung der Anliegen der Anteilseigner (,shareholder') und anderer Interessengruppen (,stakeholder') – also derjenigen, die von der Leistung und dem Erfolg eines Unternehmens profitieren oder bei dessen Misserfolg Verluste erleiden. Dazu gehören vor allem aktuelle und potentielle Aktionäre, Gläubiger, Arbeitnehmer, Kunden und Liefe-

---

[1127] Vgl. Schiller, Der Deutsche Corporate Governance Kodex, 2005, S. 11.

[1128] Littger, S. 7.

[1129] MK-AktG/Semler, § 161 Rz. 2 m.w.N.

ranten. Bei der Corporate Governance geht es dabei um die Zuweisung und Ausgestaltung von Rechten, Pflichten und Verantwortlichkeiten der Unternehmensleitung und deren Überwachung."[1130] Zusammengefasst ist unter Corporate Governance alles zu verstehen, was mit dem Organisationssystem im Sinne eines „Ordnungsrahmens" für die erfolgsorientierte Leitung und verantwortliche Überwachung eines Unternehmens (einschließlich eines systemgestützten Informations- und Interessenaustauschs zwischen Unternehmen und Umwelt) zusammenhängt und effizient und verlässlich den Interessen der Anleger an den Kapitalmärkten dient; dies beinhaltet u.a.:[1131]

- die interne Struktur des Unternehmens (Organe, Entscheidungsträger, Befugnisse etc.);
- Internes Kontrollsystem;
- Arbeitnehmerbeziehungen;
- Risikomanagement und Finanzierungspolitik;
- Investor Relations;
- Kunden-, Lieferanten- und Behördenkontakte;
- Externe Überwachung durch Wirtschaftsprüfer.

9.2 Corporate Governance Regelungen

9.2.1 Corporate Governance Regelungen in der EU

Die 25 EU-Mitgliedstaaten haben sich mit unterschiedlicher Intensität dem Thema „Corporate Governance" gewidmet. Bisher bleibt es den einzelnen Mitgliedstaaten überlassen, eigene Regelungen für die Beachtung der Corporate Governance aufzustellen. Das lässt sich auch aus mittlerweile drei Empfehlungen der EU-Kommission vom 6.10.2004, vom 15.02.2005 sowie vom 30.04.2009 ableiten; dabei handelt es sich um

- die Empfehlung zur Einführung einer angemessenen Regelung für die Vergütung von Mitgliedern der Unternehmensleitung börsennotierter Gesellschaften[1132] sowie deren Ergänzung[1133] und
- die Empfehlung zu den Aufgaben der nicht geschäftsführenden Direktoren/Aufsichtsratsmitglieder sowie zu den Ausschüssen des Verwaltungs- und Aufsichtsrats.[1134]

Derartige Empfehlungen der EU-Kommission erzeugen keine Rechtskraft; dies ist auch durch die Europäische Union nicht gewollt, denn sonst könnte innerhalb der EU ein sog.

[1130] IDW, Wirtschaftsprüfung und Corporate Governance, 2002, S. 3 f.

[1131] Dazu ausführlich Roth/Büchele, Corporate Governance: Gesetz und Selbstverpflichtung, in: Büchele/Mildner und div.(Hrsg.), Corporate Governance in Deutschland und Österreich, 2006, S. 1.

[1132] EU-Kommission, Empfehlung v. 14.12.2004, ABl. 2004, L 385/55.

[1133] EU-Kommission, Empfehlung v. 30.4.2009, ABl. 2009, L 120/28.

[1134] EU-Kommission, Empfehlung v. 15.2.2005, ABl. 2005, L 52/51.

Europäischer Corporate Governance Kodex, welcher für alle EU-Mitgliedstaaten verpflichtend ist, beschlossen werden. Daran ist zum jetzigen Zeitpunkt noch nicht zu denken; immerhin spricht für die Beibehaltung unterschiedlicher nationaler Kodizes auch, dass diese als Faktor im Standortwettbewerb angesehen werden können.[1135] Dennoch beeinflussen die obigen Empfehlungen der EU-Kommission die nationalen Corporate Governance Regelungen nicht unerheblich.

Die Empfehlung zur Einführung einer angemessenen Regelung für die Vergütung von Mitgliedern der Unternehmensleitung börsennotierter Gesellschaften enthält folgende Vorschläge:

- Offenlegung der Vergütungspolitik der Gesellschaft;
- Offenlegung der individuellen Bezüge von Vorstand und Aufsichtsrat;
- Zustimmungskompetenzen der Hauptversammlung bei der Festlegung der Vergütung;
- Mindestangaben in der Vergütungserklärung bzw. Informationen über das Verhältnis von variablen und fixen Vergütungsanteilen;
- Vergütungspolitik des Unternehmens als Tagesordnungspunkt in der Hauptversammlung;
- Genehmigung von Vergütungsregelungen in Form von Aktien, Aktienoptionen oder sonstigen Bezugsrechten von Aktien durch die Hauptversammlung.

Die Empfehlungen zu den Aufgaben der nicht geschäftsführenden Direktoren/Aufsichtsratsmitglieder sowie zu den Ausschüssen des Verwaltungs-/Aufsichtsrats haben folgenden Inhalt:[1136]

- Gleichgewichtige Zusammensetzung von geschäftsführenden und nicht geschäftsführenden Mitgliedern in den Führungsgremien der Gesellschaft;
- Vorgaben für die fachliche Kompetenz von Aufsichtsratsmitgliedern;
- Unabhängigkeit der einzelnen Aufsichtsratsmitglieder;
- Einrichtung von Nominierungs-, Vergütungs- und Prüfungsausschüssen im Aufsichtsrat, welche gegenüber dem Aufsichtsrat Empfehlungen abzugeben und Beschlüsse vorzubereiten haben.

9.2.2 OECD Principles of Corporate Governance

Im Jahr 1996 hatte der Rat der OECD beschlossen, eine Untersuchung zur Corporate Governance einzuleiten, um eine Bestandsaufnahme der nationalen Bemühungen und des Standes der Forschung auf diesem Gebiet zu erhalten.[1137] Daraus entstanden die OECD Principles of Corporate Governance, welche im Mai 1999 vom OECD-Ministerrat verab-

---

[1135] Vgl. Spahlinger/Wegen/Carl, Teil G Rz. 1603.

[1136] Vgl. zu beiden Empfehlungen der EU-Kommission aus den Jahren 2004 und 2005 ausführlich Spahlinger/Wegen/Carl, Teil G Rz. 1605–1622.

[1137] Vgl. dazu Seibert, OECD Principles of Corporate Governance – Grundsätze der Unternehmensführung und – kontrolle für die Welt, AG 1999, 337 ff.

schiedet wurden und seit 2004 in einer Neufassung bestehen.[1138] Die OECD Principles of Corporate Governance beinhalten folgende Grundsätze:

- Der Corporate Governance-Rahmen soll transparente und leistungsfähige Märkte fördern, mit dem Prinzip der Rechtsstaatlichkeit im Einklang stehen und eine klare Trennung der Verantwortlichkeiten der verschiedenen Aufsichts-, Regulierungs- und Vollzugsinstanzen gewährleisten.
- Der Corporate Governance-Rahmen soll die Aktionärsrechte schützen und deren Ausübung erleichtern.
- Der Corporate Governance-Rahmen soll die Gleichbehandlung aller Aktionäre, einschließlich der Minderheits- und der ausländischen Aktionäre, sicherstellen; alle Aktionäre sollen bei Verletzung ihrer Rechte Anspruch auf effektive Rechtsmittel haben.
- Der Corporate Governance-Rahmen soll die gesetzlich verankerten oder einvernehmlich festgelegten Rechte der Unternehmensbeteiligten anerkennen und eine aktive Zusammenarbeit zwischen Unternehmen und stakeholder – mit dem Ziel der Schaffung von Wohlstand und Arbeitsplätzen und Erhaltung finanziell gesunder Unternehmen – fördern.
- Der Corporate Governance-Rahmen soll gewährleisten, dass alle wesentlichen Angelegenheiten, die das Unternehmen betreffen, namentlich Vermögens-, Ertrags- und Finanzlage, Eigentumsverhältnisse und Strukturen der Unternehmensführung, rechtzeitig und präzise offen gelegt werden.
- Der Corporate Governance-Rahmen soll die strategische Ausrichtung des Unternehmens, die effektive Überwachung der Geschäftsführung durch den „board" (Aufsichtsrat) und die Rechenschaftspflicht des board gegenüber der Gesellschaft und seinen Aktionären gewährleisten.

Die Einleitung zu diesen OECD-Grundsätzen weist daraufhin, dass die Principles of Corporate Governance den Regierungen der Mitglieds- und Nichtmitgliedsländer dabei helfen sollen, den rechtlichen, institutionellen und ordnungspolitischen Corporate Governance-Rahmen in ihren Ländern zu evaluieren und zu verbessern, sowie Börsen, Kapitalgebern, Unternehmen und anderen Parteien, die bei der Entwicklung guter Praktiken der Unternehmensführung eine Rolle spielen, Orientierungshilfen zu bieten und Vorschläge zu unterbreiten.[1139] Dabei sollen die Grundsätze hauptsächlich für börsennotierte Unternehmen gelten. Die Grundsätze sind nicht verbindlich und stellen keine detaillierte Anweisung für die jeweiligen nationalen Gesetzgeber dar; sie sollen lediglich als Richtschnur für die Normierung eigener nationaler Corporate Governance Regelungen dienen.[1140]

[1138] OECD-Grundsätze sowie Hintergrundinformationen dazu
http://www.oecd.org/document/49/0,3343,en_2649_34813_31530865_1_1_1_1,00.html.

[1139] Vgl. Seibert, a.a.O., AG 1999, 337, 341.

[1140] Vgl. Seibert, a.a.O., AG 1999, 337, 342.

9.2.3 Sarbanes-Oxley Act

Am 30.07.2002 trat der Sarbanes-Oxley Act (SOA) in den USA in Kraft.[1141] Dieses Gesetz ist die amerikanische Reaktion auf die Zusammenbrüche börsennotierter Gesellschaften im Börsenboom zum Ende des 20. Jahrhunderts. Der Sarbanes-Oxley Act verfolgt den Zweck, dass die von Unternehmen veröffentlichten Finanzdaten der Wahrheit entsprechen.

Nach Sec. 2 (a) (7) SOA betrifft der Sarbanes-Oxley Act alle Gesellschaften, deren Aktien an der New York Stock Exchange (NYSE), der American Stock Exchange oder der Nasdaq notiert sind, sowie alle Gesellschaften, die Wertpapiere öffentlich in den USA angeboten haben, ohne diese Wertpapiere an einer US-Börse zu notieren, und die deshalb den Berichtspflichten der Sec. 13 (a) oder Sec. 15 (d) des Securities and Exchange-Act (SEA) unterliegen.[1142] Insofern können die Regelungen des SOA als Ergänzungsvorschriften zu dem schon 1934 erlassenen und zuletzt im Jahr 2004 geänderten SEA angesehen werden.[1143] Der SOA hat direkte Auswirkungen auf deutsche Aktiengesellschaften, welche an einer der oben erwähnten US-amerikanischen Börsen notiert sind; einzelne Regelungen des SOA können in Deutschland auch Auswirkungen auf Tochtergesellschaften der dem SOA unmittelbar unterfallenden in- und ausländischen Unternehmen haben.[1144] Zusätzlich hat die NYSE am 4.11.2003 Corporate Governance Regeln erlassen; sie bilden einen Maßstab zur erfolgreichen Zulassung an der NYSE.[1145]

Die für deutsche Gesellschaften bedeutendsten Vorschriften des SOA sind:[1146]

- Nach Sec. 302, 906 SOA besteht die Verpflichtung für den Vorstandsvorsitzenden (CEO) und den Finanzvorstand (CFO) gegenüber der SEC zu erklären, dass die von dem Unternehmen bei der SEC eingereichten Berichte keine unwahren Tatsachen beinhalten und die in den Berichten enthaltenen Jahresabschlüsse und andere Finanzinformationen eine in allen wesentlichen Belangen zutreffende Darstellung der Vermögens-, Finanz- und Ertragslage des Unternehmens sind. Eine Verletzung dieser Bestätigungspflicht kann mit einem Bußgeld bis zu einem Betrag von $ 5 Mio. und/oder mit einer Freiheitsstrafe von bis zu 20 Jahren geahndet werden.
- Nach Sec. 302 SOA besteht die Verpflichtung, dass die zuständigen Organe interne Kontrollen („discloser controls" und „financial controls") einrichten, welche wesentliche Informationen über das Unternehmen und dessen konsolidierte Tochtergesellschaften aktuell zur Verfügung stellen. Die Verantwortung für die Funktionsfähigkeit der Kontrollen

---

[1141] Gesetzestext unter http://fl1.findlaw.com/hdocs/docs/gwbush/sarbanesoxley072302.pdf.

[1142] Vgl. Spahlinger/Wegen/Carl, Teil G Rz. 1625.

[1143] Gesetzestext unter http://www.sec.gov/about/laws/sea34.pdf.

[1144] Spahlinger/Wegen/Carl, Teil G Rz. 1626.

[1145] Vgl. ausführlich zum SOA: Gruson/Kubicek, Der Sarbanes-Oxley Act, Corporate Governance und das deutsche Aktienrecht, Teil 1, AG 2003, 337 ff. und Teil 2, AG 2003, 393 ff.

[1146] Vgl. dazu ausführlich Spahlinger/Wegen/Carl, Teil G Rz. 1629 bis 1647.

trägt die Unternehmensleitung; detaillierte Anforderungen ergeben sich aus der Durchführungsverordnung der SEC zu Sec. 302 SOA.
- Die Unterzeichnung der Bestätigungserklärung nach Sec. 302 SOA.
- Strafzahlungen des Unternehmens bei fehlerhafter Berichterstattung nach Sec. 304 SOA.
- Rückzahlung von Boni und Aktienoptionen von Mitgliedern des Vorstands bei fehlerhafter Berichterstattung innerhalb von 12 Monaten nach Veröffentlichung des fehlerhaften Jahresabschlusses.
- Veröffentlichung sämtlicher nichtbilanzwirksamer Transaktionen im Geschäftsbericht („off balance sheet transactions") nach Sec. 401 (a) SOA.
- Einrichtung eines sog. „Audit Committee" nach Sec. 301 SOA mit der Zuständigkeit für die Bestellung, Vergütung, Berichtsabnahme und Überwachung des Abschlussprüfers. Ohne Audit Committee haben die amerikanischen Börsen die Zulassung zu widerrufen.
- Nach Sec. 406 SOA Verabschiedung eines Ethik-Kodexes („code of ethics") für Führungskräfte im Rechnungswesen, welche die Vorgaben der SEC berücksichtigen müssen.
- Nach Sec. 202 SOA Trennung von Abschlussprüfung und Beratung für Wirtschaftsprüfungsgesellschaften bei börsennotierten Mandanten.
- Nach Sec. 407 SOA die Verpflichtung für die SEC, Mindeststandards für Verhaltensregeln von Rechtsanwälten zu verabschieden.

Im Gegensatz zu den Empfehlungen der EU-Kommission, die darauf setzt, dass die einzelnen EU-Mitgliedstaaten diese Empfehlungen in eigene nationale Corporate Governance Regelungen umsetzen, sind die Vorschriften des SOA zwingendes Recht, welche in den USA von den börsennotierten Gesellschaften und von den mit ihnen verbundenen Beratern wie Wirtschaftsprüfungsgesellschaften oder Rechtsanwälten unbedingt zu beachten sind.

9.2.4 Deutscher Corporate Governance Kodex (DCGK)

Der Deutsche Corporate Governance Kodex geht auf die durch die Bundesregierung im Mai 2000 eingesetzte Regierungskommission „Corporate Governance – Unternehmensführung – Unternehmenskontrolle – Modernisierung des Aktienrechts" zurück, die im Juli 2001 ihre Ergebnisse in einem umfangreichen Bericht vorlegte.[1147] Die Regierungskommission kam u.a. zu dem Ergebnis, dass insbesondere institutionelle Investoren aus dem angloamerikanischen Raum, aber mittlerweile auch inländische Investoren Corporate Governance Regelungen bereits kannten, beachteten und auch für Deutschland forderten. Die daraufhin berufene „Kommission Deutscher Corporate Governance Kodex" verfasste den DCGK, welcher durch das Gesetz zur weiteren Reform des Aktien- und Bilanzrechts, zu Transparenz und Publizität (TransPuG)[1148] im Juli 2002 in das deutsche Aktiengesetz integriert wurde. Die Veröffentlichung des DCGK erfolgte am 26.02.2002.[1149] Der DCGK erfährt eine jährli-

---

[1147] Schiller, Der Deutsche Corporate Governance Kodex, 2005, S. 17; vgl. dazu Baums, Bericht der Regierungskommission Corporate Governance, 2001, Auftrag.

[1148] Gesetz zur weiteren Reform des Aktien- und Bilanzrechts, zur Transparenz und Publizität v. 19.7.2002, BGBl. I, S. 2681 f.

[1149] http://www.corporate-governance-code.de.

9.2 Corporate Governance Regelungen

che Überprüfung und, wenn notwendig, eine Aktualisierung. Zur Zeit ist der DCGK in der Fassung vom 26. Mai 2010 gültig.

Mit der Rechtsgültigkeit des TransPuG am 30.08.2002 trat zeitgleich auch der DCGK in Kraft. Zwar regelt das deutsche Recht, anders als im angelsächsischen Rechtskreis, das System der Unternehmensleitung und -kontrolle jedenfalls für die Aktiengesellschaften mehr oder minder ausführlich; dennoch entschied man sich in Wirtschaft und Politik mehrheitlich für die Schaffung eines Corporate Governance-Kodex, indem die in Deutschland geltenden gesetzlichen Bestimmungen für die Unternehmensleitung und -überwachung für nationale wie internationale Investoren transparent gemacht werden sollten, um so das Vertrauen in die Unternehmensführung deutscher Gesellschaften zu stärken.[1150] Dennoch handelt es sich bei den Vorschriften des DCGK nicht um eigenständige gesetzliche Regelungen, sondern nur um Empfehlungen.[1151]

Die Präambel des DCGK besagt, dass der Deutsche Corporate Governance Kodex wesentliche gesetzliche Vorschriften zur Leitung und zur Überwachung deutscher börsennotierter Gesellschaften (Unternehmensführung) darstellt und international und national anerkannte Standards für eine gute und verantwortungsvolle Unternehmensführung enthält. Der Kodex soll das deutsche Corporate Governance System transparent und nachvollziehbar machen. Er will das Vertrauen der internationalen und nationalen Anleger, der Kunden, der Mitarbeiter und der Öffentlichkeit in die Leitung und die Überwachung deutscher börsennotierter Aktiengesellschaften fördern. Folgende Bereiche werden durch den DCGK geregelt:

- Regel 1: Präambel;
- Regel 2: Aktionäre und Hauptversammlung;
- Regel 3: Zusammenwirken von Vorstand und Aufsichtsrat;
- Regel 4: Aufgaben und Zuständigkeiten des Vorstands; Zusammensetzung und Vergütung; Interessenkonflikte;
- Regel 5: Aufsichtsrat: Aufgaben und Zuständigkeiten; Aufgaben und Befugnisse des Aufsichtsratsvorsitzenden; Bildung von Ausschüssen; Zusammensetzung und Vergütung; Interessenkonflikte; Effizienzprüfung;
- Regel 6: Transparenz; zeitnahe und gleichmäßige Veröffentlichung von Informationen;
- Regel 7: Rechnungslegung und Abschlussprüfung.

Im Gegensatz zu anderen Ländern regeln in Deutschland das Aktiengesetz, das Handelsgesetzbuch, das Mitbestimmungsgesetz und das Drittelbeteiligungsgesetz sowie die jeweiligen Gesellschaftsverträge (Satzungen) ausführlich die Rechte und Pflichten der Organe einer Aktiengesellschaft. Der DCGK enthält nur Empfehlungen; es handelt sich nicht um eine gesetzliche Regelung nach Artt. 1, 2 Rom I-VO. Er wird als „softlaw" angesehen.[1152] Mittel-

---

[1150] Vgl. Seibert, Im Blickpunkt: Der Deutsche Corporate Governance Kodex ist da, BB 2002, 581 f.; Seibt, Deutscher Corporate Governance Kodex und Entsprechens-Erklärung (§ 161 AktG-E), AG 2002, 249, 250.

[1151] Vgl. Ringleb/Kremer/Ringleb, Deutscher Corporate Governance Kodex, 3. Aufl. 2010, Vorbem. Rz. 63 f.; Schade, § 22 Rz. 562.

[1152] Lutter, Das Europäische Unternehmensrecht im 21. Jahrhundert, ZGR 2000, 1, 17.

bare Rechtskraft erlangt der DCGK dadurch, dass nach § 161 AktG Vorstand und Aufsichtsrat der börsennotierten Gesellschaft jährlich zu erklären haben, dass die vom Bundesministerium der Justiz im amtlichen Teil des elektronischen Bundesanzeigers bekannt gemachten Empfehlungen der „Regierungs-Kommission Deutscher Corporate Governance Kodex" entsprochen wurde und welche Empfehlungen nicht angewendet wurden oder werden. Die Erklärung ist den Aktionären dauerhaft zugänglich zu machen.

Der DCGK kann in drei Abschnitte unterteilt werden. Den ersten Teil bilden die Normen des Aktienrechts, welche sich auf die Unternehmensleitung und die Unternehmenskontrolle beziehen. Diese wurden nicht wortgleich aus dem Aktiengesetz übernommen, sondern sind in leicht verständlicher Sprache abgefasst worden. Daneben wird die Einhaltung einer Reihe von Regeln empfohlen, welche die Schwachpunkte in der deutschen Unternehmensverfassung verringern sollen.[1153] Nach § 161 AktG haben Vorstand und Aufsichtsrat einer börsennotierten Gesellschaft jährlich zu erklären, welche Empfehlungen nicht angewendet wurden oder werden. Der DCGK enthält weiterhin Anregungen, die durch die Worte „sollte" oder „kann" gekennzeichnet sind, wobei Abweichungen von diesen Anregungen nicht veröffentlicht zu werden brauchen.[1154]

Für andere Gesellschaften außer der Aktiengesellschaft, z.B. für die GmbH oder für Personengesellschaften, gilt der DCGK nicht, ebenfalls z.B. nicht bei einer *Ltd.*, welche in Deutschland gegründet wurde. Andererseits ist die Beachtung der DCGK-Empfehlungen im Sinne einer analogen Anwendung des § 161 AktG auch für andere Gesellschaftsrechtsformen denkbar. Auch für eine in Deutschland gegründete Societas Europaea (*SE*) treten vergleichbar zur Aktiengesellschaft in ausgeprägter Weise die ökonomischen Merkmale der Corporate Governance-Problematik auf.[1155] Da auf eine in Deutschland errichtete *SE* deutsches Aktienrecht anwendbar ist, gilt für die *SE* über § 161 AktG auch der DCGK. Dennoch stellt sich aktuell weiterhin die Forderung nach einer Erweiterung des Verwendungsbereichs des DCGK zur verbesserten Bewältigung von Corporate Governance auch in anderen Unternehmensrechtsformen, insbesondere bei Kapitalgesellschaften wie der GmbH.[1156]

9.2.5 Grenzüberschreitende Corporate Governance

Sowohl die Gründungs- als auch die Sitztheorie stoßen an ihre Grenzen, wenn verschiedene Kapitalgesellschaften unterschiedlicher Rechtsordnungen gleichzeitig im Rahmen einer Corporate Governance zu berücksichtigen sind; denn Konzernobergesellschaft und Tochterunternehmen werden z.B. auf Grundlage der Rechtsordnung beurteilt, die die jeweilige Kapitalgesellschaft selbst bindet, unabhängig davon, welche rechtliche Regelungen für die jeweils andere Kapitalgesellschaft relevant sind.[1157] So gilt beispielsweise für eine deutsche Kon-

---

[1153] Vgl. Eisenhardt, Gesellschaftsrecht, 14. Aufl. 2009, Rz. 481c.

[1154] Spahlinger/Wegen/Carl, Teil G Rz. 1509.

[1155] Vgl. dazu Eisenhardt, Gesellschaftsrecht, 14. Aufl. 2009, Rz. 481c.

[1156] Vgl. Littger, S. 292.

[1157] Vgl. Fedke, Corporate Governance in international agierenden Konzernen, 2006, S. 293.

zernobergesellschaft in der Rechtsform der Aktiengesellschaft der Deutsche Corporate Governance Kodex, für das in den USA beheimatete börsennotierte Tochterunternehmen etwa der SOA. Derartige Corporate Governance-Regelungen sind von jeder börsennotierten Kapitalgesellschaft an ihrem jeweiligen Sitz zu beachten.

Probleme können sich allerdings dann ergeben, wenn die Corporate Governance-Regelungen für die Konzernobergesellschaft, z.B. im Bereich der Informationspflichten gegenüber den Aktionären und der Öffentlichkeit, erheblich umfangreicher sind als bei der Tochtergesellschaft. Hier ist der Vorstand der Konzernobergesellschaft verpflichtet, sich diejenigen Informationen der Tochtergesellschaft zu besorgen, welche aufgrund der eigenen Corporate Governance Regelungen zu veröffentlichen sind. Nach § 161 S. 2 AktG bestehen z.B. keine gesetzlichen Regelungen außerhalb der Corporate Governance-Regelungen für einen umfassenden Auskunftsanspruch der Konzernobergesellschaft. Gegenüber ihrer Tochtergesellschaft hat die Konzernobergesellschaft daher die Informationswünsche mit der Tochtergesellschaft vertraglich zu vereinbaren. Aus Sicht der Konzernobergesellschaft ist es geboten, die allgemeine konzernweite Informationsbeschaffung am konkreten sachlichen Bedarf für die im Einzelfall geplanten Kooperationsmaßnahmen auszurichten, statt sich pauschal über alle wesentlichen Vorgänge der Tochterunternehmen zu informieren.[1158] Denn sonst können zu detaillierte Informationen über die börsennotierte Tochtergesellschaft bei der Konzernobergesellschaft dazu führen, dass letztere Insiderwissen erlangt, welches zu einem Insiderhandelsverbot führen kann.

Im Rahmen der internen Corporate Governance zwischen Konzernobergesellschaft und Tochterunternehmen ist auch zu klären, inwieweit Vereinbarungen zu treffen sind, welche, insbesondere bei einer aktiven Kooperation, die Verhaltensregeln der einzelnen Organe zueinander bestimmen. In ihrer Stellung als Anteilseignerin der Tochtergesellschaft hat die Konzernobergesellschaft die Einflussmöglichkeit, eine interne gemeinsame Corporate Governance auszugestalten. Eine Möglichkeit bildet die Gründung organexterner Strukturen, z.B. eines „Executive Committee" nach angelsächsischem Vorbild, dem außer den Vorstandsmitgliedern die Leiter der wichtigsten Geschäftseinheiten angehören, z.B. auch Organmitglieder von Tochterunternehmen.[1159] Derartige Organverflechtungen, aber auch übergreifende informelle Gremien, können dafür sorgen, eine einheitliche konzerninterne Corporate Governance umzusetzen.

Während bis vor wenigen Jahren zwischen verschiedenen Kapitalgesellschaften in einem Konzern kaum schriftlich verfasste Corporate Governance-Regelungen als interne Absprachen bestanden, hat sich diese Situation nunmehr geändert. Hauptgrund für die Aufstellung konzerninterner Corporate Governance-Regelungen ist insbesondere die Haftungsproblematik der Organe der Konzernobergesellschaft. Diese potentielle Haftung führt dazu, dass immer häufiger interne Corporate Governance-Regelungen gerade auch grenzüberschreitend zwischen Konzernobergesellschaft und Tochterunternehmen vereinbart werden.

[1158] Fedke, a.a.O., S. 102.

[1159] Vgl. Götz, Corporate Governance multinationaler Konzerne und deutsches Unternehmensrecht, ZGR 2003, 1, 9 f.

10 Anhang

10.1 Abkürzungsverzeichnis

A.	Atlantic Reporter
A. 2d	Atlantic Reporter, Second Series
a.A.	anderer Ansicht
a.a.O.	am angegebenen Ort
a.F.	alte Fassung
ABl.	Amtsblatt
Abs.	Absatz
AC	Appeal Cases
AcP	Archiv für die civilistische Praxis
AEUV	Vertrag über die Arbeitsweise der Europäischen Union
AG	Aktiengesellschaft
AG EWIV-VO	Ausführungsgesetz zur EWG-Verordnung über die Europäische wirtschaftliche Interessenvereinigung
AktG	Aktiengesetz
All E R	All England Law Reports
Anm.	Anmerkung
arg.	Argument
Art.	Artikel
Artt.	Artikel (Plural)
Aufl.	Auflage
BayObLG	Bayerisches Oberstes Landesgericht, Entscheidungssammlung in Zivilsachen
BB	Betriebsberater
Bd.	Band
BGB	Bürgerliches Gesetzbuch
BGBl.	Bundesgesetzblatt
BGH	Bundesgerichtshof
BGHZ	Amtliche Sammlung der Entscheidungen des Bundesgerichtshofs in Zivilsachen
BKart	Bundeskartellamt

Bl.	Blatt
BPatG	Bundespatentgericht
BT-Drucks.	Bundestagsdrucksache
BV	Besloten vennootschap met beperkte aansprakelijkheid
BW2	Burgerlijk Wetboek 2
BW6	Burgerlijk Wetboek 6
bzw.	beziehungsweise
C.Civ.	Code Civil
C.Com	Code Commerce
CA	Companies Act 2006
CEO	Chief Executive Officer
CFE	Centre de Formalité des Entreprises
CFO	Chief Financial Officer
Ch.	Chapter
CISG	Convention on Contracts for the International Sale of Goods
d.h.	das heißt
DB	Der Betrieb
DCGK	Deutscher Corporate Governance Kodex
Del.	Delaware
ders.	derselbe
DFV	Deutscher Franchise-Verband
DGCL	Delaware General Corporation Law
div.	diverse
DStR	Deutsches Steuerrecht
E	Entwurf
e.V.	eingetragener Verein
ECFR	European Company and Financial Law Review
EFF	European Franchising Federation
EG	Europäische Gemeinschaft
EGBGB	Einführungsgesetz zum Bürgerlichen Gesetzbuch
EG-GVO	Verordnung der Europäischen Gemeinschaft über Gruppenfreistellungen
EG-RL	Richtlinie der Europäischen Gemeinschaft
EGV	EG-Vertrag
EG-VO	Verordnung der Europäischen Gemeinschaft
Einf.	Einführung
EJCL	Electronic Journal of Comparative Law
EPÜ	Europäisches Patentübereinkommen
etc	etcetera
EU	Europäische Union
EuGH	Europäischer Gerichtshof
EURL	Entreprise unipersonnelle à responsabilité limitée
EU-VO	Verordnung der Europäischen Union

10.1 Abkürzungsverzeichnis

EuZW	Europäische Zeitschrift für Wirtschaftsrecht
evtl.	eventuell
EWG	Europäische Wirtschaftsgemeinschaft
EWG-RL	EWG-Richtlinie
EWiR	Entscheidungen zum Wirtschaftsrecht
EWIV	Europäische wirtschaftliche Interessenvereinigung
EWIV-AG	Ausführungsgesetz zur Europäischen wirtschaftlichen Interessenvereinigung
EWIV-VO	Verordnung der Europäischen Gemeinschaft über die Schaffung einer Europäischen wirtschaftlichen Interessenvereinigung
f.	folgende
ff.	fortfolgende
FG	Festgabe
FKVO	Verordnung der Europäischen Gemeinschaft über die Kontrolle von Unternehmenszusammenschlüssen („EG-Fusionskontrollverordnung")
Fn.	Fußnote
FS	Festschrift
FTC	Federal Trade Commission
GBP	Britische Pfund
gem.	gemäß
GebrMG	Gebrauchsmustergesetz
GeschMG	Geschmacksmustergesetz
ggfs.	gegebenenfalls
GmbH	Gesellschaft mit beschränkter Haftung
GmbHG	GmbH-Gesetz
GmbHR	GmbH-Rundschau
GMVO	Verordnung der Europäischen Gemeinschaft über die Gemeinschaftsmarke
GR	Gesellschaftsrecht
grds.	grundsätzlich
GRUR	Gewerblicher Rechtsschutz und Urheberrecht
GRUR Int.	Gewerblicher Rechtsschutz International
GVO	Gruppenfreistellungsverordnung
GWB	Gesetz gegen Wettbewerbsbeschränkungen
h.M.	herrschende Meinung
H.M.	Her Majesty
HGB	Handelsgesetzbuch
HR	Hoge Raad der Nederlanden
Hrsg.	Herausgeber
HS	Halbsatz
i.d.R.	in der Regel

i.S.d.	im Sinne des
i.S.v.	im Sinne von
i.V.m.	in Verbindung mit
IDW	Institut der Deutschen Wirtschaftsprüfer
insbes.	insbesondere
IntGesR	Internationales Gesellschaftsrecht
IPR	Internationales Privatrecht
IPRax	Praxis des Internationalen Privat- und Verfahrensrechts
IPÜ	Internationales Übereinkommen zum Schutz von Pflanzenzüchtungen
ITC	International Trade Center
J.O.	Journal officiel de la République française
JA	Juristische Ausbildung
JW	Juristische Wochenschrift
JZ	Juristen-Zeitung
KG	Kammergericht, Kommanditgesellschaft
KMU	Kleine und Mittelständische Unternehmen
LAG	Landesarbeitsgericht
LG	Landgericht
LM	Lindenmaier/ Möring (Hrsg.), Nachschlagewerk des Bundesgerichtshofs in Zivilsachen
LoI	Letter of Intent
Ltd.	Private Limited Company
m.	Mit
MarkenG	Markengesetz
MH	Münchener Handbuch
MK	Münchener Kommentar
MiFID	Markets in Financial Directive
MitbestG	Mitbestimmungsgesetz
MoMiG	Gesetz zur Modernisierung des GmbH-Rechts und zur Bekämpfung von Missbräuchen
MontanMitbestG	Montanmitbestimmungsgesetz
MVH	Münchener Vertragshandbuch
m.w.N.	mit weiteren Nachweisen
NJ	Nederlandse Jurisprudentie
NJW	Neue Juristische Wochenschrift
NJW-RR	NJW-Rechtsprechungs-Report Zivilrecht
No.	Numéro
Nr.	Nummer
NRE-Gesetz	Loi sur les nouvelles régulations économiques
NV	Naamloze vennootschap

10.1 Abkürzungsverzeichnis

NYSE	New York Stock Exchange
NZG	Neue Zeitschrift für Gesellschaftsrecht
NZV	Neue Zeitschrift für Verkehrsrecht
OECD	Organization for Economic Cooperation and Development
OLG	Oberlandesgericht
ÖOGH	Österreichischer Oberster Gerichtshof
PatG	Patentgesetz
PatGVO	Verordnung der Europäischen Gemeinschaft über Gruppenfreistellungen für Patentlizenzvereinbarungen
Plc	Public Limited Company
ProdHaftG	Produkthaftungsgesetz
Rec.	Receuil
RGZ	Amtliche Sammlung der Entscheidungen des Reichsgerichts in Zivilsachen
RIW	Recht der internationalen Wirtschaft
RL	Richtlinie
Rom I-VO	Verordnung des Europäischen Parlaments und des Rates vom 17. Juni 2008 über das auf vertragliche Schuldverhältnisse anzuwendende Recht (Rom I)
Rom II-VO	Verordnung des Europäischen Parlaments und des Rates vom 11. Juli 2007 über das auf außervertragliche Schuldverhältnisse anzuwendende Recht (Rom II)
Rs.	Rechtssache
Rz.	Randziffer
S.	Seite
SA	Société Anonyme, Securities Act
SARL	Société à Responsabilité Limitée
SAS	Société par Actions Simplifiée
SE	Societas Europaea, Europäische Gesellschaft
SEA	Securities and Exchange Act
SEBG	SE-Beteiligungsgesetz
SEC	Securities and Exchange Commission
Sec.	Section(s)
SEEG	SE-Einführungsgesetz
SE-RL	Richtlinie der Europäischen Gemeinschaft zur Ergänzung des Statuts der Europäischen Gesellschaft hinsichtlich der Beteiligung der Arbeitnehmer
SE-VO	Verordnung der Europäischen Gemeinschaft über das Statut der Europäischen Gesellschaft
Slg.	Sammlung der Entscheidungen des Europäischen Gerichtshofs
SLIM	simpler legislation for the internal market

SOA	Sarbanes-Oxley Act
sog.	sogenannte
SPE	Societas Privata Europaea, Europäische Privatgesellschaft
SPE-VO	Verordnung der Europäischen Union über das Statut der Europäischen Privatgesellschaft
SPE-VO-E	Entwurf einer Verordnung der Europäischen Union über das Statut der Europäischen Privatgesellschaft
StuB	Steuern und Bilanzen
StuW	Steuer und Wirtschaft
TransPuG	Gesetz zur weiteren Reform des Aktien- und Bilanzrechts, zur Transparenz und Publizität
TT-GVO	Verordnung der Europäischen Gemeinschaft über Gruppen von Technologietransfer-Vereinbarungen
U.	Urteil
u.a.	unter anderem
UCC	Uniform Commercial Code
UmwG	Umwandlungsgesetz
UN	United Nations
ÜR	Dreizehnte Gesellschaftliche Richtlinie der Europäischen Gemeinschaft („Übernahmerichtlinie")
UrhG	Urheberrechtsgesetz
USA	Vereinigte Staaten von Nordamerika
USD	United States Dollar
v.	vor, vom, versus
VerlG	Gesetz über das Verlagsrecht
VersR	Versicherungsrecht
Vgl.	vergleiche
VGVO	Verordnung der Europäischen Union über die Anwendung von Artikel 101 Absatz 3 des Vertrags über die Arbeitsweise der Europäischen Union auf Gruppen von vertikalen Vereinbarungen und abgestimmten Verhaltensweisen
Vorbem.	Vorbemerkung
WFBV	Wet op de formeel buitenlandse vennootschappen
WiB	Wirtschaftsrechtliche Beratung
WLR	Weekly Law Reports
WM	Zeitschrift für Wirtschafts- und Bankrecht, Wertpapiermitteilungen
WMZ	Wet melding zeggenschap
WpHG	Wertpapierhandelsgesetz
Wte	Wet toezicht effectenverkeer
WTO	World Trade Organization
WuB	Wirtschafts- und Bankrecht (Zeitschrift)

WuW	Wirtschaft und Wettbewerb
z.B.	zum Beispiel
ZfRV	Zeitschrift für Rechtsvergleichung
ZGR	Zeitschrift für Unternehmens- und Gesellschaftsrecht
ZHR	Zeitschrift für das gesamte Handels- und Wirtschaftsrecht
ZIP	Zeitschrift für Wirtschaftsrecht
ZPO	Zivilprozessordnung
z.T.	zum Teil
zust.	zustimmend
ZVglRWiss	Zeitschrift für vergleichende Rechtswissenschaft
zzgl.	zuzüglich
$	Dollar
%	Prozent
§	Paragraph
€	Euro

10.2 Literaturverzeichnis

A

Assmann/Bungert	Handbuch des US-amerikanischen Handels-, Gesellschafts- und Wirtschaftsrechts, Band 1, München 2001

B

Bamberger/Roth	Kommentar zum Bürgerlichen Gesetzbuch, Band 1, 2. Auflage München 2007
Bartenbach/Gennen	Patentlizenz- und Know-how-Vertrag, 6. Auflage, Köln 2007
Benkard	Patentgesetz, Gebrauchsmustergesetz, 10. Auflage, München 2006 zitiert: Benkard/Bearbeiter
Bernau	Die Voraussetzungen und Umfang der Haftung des Patentlizenznehmers nach deutschem und US-amerikanischem Recht, Frankfurt am Main 1999
Bianca/Bonell	Commentary on the International Sales Law, Mailand 1987
Blanke/Schüren/Wank/ Wedde	Handbuch Neue Beschäftigungsformen, Baden-Baden 2002 zitiert: Blanke/Schüren/Bearbeiter
Böckl/Wittenstein	Ausländisches Wirtschaftsrecht, Stand September 2006

C

Canaris	Handelsrecht, 24. Auflage, München 2006

D

Dülfer/Jöstingmeier	Internationales Management in unterschiedlichen Kulturbereichen, 7. Auflage München 2008

E

Ekkenga	Die Inhaltskontrolle von Franchise-Verträgen, München 1990

F

Flohr	Franchise-Vertrag, München 1998

G

Groß	Der Lizenzvertrag, 9. Auflage, Frankfurt am Main 2007
Großfeld	Internationales und Europäisches Unternehmensrecht, 2. Auflage, Heidelberg 1995

Grundmann	Europäisches Gesellschaftsrecht, 2. Auflage, Heidelberg 2011
Güthoff	Gesellschaftsrecht in Großbritannien, 3. Auflage, Heidelberg 2004
Gummert/Weipert	Münchener Handbuch des Gesellschaftsrechts, Bd. 1, 3. Auflage, München 2009 zitiert: MH/Bearbeiter

H

Habersack	Europäisches Gesellschaftsrecht, 3. Auflage, München 2006
Henn	Patent- und Know-how-Lizenzvertrag, 5. Auflage, Heidelberg 2003
Herber/Czerwenka	Internationales Kaufrecht, München 1991
Hirte/Bücker	Grenzüberschreitende Gesellschaften, 2. Auflage, Köln 2006 zitiert: Hirte/Bearbeiter
Hök	Handbuch des internationalen und ausländischen Baurechts, Berlin, Heidelberg 2005
Hoffmann/Adler	Lizentvertragsgestaltung, Neuwied 2002

K

Kraßer	Patentrecht, 6. Auflage, München 2009
Kronke/Melis/Schnyder	Handbuch Internationales Wirtschaftsrecht, Köln 2005 zitiert: Kronke/Bearbeiter
Kuiper/Ruypers/Slangen	Burgerlijk Recht Geschetst – Rechtspersonenrecht geschetst, Den Haag 1993 zitiert: Kuiper/Bearbeiter
Kutschker/Schmid	Internationales Management, 4. Auflage München, Wien 2005

L

Littger	Deutscher Corporate Governance Kodex – Funktion und Verwendungschancen, Baden-Baden 2006
Lüdecke/ Fischer	Lizenzverträge, Weinheim 1957

M

Martinek	Franchising, München 1987
Martinek	Moderne Vertragstypen, Band II, München 1992
Martinek	Moderne Vertragstypen, Band III, München 1993
Martinek/Semler/Habermeier	Handbuch des Vertriebsrechts, 3. Auflage, München 2010 zitiert: Martinek/Semler/Bearbeiter

Mellert/Verfürth	Wettbewerb der Gesellschaftsformen, Berlin 2005
Merkt/Göthel	Internationaler Unternehmenskauf, 3. Auflage, Köln 2011
	zitiert: Merkt/Bearbeiter
Merkt/Göthel	US-amerikanisches Gesellschaftsrecht, 2. Auflage, Frankfurt am Main 2006
	zitiert: Merkt/Göthel/GR
Metzlaff	Praxishandbuch Franchising, München 2003
	zitiert: Metzlaff/Bearbeiter
Münchener Kommentar	zum Bürgerlichen Gesetzbuch, Band 3, Schuldrecht Besonderer Teil I, 5. Auflage München 2009
	zitiert: MK - BGB/Bearbeiter
Münchener Kommentar	zum Bürgerlichen Gesetzbuch, Band 5, Schuldrecht, Besonderer Teil III, 5. Auflage, München 2009
	zitiert: MK - BGB/Bearbeiter
Münchener Kommentar	zum Bürgerlichen Gesetzbuch, Band 10, Einführungsgesetz zum Bürgerlichen Gesetzbuche (Art. 1-46), Internationales Privatrecht, 4. Auflage, München 2006
	zitiert: MK – IPR 1/Bearbeiter
Münchener Kommentar	zum Bürgerlichen Gesetzbuch, Band 10, Internationales Privatrecht, Rom I-Verordnung, Rom II-Verordnung, 5. Auflage, München 2010
	zitiert: MK - IPR 2/Bearbeiter
Münchener Kommentar	zum Bürgerlichen Gesetzbuch, Band 11, Internationales Wirtschaftsrecht, Einführungsgesetz zum Bürgerlichen Gesetzbuche, 4. Auflage, München 2006
	zitiert: MK – IntGesR/Bearbeiter
Münchener Kommentar	zum Aktiengesetz, Band 5/1, 2. Auflage, München 2003
	zitiert: MK – AktG/Bearbeiter

P

Pagenberg/Geissler	Lizenzverträge, 5. Auflage, Köln 2002
Pahlow	Lizenz und Lizenzvertrag im Recht des geistigen Eigentums, Tübingen 2006
Palandt	Bürgerliches Gesetzbuch, 70. Auflage, München 2011
	zitiert: Palandt/Bearbeiter
Pfaff/Osterrieth	Lizenzverträge, Formular-Kommentar, 3. Auflage, München 2010
	zitiert: Pfaff/Bearbeiter
Piltz	Internationales Kaufrecht, Das UN – Kaufrecht (Wiener Übereinkommen von 1980) in praxisorientierter Darstellung, München 1993

Plaßmeier/Steden	Lizenzverträge in der Praxis, Bonn 2007
Priemayer	Strategische Allianzen im europäischen Wettbewerbsrecht, Wien 2005

R

Reithmann/Martiny	Internationales Vertragsrecht, 7. Auflage, Köln 2010
	zitiert: Reithmann/Bearbeiter
Ringleb/Kremer/Lutter/ v. Werder	Kommentar zum Deutschen Corporate Governance Kodex, 4. Auflage, München 2010
	zitiert: Ringleb/Bearbeiter

S

Schade	Wirtschaftsprivatrecht, 2. Auflage, Stuttgart 2009
Schäfer-Kunz	Strategische Allianzen im deutschen und europäischen Kartellrecht, Frankfurt am Main 1995
Schaumburg (Hrsg.)	Internationale Joint Ventures, Stuttgart 1999
	zitiert: Schaumburg/Bearbeiter
Schlechtriem	Internationales UN – Kaufrecht – Ein Studien- und Erläuterungsbuch zum Übereinkommen der Vereinten Nationen über Verträge über den internationalen Warenkauf (CISG), 4. Auflage Tübingen 2007
Schlechtriem/Schwenzer	Kommentar zum Einheitlichen UN – Kaufrecht – CISG – 5. Auflage München 2008
Schütze/Weipert	Münchener Vertragshandbuch, Band 2, Wirtschaftsrecht I, 5. Auflage, München 2004
	zitiert: MVH 1/Bearbeiter
Schütze/Weipert	Münchener Vertragshandbuch, Band 4, Wirtschaftsrecht III, 6. Auflage, München 2007
	zitiert: MVH 2/Bearbeiter
Schulte/Pohl	Joint-Venture-Gesellschaften, 2. Auflage, Köln 2008
Skaupy	Franchising, München 1995
Soergel/Lüderitz/Fenge	Bürgerliches Gesetzbuch mit Einführungsgesetz und Nebengesetzen, Bd. 13: Schuldrechtliche Nebengesetze 2: Übereinkommen der Vereinten Nationen über Verträge über den internationalen Warenkauf (CISG), 13. Auflage Stuttgart 2000
Spahlinger/Wegen	Internationales Gesellschaftsrecht in der Praxis, München 2005
Staudinger	Kommentar zum Bürgerlichen Gesetzbuch, §§657-704 BGB, Neubearbeitung, Berlin 2006
	zitiert: Staudinger – BGB/Bearbeiter
Staudinger	Kommentar zum Bürgerlichen Gesetzbuch mit Einführungsgesetz und Nebengesetzen, IPR, Internationales Gesellschaftsrecht, Neubearbeitung, Berlin 1998
	zitiert: Staudinger – IPR/Bearbeiter

Stumpf	Der Know-how-Vertrag, 3. Auflage, Heidelberg 1977
W	
Wörlen	Handelsrecht mit Gesellschaftsrecht, 10. Auflage, Köln 2009
Wörlen	Schuldrecht BT, 9. Auflage, Köln 2008

10.3 Stichwortverzeichnis

„Turnkey-Lump-Sum"-Vertrag 169, 170
Abnahme 36, 98, 132, 133, 134, 135, 155, 156, 157, 161
Absatzförderungspflicht 44, 56
Abteilungsfranchising 36
actionnaires 221
algemene vergadering van aandeelhouders 228
Alleinige Lizenz 8
Allgemeine Geschäftsbedingungen 51, 93, 94, 95, 138
allocated share capital 217
Änderungsaufträge 160
annual general meeting 215
Anzeigefrist 114
apports en nature 219
apports en numéraire 219
articles of incorporation 233
assemblée d'associés 220
asset deal 86, 255, 259, 260, 261, 265, 266, 267
Ausgleichsanspruch 49, 57, 81
Ausschließliche Lizenz 7
Ausschluss des UN-Kaufrechts 87
Ausschlussfrist 116
Ausschlussklauseln 87, 144
Auswirkungsprinzip 206, 207
authorized capital 214, 227, 236
authorized shares 234, 236
Avisbank 143
Baugrundrisiko 153
Bauzeitverlängerung 161, 162, 163, 164, 165, 166
Besloten vennootschap met beperkte aansprakelijkheid 224, 225
Betriebslizenz 6
Betriebsverfassungsgesetz 250
blokkeringsregeling 224, 225
board of directors 215, 235, 236, 237, 238
Bösgläubigkeit 117
BOT-Projekte 166
Bringschuld 98, 132

bylaws 235
Change of Control 186
charakteristische Leistung 29, 149, 171
classes of shares 215
close corporation 233, 234, 235, 237
Common shares 237
Companies House 213, 214, 217
Contractual Joint Venture 175, 178, 180, 183
Convertible stocks 237
Corporate Governance 204, 217, 269, 270, 271, 272, 273, 274, 275, 276, 277
Deckungskauf 119, 130, 131
defects notification period 155
Diskriminierung 64, 200
Dispute Adjudication Board 164
doctrine de non cumul 91
Dokumentenakkreditiv 141, 142, 143, 145, 146
Drag along-Klausel 185
Drittelbeteiligungsgesetz 275
due dilligence 263
Durchgriffshaftung 76, 216, 221, 239, 240
duty of care 72, 238, 240
duty of loyalty 238, 240
E-Commerce 41, 56, 62
EG-Bagatellbekanntmachung 59, 60
EG-Fusionskontrollverordnung 187, 254, 266
EG-Gruppenfreistellungsverordnung für Technologietransfer-Vereinbarungen 14, 30, 31
EG-Gruppenfreistellungsverordnung für vertikale Vereinbarungen 40, 58, 61
Eigentumsfragen 89
Einfache Lizenz 8
Engineer 152, 153, 154, 155, 157, 158, 160, 161, 163, 164, 165
Equity Joint Venture 175, 176, 177, 179, 183, 184, 187
Erfüllung 28, 29, 98, 118, 119, 121, 124, 127, 128, 131, 132, 134, 135, 136, 142, 144, 150, 159, 172, 173, 201, 231, 246, 256, 257, 260

Erfüllungssicherheiten 158
Europäische Wirtschaftliche
 Interessenvereinigung 241, 264
Europäischen Aktiengesellschaft 244, 245,
 246
Fehlerbegriff 73, 100, 101
fiduciary duties 240
Force Majeure 127, 163, 166, 168
Formstatut 255, 257, 261
forum shopping 68
Franchisegebühr 44, 48
Franchisehandbuch 43, 44, 47, 57
fraudulent trading 216
Gebietslizenz 11
Gebräuche 89, 95, 96, 142, 143, 144
Gebrauchslizenz 11
Gefahrübergang 98, 99, 139, 154
geplaatst kapitaal 227
gérants 220, 221
gerichtliche Zuständigkeit 68
Gerichtszuständigkeit 71, 72
Gesellschaftsstatut 196, 199, 206, 255, 257,
 258, 259, 260, 262, 263, 265
gestort kapitaal 227
Gleichbehandlungsgebot 53
Goodwill 57, 255
Gründungstheorie 179, 196, 197, 198, 199,
 208
Haftungsbegrenzungen 163
Handelsmittler 67, 71, 72, 76, 77, 90, 102
Handelsrechnung 144
Handelsvertreter 40, 77, 78, 81, 82, 83, 84
Händler-Vertriebsfranchising 36
hardship 127
Herstellungslizenz 11
Holding-SE 245, 250, 265
Holschuld 96, 97, 99, 106, 139
INCOTERMS 98, 138, 141
Internationales Arbeitsrecht 172
Investitionsfranchising 36
issued capital 214
Kartell 55, 192, 233
kaufmännisches Bestätigungsschreiben 95
Know-how-Vertrag 10
kollidierende Geschäftsbedingungen 93

Kollisionsrecht 72, 86, 88, 89, 94, 133, 138,
 146, 150, 195, 197, 198, 254, 259, 260, 265
Konstruktionsfehler 73
Konversionsfranchising 36
Konzernlizenz 6
Kooperation 150, 175, 177, 191, 277
Leistungsgarantien 158, 165, 166
Leistungstests 156, 161, 164, 166
Letter of Intent 177, 263
Lizenzgebühr 6, 15, 16, 17, 18, 19, 26, 27, 28,
 32
Lizenzvertrag 3, 4, 5, 6, 8, 9, 10, 11, 12, 13,
 14, 15, 16, 17, 18, 19, 21, 22, 23, 24, 25,
 27, 28, 29, 31, 32, 34, 35
maatschappelijk kapitaal 227
Mehrstaatlichkeitsprinzip 245
memorandum of association 213, 215, 217
Minderung 47, 118, 121, 123, 125, 126, 134,
 164
Mitbestimmung 196, 199, 205, 248, 249, 250
Mitbestimmungsgesetz 275
Muster 102
Naamloze vennootschap 224, 225
Nacherfüllung 118, 120
Nederlandse Staatscourant 227
negligence 72, 156
Nichtangriffspflicht 23
Niederlassung 68, 82, 85, 86, 98, 99, 105,
 132, 149, 171, 172, 173, 200, 210
Niederlassungsfreiheit 199, 200, 209, 210
OECD Principles of Corporate Governance
 271
Orgalime-Standardvertrag 166
Ortsstatut 258
Patentlizenzvertrag 10
Patentverletzung 22, 27
piercing of the corporate veil 216, 239
preferente aandelen 225
Prinzip der Marktortanknüpfung 206
Private Limited Company 213
Private shares 237
Probe 102, 110
Produktbeobachtungspflicht 50, 75
Produktfranchising 35

Produkthaftung 68, 69, 70, 71, 72, 73, 75, 76, 89, 90, 107, 108
Produkthaftungsrichtlinie 69, 70
Projektgesellschaft 167, 168, 169, 170, 175, 179, 180, 181, 184, 185, 187
public corporation 233, 235, 240
Public Limited Company 213, 216
Quotenlizenz 11
raad van commissarissen 228
Rechtswahl 53, 82, 87, 148, 149, 150, 171, 172, 173, 178, 180, 210, 256, 260, 263
Redeemable stocks 237
Restgültigkeitstheorie 94
Rückabwicklung 124
Rüge 112, 113, 115, 117
Russian Roulette 186
SA classique 222
SA dualiste 222
Sarbanes-Oxley Act 273
Schadensersatz 24, 26, 28, 48, 71, 74, 81, 88, 91, 118, 119, 121, 123, 126, 129, 130, 131, 134, 136, 137, 156, 162, 168, 170, 239
Schadensminderungspflicht 131, 135, 137
Scheinauslandsgesellschaften 197, 198, 210
Scheingesellschaft 197, 198
Schickschuld 96, 97, 99, 106
Schiedsgericht 164, 165, 168
secretary 218
share deal 255, 256, 259, 260, 265, 266, 267
shareholder agreements 235
Shop-in-Shop-Franchising 36
Sitztheorie 179, 196, 197, 198, 209, 210, 276
Sitzverlegung 198, 207, 208, 210, 238, 246
Societas Europaea 248, 265, 276
Société à Responsabilité Limitée 218, 219
Société Anonyme 218, 221
Société par Action Simplifiée 218
specific performance 119
Stimmbindungsvereinbarungen 182
Strafschadensersatz 74, 75, 162
Strategische Allianz 190
stream of commerce 71
strict liability in tort 72, 73

Tag along-Klausel 185
Taking-Over Certificate 154
Teillieferung 123
Territorialitätsprinzip 28, 250
Texan Shoot Out 186
Tochter-SE 245, 265
Transparenzgebot 52
Unterkapitalisierung 240
Unterlizenz 8, 9, 18, 24, 27
Unternehmenskauf 86, 253, 254, 255, 256, 257, 258, 259, 261, 262, 263, 264, 266, 267
Untersuchung 102, 103, 104, 105, 106, 107, 108, 109, 110, 114, 115, 116, 117, 125, 271
Untersuchungsfrist 105, 106, 108, 109, 110
Verdingungsordnung für Bauleistungen (VOB) 151
Vertikal-Leitlinien 61
Vertragsaufhebung 107, 118, 119, 121, 122, 123, 124, 129, 130, 131, 134, 135, 155, 159, 160
Vertragshändler 43, 77, 83
Vertragsstatut 89, 133, 255, 256, 257, 260, 261
Vertragsstrafe 53, 88, 130, 162, 165
vertragswidrige Ware 90, 122, 125, 129, 134
Vertriebsfranchising 35
Vertriebslizenz 11, 12, 24
Vollfranchising 36
Vornahmestatut 262
Vor-SE 248
Währung 133, 136, 142, 144
Warnhinweise 74
Wertpapierrechtsstatut 257
Wirkungsstatut 257
wrongful trading 216
Zahlungsort 132
Zahlungszeit 132
Zeitlizenz 11, 27
Zinsanspruch 136, 137
Zwangslizenz 5, 17, 26, 27
Zwangsvollstreckung 75, 76
Zweigniederlassung 102, 172, 208, 245
Zwischenstaatlichkeitsklausel 59